中国传媒大学 播音主持艺术学院
播音与主持艺术专业本科教材

总主编●付　程

实用播音教程

第 1 册
普通话语音和播音发声
主编●吴弘毅　责任编辑●杜丽华

第 2 册
语言表达
主编●付　程　责任编辑●杜丽华

第 3 册
广播播音与主持
主编●陈雅丽　责任编辑●韩旺辰

第 4 册
电视播音与主持
主编●罗　莉　责任编辑●陈友军

第4册

实用播音教程
电视播音与主持（第2版）
A Practical Course in Anchoring

主编 ● 罗 莉

中国传媒大学出版社
·北京·

图书在版编目(CIP)数据

实用播音教程:第四册,电视播音与主持/罗莉主编.--北京:北京广播学院出版社,2003.9(2022.6重印)

ISBN 978-7-81004-979-5

Ⅰ.实… Ⅱ.罗… Ⅲ.①电视节目－播音－高等学校－教材 ②电视节目－主持人－高等学校－教材 Ⅳ.G222.2

中国版本图书馆 CIP 数据核字(2001)第 064256 号

实用播音教程(第四册)——电视播音与主持(第 2 版)
SHIYONG BOYIN JIAOCHENG(DI-SI CE)—DIANSHI BOYIN YU ZHUCHI(DI-ER BAN)

主　　编	罗　莉
责任编辑	陈友军
装帧设计	闫志杰
责任印制	李志鹏
出版发行	中国传媒大学出版社
社　　址	北京市朝阳区定福庄东街 1 号　　邮　编　100024
电　　话	86-10-65450528　65450532　　传　真　65779405
网　　址	http://cucp.cuc.edu.cn
经　　销	全国新华书店
印　　刷	艺堂印刷(天津)有限公司
开　　本	787mm×1092mm　1/16
印　　张	23.25
字　　数	375 千字
版　　次	2003 年 9 月第 2 版
印　　次	2022 年 6 月第 27 次印刷
书　　号	ISBN 978-7-81004-979-5/G·979　　定　价　45.00 元

版权所有　　翻印必究　　印装错误　　负责调换

目　录

前言 ··· (1)

第一单元　电视播音

第一章　电视新闻播音 ··· (2)
　一　理论概要 ··· (2)
　二　训练要点与提示 ··· (5)
　三　电视新闻播音训练材料 ··· (48)
第二章　电视新闻现场报道 ··· (92)
　一　理论概要 ··· (92)
　二　训练要点与提示 ··· (96)
　三　电视新闻现场报道训练材料 ··· (106)
第三章　电视纪录片解说 ··· (112)
　一　理论概要 ··· (112)
　二　训练要点与提示 ··· (115)
　三　电视纪录片解说训练材料 ··· (138)

第二单元　电视节目主持

第四章　电视新闻评论类节目主持 ··· (158)
　一　消息播报 ··· (159)
　二　修改与撰写导语、串联词 ··· (171)
　三　主持人评论 ··· (190)
　四　主持人专访 ··· (204)

第五章　电视社教类节目主持……………………………………（230）
　一　理论概述……………………………………………………（230）
　二　具体做法和要求……………………………………………（231）
　三　范例分析……………………………………………………（232）
　四　训练材料……………………………………………………（246）

第六章　电视综艺娱乐类节目主持………………………………（256）
　一　理论概述……………………………………………………（256）
　二　具体做法和要求……………………………………………（257）
　三　范例分析……………………………………………………（258）
　四　训练材料……………………………………………………（261）

第七章　电视谈话类节目主持……………………………………（263）
　一　理论概述……………………………………………………（263）
　二　具体做法和要求……………………………………………（265）
　三　范例分析……………………………………………………（265）
　四　训练材料……………………………………………………（306）

第三单元　电视播音员主持人的形象造型

第八章　电视播音员主持人的化妆造型…………………………（308）
　一　理论概述……………………………………………………（308）
　二　化妆的基本知识……………………………………………（309）
　三　电视播音员主持人的化妆操作与提示……………………（314）

第九章　电视播音员主持人的基本形体…………………………（322）
　一　理论概要……………………………………………………（322）
　二　形体的基本规范……………………………………………（326）
　三　电视播音员主持人的形体运用与提示……………………（341）

后记……………………………………………………………（368）

前　言

《实用播音教程》是北京广播学院播音主持艺术学院播音与主持艺术专业本科专业训练教材。全套教材共四册。第一册,语音发声(一年级用);第二册,语言表达(二年级用);第三册,广播播音与主持(三年级用);第四册,电视播音与主持(四年级用)。

北京广播学院自1963年创建播音专业,经过几代人的辛勤努力,积累了较为丰富的专业教学经验,播音专业理论教材也日臻完善。但是,由于种种原因,播音专业教材一直没有正式出版。随着我国广播电视事业的快速发展和社会对播音、节目主持人才需求的增加,播音教育事业也迅速发展起来。国家教育部于1998年进行高校专业调整,又将播音专业改设为播音与主持艺术专业,同时,颁布了高校播音与主持艺术专业的专业规范。因此,正式出版播音与主持艺术专业训练教材的时机业已成熟。

《实用播音教程——电视播音与主持》是播音主持艺术专业大学四年级业务理论课"电视播音与主持"的配套教材。包括电视新闻播音,电视纪录片解说,电视节目主持,电视播音员、主持人的化妆与形体等诸方面的理论概要、训练要点与提示讲解,并配有各单元相应的训练材料。本教材重在实际操作训练,通过系统的讲解与训练,可使学生了解和掌握电视播音与主持的播出特点,以及相关技能。本教材应与《电视播音与主持艺术》一书配合使用。

《实用播音教程——电视播音与主持》由北京广播学院播音主持艺术学院电视播音主持教研室编撰完成。各单元编著者为:

第一单元　电视播音

第一章　电视新闻播音——罗莉

第二章　电视新闻现场报道——任悦

第三章　电视纪录片解说——罗莉

第二单元　电视节目主持

第四章　电视新闻评论类节目主持——吴郁

第五章　电视社教类节目主持——吴郁

第六章　电视综艺娱乐类节目主持——吴郁

第七章　电视谈话类节目主持——吴郁

第三单元　电视播音员主持人的形象造型

第八章　电视播音员主持人的化妆造型——赵小钦

第九章　电视播音员主持人的基本形体——翁佳

由于本书编者经验不足,不当之处望指正,以利再版补正。

编者

2003年7月15日于北京

第一单元

电视播音

第一章　电视新闻播音

一　理论概要

电视新闻播音是广播电视播音主持专业学生的重要课程,要做好这一工作,不但应具备广播新闻播音的理论基础与播音技能,还应掌握电视新闻播音的理论与播音技能。

(一) 电视新闻播音特性

电视新闻播音,即电视新闻播音员(主播)以有声语言和副语言为手段,面对镜头、话筒报道新闻信息的创造活动。它具有几种形态:出镜播音(口播)、新闻片配音、现场报道、演播室对话(即与电话连线或视窗对接中的现场记者、有关人士及演播室专家对话)。

与广播新闻播音相比,电视新闻播音具有以下特征:

1. 电视新闻播音形态多样化

由于电视传媒视听兼备的优势,形成电视新闻播音的丰富性,同时,也带来电视新闻播音形态的多样化:

▲演播室出镜播音(口播);

▲电视新闻片配音;

▲电视新闻现场报道;

▲演播室对话(电话连线、视窗对接、专家对话)。

总之,电视新闻播音形态要比广播新闻播音丰富。

2. 电视新闻播音有副语言参与

电视新闻播音,除去为新闻片配音以外,都要有副语言(即体态语、服装、化妆)的参与,才能完成好这一工作。

副语言的功用,主要有以下三点:

▲传达态度与情感;

▲辅助有声语言表达；

▲替代有声语言。

在人际交流与大众传播活动中,副语言的重要性并不亚于有声语言,大量信息正是由副语言显现传播的。电视新闻播音员(主播)出镜播音,他(她)的形象直接呈现在电视观众面前。有声语言和副语言有机结合,才可形成完美的屏幕形象,完成好电视新闻播音工作。

3．电视新闻播音稿件形式非单一化

电视新闻播音的稿件形式比广播新闻播音多,它的稿件形式呈现多样化特点：

▲有完整的稿件：如公文性政令、公报、通告、快讯、编后话等；

▲有不完整的稿件：如电视新闻片导语、电视新闻片配音词(它们仅是一条完整新闻的前半部或后半部)；

▲有演播室对话提纲：如电话连线、视窗对接、专家访谈的有关资料、提问思路、具体问题等；

▲有现场报道提纲：如报道词、应变设想、采访角度、采访要旨等(突发性事件报道以腹稿形式存在)。

以上,前两者的稿件形式都是文字稿,后两者的稿件形式大都是资料加腹稿(现场报道时有少量文字稿,但也是以腹稿形式面对镜头说出)。

4．电视新闻播音关注点多

通常,广播新闻播音,就直播而言,一般只关注自己的文字稿内容和有声语言表达一方面(录播,有时需要自己操作录音)。而电视新闻播音,要关注的点较多：

▲文字稿内容与自己的表达处理；

▲副语言(主要是体态语)的运用；

▲提示器的操作；

▲监视器情况的关注(画面的切入情况)；

▲耳机中导播的指令(删、加内容及调换稿件等)；

▲应付意外的处置(提示器、电话连线、视窗对接故障及技术环节失误等)。

因而,电视新闻播音是一项综合、细致的工作,它不仅需要娴熟的专业技能,同时也需要认真的工作态度,这项工作经常与不期而遇的意外相伴。因而,电视新闻播音员(主播)应当平时就注意积累自己与同行处置意外情况的例子,形成经验,保证播出的顺利进行。从这个意义上讲,一名合格的电视新闻播音员(主播)应当是一个工作责任心极强的人。

(二)电视新闻播音要求

电视新闻播音形态多样,势必导致播音的多重制约,形成与广播新闻播音不尽相同的某些要求：

1. **交流感**

电视新闻播音，要比广播新闻播音交流感更强。原因在于，电视新闻播音大多面对镜头，自己的形象直接呈现在观众面前，不仅作用于观众的听觉，也同时作用于观众的视觉。似与观众个体面对面交流，为他（她）介绍、报道各种各样所关心的信息，与观众的感觉距离更近，内心交流感也更强。

2. **语言**

电视新闻播音语言要比广播新闻播音讲述感更强，语速偏快，力度稍弱，语言更自如。一般，出镜播音（口播）的语速要快于广播新闻播音，却慢于新闻片配音；出镜播音（口播）的语言力度要弱于广播新闻播音，却强于新闻片配音；出镜播音（口播）的用声略低于广播新闻播音，却略高于新闻片配音；出镜播音（口播）的语言自如度要强于广播新闻播音，却弱于新闻片配音。

此外，电视新闻播音由于工作状态的多样性，需要具有复述性和即兴式两套语言编码能力，并掌握其表达、交流样态。

3. **整体感**

电视新闻播音，仅就消息播报而言，除去少量完整稿件外，绝大多数是新闻片导语（一条新闻的上半部）和新闻片配音（一条新闻的下半部）这两种不同形态的播音。而在工作中，却应从备稿到播出都要参照整条新闻的上下内容，心理上形成整体感。播导语时，必须知道下面新闻片的内容和与它的承接点是什么；在播新闻片配音时，也应了解上面导语中的内容及接应点在哪里。这样，在表达处理时，才能有整条新闻浑然一体之感，不致于自成一体、互不相关。

4. **画面感**

电视新闻播音中为新闻片配音，要有画面感并受其制约。具体讲有两层含义：一是，配音时语言始终有介绍、补充画面之感，语言感觉不应游离画面；二是，配音语言的快、慢、等、抢受画面内容、片子节奏及具体人、景、物的制约，配音语言应与画面内容对位。

5. **体态语**

电视新闻播音大多在镜头前工作（除去新闻片配音）。因而，电视新闻播音员（主播）一定要有镜头感，形成内心感觉、有声语言、体态语三位一体的有机和谐感。无论是演播室播音，还是现场报道出外景，电视新闻播音员（主播）都要受镜头的景别、方位的制约，选择适当的体态语和适度的动作幅度。一般而言，坐姿、近景时，身体和头的动作幅度不宜过大；而中远景或站姿时，动作幅度可大些，以适应人的视觉和心理感觉。

此外，与电视综艺类节目播音主持相比，电视新闻播音员（主播）不可面部表情太丰富、身体和手的动作多、幅度大,体态语应以平和、微调为宜。因为,二者的工作任务不同,追求效果不同。

另外,除去一般坐姿以外,电视新闻播音员(主播)还应具有站、走、蹲及多种坐姿的形体控制及和谐能力,以适应不同的出镜需要。

总之,电视新闻播音不同于广播新闻播音,有其自身的创造特性。它以广播新闻播音为基础,因而,电视新闻播音员(主播)应具备广播、电视两重基本功。

二 训练要点与提示

电视新闻播音的特点与制约,决定了其表达形态的多样性。虽然它与广播新闻播音相差不大,又基础相同,都需要备稿六步为表达基础,也都要求播音清楚,有新鲜感。然而,电视新闻播音毕竟有不同的形态与具体要求,为了做好电视新闻播音工作,应当加以细致研究和严格训练。

第一部分——出镜播音(口播)

电视新闻出镜播音(口播),即由电视新闻播音员(主播)在电视屏幕上出图像播报新闻稿件的电视新闻播音。它具有可视性,以有声语言作为传达新闻信息的主要手段,同时,辅以体态语。

电视新闻出镜播音(口播)的内容大致有5种:
▲导语、串联类;
▲公文类;
▲快讯类;
▲背景、知识类;
▲新闻评论类。

(一)导语、串联类

要想播好电视新闻导语,首先应当了解电视新闻导语的写作特点。

有人说:"电视新闻七分是摘要,三分是详细内容。"这也许并不夸张,与报纸新闻和广播新闻相比,电视新闻讲究"好看"和"精练",不包罗过多细节,也不用累赘、艰深的词句,或用语文绉、书面化。在诸种媒体中,电视新闻可以说最通俗化、大众化。它的写作,一般用简单句,多用日常通俗用语,句式较活,有时为了配合画面、突出重点,在表达上常常用词生动,思维跳跃。电视新闻导语和串联词的写作中,更集中地体现出这些特点。

导语，是新闻消息写作中最重要的一环，它是一条消息的脸面。美国威尔逊大学教授特·米尔纳曾说："导语是一种提示、摘要、高潮，一种包在小包裹里的要点或者是新闻预告的总和。"对于电视新闻导语来说还应加上：引起兴趣，以关注下面的新闻片内容。电视新闻属于视听线性传播，因而，简明精练、重点突出、引发兴趣、生动活泼的导语，有利于揭示新闻实质，有助于吸引受众关注。一般电视新闻导语的写作，大致要抓住几个要点：概括实质、突出重点、显现特点、寻找兴趣点。

电视新闻自身及写作特点，决定其播音有别于广播新闻播音，尤其在导语和串联词的播音中更突出"说、讲、活、变"。说，即语言畅达、自然、松紧自如，交流感极强；讲，即耐心讲解，不板、不塌；活，即依据稿件写法，思想感情色彩和语言表达形式丰富多彩、细致、准确；变，即无论是思想感情色彩，还是叙述、说明、议论等不同语言样态都依稿件写法和表达需要而相应变化，表达准确到位，当然，是在新闻语体的制约下而变。

电视新闻中的导语、串联词，是指一条电视新闻片的导语，以及性质、内容相近或反差较大的电视新闻片之间的串联词(也叫插语)。从导语的不同写法与作用角度出发，我们可以将电视新闻导语细化为以下诸种：

1．点指式

点指式导语，通常点出整条新闻的新鲜处、价值、要点。播这种导语要以有声语言和体态语显现其价值、要点。表达中重音要准，重点处可稍放慢、提起、凸现，以引起注意。例如：

"本台消息：中国国务院总理朱镕基近日强调，中国要加快建立全国统一、规范和完善的社会保障体系，并要求各级政府一定要抓好这件大事。"

下面的新闻片当中，展开介绍了朱镕基同志当时讲这番话的情况和具体内容，形成这条新闻的背景与主体。

大家知道，我国目前正在进行经济体制改革，有不少工厂、企业兼并、组合，导致一些工人下岗，这毫无疑问会带来他们及家人的生活问题，这个问题解决不好，也会带来极大的社会问题和负面影响。但是，我们又不能望而却步，止步不前。因为，从某种角度讲，人类历史的每一次进步，都要有一代人做出某些牺牲。因而，我们在这一认识的基点上，还应配套相关、有效的政策，将改革带来的某些影响降至最低点，最大程度地把党和政府的关爱，送至这些受到冲击的人们心里及生活中，使他们对改革有所理解，对未来有所期望，保证改革大业的顺利进行。本条新闻的价值就在于此。

我们播这条新闻的导语，应播出政策性、指导性、要点和新鲜感来。同时，出镜应端庄、大方、稳健，体态语少而重持，有一定分量感与真诚感。又如：

"计算机专家日前警告说:继 CIH 病毒之后,又一种名为 HAPYYQQ 的计算机病毒开始在国内出现。"

下面的新闻片中,展开介绍了这种病毒的特点、传播方式,以及它所造成的危害,提醒人们注意防范这种病毒。

大家知道,自从计算机问世以来,已经被人为地制造出多种计算机病毒,它对安全使用计算机,带来极大威胁。

因而,播这条导语,就应清楚、醒目地点出新计算机病毒的名称,提醒人们加以注意。播音时,应表现出严肃、关注的态度,不宜太快。

2. 结果式

结果式导语,一般将某一事情的结果先给出,使人一目了然,这种导语似一条简明新闻,内容相对完整。播这种导语,要播出结果的意味。例如:

"联合国秘书长特使德索托 28 号抵达伊斯兰堡,与巴基斯坦外长阿尤布汗举行了会谈。此前,德索托曾打算访问印度,但遭到印方拒绝。请看报道。"

下面的新闻片中,介绍了德索托之行的目的、意义及背景。

大家知道,巴基斯坦与印度两国之间的关系一直不和谐、不稳定,局部战事不断,由核竞赛到边境冲突,引起这一地区各国人民的恐惧与不安。为此,联合国秘书长行使自己的职责,关注这一地区局势,派特使前去做工作。然而,这条消息的导语却透出,此行结果并不乐观。

因此,播这条导语,应当较严肃,不宜只一般性交代其结果,态度中应充满关注之感,要有内涵,表达应沉稳,勿语气飘浮。又如:

"第 36 届世界体操锦标赛今天下午进行了女子 4 个项目的半决赛。曾在预赛中有出色表现的中国小将张楠在高低杠和平衡木项目上连连失误,自由操比赛虽然发挥正常,但因起评分太低,最终无缘决赛。至此,中国女队无一人进入单项决赛。"

下面的新闻片中,较为详细地介绍了本来在预赛中表现突出的中国小将张楠,是如何在几个比赛项目中失利的。如在做高低杠动作时,她在做连接动作时腿有些弯曲,落地时,又向前跨了一小步;在做平衡木动作时,两次从平衡木上掉下等。

大家知道,体育是现代人生活中不可或缺的内容,体育比赛更是人们极为关心的事情,每一项体育比赛成绩都牵动着人们的心。这次世界体操锦标赛人们特别希望中国运动员取得好成绩,尤其是此前又传来女队小将张楠预赛成绩名列前茅,人们更是充满了期待。而这条导语却带来令人沮丧的消息。

播这条导语,应把握好分寸。不能基调太沉地给出比赛结果,同时,应有种"概括而言"之感。给人要知详情,请看下面具体报道的承送感。

3. 悬念式

悬念式导语,往往结合新闻主题找到一个切入口,以悬念的方式提出问题,以达到平中出奇的效果,更好地引起受众的关注。例如:

"现在正是可可成熟的季节,在第一大国科特迪瓦,虽然今年获得了可可丰收,但人们却高兴不起来。"

下面的新闻片中,回答了为什么可可丰收了人们却高兴不起来的原因。原来是战争导致那里民不聊生,哪还有庆祝可可丰收的好心情呢?以此揭示战争是地球人生存的祸源这一主题。

播这条导语,可在叙述中蕴含悬念感,但不应语气过于夸张,否则,适得其反,削弱了悬念的魅力。又如:

"本周三甲Ａ没有比赛,但波导战斗队的辽小虎却起了个大早,究竟有多早呢?"

下面的新闻片中,展现了这些足球运动员天没亮就来到了天安门广场观看升旗仪式,表现出球队领导在足球火爆、足球运动员收入颇高的今天,仍然注意抓球员的思想教育工作,这是值得提倡的主题。

这条导语如果平铺直叙地写,就不能引起受众的兴趣了。因而,我们在播时,也要随稿件写法,播得兴致浓一些。但也不要过,超出新闻语体了。

4. 提问式

提问式导语,往往以提问的方式作为导语的结尾,实质上是想通过这种方式,引起人们的注意,强调报道内容的重要,以及由此引出思考的结论和意义。播这种导语,首先,要有全局在胸的态度指向;其次,要有深刻、准确的语气显露。例如:

"在日常生活中,培养孩子向上、健康的心理素质,是不容忽视的。然而,记者最近在一些中小学里发现,一种'纹身贴纸'正在许多孩子中间风行,商家在赚钱的同时,不知是否认真考虑过,孩子的身心健康是很容易在潜移默化中被误导?"

下面的新闻片中,具体报道了纹身贴纸在孩子中间风行的情况,也通过对孩子们的采访,披露了他们内心对此的感受,结论不言而喻。

我们知道,在当前经济改革形势下,赚钱、追求经济利益并不是坏事,相反,还应提倡。然而,我们不该忘记,我们是社会主义国家,这种对经济利益的追求,应当建立在正确的思想指导下,不能见利忘义,也不能生财无道,对孩子们的成长不能产生负面影响。因为,孩子们尚缺乏认知能力,他们充满好奇心,极易受到各种诱惑。这条导语,就明"问"实"批"了这种不负责任的求利行为。

因而,播这条导语,应当开口就有鲜明的态度及富有导向的语气,表达要有力度,而又不失分寸,增强语气的内涵。语速不宜太快,不能匆匆而过,应当出语稳实、有主次,重点落在结尾的问语上。又如:

"北约的空袭造成南联盟大批难民出逃,其中既有阿族,也有塞族。但西方近日却打造舆论称,是南联盟制造了这场灾难,事实果真如此吗?"

下面的新闻片中报道了与西方舆论大相径庭的事实,并且抨击了其目的所在。我们知道,美国等西方国家对与他们政见不同的南联盟政府的不满由来已久,总想推翻它。于是,千方百计寻找机会,并以新闻媒体为工具大造符合自己意愿而不负责任的舆论,为自己日后的军事行动做铺垫。事实证明,英雄的南斯拉夫人民并没有屈服,他们最终赢得了自己的荣誉,捍卫了国家主权。然而,战争之初,西方媒体混淆视听的言论,的确令世人难辨真伪。因而,这条新闻以事实为武器回击了对方,还事实真相于民。

所以,播这条导语,应当有鲜明的态度、积极的状态、犀利的语气,以强有力的反问来触及人们的心灵,引起极大关注。但应注意,不要将此导语播成了评论,记住它的作用是引出下面的新闻事实。

5. 引入式

引入式导语,往往以某一兴趣点为引入口,调起人们的好奇心,达到很好地引入下面新闻片内容及画面的目的,发挥其自然、生动过渡的作用。播这种导语,也应顺其写法,播得生动、轻松一些,与片子内容、情绪、画面相和谐。应当积极、热情、有兴趣。不能死板、态度中性。尤其注意,导语结尾不应处理成结束感,应有延伸感。例如:

"APEC第九次领导人非正式会议,今天上午在上海科技馆举行。新落成的上海科技馆地处浦东新区,与世纪公园相毗邻,与东方明珠电视塔遥遥相望。科技馆建筑规模宏大、展示内容广、科技含量高,居历年来上海兴建的文化项目之首。现在我们跟着摄像机的镜头一起去那里看一看。"

大家知道,APEC会议是新世纪初世界各国重要领导人聚集中国的一次盛会,而上海的建设规模与速度又是有目共睹的。那么,这样一次盛会的开幕与这样一个居历年来上海兴建的文化项目之首的上海科技馆到底有什么关系呢?想必是人们十分关注的热点和兴趣点。于是,在导语的提示、调动下,将人们的兴趣与关注带入下面的新闻片中,以揭开谜底。

因而,播这条导语,应当清新、振奋,又不失自然、兴致;语言轻快,情绪积极。尤其注意,导语结尾处,语气勿自成一体,要有引入感。又如:

"高雄有一位蛇王,靠着表演各种玩蛇的绝技为生,可以想见他玩蛇的技术一定很高明,到底高明到什么样的程度呢,让我们去看一看。"

下面的新闻片中,用画面与配音向受众介绍了这位玩蛇高手的种种绝活,如赤膊赤脚踩进装有几十斤重的大蟒蛇和一大串眼镜蛇等巨蛇、毒蛇的塑料桶里,跟这些蛇一起洗澡,并将这一大串毒蛇捧起来当毛巾,用力往脸上擦洗。

大家知道,毒蛇对人的危害极大,一旦被咬,后果不堪设想。而一个人却能以玩蛇为生,这其中充满惊险,自然会引起人们的好奇心。

因而,播这条导语,首先要有很强的兴致,其次,应有较生动的语气,这是相对一般新闻而言,却又不能播成专题节目。

6. 引言式

引言式导语,一般在导语的中间或结尾处引用某人的话或格言、俚语等内容,以期更有代表性,获得具体感,来突现此条新闻的主题。播这种导语,首先应抓住引言的实质,予以突现。其次,把握好引言的情感态度分寸,不能欠也不能过,或播成别的语体,即不欠、不陷、不错位。还应注意,播这种导语,语言要自然、具体、生动些,情感稍浓于其他新闻导语。例如:

"昨晚精彩的焰火晚会成为东道主奉献给所有嘉宾最好的礼物,几乎每一个与会代表都由衷地发出赞叹:'这真是太美了'。"

大家知道,在上海召开APEC会议期间,好客的上海市民、市政府为与会来宾们呈现了一台美不胜收的大型景观焰火晚会,引起各国政要、代表的一致好评。这条导语的结尾处,引用了一句众口一词的话,写法活泼,使人感觉具体。

因而,在播这条导语时,除去注意基调轻快、语气较活以外,还应注意,不要将引言播成抒情性或人物化语言。应遵循新闻播报叙述性语言的创作原则,用转述口吻播出,但也不能无感情地播出。又如:

"这是一幅宣传禁毒的招贴画,少女与骷髅、艳丽的罂粟与阴森的死亡形成了鲜明的对比,它形象地表现出了毒品的可怕和对生命的威胁。一位吸毒者这样说:'敲开了毒品的门,就等于挖好了自己的坟。'请看报道。"

大家知道,毒品是万恶之源,人一沾上它就很难再戒掉,在毒品的诱惑下,人会失去自我,丧失理智,最后,往往触犯法律、自我毁灭。为了告诫人们莫沾毒品,突现毒品的危害这一主题,这条导语的结尾处引用了一段吸毒者真实体验的形象化语言,生动、形象、有力地揭示了这一点。

下面的新闻片中,以一个个震撼人心的事实,佐证着这个吸毒者的肺腑之言。有年轻美丽的女演员因拍电影想体验角色吸毒的感觉而染上毒瘾最终丧命的;有为了获得毒资而将自己幼小的亲生儿子押给毒犯、使孩子受尽折磨的冷酷母亲等。

因而,我们在播这条导语时,应当基调凝重,与下面的新闻片配音基调统一。此外,导语中的两组对比语应播得鲜明,引语要有较浓的情感态度,但也不可失去新闻语体制约,还应与新闻片配音有所区别。

7. 概括式

概括式导语,是将下面新闻片中的内容先做一概要介绍,使受众获得初步印象,以期全面、深入地了解新闻事实。播这种导语,应加强新鲜感与意味,语言应明快,随内容而变。这种导语与结果式导语极为相似,区别在于一个重在结果,一个重在概括。例如:

"昨天是来自美国加利弗尼亚的客人希尔瑞一生难忘的一天。她不仅来到了向往已久的中国,并且参观了独具特色的老北京胡同,使她的中国之行充满了温馨。请看报道。"

下面的新闻片中,具体报道了希尔瑞在北京的参观游览活动。她不仅参观了宏伟的天安门和独具特色的天坛,还坐上了三轮车,进了四合院,品尝了北京风味的油条、豆浆,了解了原汁原味的北京胡同文化。

大家知道,旅游不仅使人们开阔眼界、增长知识,同时,也可给国家带来不匪的经济效益,因此,吸引国外游客是各国的经济开发政策之一。要想吸引游客,就要有浓郁的地方特色和足以引起人们兴趣的旅游项目,这条新闻就很好地体现了这一点。

因而,播这条新闻的导语,应热情、亲切,语言相对其他新闻稍柔和一些,语速不宜太快,要有意味,不可淡然寡味,或快速带过。体态语也可相应轻松一点,但不可松弛过度,超出新闻规范。又如:

> "以往客户上银行分理业务要围着银行转,如今,中国投资银行总行营业部在本市首家推出了银行围着客户转的全新服务模式——面对面服务和客户经理制。请看报道。"

下面的新闻片中,具体介绍了中国投资银行的这一全新服务模式。

大家知道,中国经济要与世界接轨,不注入新的经济理念,不健全规章制度,不改进服务态度便无从谈起。这条新闻报道了这方面的可喜变化,令人欣慰。

因而,播这条新闻的导语,应振奋、欣喜并有新鲜感,表达应积极、明快。不应语气平、语言塌、毫无生气。要知道,语言面貌透出的是内心感受,它直接反映出说话主体即播音员(主播)对所播内容价值、意义的理解、认识和感悟。

8. 背景式

背景式导语,是将新闻产生的时间、地点、环境、氛围等各种相关因素,作为导语内容,便于人们更好地了解这条新闻,益于把握新闻的实质、意义。播这种导语,应有介绍、解释感,要有主次感,语言相对平和。例如:

> "16日纽约世贸中心废墟的烟雾还未散尽,救援工作继续紧张进行,纽约市政当局正在努力恢复世贸中心周围地区的正常秩序。"

下面的新闻片中,介绍了这方面的具体工作。如若没有这条新闻导语中的介绍,受众便不会了解片中工作的背景与意义。

大家知道,美国发生"9·11"恐怖袭击事件之后,引起全世界的震惊与关注,人们希望受到袭击的地区和人民,尽早摆脱这一影响,恢复正常的工作和生活。这条新闻,及时向世界人民介绍了这一情况,起到了应有的作用。

因而,播这条导语,应取严肃、关注的态度,又有新鲜、明快之感,并有种正在进行时之感。不应过于松弛,因为,这毕竟是导语,与一般背景耐心讲解的处理不尽相同。又如:

> "在上海市马当路上有一家安老院,它是由一对残疾人夫妇办起来的。夫妇俩的全情投入,换得了老人们的一致称赞。"

下面的新闻片中,介绍了这家安老院的具体情况。有了导语中的介绍,人们才了解这家安老院的背景,知道它的不同寻常之处。

大家知道,我们国家对残疾人是十分关怀的,把残疾人事业摆在一个非常重要的位置。而许多残疾人也自强不息,尽自己所能为社会做贡献,受到人们的尊敬。这条新闻就报道了这样一个事实。

因而,我们在播这条导语时,应首先点出这条新闻的背景特点;其次,用热情赞扬的语气,情感真挚,语言亲切地播出。

9. 转折式

转折式导语,是借用转折手法,将导语分为两部分。通常,后半部才是本条新闻要说的主要问题,前半部仅为铺垫、对比。这种导语写法较活,如不认真备稿,仔细揣摩,见字生情,有时会本末倒置,甚至闹出笑话。播这种导语,应把握主次、重点,语气对比明显,基调准确,统一当中有变化。例如:

"小小秤砣,平衡着千家万户的菜篮子。前一段时间,各地纷纷把市场上容易做手脚的杆秤换成了台秤,消费者一度放下了心。然而最近,一些不法商贩欺骗顾客又出新招,在台秤上打起了主意。请看报道。"

下面的新闻片中,展现了这些不法商贩们利用新招坑害顾客的伎俩。

大家知道,经济行为的最终目的是获得利益,而生财无道却是被摒弃的。尤其当前中国已经进入了世界经济轨道,法制经济、诚信经济势在必行。那种坑、蒙、拐、骗的不法、不道德的经商行为,必然遭到人们的指责与唾弃。人们热诚呼唤道德经济。对种种经济行为中的不法行为进行揭露与曝光,使之受到打击,也是新闻工作者的职责之一。

这是条批评性消息,因而,我们在播这条导语时,首先,要认真备稿,把握准基调。不能见字生情,形成前暖后冷的"变脸"处理,要有主色彩与其制约下的相应变化与分寸。在"然而"处显现转折之意。这条导语的表达重点在后半部,用声、态度、语言力度、语言色彩都较强。前半部仅为铺垫,因而受本条导语基调的制约,语言色彩不宜太暖,但作为次要部分,也可有自己的独立色彩,却不能太浓而与后半部色彩平分秋色。又如:

"人们通常认为,下岗女工,特别是一些年龄偏大的下岗女工,由于文化素质相对较低、劳动技能较差,再就业时会有一定难度。然而,近来深圳劳动就业市场上却出现了一些企业竞相招聘下岗女工的现象。"

下面的新闻片中,介绍了深圳劳动就业市场招工的这方面情况,他们一反常规的做法,带来了这条新闻的价值,也引起人们的关注。

大家知道,由于我国正处在经济体制改革时期,一些落后的生产企业相继关、停、并、转,导致一些工人下岗。这些工人大多年龄偏大、文化不高,且技能有限,再上岗很困难,尤其是女工更遭到许多企业的排斥。然而,并不是下岗女工真的没有一点价值,在商业、服务业就有她们大显身手的领地。另外,女工们踏实、敬业、苦干、实干的就业思想和作风,也深得用人单位的认可,在某些岗位,远比招一些心浮气躁、不想多出力、只想赚大钱的年轻人要好。思想超前的深圳人,一反排斥下岗女工的做法与认识,竞相招聘下岗女工,为国家解难,也为自身利益着想,在这方面带了个好头,值得称道。

因而,播这条导语,也应抓住转折语"然而"之后的重点予以显现。导语的前半部仅做对比性铺垫,语气较平和,但也不要有过于否定的意味,因为这毕竟是人之常情。后半部应从语气中透出肯定、赞许之意味。表达语言稳实、明快、有新鲜感。

10. 议论式

议论式导语,这种导语往往将新闻内容的意义以议论的方式写成导语,具有权威性、庄重性。播这种导语,应庄重、大气,带有议论的意味。语言饱满、坚实、有一定力度。例如:

> "今天是国际禁毒日,禁毒是中国政府的一贯政策,新中国成立以来,以毛泽东、邓小平、江泽民为核心的党和国家三代领导集体,一贯高度重视禁毒工作,取得了举世瞩目的成就。请看报道。"

下面的新闻片中,报道了从20世纪50年代以来,毛泽东、邓小平、江泽民三代领导人重视禁毒工作的具体内容。

大家知道,中国自改革开放以来,国门打开,但在引进先进的生产技术的同时,一些不好的东西也随之进来,或重又泛起,毒品便是其中之一。毒品给人带来的危害有目共睹,然而,我们不能因噎废食,关起国门。走向世界是不可改变的必然,因此,我们只有不断地更加坚决有效地禁毒,与之斗争下去,宣传人民,教育人民,坚决打击吸毒、贩毒行为,才能保证我们的改革大业顺利进行。这条新闻就报道了这方面艰苦卓绝斗争的情况与成果。

因而,播这条导语,应根据其写法,播出议论的意味,语言庄重、大方,有一定力度,基调凝重、高亢。不应播成一般性导语的叙述、介绍性语言。还应注意,这是新闻中的议论,不同于真正的评论播音,二者尚有区别,应把握语体和分寸。

11. 抒描式

抒描式导语,指写作中带有抒情、描绘的语句或意味。这种导语虽不多见,但在当前的新闻报道实践中的确存在。抒描式导语,往往对某一新闻场景进行描绘,就某一新闻事实抒发记者的感悟。以具体性和情感性切入所报道的新闻,抓住受众的心,引起共鸣。这种导语写法较活,与下面的新闻片内容有较好的呼应,给人以自然、生动、和谐之感。播这种导语,大多用声不宜过强,音色较柔,语言自如、较活,略带抒描语气,但又要把握分寸,不失新闻语体的制约。例如:

"'幽幽君子兰,芬芳满人间',兰花自古以来就被称为'国兰'、'国香',以象征一个民族的精神、气质和风格。'兰花如美人,不采羞自献',可在新春时节,数千名兰却聚集云南丽江古城,争奇斗妍,令人大饱眼福。"

下面的新闻片中,向人们展现出一幅幅各种兰花的姿容,美不胜收。

播这条导语,不应似播抒情散文或朗诵诗,完全脱离了新闻语体。应以介绍为主,中间略带抒描语气。当然,也不可只作一般性平淡的叙述,那样,势必削弱了这种导语的创作初衷。

12. 补充式

补充式导语,为了显现新闻事实的新鲜、醒目、价值,往往在导语中加进一些与本条消息相关的补充资料,以突现此条新闻的重要性和新意。播这种导语,要自然、有机、有主次感。一般,播前半部与新闻相关的补充资料时(或是一种说法,或是一个难题,或是一种现状),应播得清楚,形成铺垫;后半部涉及此消息的内容时,应强调、醒"耳"。前后有机,浑然一体。例如:

"根据统计,中老年人骨质疏松的患病率是相当高的,患者容易发生骨折和骨裂,给生活带来极大不便。而对于骨质疏松症的防治一直是医学界的一个难题。不过现在,这种情况终于出现了转机。"

再如:

"讨论发型的流行趋势,似乎一直都是女性的专利。不过,英国最近的一项调查显示,越来越多的男性也开始关注起他们的发型是不是够得体、够时髦,改变被认为是提升男性魅力的方法之一。"

以上大致介绍了电视新闻导语的诸种形式,其实,还远不只这些。我们这里所说的导语,不仅就消息而言,一些新闻综述、新闻特写的导语也在其中。导语的写法多种多样,归纳起来,导语的作用主要有两点:一是,提示重点、概括全篇;二是,引起兴趣、引入主体。

值得提及的是,电视新闻导语的写法与广播新闻导语的写法不尽相同。

原因之一,广播新闻导语与新闻主体联系较紧,并仅有听觉联系。而电视新闻导语是视听兼而有之,它可以多方面连接,既可与下面新闻片配音的有声语言连接;也可与其镜头画面连接;或与同期声连接。所以,相比之下,电视新闻片导语的写法更灵活、更丰富多样。

原因之二,电视新闻导语,不仅可以是本条新闻内容之一,也有编者对一条新闻的介绍、评价和为引起受众的兴趣与关注而加进的补充资料,手段丰富、方式多样。原因在于,电视新闻中,不仅有国内外大事、政策指导、经济建设成绩等,也有展现人民生活面貌和引起人们兴趣的奇闻轶事。由于视听兼备的传播优势,因而,电视新闻内容更丰富、可感,导语写法自然也就更多样化。

如何将电视新闻导语播好,我们做一形象化比喻,电视新闻导语就整条新闻而言,似一个人的眼睛,它所居位置与作用正是如此。它的视向给人以应当观望的方向,或应当关注的要点。将一条导语播好,就如同一个人生了一双好眼睛,不但看东西清楚,还长得漂亮。反之,这眼睛看不清东西,又生得不好看,这人就缺乏生气。但如若一个人眼睛长得倒好看,却总是一种神情,也会使人生厌。这也正如电视新闻播音员(主播)播导语,虽将每条电视新闻导语都播得清楚、明快,基调、重音也准确,惟独缺少变化,播不出每条导语应有的作用与特点,那么,这种播音也是不到位、不漂亮的。

电视新闻导语写法多样,作用不同,各具特点,播法自然也多种多样:有庄重、大气的;有轻松、活泼的;有亲切、自然的;也有幽默、风趣的。此外,电视新闻导语不同于广播新闻播音,它具有引入性,因而,电视新闻导语的播音处理,不能只陷于自身,一定要依据新闻整体和新闻片的承接需要而定,以此产生相应的基调、重点、语速、表达方式等。

如果说导语是就本条新闻而言,那么,串联语则是在两条新闻之间发挥作用。串联语具有承上启下的过渡与转换对比作用。例如:

"悬赏捉拿野人的行动至少在目前还没有给神农架自然保护区造成大的损害。而在有的地方,一些不负责任的破坏性开发则已经给当地宝贵的自然或人文资源带来无法弥补的损失。"

这段串联语连接了上下两条新闻。前面一条消息是:全国多家报纸都以醒目的位置刊登了湖北神农架自然保护区和一家公司合作,要悬赏捉拿野人,奖金最高为50万元。这高额奖金着实吸引了不少旅游和探险爱好者,也使那家举行这项活动的公司声名远扬。但这消息也引起不少专家、学者的忧虑,很显然这种做法是不合适的。它既不符合国家有关规定,也不科学,还会严重破坏自然环境。

后面一条消息是:中央电视台报道了浙江龙游县的凤凰山上发现二十多个特大石窟,这些石窟凿刻工艺细致精巧,有的专家甚至认为,这可能是战国时期越王勾践的藏兵洞。但现在这些石窟却遭到严重破坏,在已经开发出的5个石洞内,建有一些品位低下的人工建筑,有卡拉OK厅、有猪八戒看仙女洗澡的光电模型、有不伦不类的栈道和古城墙等,光滑的岩壁上也雕刻出许多八仙过海之类的图案,让人看了触目惊心。

以上这两条新闻有个共同点,都是不爱护自然环境,这段串联语就将这前后两条消息有机连接,起到承上启下的作用。同时,将其实质揭示出来,给人留下较深印象。

播这种串联语,首先,要了解前后两条新闻的具体内容,并产生自己的认识与感受。其次,要语气鲜明,分寸得当,具有上挂下连的过渡之感。又如:

"爆竹致残双眼令人痛心悔恨。而下面这条消息在令人触目惊心的同时,更令人愤怒。就在前天,一男青年为了满足自己的好奇心,竟用硫酸残忍地将动物园里两只国家一级保护动物黑熊伤害致残。请看报道。"

这段串联语串联的两条消息,前一条:报道了北京地区今年春节期间有人无视相应法规,燃放爆竹炸伤了眼睛的惨况。而后一条:则是大家知道的北京某名牌大学的学子,为了满足自己的好奇心,考察一下熊的嗅觉是否如书上所说的特别灵敏,竟先后两次给棕熊和黑熊投了带有火碱和硫酸的饮料,致使几只熊都受伤,其中,两只黑熊伤得很重。从电视画面中,我们看到了受伤黑熊痛苦万分的境况,令人心痛。

以上两条新闻报道的都是受伤的情况,但原因不同。前者,是人自己人为造成的;后者,则是动物本身非常无辜,是人加害于它的,因而,带给人们的感受也不相同。

播这段串联语,态度、语气要有相应变化,重点与情感推进在后半部分,但也不能前边的"承"过于淡化,后边的"启"语气太过。这段串联语,语气色彩不尽相同,语气分量也有区别,前边是痛惜、惋惜,后边则有指责意味,切忌播成一种色彩,否则将起不到应有的效果和作用。

串联语,除去串联内容、性质相同或相近的新闻以外,还可串联性质不同的新闻。例如:

"比起没招着谁、没惹着谁就被人捞出水来成为盘中餐的小黄鳝,小海龟元元和贝贝算是幸运多了,它们一年前被人从餐馆里救出,今天要回归大海了,让我们去看看。"

这段串联语串联的是两条性质不同的消息。前者,讲的是:在北京紫竹院公园门外的小河旁,有许多人用网捞从养鱼塘中冲出的小黄鳝;而后者,讲的是:小海龟被人从饭馆里救出,又被放归大海的消息。

我们在播这段串联语时,应当加强语气对比,以显现两条消息所蕴涵的不同本质意义,同时起到有机串联的作用。基调统一,有变化,重点在后半部。

总之,电视新闻导语和串联语是电视新闻出镜播音(口播)的主要内容,它既可概括一条新闻的主要内容、指出要点;又可引起人们的兴趣与关注,有机地引出新闻主体;它不但在一组新闻片中起到区分、转换作用;更有画龙点睛和向导作用。因而,我们应当重视电视新闻导语和串联语的播音,认真分析(不但要分析导语本身,还要了解整条新闻,整组新闻才能把握准),抓住特点,灵活处理,播好每一条导语和串联语,让它发挥应有的作用。

目前,有电视台在尝试没有导语、串联语的电视新闻,整个节目中只有一条接一条的电视新闻片。这种做法值得商榷。如果是重要会议的报道还可采用这种方式,因会议的性质、任务、作用及首长和代表们的讲话内容都在一个大主题之中,似一条大新闻,可以不用点指、引入等。而一般新闻,每条新闻的内容、重点、新鲜点各不相同,应当有各式相应的导语、串联语发挥其应有的作用。这之中也有一定的传播心理与传播效果问题值得关注。

大家知道,人的注意力在相同形式下,不可能保持长久,有松、有紧、有变化,才能更好地调动人的情绪,形成鲜活的记忆。电视新闻片虽然每条不长,又有画面的不同,但是,它的内容大多声画不严格对位,有些画面的代表性并不强,大多数信息还是通过有声语言(配音)给出。如若一条接一条的新闻片连着放,虽然内容各不相同,但长时间一种形式,缺乏必要的导语出镜播音(口播)的转换、点指、引导,人们会觉得很累。这毕竟不是在讲课,老师讲,学生必须听,而是大众媒体在为受众服务,人们有充分的选择权。否则,新闻报道的内容再多、再重要,人们不去看,或因太累接受不好,也不会有好结果。当然,即便是讲课,也应形式多样、生动活泼、引人入胜才会有好效果。要知道,在内容相同的情况下,形式是实现效果的重要条件。

基于以上原因,本人认为,那种电视新闻片相连、没有导语、串联语的电视新闻不会长久下去(文革中有过,那时,电视新闻播音员都不出镜)。这种播出方式,不符合电视新闻传播规律。因而,也不可能受到广大受众的认可。所以,无论目前情况如何,作为一名电视新闻播音员(主播)都应当重视训练自己的出镜播音(口播)能力。

(二)公文类

公文类播音,指各种重要的会议公报、决议、政令、中外领导人致电、外交照会、通知、新闻发布稿的播音。公文类稿件的播音,应当有较强的政府、媒体代言人身份,庄重、大气、有一定高度,但不可过。表达应具有发布和介绍的双重心理及语气,也要有对象感。语言样态多用宣读式或宣读加播讲。播音也要有随所播内容的变化、微调。在较长稿件的播音中,不可板着脸从头到尾一种语气、一种音量、一种音高。播这类稿件,应用声稳实,不虚、不拔;吐字饱满,立得住、不塌、咬字较紧;气息较强,支撑稳劲;语速相对一般电视新闻播音稍慢,用声也相对高于、强于一般电视新闻播音,以显示其重要作用。表达庄重为主,根据所播内容又不失亲切。

例1:"十届全国人大一次会议今天上午举行第五次全体会议,会议选举产生了中华人民共和国主席、副主席,选举产生了中华人民共和国中央军事委员会主席,会议选举产生了全国人大常委会委员长、副委员长、秘书长、委员。

国家主席:胡锦涛

国家副主席:曾庆红

中央军委主席:江泽民

全国人大常委会委员长:吴邦国

全国人大常委会副委员长:王兆国、李铁映、司马义·艾买提、何鲁丽、丁石孙、成思危、许嘉璐、蒋正华、顾秀莲、热地、盛华仁、路甬祥、乌云其木格、韩启德、傅铁山。

全国人大常委会秘书长:盛华仁。"

例2:"今天,中国外交部亚洲司副司长程永华紧急约见日本驻华使馆公使,就日本政府对中国固有领土钓鱼岛采取所谓'租用'措施问题,向日方表明我严正立场,对日方这一损害中方领土主权的行为表示强烈不满。

程永华指出,钓鱼岛及其附属岛屿自古以来就是中国的固有领土,中方对此问题的立场是明确和一贯的。日方采取的任何单方面行动,都是无效的,丝毫不能动摇中国对钓鱼岛及其附属岛屿所拥有的主权,也改变不了钓鱼岛是中国领土这样一个事实。

程永华说,中方强烈要求日方尊重中方在钓鱼岛问题上的立场和主张,切实信守迄今向中方所作的承诺,杜绝任何单方面行动。"

例3:"新华社消息:国务院总理朱镕基今天主持召开国务院第八次全体会议,就任命董建华为香港特别行政区第二任行政长官作出了决定。

朱镕基签署了国务院第347号令,任命董建华为中华人民共和国香港特别行政区第二任行政长官,于2002年7月1日就职。"

例4: "新华社消息:中共中央决定:

免去张文康同志的卫生部党组书记职务,高强同志任卫生部党组书记;

免去孟学农同志的北京市委副书记、常委、委员职务,王岐山同志任北京市委委员、常委、副书记。

免去王岐山同志海南省委书记、常委、委员职务;汪啸风同志任海南省委书记。"

例5: "本台消息:应俄罗斯联邦总理普里马可夫的邀请,国务院总理朱镕基将于今年2月24号至27号对俄罗斯联邦进行正式访问,并举行中俄总理第四次会议。"

例6: "中国红十字会今天发表声明说,中国红十字会愿意与红十字与红新月运动的其他成员一道,本着人道主义宗旨和红十字与红新月运动的基本原则,为伊拉克战争受害者提供一切力所能及的援助。

中国红十字会对在伊拉克爆发的战争深感震惊和关切,对战争造成的人员伤亡和财产损失深表忧虑。

该会呼吁有关方面立即停止战争,通过政治手段和平解决国际争端;敦促交战各方遵守并严格执行《日内瓦公约》及其附加议定书和其他相关国际条约的规定,把战争可能造成的危害和痛苦减少到最低限度。

中国红十字会要求并支持红十字国际委员会,立即根据国际人道法和红十字会与红新月运动章程所赋予的职责和义务,提供紧急和适当的救助服务,并及时向各国政府和红十字会与红新月会通报有关工作和活动情况。"

例7: "本台消息:教育部今天发出通知,要求各地不得将公办中小学和幼儿园以出售、拍卖等方式进行转让,已经转让并造成公有资产流失的,应及时予以纠正。此外通知还要求,办学水平和教育质量较好的公办中小学和幼儿园不得改为民办或以改制为名进行高收费。对于高中招收的'择校生',教育部要求要遵守限分数、限人数、限钱数的'三限政策'。教育部还要求,从今年秋季起,各地公办高中不得占用学校正常教育资源举办高中毕业复读班,也不得招收高中毕业生插班复读。"

例8: "一些外国政党领导人最近发来贺电,向中国十届全国人大一次会议选出的新任国家领导人表示祝贺。

向国家主席胡锦涛发来贺电的有:韩国大国家党代表委员代理朴熺太,乌兹别克斯坦人民民主党中央委员会第一书记贾拉洛夫,日本民主党党首菅直人,尼泊尔共产党(联合马列)总书记马达夫·库马尔·内帕尔,墨西哥国家行动党主席布拉沃·梅纳,柬埔寨人民党主席谢辛,塔吉克斯坦共产党主席绍季·沙布多洛夫,匈牙利工人党主席蒂尔迈尔。

向中央军委主席江泽民发来贺电的有:匈牙利工人党主席蒂尔迈尔。

向国务院总理温家宝发来贺电的有:尼泊尔共产党(联合马列)总书记马达夫·库尔马·内帕尔。"

例9:"新华社消息:中华人民共和国中央军事委员会主席江泽民5月2日发唁电,对海军361号潜艇遇难官兵表示深切哀悼,向遇难官兵亲属表示亲切慰问。

唁电全文如下:海军361号潜艇遇难官兵亲属:

惊悉海军361号潜艇官兵在执行训练任务中不幸全部遇难,我表示深切的慰问。

361号潜艇官兵牢记党和人民赋予的神圣使命,忠实履行军人职责,为国防和军队现代化建设作出了重要贡献。他们不幸以身殉职、为国捐躯,是人民海军的重大损失。他们不愧是人民的好儿子、祖国的忠诚卫士。他们的英名和功绩,祖国和人民永远不会忘记。

中华人民共和国中央军事委员会主席　江泽民

2003年5月2日"

例10:"本台消息:8月14号下午,就中国公民许家斌在日本被打一事,中国驻日使馆向日本外务省进一步提出严正交涉。8月1号,许家斌自马来西亚乘日航抵达东京成田机场时,企图经机场工作人员通道入境,被发现后打成头骨开裂,胸部、腹部受伤。11号,中国使馆领事官员向成田入管支局提出严正交涉。成田入管局次长当面表示了道歉,并通过日本媒体公开道歉,肇事职员还以涉嫌伤害罪被提起公诉。

中国驻日大使馆表示,许家斌非法入境日本的行为是不对的,但日本入管官员对其施暴是严重违法和失职行为,也违反了国际上针对此类事件通常采取的有关惯例。"

例11:"中央气象台今天18点发布的今年第一次强沙尘暴警报说,今天晚上到明天,我国西北地区东部、华北北部以及东北平原南部将先后出现扬尘或沙尘天气。

据中央气象台首席预报员李延香介绍,受冷空气影响,昨天下午到今天下午,新疆的南疆盆地西部、甘肃西部和内蒙古中西部出现了扬尘和沙尘暴天气,甘肃西部和内蒙古西部的部分地区还出现了强沙尘暴天气。

据预报,这次强沙尘暴的范围,主要是在甘肃中西部、宁夏北部、内蒙古中、西部和东部偏南的部分地区,这些地区还将伴有5到7级间8级大风。另据最新监测,内蒙古西部、新疆北部、甘肃西部降温幅度达10到15摄氏度,局部地区甚至达20摄氏度。

明天白天,华北中部、包括北京地区将出现浮尘天气。李延香表示,沙尘天气对这些地区的影响并非特别严重。

由于能见度低、风沙大,对交通运输和户外活动有一定影响,中央气象台专家提醒出行的人们注意防范。"

以上诸稿件虽都属于公文类,但播音处理略有不同:一般政令、决议、照会、人名单等,语言样态多用宣读式,而新闻发布稿、通知等多以宣读加播讲。

总之,公文类稿件的播音,集中代表国家、政府、媒体形象,因而,播音要求较高,需有较强的基本功和一定力度,但又不能用强声高喊来代替播音力度;有些播音,应依具体内容又不失亲切。播这类稿件,体态语应端庄、大方、沉稳、积极。

(三)快讯类

快讯类播音,指具有很强时效性和报道价值较高的消息,由于种种原因不能马上得到图像,便采取出镜快播的方式先将消息播出。这样,既可满足受众的需求,又保证了新闻的时效性。

例1:"各位观众:本台记者从西安发来报道,美国总统克林顿和夫人乘坐的美国空军1号专机已经抵达西安咸阳国际机场。克林顿总统是应江泽民主席的邀请对我国进行国事访问的。"

大家知道,当年克林顿访华是推进中美关系的重要一步,是全中国人民十分瞩目的一件大事。但是当时由于某种原因,克林顿首站抵达西安的情况中央电视台没能作现场直播,于是,由中央电视台新闻播音员出镜播报了这条快讯。晚新闻中,才又配合画面对此作了较为详细的报道。

例2:"中国选手袁华今天在21届世界大学生运动会女子柔道78公斤以上级决赛中,击败日本选手塚田真希,夺取了本届大运会第一枚金牌。"

体育比赛是人们非常关心的事情,比赛成绩时时可能产生,因而,也就成为快讯的主要内容。

此外,许多突发事件也是快讯的主要内容。如美国对伊拉克的攻击等。

例3:"美军指挥中心被导弹击中,至少有6人受伤,多人失踪。"

"美国海军陆战队的两名士兵,在夺取位于巴格达附近的一座桥梁时,被炮火击中,当场丧生。"

随着电视媒体技术的发展,目前,有许多快讯是通过屏幕下方滚动着的字幕发布的。

如美国对伊战争期间,凤凰卫视的女记者吕丘露薇,记者的职责促使她冒着生命危险驱车前往战火中的巴格达。她一度曾与总部失去联系,她的行踪牵动着许多人的心,滚动字幕报道着她的消息。当她终于到达巴格达时,人们悬着的心才放下,人们用"战火中的玫瑰"来赞扬这位冒险首批进入巴格达的中国女记者。

然而,无论媒体发布新闻技术手段多么先进,也不能取代快讯播音,播报快讯的能力是每一个电视新闻播音员(主播)所必备的。

播快讯,总体而言,要突现新鲜感,状态积极,语言极为明快,因为快讯大都是突发事件,是人们极想知道的内容。但语速不可过快,因为,语速过快,势必播不清,也显得慌乱,缺乏从容镇定感。此外,播者要有消息的目击人或知情者之感,情绪饱满、振奋。有时,根据需要,用声可稍高于一般新闻的播音。

(四)背景、知识类

背景、知识类所播内容,是为受众更好地理解一些新闻的内容、意义而配发的相关资料,有历史的、地理的以及其他各种知识等。

播这类内容,应增强服务心理,热情、耐心地介绍。语言平和,语速相对稍慢,要有内行之感,清楚是第一位的。

例1: 在当年北约对南联盟进行空袭之前,中央电视台在新闻节目中对北约是否会动武进行了背景分析:

"北约是否会动武,目前还是个未知数,我们不妨先来看看北约与南联盟军事力量的对比。

北约目前在科索沃附近地区驻扎有33000名士兵,其中包括驻扎在马其顿由2000人组成的'快速反应部队',另有在波黑地区担任维和任务的31000名士兵。

此外,北约的欧洲地区部队超过100万,足以应付大规模武装冲突。据悉,北约欧洲盟军最高司令克拉克有权调用其中4到6万名士兵,用于解决科索沃危机。

南联盟方面,自从前南斯拉夫解体后,其军事力量被分散到各个共和国。南联盟的常规军约有12万,但在科索沃地区却只有21000名士兵。其武装部队目前拥有几百辆苏制装甲车和约400辆老式坦克。

北约在空中和海上也占有绝对优势。北约的意大利和希腊空军基地拥有超过60架战斗机,都在对南联盟目标的攻击范围之内。另外还有更多的战斗机分布在德国、西班牙和其他北约国家的空军基地。驻扎在地中海的美国第六舰队是北约南欧海军力量的主力,目前拥有'艾森豪威尔'号航空母舰、'盖茨堡'号和'菲律宾海'号导弹巡洋舰,以及两艘驱逐舰和两艘潜艇。

至于南联盟,其空军目前拥有约30架战斗机,大多是原苏联70年代生产的米格—21。而且据专家分析,为了保存力量,南联盟的空军和海军在北约发动打击时,极有可能按兵不动。"

例2:"在前面的新闻中您可能注意到了:江泽民主席昨天参观了世界著名的'欧洲核子研究中心',它是世界上最大的实验室。下面我们就向您介绍一下这个中心的情况。

'欧洲核子研究中心'成立于1954年,它位于瑞士和法国之间,研究中心的主体是位于法国境内的、周长达27公里的环形地下实验室——也就是所谓'大型正负电子对撞机'。目前,全世界近一半的高能物理实验都是在这个实验室进行的,主持这个实验室中L3实验组的就是大家所熟悉的华裔科学家丁肇中。

据丁肇中教授介绍,他现在所从事的工作就是利用这里的'大型正负电子对撞机'进行高能对撞实验,以寻找宇宙中的最初物质,从而揭示宇宙形成的奥秘。

根据宇宙形成的大爆炸理论,在宇宙的早期,宇宙温度高达100亿度以上,宇宙中只有中子、电子、光子和微子等一些基本粒子形态的物质,物质密度很大。后来随着整个宇宙体系的不断膨胀,宇宙温度很快下降。当温度下降到几千度时,宇宙间主要是气态物质,气体逐渐聚成气云,再进一步形成各种各样的恒星体系,成为我们今天看到的宇宙。宇宙这种从热到冷,从密到稀的过程如同一次规模巨大的爆炸,因此,这种理论被称为大爆炸理论。

丁教授说,他所主持的L3实验组正试图通过高能对撞模拟宇宙大爆炸的景象,以找到构成宇宙的最初物质。他透露,L3实验组的工作将在2005年完成。

值得一提的是,中国科学家和一些科研部门也为'欧洲核子研究中心'的建设做出了重要贡献。早在江泽民主席担任上海市市长的时候,上海硅酸盐研究所就承担了制造 L3 实验所需的重达 12 吨的锗酸铋(BCO)晶体的任务。另外,中科院高能所、南京大学、山东大学、中国科技大学等也参与和准备参与欧洲核子研究中心的一些科研工作。"

在背景、知识类的播音中,有时会随所播内容配发一些相关的照片、图表及画面,但这只是适应电视特性的辅助性内容,仍然是以出镜播音为主,并不是配音。

(五)新闻评论类

新闻评论类所播内容,是新闻消息后的编后语、电视评论、报刊评论等。

播这类内容,应有评论的心态,议论的语体,情感较浓;咬字饱满,发声、气息力度较强;语言起伏度稍大于新闻播音;语速不宜太快;态度鲜明,是新闻、评论的结合体。

例1:"本台消息:《人民日报》今天将发表评论员文章,题目是:《历史不容否认,事实胜于雄辩》。

文章说:印度突然在 48 小时之内进行了 5 次核试验,遭到全世界的强烈谴责和严正抗议。印度领导人却毫无收敛之意,继续同国际社会对抗,瓦杰帕伊总理近日公然宣称,印度不会签署《全面禁止核试验条约》,这更激起举世公愤。

处于困境的印度领导人,散布印度发展核武器是由于受到中国威胁。然而,没有什么人相信这种荒谬的逻辑和所谓的'中国威胁'的谎言。发人深省的是,达赖竟然站出来支持印度的核试验。人们由此不难想到,印度同达赖之间究竟是一种什么关系。长期以来,达赖集团一刻也未停止在印度从事反华分裂活动。在西藏问题上,印度当局是对不起中国人民的。

文章指出,中印作为世界上两个人口最多的发展中国家,彼此友好相处,符合两国人民的根本利益。

我们奉劝印度当局不要成为中印关系发展的绊脚石。"

例2:"新华社今天播发特约评论员文章说:元旦刚过,北京、广东、四川等地连续发生重、特大火灾,人民的生命财产蒙受巨大损失。火灾频发给各级领导再次敲起了警钟!为什么每一次令人震惊的火灾之后,一些地方又会重蹈覆辙?文章分析认为:原因主要在于少数单位和个人有法不依、执法不严,没有认真实行防火安全责任制;或心存侥幸、麻痹大意,预防措施没有落实;或管理不严,对火灾隐患检查不细致、发现不及时、整顿不得力。文章说:春节即将来临,加强平时和节日防火工作,应该提到各级政府和各行各业的重要议事日程。预防火灾事故,重在行动,重在防范,重在整改。对一些企业的严重隐患,要采取果断措施,该停的停,该关的关,千万不能姑息迁就,千万不能遗留后患。"

例3:"类似'一元营销'之类的价格战,在我们看来,其实更像是一场闹剧,而这场闹剧最终没有一个胜利者。中国已经加入了世贸组织,我们的企业真的应该少一些浮躁和近利,多一些扎扎实实的工作和创新。而作为消费者,也应该树立起理性的消费观念,这样,我们才能建立起良性竞争的市场秩序。"

例4:"近来,到餐馆吃饭的,冲着'野味'去的明显少了,都是'非典'闹的。看来,由于出了'非典',有些平日食'野'味乐此不疲的人,对吃'野味'的恐惧感正在油然而生,这种恐惧感应该继续保持下去。"

以上是几篇人民日报、新华社社论以及电视台的新闻编后语,它们从不同方面表明了国家、政府、各媒体的鲜明态度。播这类稿件,应带有评论的意味和语言样态,但不可拉开架子似播大评论,应兼有介绍评论之感。根据不同内容和写法,有的可义正词严、揭露批判;有的可严肃分析、提出要求;有的可饱含深情、热情赞扬;有的则可幽默犀利、灵活诱导。

总之,电视新闻评论播音,依内容、写法不同,播音方式、语言色彩、处理分寸也不相同,要紧紧依具体内容而议,才能有的放矢。

以上讲解了电视新闻出镜播音(口播)的内容、分类与播法。

目前,在电视新闻出镜播音(口播)中,存在两种方式:一是,有提示器播音;二是,无提示器播音。一名合格的电视新闻播音员(主播)应当具备这两种工作能力。学习阶段,应多练习这两种播音方式,可将一条口播新闻同时用两种方式播音,体会其中的不同技能。

有提示器播音和无提示器播音两种方法的作用、技能要点、具体做法请参阅《电视播音与主持艺术》一书中的《电视新闻播音》一章,在此不多赘言。

第二部分——电视新闻片配音

电视新闻片配音,指电视新闻播音员,在画面外对新闻片内容进行说明、介绍、补充或评述,用以解释、补充、阐释画面内容。在电视新闻片中,配音语言与画面语言同等重要,有时甚至超出画面语言。如会议画面、战争场面等,若没有配音语言相助,观众便不知这些常规画面中开的是什么会,是谁与谁在打仗。

电视新闻片配音的表达,一般而言,语速稍快于出镜播音(口播);语流连贯少停;用声稍低于出镜播音(口播);讲述感更强。

同时,电视新闻片配音具有承接性、非连续性、讲述感强的特点。

(一) 承接性

电视新闻片大多是一条新闻的主体,电视新闻片配音,承接出镜播音(口播)导语的内容与感觉,因而,配音不能自成一体,感觉从零开始,应体现一条新闻的有机、完整。为此,应当在备稿时,就全面了解每条新闻的目的、重点、基调,以及导语的具体内容与写法,结合新闻片内容,寻找到衔接点与承接感。以语气、重音等表达手段加以体现。

其次,电视新闻片配音,虽然不出镜,但它也不同于广播新闻播音,它的语言始终要有画面感,不能只顾有声语言表达规律而置画面内容于不顾,形成两张皮,应当兼而有之,这样的配音才符合电视新闻片配音的创作原则。

例1:【导语】"今年北京地区高校有104名内地生源的毕业生志愿到祖国的边远省区去建功立业,支边毕业生总数高于前两年。请看报道。"

【片】"朱亚华,这位北师大英语专业的应届毕业生,放弃了生于斯长于斯的首都北京,志愿到云南麻栗坡县中学教书。

(采访朱亚华)

据悉,104名支边毕业生中有5名志愿到西藏工作,有2名博士生和5名硕士毕业生放弃了在北京工作的机会。26号下午北京市教委召开表彰会,向支边毕业生颁发了支边荣誉证书和奖金。这是北京台报道的。"

这条新闻的导语,只概括地讲了今年北京地区有多少高校毕业生志愿支边,人数高于前两年。具体情况和支边毕业生的心理却是在下面的片子中介绍的(包括同期声)。

因而,播这条片子的配音,应承接导语热情赞扬的基调,把握新闻结构,有主体具体展开介绍之感,也有回报语的转换。注意,在介绍朱亚华时,要有画面与特指的具体感,并有与同期声的前后衔接感。

例2:【导语】"近日,一批安全性能较高、环保型的新型储罐在首钢焦化厂拔地而起,周边的大气环境将因此得到改善。请看报道。"

【片】"首钢焦化厂原有苯类储罐24个,经多年使用,其安全性能已逐步下降,成为安全生产的一大隐患。为此,首钢在资金十分紧张的情况下,投入680万元,对原有储罐进行了更新改造。

改造后的储罐采用'装配式铝制内浮顶'结构,外部选用铝合金板加装保温层的方法。这样,不仅可以反射太阳光、减少热量积聚、防止罐体升温,而且一旦发生火情,固定的泡沫灭火装置也会立即启动,用泡沫将罐浮顶封住,确保罐内易燃物与大气隔绝,减少因苯挥发造成的经济损失达上百万元,提高了安全系数。这是北京台报道的。"

这条新闻的导语,指出新设备将使周边的大气环境得到改善。但究竟如何?却在下面的新闻片中较为详尽地进行了介绍。播这条新闻片配音,首先,要有内行之感,不能不懂、不动心地念稿。应当有为此而高兴的喜悦基调,清楚地介绍,并分清主次,后半部"改造后……"才是重点。此外,配音语言要附着于画面,对准介绍的点,语言不能似广播新闻播音,缺少画面感与具体介绍感。

例3:【导语】"24号下午,一名持枪男子在美国国会大厦内同警察发生枪战,导致两名警察身亡,一名女游客受伤,这名男子也在受伤后被捕。"

【片】"当天下午3点40分左右,这名男子在通过国会大厦东侧进口的安检门时,检测器发出警告,发现他持有武器,但凶手强行闯入国会大厦,并在大厦一楼众院共和党督导员迪莱的办公室附近和前来制止他的警卫交火。两名警卫在枪战中受重伤,在送往医院后抢救无效身亡。肇事者是一名来自中西部的白人男子,其作案动机不明。

枪声在游客众多的国会大厦内引起混乱。警方立即封锁了国会大厦的所有通道。据警方说,联邦调查局、华盛顿警方和国会警卫部门正在联合对此事件进行调查。

枪击事件发生后,美国总统克林顿立即发表声明对流血事件深表不安。"

这是一条国际新闻,导语只简单概述了美一持枪男子闯入国会大厦与警察发生枪战的事件及其结果,下面的新闻片配音较具体地介绍了这一事件的过程。这条新闻的导语与配音联系较紧,因此,更要有整体感。当导语播完后,可用一内在语:"具体情况是这样的"连接下面的配音,依配音词写法,清楚地介绍出这一事件的时间、地点、人物、起因、过程、结果以及影响等各新闻要素。

例4:【导语】"在南非比勒陀利亚动物园里,有一条会画画的水獭。它的绘画才能当然比不上毕加索或达利,但在动物王国里算得上是一流的。"

【片】"这就是比勒陀利亚动物园,这条会画画的水獭名叫奥立弗,它是那种典型的'好望角'水獭,机灵、聪明、好奇。

每年,比勒陀利亚动物园都要举行动物绘画比赛,挑选一种画画得最好的动物作画,并将其中最好的一幅画拍卖,为动物们集资改善生活。比赛规则很简单,挑选一条水獭、一只鹦鹉和一头大猩猩,给它们画纸和水彩,看它们能干什么。结果动物园选中了水獭奥立弗,原因是其他两位选手只知道喝水彩!

现在就让我们见识一下奥立弗的绘画天才吧。

(面对红、蓝、黄三盘水彩和三张洁白的画纸,奥立弗开始还感到有些紧张,后来它大胆地在水彩盘和画纸上走来走去。一会儿游到水中,一会儿爬到岸上;或嗅嗅水彩,或咬咬画纸;结果,洁白的画纸上满是水彩、杂草、泥点和爪印。)

这就是奥立弗的杰作。它大概对其中一幅最为满意,竟咬着画,游入水中。

奥立弗的画将在本月底——即10月31号拍卖,相信届时肯定有不少的人前去捧场!"

这是条趣闻,在导语中,它吊人胃口地告诉观众在南非比勒陀利亚动物园里有一条会画画的水獭,于是,引起人们的极大好奇心:听说过大猩猩画画,可从没听说过水中的水獭也会作画的。接着下面的片中分几个层次向观众介绍了这只水獭的名字、为什么选它作画、它作画的情形,以及它的画即将被拍卖的消息。

在这条趣闻的配音中,不仅要讲清楚内容,将重点词汇和与画面对位的点抓准;还应语言活泼、充满兴味。播法不同于一般新闻,不能太平实地叙述。当然,也不应语气过于夸张,成了动画片配音了,它毕竟是条有意思的新闻,应注意新闻语体的把握。

(二)非连续性

电视新闻片配音与广播新闻播音、电视新闻出镜播音(口播)的不同之处,还在于播音的非连续性。从某种角度讲,广播新闻播音和电视新闻出镜播音(口播)都是一气呵成,而电视新闻片配音,由于要介绍、说明片中的内容、画面,配音时常要伴随画面内容进行,有时,还要严格对位,一一对准片中人物、场面等,所以,配音就要走走停停,不能一气呵成。配音语速也要根据具体情况,时快时慢,有时,还要等画面或抢画面,与画面配合。因而,配音具有非连续性。

例1: 【片】"国家主席江泽民今天上午在人民大会堂北大厅主持仪式,欢迎美利坚合众国总统乔治·沃克·布什访华。美国总统布什是应江泽民主席的邀请,于今天上午抵达北京,开始对我国进行为期两天的工作访问的。江泽民主席的夫人王冶坪、国务院副总理钱其琛、全国人大常委会副委员长周光召、全国政协副主席叶选平、民建中央主席成思危、外交部长唐家璇、国家计委主任曾培炎、财政部长项怀诚、外经贸部部长石广生、外交部副部长李肇星、中国驻美大使杨洁篪等出席了欢迎仪式。随同布什总统访华的有：布什总统的夫人劳拉、美国驻华大使雷德、国务卿鲍威尔、白宫办公厅主任卡德、总统国家安全事务助理赖斯等……"

在这条重要新闻中，绝大多数人名都要对上画面，有几处由于画面的关系，需做处理：

一是，江泽民主席的夫人王冶坪的画面仅出现在前面中美两位首脑与夫人在欢迎仪式上，并不是个人镜头。在中方要员（全部男性）列队欢迎的镜头中念出王冶坪的名字，人们也不会发生误解，因为，中国人对这位经常随江主席出访的夫人已经很熟悉了。有了这个基础，便不可能将一串人名单上的第一个人名王冶坪机械地对在列队的第一个要员（男性）的画面上，而是在配音时，稍加快语速念出王冶坪的名字后，再念出列队中的中方第一位要员钱其琛的名字与其画面相合。

二是，对美方来访人员的介绍中，第一个人名是布什总统的夫人劳拉，而画面上则是一位男性，后面才是劳拉、鲍威尔……因此，要等一下，要将劳拉的人名与她的画面对上。此外，由于是列队画面，难于给出一个个人物大近景，有时，一个镜头中还会出现别人，但随着镜头的移动人物影像会有大小、主次之分，因而，播音时要心中十分清楚，人名与画面对在最佳点上。

又如，画面中，美方列队要员赖斯之后还有其他人，而我们的配音人名单只到赖斯便结束了。这时，就要心中清楚：赖斯是位黑人女性（她为布什竞选成功起到很大作用，是其竞选班子的重要成员，现又担任要职），不能将她的名字对在她之前或她之后的男性画面上，从而发生误导。由于赖斯这个名字性别感不强，加之她的职务多属男性担任，因而，如缺乏广义备稿，不了解赖斯的背景，很容易搞错。这也是在检验我们的专业基本功如何。虽然从业务角度看，这里只是语速的快与慢、等与抢，却也反映出配音者的整体水平。

例2：【导语】"第六届泰国国际风筝艺术节20号在曼谷开幕。来自17个国家的风筝爱好者在广袤的天空中勾勒出了一幅幅动感极强的优美画卷。"

【片】"瞧，称霸海湾的'F—111隐形轰炸机'在褪去那令人心寒的黑色后似乎也崭露出她温柔、妩媚的面容；

硕大无比的绿色唐老鸭粉墨登场（稍停）；

海底世界的蓝色怪物悠然上青天（稍停）；

黑暗世界里的蝙蝠与海洋中的章鱼共舞,令人叹为观止(稍停);

圆锥型的风车编队不禁使人想起神秘的 UFO(稍停);

四百风筝一线牵,长蛇飞舞飘满天(稍停);

四人操纵的风筝编队将高难度的空中特技准确无误地展现出来。艺术家们的独具匠心真是让人匪夷所思!"

这又是一条趣闻,它表现了绚丽多彩的风筝大赛。虽然片中配音词间已有"稍停"的提示,但在实际配音时,也要看每一画面的时间长短而调整配音的进出,看何时开口进入画面能达到最佳,不应在停顿上平均用时。此外,配音时,要充满兴味,以多变的语势和语气给出不同的画面形象与我们的内心感受。如"瞧",这个词就可以处理成语势上扬,似指向天空。另外,表现色彩,尤其是表现动感、形象的词,应当处理活,有视觉和动感,与画面贴合,达到视听统一。

例3:【导语】"世界杯小组赛今天凌晨全部结束,16强已全部产生,G组的突尼斯队虽以1:1逼平罗马尼亚队,但最后一张晋级16强的球票却落在了同组的英格兰队手中,后者在死战中以2:0击败了哥伦比亚队。H组的最后两场比赛已关系不到出线问题,排在第一位的阿根廷队以1:0小胜第二名克罗地亚队,而牙买加队则以2:1战胜了日本队。"

【片】"英格兰队与哥伦比亚队的胜者决定谁将以小组第二的身份晋级,因此比赛十分激烈,但场上的主动权一直掌握在英国人的手中,他们尽情显示了速度与控球能力。第20分钟,安德顿在对方门前拣到一个解围球,在禁区右侧起脚高挑,为英格兰队首开记录。10分钟后,贝克汉姆以25米外的一记精妙的任意球再次敲开哥伦比亚队的球门。此后,英格兰队攻势更猛,虽均无功而返,但2:0的比分已足够让他们晋级16强了。

同组的罗马尼亚队在同突尼斯队的比赛中打得很沉闷,倒是突尼斯队的进攻异常凶猛,开场仅9分钟,阿兰萨巴尔便利用一记点球使突尼斯队以1:0领先,这也是该队在本届世界杯上的惟一入球。罗马尼亚队仅靠莫尔多万在72分钟时的门前捡漏,才以1:1踢平了小组赛中的最后一个对手。

在H组,阿根廷队与克罗地亚队进行的是排定名次的比赛,阿根廷队只需打平便可获小组头名,但他们没有丝毫松懈,第36分钟,皮达内突入禁区,乘克罗地亚队回防不及,用左脚将皮球推入网窝,使本队以1:0小胜对手,获得小组头名。

在同组的另一场比赛中,牙买加队的怀特莫尔一人独中两球。日本队则由中山雅史在第74分钟攻入本届世界杯赛中日本队的首粒入球,由于日本队的前锋门前把握机会的能力太差,因此错过了许多得分良机,以三战三负的成绩结束了本届世界杯赛的历程。

至此,世界杯小组比赛全部结束,G组的罗马尼亚队和英格兰队、H组的阿根廷队和克罗地亚队分别晋级16强。"

这是一条体育新闻,片中较具体地介绍了这届世界杯赛上各小组的赛事及16强的产生。此片配音要求较高,必须懂得些足球方面的知识,才有可能配音对得准。

为此片配音,首先,语言要十分明快,状态积极热情,要有体育的动感与现场的兴奋感。其次,还要懂行,否则,连点球与任意球也分不清,怎么能对准画面、解说清楚?

具体到此片,要分清球队、球员、进球方式等,知道捡漏、任意球等的区别。

比如,此片中,英格兰队球员穿红色球衣,哥伦比亚队球员穿黄色球衣,两队球员不要搞混。此外,英格兰队的7号球员贝克汉姆是世界著名球星,他的任意球技术极为出色,在这次小组赛中他又进了一记漂亮的任意球,在配音时,应当对上他与其进球方式的画面,不可相混。(任意球,是对方球员犯规后,在对方半场,由对方球员排成人墙,而本队罚球队员踢出的球要划出一道弧线越过人墙,才有可能进入对方的球门。踢这种球难度较大,要求罚球队员脚法要好。)

又如,同组的罗马尼亚队球员穿红色球衣,突尼斯队球员穿白色球衣。比赛中,罗马尼亚队的9号莫尔多万在本队0:1落后又离比赛结束时间不多的情况下,在对方门前捡漏打进扳平的关键一球。配音时,也要对准其进球画面。(捡漏,指本队后卫或守门员在自家门前处理球不当,没有将球踢出本方球门危险区,被对方球员抓住机会将球打入本方球门。)

体育比赛的画面,尤其球类比赛,由于充满动感,有时两队人员易相混,景别又较远,人物形象不易看清。配音时,应记住运动员的衣服颜色、号码及动作,可帮助对准画面。

总之,为体育新闻片配音,应对不同体育项目、赛制、规则、运动技术以及著名人物等都有所了解,才能做好工作,不会由于缺乏这方面知识,配音时混沌一片,处于尴尬境地。因此,作为一名合格的新闻播音员(主播),应当兴趣广泛,知识面广,是个杂家。

例4:【导语】"列车上人多、空间小,乘客长途坐车普遍比较疲惫,常常疏于防范,一些小偷也就趁此机会做案。记者近日跟随南昌铁路公安局的便衣民警登上了山东荷泽开往江西南昌的列车。凌晨5点左右,记者在列车乘警的帮助下拍摄到了一起偷窃案。"

【片】"在画面上我们看到,这名青年一直在车厢内来回走动,乘警说,他是在选取作案目标。列车快要进站时,他爬上座椅,在行李架上迅速地翻动着别人的行李。此时大部分旅客都在睡觉,没有人注意到他的举动。过了一会儿,这个青年又向车厢连接处走去。此时列车即将到站,列车出口附近人多、空间小,大部分旅客都提着行李准备下车疏于防范。这名青年迅速地摸着乘客的衣服口袋等处进行试探,最后从这名乘客身上掏出了钱包,整个过程只有几秒钟,乘客始终没有察觉。证据确凿,这名小偷当然是跑不了的,但据他交待,以前他已经这样作案多起了。(【同期声】案件多发时机,一个是在列车停靠的时候和旅客上下车的时候,再一个,列车到站前的5到10分钟左右,是作案的好时机。)

警方提醒说,小偷最常见的两种作案方式就是晚上乘旅客熟睡之机偷窃;白天则混在上下车或者车厢门口等人多的地方,乘旅客找座位、放行李,两三人互相掩护实施盗窃作案。而记者在采访中发现,不少旅客都比较麻痹大意:这名旅客在睡觉时就随意地把包扔在一边;在车厢连接处、洗漱间等处总是可以看到无人看管的行李;在上下车最拥挤时,大部分旅客只顾挤车就忽视了行李。(【同期声】旅客在乘车当中自己小心,同时也加强与我们公安部门的配合,发现犯罪分子作案,或者说公安在破案中、抓犯罪嫌疑人当中协助我们一起,使犯罪分子成为过街老鼠,人人喊打。)这是中央台报道的。"

这是一条纪实性很强的新闻片,本片真实地记录了在列车上小偷作案及被捕的全过程。由于是在夜里,旅客们都在睡觉,因此,配音者也应进入画面中的具体环境,配音语言不可太明快,应收一些,用声稍低一点,语言也随画面内容的进行,时进、时停、时快、时慢,但应把握分寸,不能播成侦探片解说。因为,这毕竟是新闻片。

例5:【导语】"在新春假期的最后一天,我们来一起领略一下去年发生的奇闻趣事,希望带给大家更多的欢笑。"

【片】"(最沧桑的明信片)'我现在还在(澳大利亚)布里斯班,在离开你们的六周里,我过得很好。'74岁的澳大利亚人布里特斯女士突然在去年3月收到她已经去世多年的祖父寄来的明信片。惊奇之余,她发现这张明信片原来是她祖父在1889年从澳大利亚昆士兰寄出的。究竟是什么原因让这张明信片在一百多年以后才寄到目的地的,人们已无从考证,但可以确定的是,这张明信片一定饱经风霜,历尽沧桑。

(最神奇的实验)如果时间可以倒流,世界将会怎样?别以为这只是人们的幻想,去年,美国的科学家在控制时间方面有了突破性的进展,他们做的首先是让世界上跑得最快的物质——光,在激光处理后的超低温原子云中停下脚步。这个实验运用的原理其实十分简单,那就是人们司空见惯的光的折射现象,研究者发现,光在发生折射时会减慢速度。

(最令人怀念的人)从某种角度说,丰富的想像力在推动科学的发展。而这个长着圆圆的大脑袋、圆圆的大耳朵的漫画人物也是作者沃尔特·迪斯尼想象出来的。自从它第一次在1928年的《汽船威力号》出现后,很多人就记住了它的名字——米老鼠,与此同时忘记了它本来只是一只并不怎么可爱的老鼠。白雪公主和七个小矮人、长鼻子的皮诺曹、小鹿斑比……这些都是迪斯尼笔下可爱的人物,而遍布世界的迪斯尼乐园更成为真正的童话王国。去年,人们迎来迪斯尼诞辰100周年。

(最容易燃烧的石头)沃尔特·迪斯尼将童话的美丽带到人间,而土耳其小城安塔利亚附近的开米拉山则将古老的希腊传说变成了现实。在传说中,这里是吐火女妖口中的火焰形成的,在深夜,山上的石头燃烧成了天然的灯塔,引导无数的船只航行。而去年人们发现这里的石头真的可以燃烧。久远的传说和现在奇异的现象让开米拉山石充满了神秘色彩,引来不少的旅游者和研究者。现在,科学家终于发现石头燃烧的原因:原来这里的石头主要以石灰石和火山蛇纹岩为主,而这两种石头接触会发生化学反应,产生非常容易在常温下燃烧的天然气。

(最佳动物情人)开米拉的山石为夜航的人们指明开道,而俄罗斯的青蛙则以忘我的行动赢得了人们的帮助。这是去年春光明媚、鸟语花香的俄罗斯列佩利地区,一群青蛙在川流不息的公路旁蓄势待发,随时准备冲向马路那边。为了那肥沃的沼泽和温柔的另一半,哪怕牺牲了自己也在所不惜。尽管有些头脑发热,但青蛙们奋不顾身的行为还是感动了当地的居民。爱情使者们自愿将青蛙带过马路,带到幸福的彼岸。看到青蛙成双成对,辛苦了一天的人们也露出了欣慰的笑容。

(最'多心'的人)青蛙可以一心一意地闯过马路,可阿根廷人文迪蒂怎么做都不会是'一心一意',因为他是目前世界上独一无二的'多心人'。由于心脏过大,原来患有心脏病的文迪蒂根本找不到'替补心脏',而当地的医生去年别出心裁,想到再给文迪蒂植入一颗心脏负责供应全身血液,让文迪蒂原来的心脏退居二线,只负责供应肺部血液。经过手术,文迪蒂的两颗心脏已可以同步跳动了。

(最别出心裁的音乐)阿根廷医生别出心裁地想到让文迪蒂拥有两颗心脏,其实是迫于无奈,而下面两场别出心裁的音乐会则是演奏者的发明创造了。与其他乐队不同,德国阿尔弗雷德·劳尔乐队去年举行了水下音乐会。

所有的演奏者都潜入了15米深的水中,更有意思的是在整个22分钟的演奏中,还包括12分钟的水下演唱。(闪白后,停3秒)这就是泰国人塔威萨演奏的玻璃杯音乐。尽管类似的音乐会早在1492年就在爱尔兰出现了,但塔威萨相信自己演奏的轻灵透亮的音乐能再次引发现代人对玻璃音乐的兴趣,并计划带着自己的玻璃音乐进军日本和意大利。

(最可爱的模特)在节目的最后,让我们也别出心裁一把,来看看最可爱的模特大赛。(停2秒)先来做个好看的发型,再来化个妆,最后还得穿上统一的服装——纸尿裤。对,您没看错,最可爱的模特选手已经登场了,就是这些婴儿宝宝。别看她们一个个只会呀呀学语,但想让她们露出最可爱的笑容可难坏了摄影师和家长。(闪白)你学鸡叫也没用,我就是不笑/没发现我是个十分坚强的姑娘吗?/我笑得够卖力了!/什么?你们认为这笑容有些恐怖?/我笑得才甜呢……(隐黑)"

这是2002年中央电视台"世界报道"节目组献给沉浸在新春佳节之际的全国人民的一份节日礼物——将一年中播出的奇闻趣事制作成集锦集合播出。这个集锦的配音词写得很具特色。由于社会的进步,媒体的大众服务性加强,电视新闻报道的内容丰富、多样,因而,电视新闻导语和配音词的写法也笔触灵活、生动、新颖。

这个片子的配音,应当根据一度创作的写法,具有轻松、幽默的风格,并且对画面要求较严。比如,最后一个(最可爱的模特)的配音,有的画面本身并无大趣,但与幽默的人物独白似的配音语言一合,顿觉妙趣横生:如"先来做个好看的发型"(正给一个小女孩梳头发);"再来化个妆"(正往一个小女孩脸上抹化妆品);"没发现我是个十分坚强的姑娘吗"(一个小女孩无论家长、摄影师、周围的人怎么逗,她就是不笑);"我笑得够卖力了"(画面上则是一个小女孩正耸着鼻子假笑)。总之,这些配音词既要对上一个个准确的画面,又要充分表现出语言的幽默感,但要注意分寸,不能捏着嗓子寻小孩声,应正确用声,融进应有的神气,表达清楚、亲切、有兴味,语言较活,要区别于一般新闻规整、严肃、平实的播音。

(三)讲述感强

电视新闻播音,从整体上讲比广播新闻播音对象感更强,讲述感也更强。而电视新闻片配音的讲述感,通常又强于电视新闻出镜播音(口播)。这是因为,电视新闻片配音的内容往往是一条新闻的主体,是对导语的展开和对具体内容的详细介绍,播音语言需更耐心、自如,使人听得清楚、舒服。

配音讲述的方式也不尽相同。从总体上讲,一般而言,时政类新闻的配音语速可稍快,因所播内容大多是人们所熟知的;而一些科技、卫生、考古等新闻,语速需慢一点,讲解感需加强,因为,这些内容是人们不常见的,许多术语是人们所陌生的。因而,在配音时既要有新闻的新鲜感,也要有更强的讲述感,语速不宜太快,否则,播者的播音编码与受众的收看解码都不能很好地进行,影响信息的传递。

例1:【导语】"香港中文大学的研究人员最新发现,在香港医治的'非典'病人体内,最少存在3种不同的冠状病毒变种。研究人员还发现,冠状病毒可以在不到2周内因基因突变而产生另一种变种。中大的专家形容说,这个发现好比掌握了'杀人病毒'的变化,有利'追缉'变种的病毒和找出治疗方法。"

【片】"中大医学院副院长卢煜明2号介绍说,冠状病毒属于RNA(核糖核酸)病毒,是以RNA复制病毒的遗传信息,而非通过DNA(过氧核糖核酸),与DNA病毒比较,其复制时出现的错误率较高,大约每复制1万个碱基就会出现一个错误,因而导致其基因突变率极高。此外,研究分析还发现,这种冠状病毒的突变位置很随机,因此导致社区出现多种不同变种。据研究分析表明,现在香港至少有3个不同变种。按照现时的结果推断,所有的变种应是来源自同一原种的不同变种。

卢煜明表示,这种病毒在6个月的进化过程,已经相当于经过数万年的进化。此外,相信这种冠状病毒也是通过基因突变,获得感染人类的能力。

关于针对冠状病毒引起的'非典'疫苗的研制工作,中大医学院微生物学系谈兆麟教授说,由于冠状病毒已经出现不同的变种,因此制造疫苗时必须要考虑注射地区的不同品种的冠状病毒情况,从而让疫苗能使人体产生针对多种变种的抗体。"

例2:【导语】"随着'神舟'三号飞船返回舱4月1日稳稳落地,作为'太空旅客'的60个蛋白质结晶样品和4个细胞样品也结束了在太空中近一个星期的'短暂旅行',于今天凌晨1点顺利回到了位于中关村的'家'——中国科学院空间科学与应用研究中心。"

【片】"人类发射飞船的目的之一在于应用。据悉,这是'神舟'三号飞船应用系统进行的科学实验的一部分。飞船上进行的科学实验,包括了生命科学和材料科学两部分。

空间环境独特的微重力、高能辐射环境,为生命科学研究提供了新机会,空间生命科学研究有助于揭示在地面上不可能获知的一些本质特征,可能获取高纯、高效的生物制品。科学家们从数十种蛋白质中选用了16种蛋白质,共60个样品。

据中国科学院空间科学与应用研究中心的专家介绍,这些蛋白质大部分是利用我国的生物资源制作而成,既有执行各种生物功能、具有重要理论意义或药物设计前景的蛋白质,如固氮酶锰铁蛋白、人脱氢异雄酮磺基转移酶等,也有天麻抗真菌蛋白等能够杀灭动植物病菌的蛋白质,第三类就是从蛇毒中分离出的具有复杂活性的蛋白质。

科学家还利用太空条件开展了生物细胞培养实验,从细胞水平揭示空间特有的物理环境对人类的影响,并为空间制药开展基础性研究。这次实验的4种细胞样品中,有的可产生抗天花粉蛋白抗体和抗衣原性类性病的抗体,天花粉蛋白对艾滋病有一定疗效,而且可作为人工流产的药物。

从80年代末起,在'863计划'等的支持下,我国开展了蛋白质空间生长实验工作,科技人员先后完成了四次空间蛋白质结晶实验,取得了一些独有特色的研究成果。随着我国载人航天事业的发展,我国已经建立起完整的研究体系,并研制成功第二代空间蛋白质结晶装置。

据悉,作为一种重要的空间技术,美国宇航局、欧洲空间局和日本等都把蛋白质晶体生长作为国际空间站的重要研究课题。"

例3:【导语】"位于莫斯科以南70公里处山林中的'明沼园'是俄罗斯伟大的改革家、思想家和作家列夫·托尔斯泰的故居,这座曾经孕育了一代世界文坛巨匠的林中小屋经过修复现已重新向游客开放。"

【片】"一百多年前,历经战乱和漂泊的列夫·托尔斯泰与他的新婚妻子索菲娅来到这里定居。他们在这里共同生活了60年,养育了13个儿女。托尔斯泰的两部巨著《战争与和平》和《安娜·卡列尼娜》均在这里写作完成。宁静祥和的农庄生活给托尔斯泰进行哲学、宗教研究提供了优越的环境。正是在这里,托尔斯泰从一个普通的作家成长为一代伟大的思想家、文学家。

但由于管理不善,这里的部分建筑遭到了损坏。列夫·托尔斯泰现年34岁的曾孙——弗拉基米尔自1994年起对这座建筑进行了逐步修缮,使它重现托尔斯泰在此生活时的景象。他希望来参观的游客们也能享受当年激发托尔斯泰创作灵感的静穆和谐的生活。"

这条新闻介绍了俄罗斯伟大作家列夫·托尔斯泰的故居情况。片中画面有美丽的绿地、优美的田园风光,令人心旷神怡。此片配音可用声柔和一些,语言不必太明快,可亲切一些、收一点,但不可用虚声或处理成抒情散文了。类似内容的配音,应注意把握分寸,区分语体,讲述为主。

例4：【导语】"这是一幅宣传禁毒的招贴画，少女与骷髅、艳丽的罂粟与阴森的死亡形成了鲜明的对比，它形象地表现出了毒品的可怕和对生命的威胁，一位吸毒者这样说，'敲开了毒品的门，就等于挖好了自己的坟。'请看报道。"

【片】"吸毒对人的摧残触目惊心，这是一组把吸毒者变成行尸走肉的真实写照。她叫张福娟，年轻美丽的她自吸毒后全身溃烂，令人惨不忍睹。过量吸毒会致人死亡。看过电影《长大成人》的观众一定认得出来，她就是片中女主角的扮演者朱洁。《长大成人》一片的本意是抨击吸毒等颓废现象，朱洁本该对导演意图有更深的领悟，但影片公映前一年，朱洁却因吸毒过量而死亡。

吸毒扭曲人的天性。3岁的丢丢被吸毒并卖淫的母亲郭某作为毒品款抵押给另外的吸毒者林魁、王福和王凤妹，仅仅一个多月，狠毒的林、王等人每逢毒瘾发作，便将无辜的孩子当成发泄的对象，捆绑踢打丢丢，他们的人性完全泯灭在吸毒后的暴虐之中。后来，丢丢被公安民警解救并送到了医院，他的母亲郭某也被带到了病床前，面对饱受摧残的丢丢，郭某竟冷冷地说，'我不认识他'。吸毒使这位本应有融融爱心的母亲变得冷酷无情。

吸毒更危害社会，许多吸毒者在毒品的驱使下走上了刑事犯罪的道路。这一个又一个令人发指的案例，控诉着毒品的罪恶。让我们来共同思考这位吸毒者临终前写下的忏悔：'毒品是一个恶魔，一旦吸上便终生难禁，我多么怀念以前那段没有毒品的时光。善良的人们，以我为戒，远离毒品'。这是北京台报道的。"

这是一篇新闻特写，它用一个个典型事例向人们展示了毒品的罪恶，给人带来心灵上的极大震撼。播这个片子的配音不同于一般新闻片，它可以情感浓些，感觉更具体，带有感情地讲述，按照稿件写法夹叙夹议。

一般而言，为电视新闻特写、电视新闻综述等配音，要比一般新闻片配音更具体，情感较浓，语速不一，夹叙夹议。

第三部分——出镜播音（口播）与配音一体播

出镜播音（口播）与配音一体播，指由一名电视新闻播音员（主播）在演播室播出时，将电视新闻的导语、串联语等出镜播音（口播）内容及新闻片配音一体播出的播音。（通常，出镜播音〈口播〉与新闻片配音不是一个人，即便是一个人，前者，也大多是直播或准直播，后者，则是事先录播。）

出镜播音(口播)与配音一体播,也是电视新闻播音的一种形式。这种播音,要求电视新闻播音员(主播)在播出时,从出镜播音(口播)转到新闻片配音一体播出,并体现出这两种不同形态的播音处理规律,心理和语言都要有相应变化。

例1:【导语】"昨天上午,中央民族大学举行了98届毕业典礼。这次毕业典礼在中央民族大学的历史上有着不同寻常的意义,鄂伦春族、哈尼族、侗族有了本民族历史上的第一批博士。请看报道。"

【片】"上午9点,当来自黑龙江省大兴安岭鄂伦春族的刘晓春、来自云南省红河边哈尼族的傅永寿、陈丁昆和来自贵州省侗族山乡的董艳、杨筑慧从校长手中接过毕业证书时,台上台下响起了一片掌声。

【同期声】中央民族大学博士傅永寿(哈尼族)、中央民族大学博士刘晓春(鄂伦春族)、中央民族大学博士董艳(侗族)

如今,除了鄂伦春族、哈尼族、侗族、彝族、藏族、布依族、土族等经济文化欠发达的少数民族也相继有了本民族的硕士和博士。据国家民委提供的资料表明,改革开放的20年不仅是我国少数民族基础教育发展最快的时期,也是少数民族受教育程度最快的时期。

【同期声】中央民族大学校长哈经雄

据了解,目前,在全国各高校就读的少数民族学生已近20万人,硕士生和博士生超过千人,80%的少数民族有了自己的硕士和博士。

【同期声】教育部民族教育司司长夏铸

我国少数民族发展的现状得到了在我国任教的外籍教师和专家的称赞。

【同期声】中央民族大学美国教授潘克力、美国世界少数民族研究院专家叶典良

这是中央台报道的。"

这是一条教育方面的新闻,导语中点出了它所具有的新鲜点、价值意义。因此,我们在播这条导语时,应热情、积极,有新鲜感与主次感,将关键、重点词语突现出来。导语结尾的"请看报道"不要播得语势下行似结束,应将此话处理成平推势,有种延伸感,加上内在语:"我来给你们介绍一下。"

接着,播新闻片配音似播一条新闻的主体部分,心理感觉下一个台阶,具体讲解,伴随着新闻片画面,表达保持导语中的基调,情绪不断,但在用声上稍低于、弱于导语,语速也稍快于导语,语言自如、畅达地讲述下面内容,介绍同期声人物是谁,注意与同期声的语言内容与情感的衔接,与画面长短的配合。这条新闻片中有几处同期声,内容各有侧重,却从不同方面丰富着新闻主体信息,都很重要。因而,在播这条新

闻片配音时,要有同它的合作感,该推出同期声让它为报道内容服务时,就要注意与它的头、尾的送与接;该自己发挥作用时,又要热情积极地讲述,把握好与同期声的配合。不可一句一段自成一体,没有与同期声的联系;也不能播配音与播导语无区别;还要注意整条新闻结构的把握与处理。

例2：【导语】"20号英国政府同德国政府达成了一项协议,双方同意就如何从英国运回属于德国的650吨核废料问题举行工作组磋商。"

【片】"英国贸工大臣拜尔同德国环境部长特里廷进行了一个小时的会谈。双方同意建立一个由英德两国官员组成的工作组,寻找把目前存放在英国西北部塞拉菲尔德的核废料送回德国的最佳途径。(双方在会谈中没能就废除核废料再加工协议而产生的补偿问题达成一致。)

英德两国曾达成价值20亿美元的协议,由英国对来自德国的核废料进行再加工。近两年,德国共向英国运送了约650吨核废料。这遭到了英德两国环保人士的强烈反对,同时也受到了来自法国政府的强大压力。因为在英国同德国达成协议前,法国是德国核废料的主要再加工地点。

德国环境部长特里廷表示,德国已经计划从明年起逐步关闭国内的19座核电站。他重申德国将严禁德国企业将核废料运往国外。(与此同时,德国外长菲舍尔20号在法国访问时也表示,英德之间的问题将在友好、合作的原则上解决,同时也不能伤害德法关系。)"

这是一条内涵丰富的国际新闻,但在导语中,只谈到英国与德国达成一项有关协议,其他相关问题都在下面的新闻片中涉及。这条新闻的导语是概括性的,具体内容都在下面的新闻片中,新闻片配音内容与之联系紧密,因而,要有较强的导语延伸感与配音的承接感和讲述感。此外,本条新闻的背景内容较多,也很重要,因此,这条新闻的背景不能播得太塌,要起到应有的作用。同时还应注意,不要以为这是条国际新闻,配音时就客观地、淡、平、快地播出。虽然,国际新闻的播音,一般要比国内新闻客观一些,新闻片配音又要比播导语快一些、语势幅度即曲线要小一些,但却不能没有一点儿态度,没有一点儿语流曲线,语流平直地播音。那样,势必缺乏应有的语气显露,使人听不清楚。应当有相应的态度,但不强烈;应当有语流曲线,但不很大。

总之,出镜播音(口播)与配音一体播,应把握导语和配音的转换与处理,以及始终保持出镜播音(口播)状态,因为,有时技术环节出现问题,会把正在配音的新闻播音员(主播)的画面切出。它是对电视新闻播音员(主播)专业技能和整体素质的挑战与检验。

第四部分——演播室对话

演播室对话,即电视新闻播音员(主播)通过电话连线及视窗对接(有时是双视窗,有时是多视窗),与新闻现场的记者、有关人士进行直接对话,向他们提出问题,请他们介绍有关情况;或在演播室就某一重要新闻、新政策、新精神等,请有关专家进行内容分析、背景介绍、知识讲解,做较为深入的探讨,帮助受众更好地了解它们的背景、实质、意义。这些也是电视新闻播音员(主播)日常工作之一。

演播室对话具有以下几个特点:

1. 它无完整的文字稿,只有编辑事先给出的谈话提纲与自己的对话思路,并以腹稿形式发挥作用。这就要求电视新闻播音员(主播):首先,要具有不同于新闻播报复述式语言的即兴语言编码能力;其次,要对所谈内容有一定的了解及见解,能与对话者有对话资格。尤其在与专家对话中,更要力求与对方形成探讨关系,代受众提问,而不成为提问机器,这需要电视新闻播音员(主播)有足够的知识积累以及对时事、社会的关心和对民众心理的了解,并比一般受众略高一筹。

2. 它的语言样态不是宣读式、播讲式,而是谈话体。这就需要电视新闻播音员(主播)在演播室对话时,要从前面的新闻播报状态转换到谈话状态;语言也由播报式转变为谈话式,不可用播报心态来进行对话,也不能以播报的语言样态进行对话。如对话完毕下面还有新闻播报,则需再转换为播报心态与播报的语言样态。

3. 它的交流方式是与对象的"面对面"直接交流,不同于一般新闻播报是"独白式"的想象交流。这也要求电视新闻播音员(主播)在交流时,要真正与对方交流,听对方的谈话内容,消化、派生自己的具体问题。不能只想着下面的提问、背提纲,把对方变为"活道具",视而不见。

4. 它的体态语比新闻播报放松、动作幅度大,相对自由。如身体的转向,由面向交谈者转到面对镜头、观众的大幅度转身;或交谈中有手的动作辅助表达,这一变化,与谈话语体相辅相成,显得自如、亲切。

5. 它的工作进程中,需要自己把握、分配时间。演播室对话,不同于新闻口播和配音,所播稿件的字数、时间都在编辑、导播的控制之下。演播室对话,虽然这一时段总的时间有一定要求,但对每一问题或每一受访者(有时要与几个人对话)交流的时间多少,却需新闻播音员(主播)自己把握与分配时间,应按主次、需要而定,保证节目谈话顺利、内容充分地进行。

演播室对话,不等同于完全意义上的主持人节目,它仅是新闻播音的一种形式,是新闻报道的一个手段,但也要求电视新闻播音员(主播)具备一定的主持能力。这种对话,既有很强的新闻时效性、现场感,又有一定深度,是丰富新闻报道的有力手段。

电视新闻播音员(主播)在做演播室对话时,应当对所谈内容事先认真准备,做到心中有数;对话中,应真诚提问,不是表演,而是真正用心听对方所讲的内容,及时汲取相关信息,渗透进自己的思维,再适当、有机地提出下一个问题。同时,要注意思维的积极运动,适当打断、引导对方,把握对话的重点、方向,以取得预想效果。此外,在积累的基础上,要预备有应付意外的补语和串联语。

下面,让我们来看一些演播室对话的实例:

(一)电话连线

电话连线,通常是为取得一个新闻事件的最新动态而采用的传媒手段。它的播出形式,一般是屏幕上出现连线记者的相片、地图等相关图片、静止画面,受众只闻其声(但却是现场传来的真实的声音),有时,还带有现场同期声,更显其真实、有现场感。

如"美国对伊拉克进行空袭"的电话连线:2003年3月20号,在美国向伊拉克萨达姆发出48小时最后通牒的时间到来之际,凤凰卫视正在作现场直播,但从美国传来消息说布什总统今天不再发表讲话了,而且还说,战争有可能在一两周之内打起来(意味今天无战事)。正当人们以为情况就是如此了,凤凰卫视新闻主播陈晓楠却从与之连线的对方的现场声中听出不寻常的声音,她马上说:"我听到电话里有爆炸的声音,是不是已经打起来了?"情况果真如此,北京时间上午10点34分美国正式向伊宣战,进行了第一轮空袭。可见,同期声是电话连线的生命。

例1:采访贝尔格莱德局势

【导语】下面我们请导播接进本台赴贝尔格莱德记者王晓琨的电话,请他给我们谈谈南斯拉夫国内对目前形势的反应。

【问题】

1. 请问贝尔格莱德市内现在气氛如何?
2. 人们对战争感到恐慌吗?

【回答要点】

1. 贝尔格莱德市内居民对目前局势的看法。
2. 南军队加紧备战。(以便使用南军队军歌)

这是电视台编辑给的一个电话连线的对话提纲,比较简单。但在真正播出时,可对此提纲进行一些加工:

1. 可将语言做口语化处理,但要掌握精练、明晰的原则。
2. 可将一个大问题酌情化解成几个小问题,有层次、有机地提出。

有时,还要顾及编辑的要求,将谈话引入编辑的构思之中(如这个对话,就要使谈话引向有利于编辑播放南军队军歌)。

例2:采访耶路撒冷当地媒体对布什推迟公布新方案的反应

【导语】接二连三的爆炸事件,以及以色列的军事报复行为,可以说打乱了布什政府的中东计划。本台驻开罗记者刘茁野昨天在抵达杰宁检查站后受阻,始终未能进入杰宁,(原文:下面我们请不得不改道耶路撒冷的刘茁野介绍一下最新情况。)最后不得不改道耶路撒冷。下面我们请他介绍一下最新情况。刘茁野,你好!

1. 布什暂缓公布中东和平新计划,耶路撒冷当地媒体是怎么评论的?
2. 新一轮袭击和报复循环的开始,这是不是再次动摇了当地老百姓对恢复和平的信心?

从以上这则电话连线稿中,我们是否可以较具体地感受到电话连线在新闻报道中的作用?当不能用电视手段进行视窗对接时,以电话连线方式进行报道就是惟一能满足受众对现场新闻信息及时获得的有效途径。

例3:目击杰宁现场、阿拉法特近况

【导语】杰宁难民营到底发生过什么,只有等到联合国调查小组调查之后才会清楚。新华社记者明大军一行三人在以军解除对难民营新闻封锁后,立即前往那里进行了实地采访,下面我们请他介绍一下自己的所见所闻。明大军,你好,能不能讲一讲您亲眼所见的杰宁难民营的情况?

明:好的,当我们到达时,看到整个难民营大约三分之一的房屋已被以军破坏,100多座由钢筋混凝土建的楼房被夷为平地,巴方的推土机正在废墟中挖找尸体,到处弥漫着刺鼻的气味,十几名身穿印有"联合国"字样的志愿者带着厚厚的海绵口罩正在清理现场。由于难民营街道十分狭窄,以军坦克所过的街道两边,房屋都受到严重破坏,有的房屋甚至被以军坦克直接推倒。据巴勒斯坦方面统计,在以军的军事行动中,杰宁难民营共有500多人丧生,巴勒斯坦方面指责以色列在这里进行了大屠杀。但是因为以色列在结束战斗11天后才允许国际救援机构进入那里,我们也是在与以色列军方签署了一切后果自负的"生死状"之后才刚刚获准进入难民营的,因此,在这之前那里是怎样的情形,外界无从知晓。我们不能确定那里一定发生过大屠杀,但有一点可以肯定,这里的巴勒斯坦难民经历了一场悲剧。

主播:几天前,有消息说以色列正在考虑对阿拉法特在拉马拉的官邸进行突然袭击。昨天安理会发表主席声明,对阿拉法特的人身安全深表关切。(原文:"据我们所知"被删除)你昨天就阿拉法特的近况采访了巴方首席谈判代表埃雷卡特,阿拉法特的近况怎么样呢?给我们介绍一下好吗?

  明:埃雷卡特说,阿拉法特近来精神状态和情绪都很好,但阿拉法特那里目前仍然缺乏食品、水和药物,特别是清新的空气。当被问及在"囚禁"之中的阿拉法特是否仍然能够控制巴勒斯坦民族权力机构时,埃雷卡特说,阿拉法特正在通过一切手段维持其本人和巴勒斯坦民族权力机构的政治生命,他仍有许多与外界联系的渠道,并正在尽其一切努力保证巴勒斯坦民族权力机构的运转。

  主播:好,明大军,感谢你的报道。

(二)视窗对接

视窗对接与电话连线不同之处在于,观众可以从屏幕中看到对方说话情形的活动影像和与之相关的镜头画面,相比之下,更具真实性、现场感和生动性。它不但可闻其声,还见其人、睹其景,可从视听两方面,提供给观众更多的现场信息。正是从视窗对接中,我们看到"战地玫瑰"中国女记者吕丘露薇勇闯战火中的巴格达后那风尘仆仆的容颜,领略了战争的残酷与记者的职业;也是从视窗对接中,我们看到可爱的"白衣天使"们是如何不顾个人安危、勇敢地踏上抗击"非典"的征程;还是从视窗对接中,我们看到中国运动员再登珠穆朗玛的壮举……

在多视窗对接中,受众还可从新闻主播对不同地区、不同角度的采访中,了解到更为丰富的有关信息。如伊拉克战争的战况动态和中国2003年抗击"非典"的情况。

一般受众对世界形势、新闻事件都比较关心,希望尽快得到相关信息,但了解途径有限,因而,随着传媒手段的发展,在条件允许的情况下,现在,电视台经常使用视窗对接这一形式向受众传递一线的最新消息和现场状况,让受众充分享受到新闻真实、快捷的美学品位。

1. 法国总统大选

2002年5月3日,央视的新闻主播以双视窗方式,采访了前方记者周勇,及时向我们介绍了大家极为关心的法国总统大选的情况。

人们为什么如此关心此事呢?原因是,那一时期欧洲一些国家右翼势力在竞选中占得先机。法国也是如此,法国的右翼分子"勒庞"便在总统大选的第一轮投票中胜过法国现任总统"希拉克"和现任总理"若斯潘",这是一个极为危险的信号。因为,极右势力抬头掌握了政权,那么"排外"、"法西斯"便不可避免了,这对全人类都是一种灾难。在这种令人焦虑的时刻,我们,应当说是全世界人民都在关注着事态的发展,并且期望正义最终战胜邪恶。

在这次"双视窗"采访中,前方记者周勇告诉我们:法国3/4的民众希望希拉克获胜,看到局势紧张,他们也放弃了冷漠,同时,法国其他参选政要也号召民众将选票投给"希拉克",从而,压倒"勒庞"。作为世界公民的我们终于可以暂时松一口气了。对此,难道我们不该感谢了解民众心理的主播和送来"及时雨"的前方记者吗?当然,先进的传媒技术也是满足受众心理需求的有力保障。

例1:双视窗采访:法国总统大选

【导语】希拉克和勒庞,谁会胜出?当地舆论普遍认为,这是一个没有太多悬念的问题。但就是这样一个悬念不多的选举,却让一贯对政治并不热心的法国人一改常态,这个变化的背后应该有着更多耐人寻味的东西。下面我们请本台驻巴黎记者周勇来谈一谈。周勇,你好。

1. 从第一轮投票到现在,勒庞的胜出让法国社会发生了什么变化?

2. 与投票率不高的第一轮选举相比,法国选民目前的心态是不是也不一样了呢(原文:发生了变化)?

2. 日本"有事法制"

比法国总统大选更让中国人关注的是日本的"有事法制"。什么是"有事法制"?它出台的背景如何?日本各界的反应如何?等等一系列问题,我们似乎知道一些,但却不甚明了。于是,央视新闻主播贺红梅在2002年4月17日的新闻节目中,运用双视窗的形式采访了中央电视台驻东京记者孙宝印,请他介绍了有关情况。随后,又在演播室请北京大学历史系教授王新生谈了相关话题,与之进行了较为深入的探讨,使我们对日本这次出台的"有事法制"的背景、实质及危害深知无疑,也使我们对日本军国主义不得不加强防范之心。事实证明,这种担心不无道理,就在日本的"有事法制"出台后没几天,4月21日,日本首相小泉纯一郎再次参拜了"靖国神社"。最近,小泉竟在公开场合说日本的"国民自卫队"就是"军队"。其用心不言自明、昭然若揭。

下面就让我们来看看这次"双视窗采访"和"专家访谈":

例2:双视窗采访:日本"有事法制"

【导语】日本政府昨天晚上在首相官邸举行"安全保障会议"和"临时内阁会议",通过了与所谓"有事法制"相关的三项法案,并于今天提交国会众议院审议。我们联系到本台驻东京的记者孙宝印,请他来为我们介绍一下有关的情况。

贺:孙宝印你好!

孙:贺红梅你好!

贺:我们想了解一下这次日本政府通过的与"有事法制"相关的三项法案是什么,给我们介绍一下好吗?

孙:好的。这三项法案分别是:(字幕)"武力攻击事态法案"、"自卫队法修改案"、"安全保障会议设置法修改案"。(新闻资料画面配介绍)(介绍大意:这实现了日本政府25年来的宿愿。这次小泉首相借口"9·11事件"反恐怖主义,要推动日本的防卫体制修改尽早实现,以致日本政府已在今天做出了决定,并向国会提交了这个法案。)

贺:那么,提交国会正式审议和这一法案正式生效还需要什么程序呢?

孙:今天4月17日提交法案,6月审议……(会议画面配介绍)

贺:那么,目前日本各界对这一法案是什么态度呢?(日本各界游行画面配介绍)孙宝印,谢谢!

(专家访谈:日本"有事法制")

【导语】去年10月日本国会通过"反恐三法案"的时候,在国内外特别是日本周边国家就招来了强烈批评。而这次"有事法制"的三项法案为日本扩大军事行动提供了更多的便利,不能不引起人们的关注。下面我们请北京大学历史系的王新生教授来谈一谈有关的问题。

贺:王教授,您好,欢迎参与我们的节目。(原文:首先您能否解释一下"有事法制"的含义?)我们想请您解释一下"有事法制"那是一个什么样的概念,含义是什么?

王:(要点:实质为"战时体制"——1.日本首相的权力扩大了,可不通过国会、内阁会议发布命令;2.自卫的范围扩大了;3.战时处罚违令者力度加大,扩大了对"有事"的解释。)

贺:(原文:日本为什么要一步步地扩大军事行动?您认为这前后六项法案与"和平宪法"是否抵触?)那这几项法案与"和平宪法"的精神有没有抵触?

王:完全抵触……

贺:如果这几个法案能够通过的话,那会对地区局势产生什么影响?

王:……(讲解)

贺:好,谢谢您。

(三)专家访谈

专家访谈,是借用主持人节目形式的一种新闻深度报道方式。每逢重大新闻发生、新政策出台、针对当前社会上人们的关心与不解,为使受众对有关背景、知识有更全面、深入地了解,特请有关专家来演播室回答新闻主播代表广大观众向他(有时是1人,有时是几人)提出的相关问题。这种专家访谈一般时间不长,内容单一,以专家讲解为主。

如美国攻击伊拉克时,为了使观众更好地了解战情,中央电视台、凤凰卫视、以及国内多家电视台都请来了不少军事专家来到演播室,为观众分析战争进程、军事力量对比、武器特点、地形地貌等专业知识,使人们对整个战况有更清楚的了解。同样,在之后的抗击"非典"的战斗中,又有不少医疗专家、医学研究人员被请进演播室,为惊慌失措的人们答疑解惑,教给人们防治"非典"的方法,增强了战胜"非典"的信心。毫无疑问,正是凭借各行业专家的权威性和知识性开掘了新闻的深度,也丰富了媒体服务于受众的手段。

如果说,电话连线、视窗对接是就某一重大新闻进行及时、连续的报道,那么,专家访谈则是围绕这一内容进行全面、深入的探讨,提供给受众更多的相关信息,引导视听,加深认识。例如:

俄美会晤

【导语】与以往的俄美首脑峰会相似,这次普京和布什的第五次会晤也在亲切的笑声中开始。那么,笑声之外,俄美关系又有了什么样的变化,对国际局势会产生哪些影响呢?

今天我们请来清华大学战略研究所的楚树龙教授,讨论一下有关的问题。楚老师,您好。

1. 据说俄美首脑今天签署的《新核裁军条约》虽然只是(原文:短短)薄薄的三页纸,但双方却非常重视,您(原文:认为)觉得他们最大的收获是什么?

(谈话)

2. 美国认为两国关系进入了新时代,您认为是这样吗?(原文:俄美签署核裁军新条约,是否像美国认为的是使两国关系进入了新时代?)

(谈话)

3. (打断、接话重复对方专家尾句切入提问)那"两国关系进入了一个新的时期"这是不是意味着俄美关系有了根本的变化?

(谈话)

谢谢您接受我们的采访。

在这一专家访谈中,新闻主播很好地引导(利用有效提问)在场专家谈了有关问题,给出重要信息,为我们答疑解惑,同时,她还将文字化语言变为口语化提问,运用娴熟的主持技巧"适时打断",从对方谈话中适当切入、有机提问,使人感到谈话双方是在同一位置,他们在平等、认真地探讨一个我们所关心的问题,因而,对新闻主播产生一种信任感,感到她虽不如专家,却比自己略高一筹,又不张扬夺戏,而是在替自己向专家请教,所提问题精炼、清楚,能够满足自己的心理需求。

通过以上介绍,我们看到电话连线、视窗对接、专家访谈有几点要旨:

1. 广义备稿丰富、深厚。(表现在政策、背景、知识方面)
2. 运用谈话语体。(有与播报新闻的语体转换)
3. 具备主持能力、记者功力。(是复合型人才)

实践永远走在理论前面,在前不久发生的"伊拉克战争"与"抗非典"的两大战役中,演播室对话起到异乎寻常的作用,也提出了新的专业课题。对此,有的实践者将它称为"新闻同步直播"。因为,在这种直播中,我们看到不同于以往的工作状况。在这里,除去电话连线、视窗对接、专家访谈以外,同时还有新闻播报、同步画面解说、同声传译(凤凰卫视的新闻主播都能做到自己同声传译,目前,央视还需借助现场专家)、与观众的互动(接听热线电话、汇集手机短信、电子邮件,代受众向专家提问)等,可以说,在这里将新闻报道的所有手段,无论是快捷的,还是深度的都用上了。显而易见,这里,新闻主播在传播信道中,不仅是传播者,同时也是受传者:他从连线、视窗、专家、受众等处即时得到各种相关信息,又及时解读、判断、编码、发出,形成一个互动的、多时空、多角度的立体信息网络。这里,新闻主播的交流不是单项的、单一的,而是多项的、多样的:既有与连线、视窗的一线记者、受众的直接交流,也有与镜头前观众的想象交流,还有与演播室专家的面对面交流;这里,新闻主播的工作方式,不是单一的,而是多样的:既有新闻播报、现场解说;也有电话连线、视窗对话、热线接听;还有短信回复、专家访谈等;这里,新闻主播的语言样态也呈现丰富性,语体多样:有播报、讲、说、议、谈话等多种样态。因而,新闻主播应结合现场工作需要,对自己的心态、语言做及时、相应的转换,并能够得心应手,功力到位。

演播室对话所需的采访技能、访谈技能等相关内容在后边的"电视新闻现场报道"及"节目主持艺术"训练的讲解中,以及《电视播音与主持艺术》一书的相关章节中都有较为详尽的讲解,在此暂不涉及,以免重复。

需要说明的是,因为工作形式有所差别,"电视新闻现场报道"的训练内容,在本书第二章专门讲解。

三 电视新闻播音训练材料

由于电视新闻时效性较强,这里仅选择一些较有特点的稿件供选用。

(一)导语、串联语

1.《北京新闻》

观众朋友你们好,欢迎收看《北京新闻》:

(1)【导语】城市道路四通八达,交通管理日益现代化。如今,北京的路变得越来越顺畅了。经过多年建设,目前,北京已经拥有全国规模最大的环城快速路系统,最庞大的公共电汽车线路和最长的地铁运营线。逐步完善的城市交通架起北京通向现代化的桥梁。请看报道。

(2)【导语】昨天晚上,友谊宾馆里群英荟萃、星光灿烂,这里闪耀的是企业之星、创业之星。中关村科技园区首次评选出的20位优秀企业家和优秀创业者成为令人瞩目的焦点。请看报道。

(3)【导语】记者今天从有关部门获悉,我市四区县联合公开选择处级领导干部和区属企业高级管理人员活动,将于3月1日在朝阳人才市场举行。请看报道。

(4)【导语】经过了一个欢快喜庆的寒假,本市153万中小学生今天开始了新学期的学习生活,而一些学校在新学期的课程设置上也有了新变化。请看报道。

(5)【导语】记者今天从北京市地税局获悉,从3月1日开始,全市55万已经办好个人机动车纳税协查IC卡的私车车主,就可以直接到农行储蓄所或者地税局的办税网刷卡纳税了。在3月份的征期内,全市376个征收点节假日照常工作。请看报道。

(6)【导语】今天,我市大型国有建筑企业北京建工集团与德国B+B公司正式签署协议,他们将在轨道交通、道路交通、市政设施等领域开展合作。这是中国入世后本市首次与国外公司在建设领域内的合作。请看报道。

(7)【导语】延庆县在本市十个远郊区县中率先将劳动保障事务所覆盖到所有乡镇,为统筹安排城乡就业,完善社会保障体系建立了组织保障。请看报道。

(8)【导语】公民道德建设要从儿童抓起。今天,中国"小公民"道德建设计划正式启动,少年儿童代表向全国少年儿童发出了"争做合格小公民"的倡议。请看报道。

(9)【导语】中国消费者协会近日确定了今年的消费主题。今年的消费主题是"树立科学精神、倡导科学消费"。请看报道。

(10)【导语】宋维贤在北京同仁医院的眼外科工作近30年,就是在这个岗位上,他亲手接治了数千个爆竹伤者,目睹了一个又一个人间惨剧。面对一个个失明却又不可治愈的患者,他强烈地呼吁:别让爆竹把一时的欢乐变成终身的痛苦。请看报道。

(11)【导语】爆竹致残双眼令人痛心悔恨,而下面这条消息在令人触目惊心的同时更令人愤怒。就在前天,一男青年为了满足自己的好奇心,竟用硫酸残忍地将动物园里两只国家一级保护动物黑熊伤害致残。请看报道。

《北京新闻》播送完了,谢谢收看。

2. 中央电视台《国际时讯》
《国际时讯》(一)

欢迎收看"国际时讯":

【导语】5月31号,2002年世界杯就要在韩国汉城开幕了,日前,一场名为世界之门——"光化门"的灯光展在汉城举行。

【片】(配音)这是古代航海英雄们乘坐的越洋帆船,这是雄伟的埃菲尔铁塔,不要以为这些美妙的风景都被搬到了汉城,这都是灯光师制造出来的灯光名胜。不过,图案虽然让人眼花缭乱,背景却只有一个。这个城门形状建筑的图案就是韩国有名的"光化门"。"光化门"位于汉城市中央,在俾朝时代,"光化门"是皇宫最主要的大门。(同期声)这是传统的韩国寺庙,这是星座的图案,三十多幅图案每27分钟换一次,汉城的夜空被打扮得漂漂亮亮,"光化门"也成了名副其实的"光之门"。

【导语】世界杯即将开战,各地球迷自然是兴奋不已,就连平时在寺庙里修身养性的韩国小和尚也来凑个热闹,踢一场儿童足球赛。

【片】(配音)比赛在韩国一座寺庙里进行,对阵的双方是韩国小和尚和美国小朋友。孩子们激烈拼抢,射门! 噢,不是,是回传守门员,美国队守门员冷静地抱住了球。有一个小朋友摔倒了,哎哟,美国队背后推人,又一个小和尚摔倒了。双方在中场展开了拼抢,美国小朋友来了几个漂亮的过人,射门,球进了!(同期声)虽然摔了好几跤,韩国小和尚还是没能抵御住身高体壮的美国小朋友的进攻,这场比赛以美国队3∶0胜出。不过,两边的大人们显然没有把这场比赛的胜负当回事。(同期声)据说这家寺院组织这场足球赛,是为了体现韩国全体国民不论职业、身份都非常欢迎和企盼着世界杯的到来。不过,巧合的是,在世界杯小组赛中,韩国队和美国队也正好分在了一个组,他们的比赛将在6月10号进行。看来,是怕韩国观众们等不及,这些小一号的运动员们就先在小一号的绿荫场上先战一回。

【导语】哪里有冲突,哪里就有故事,就更容易拍出好的电影。今年,以当前巴以冲突为题材的电影,格外受到了戛纳电影节评委的关注。

【导语】美国西北部的明尼苏达州境内有着大大小小的12000个湖泊,美丽的湖区成了人们度假休闲的好去处,很多人甚至把家搬到了湖区,希望与它朝夕相处。但是,人们的亲近却在不知不觉中改变着这片湖区的模样。

【导语】在我国民间有划旱船的传统,其实,陆地行船未必异想天开,现在,就让我们去见识一下。

【导语】就在布什签署对伊动武决议之际,一个由美英军事专家组成的军事代表团对乌克兰可能向伊出售武器装备展开调查。

【导语】逢年过节人们为了庆贺免不了要饮酒,但饮酒过后又会引发身体的不适,那么,有没有什么好办法呢?

【导语】被人们称作"世纪瘟疫"的爱滋病是一种不治之症,爱滋病病毒和 HIV 更是让人不寒而栗,但是,最近的研究表明,正是这种 HIV 病毒却有可能帮助我们治愈一些目前无法治愈的中枢神经疾病。

【导语】人老了皮肤就会出现松弛,那些想留住青春的人,除了做紧肤手术之外,现在可尝试做一个"无痛拉皮"。

【导语】在婚礼上,婚纱无疑是非常引人注目的,不同国家具有不同的婚俗习惯,在无形中定位了婚纱的地域风格。下面就让我们去印度举办的一个亚洲婚纱展看一看。

【导语】一直以来,橄榄枝都是和平的象征,在约旦河西岸巴勒斯坦人种植的成片橄榄树是他们的主要收入。然而,近年来橄榄枝不仅没给他们带来和平的希望,反而引起了更多的冲突。

【导语】人们在进行科学研究特别是生化方面的研究时,往往要先在动物身上做试验,一般认为,这是一种比较科学和有效的试验方法。然而,动物保护人士却认为,这对动物是不人道的。

【导语】大千世界无奇不有,当许多人连肚子都吃不饱,可有些人却挑肥拣瘦,只吃生食。

这次节目播送完了,我们明天同一时间再见!

《国际时讯》(二)

欢迎收看"国际时讯":

【导语】我们都知道,孙悟空是从石头缝里蹦出来的。而最近德国和英国的科学家就提出了一种新的假说,认为生命最初的起源,就是起源于海底的一种岩石。

【导语】在奇妙的海底世界里,不仅有可能孕育了原始生命的岩石,更有帮助人们改善容颜的深海淤泥,而且,深海淤泥还很有可能是未来新型抗生素的来源。现在,科学家们正在对深海淤泥进行深入的研究。

【导语】新年就快到了,装饰品成了人们争相抢购的目标。五颜六色晶莹剔透的玻璃饰品更是备受青睐。今天,就让我们到这些玻璃挂饰的产地去看一看。

【导语】常言道:"萝卜、青菜各有所爱",说的是不同的人会有不同的审美取向,动物也是一样,它们在选择配偶的时候也会采取不同的标准。今天,就让我们来了解一下麻雀的择偶标准。

【导语】讨论发型的流行趋势,似乎一直都是女性的专利。不过,英国最近的一项调查显示,越来越多的男性也开始关注起他们的发型是不是够得体,够时髦,改变被认为是提升男性魅力的方法之一。

【导语】现在,正是可可成熟的季节,在可可产地第一大国科特迪瓦,虽然今年获得了可可丰收,但人们却高兴不起来。

【导语】目前,悉尼和美国东海岸,正在分别经受着雪与火的洗礼。

【导语】近日,非洲的阿尔及利亚和美国的东北部地区都迎来了大雪天气,面对漫天飞雪,有人欢喜,有人愁。

【导语】当飞机在空中突然失控急速坠向地面的时候,机上的人员往往只能够借助个人降落伞逃生,人可能是安全了,但是,飞机却会彻底报废。现在有了一种新型降落伞,能让飞机也死里逃生。

【导语】一般,在夏天的时候人们都习惯戴上太阳镜来抵御强烈的光照。但也有些人对强光并不害怕。科学家们最近发现,这是因为不同颜色的眼睛,对于光的敏感度也有所不同。

【导语】在印度,人们将猴子敬为"圣物"。可是,贵为"圣物"的猴子反而给人们的生活带来了很多麻烦。

【导语】根据统计,中老年人骨质疏松的患病率是相当高的,患者容易发生骨折和骨裂,给生活带来极大不便。而对于骨质疏松症的防治一直是医学界的一个难题。不过,现在这种情况终于出现了转机。

这次节目播送完了,我们明天同一时间再见!

3. 上海东方电视台《东视午新闻》

观众朋友:中午好! 欢迎收看"东视午新闻"。

【导语】《东视新闻热线》最近收到观众反映,正在进行全面整修的北京西路,最近几天,工地上无论是白天还是晚上都很少有人施工。为此,"东视"记者前晚特地到现场实地察看采访。

【编后语】从90年代初,上海的市政建设者就在重大工程建设中,创造总结出了一条经验:集中优势兵力抓紧工程建设,减少施工对市民出行的影响。北京西路道路整修工程工地冷清的现象,或许有施工程序、人员不够等原因,但说到底,这还是一个"以人为本"的问题。联系到近期《东视新闻热线》收听到的观众反映,比较集中于交通问题,我们再次呼吁有关部门从便民、利民的角度出发,作出更科学合理的安排,真正做到实事办好、好事办实。

【导语】国家质检总局将在全国范围内对大米、小麦粉、食用植物油、酱油、食醋等5类产品的所有生产企业进行产品质量国家监督专项抽查,并在年内向社会公布抽查结果。抽查的内容包括:企业法定资格、生产设备、原材料保证、执行的质量标准、产品出厂检验能力等。

【导语】上海市纳米技术产业化基地暨上海大学科技园四通纳米港奠基仪式今天

下午在上海大学科技园纳米港基地举行。全国政协副主席、上海大学校长钱伟长,上海市政协副主席左焕琛出席仪式。

【导语】启动和加快新一轮旧区改造,是今年上海市政府造福于民的又一项重大工程。而在新一轮的旧区改造中,注意对历史建筑风貌的保护和延续,已成为一大特色。

【导语】作为全国重点保护文物单位的徐光启墓地,将按照明清原貌,分期进行修缮,日前有关修缮工程的规划方案已经完成。同时,徐汇区文管会经过一年的多方找寻,终于发现了明清时期建造的徐光启墓地的部分实物原件。

【导语】医学方面的消息。介入方法是治疗冠心病的有效手段,但传统的X光造影图像清晰率较差。现在,上海中山医院在全国率先引进了全数字血管造影专用系统,为手术医生增添了"慧眼"。

【导语】在踏进婚姻殿堂之际,庄严地许下自己的诺言,这情景以前我们大多在影视剧中才见到过,昨天(17日)在上海光大会展中心,上海首次举行结婚登记宣誓仪式,几对新人率先许下了他们的诺言。

【导语】昨天(17日)下午,东视新闻热线接到观众电话反映:有家名叫新元的仓储公司从14号晚上开始,陆续将大批国外生活垃圾堆放到浦东新区永安公墓停车场里,目前已经运来了整整13个集装箱的垃圾。

【导语】家住西江湾路嘉苑公寓31号和33号的居民这几天真是叫苦不迭,一连4天他们家中水龙头放出的自来水不仅混杂了大量泥沙,更可怕的是,浑浊的水里还有红色和黑色的小虫在蠕动,二十多户居民吃饭、洗澡都成了大问题。

【导语】刚刚过完敬老节,本台记者就得知,金山区漕泾镇一位87岁的老人被小儿子赶出了家门。一生养育了6个子女的老母亲怎么会无家可归?风烛残年的老人又该如何面对这不幸的遭遇呢?请看记者今天到金山采访了解的情况。

【导语】今天,宁波参展商金先生给东视新闻打来电话,说他赶来参加第二届中国国际家居饰品及布艺展,明天就要开展了,可是现在展览会布艺展台只有两个。记者接到电话后立即赶到现场。

广告之后,请看午间股评。

【导语】在即将举行的第三届中国上海国际艺术节开幕庆典上,浪漫的法国人将在世纪公园湖面上为上海观众献上一台法国大型水上梦幻表演和灯火景观表演。这两天,表演活动的前期准备和设备安装工作正在紧锣密鼓地进行。我们去实地看看。

【导语】今年是上海动物园动物繁殖兴旺的一年,共有50多只新诞生的小动物成了上海动物园动物大家族中的新成员。在金秋十月,又有不少小动物诞生了。

【导语】据我国地震台网测定,北京时间昨日下午13点35分,在云南永胜县发生六级地震,目前已发现三人死亡,约三千四百间房屋倒塌。

【导语】受一股来自西伯利亚的冷空气的影响,从今天开始我国北方大部分地区开始降温。

【导语】今天的新闻透视我们来看一起由快递过程中快件遗失引发的纠纷。一张价值1万多元的机票被快递公司遗失了,可是在理赔时快递公司却说按照行业规定,最多只能赔偿100美金。这样的规定合理合法吗,在广告之后,请看我们记者的报道。

快递近年来已经走进了广大市民的生活,平时有个小件的物品要送,打个电话,招之即来,马上就送,费用也不贵,非常方便。但是有人在享受这份便捷的时候,却遇上了无尽的烦恼,因为快递的物品在途中丢失了。

【编后语】采访中,消费者、经营者、法律专家和管理部门都谈到同一个问题:就是快递行业作为一个新兴的行业领域,急需一套完整的管理制度来规范完善。只有这样,消费者的权益才能得到保护,像这样历时两个多月的快递风波才能更少一些。

【导语】最近,南汇区工业园区陶桥9队的村民来电反映,1996年村里向村民每户收取电话初装费4300元,而实际支出是4100元,这多下来的200元从此没了影儿。

【编后语】由于村民没有原始凭证,事情发生又过去了5年,记者一时无法查清村民的电话初装费是不是符合退还的规定。这件事,我们希望现在的南汇区电信部门派人了解后,给村民一个确切的答复。那邮电部门少收的200元,理应全数退还给村民,这是毋庸置疑的。

这次节目播送完了,感谢收看,再见!

(二)综合一体播(出镜播音、新闻片配音)

1.《科技、卫生、软新闻》(可自己编辑播出)

【导语】11号美国航空航天局在美国佛罗里达州卡纳维拉尔角航天发射中心成功将一颗"火星气候探测器"送入太空。这个探测器将记录火星大气状况并对火星地表绘制地图。

【片】美国航空航天局是利用一枚德尔塔2型火箭将"火星气候探测器"发射升空的。在火箭发射47分钟之后,重达629公斤的探测器脱离最后一级火箭,开始其长达六亿六千九百万公里的漫长路程。预计在九个半月后,这枚无人探测器将到达火星,然后沿距火星表面400多公里高的轨道执行考察任务。

另外,这个探测器还将充当预定在明年1月3号发射的"火星极地着陆者"探测器的通信转播站。"火星极地着陆者"明年底将会在火星的南极附近着陆。

火星是太阳系九大行星之一。火星上有极冠,表面存在有水和火山的迹象。与地球相似,这些迹象是导致生命起源的主要因素。于是,火星上是否存在生命一直是科学家长期争论的问题。世人也曾为此作过种种猜测。进行火星探测不仅可以证实这一问题,也有希望为人类开辟新的生存空间。

从1962年到1995年,人类探索火星行动前后共进行了14次。虽然当中有成功也有失败,但人们对火星的认识在逐步增加。到1996年,美国航空航天局制订了一个长达10年的对火星进行全面探测的计划。当年,美国先后向火星发射了"火星探路者"和"火星环球勘探者"两颗探测器。去年7月4号,"火星探路者"在火星表面成功着陆。它引起了全世界人们对火星状况的关心。在随后4个月中,"火星探路者"向地球传回了26亿比特的科学信息、16000幅图片以及对火星岩石和土壤进行的15份完整的化学分析结果。这一探测工作使人类对火星有了丰富的直观认识。

如今,新的探测器再度前往火星,必将使人类更深入地了解火星的面貌。相信终有一天,人类会通过自身的行动揭示这个红色星球上的奥秘。

【导语】美国的天文学家日前宣布:他们利用"哈勃"太空望远镜首次观测到太阳系外的两颗恒星存在着类似土星光环的尘埃环。

【片】天文学家们发现围绕天体的尘埃环并不新鲜,但是发现恒星有尘埃环这还是第一次。这两颗恒星分别编号为HR4796A和HD141569。它们都距离地球300光年左右,每一个的体积大约是太阳的两倍,并且都比太阳更亮。这两颗恒星的生日应该在1000万年之前,只是拿这1000万年与太阳的寿命相比,还只能说它们尚处在恒星的婴儿期。

据天文学家们解释,这种尘埃环的形成是构筑类似太阳系天体结构过程的一个组成部分。通常,尘埃和气体云团中心形成恒星,四周则形成尘埃环并最终聚集演变为行星。

天文学家们的这一发现具有重要的意义,因为它为天文学家们寻找新的行星和揭示恒星演化机理提供了一条新途径。

【导语】今天是一位比利时神奇人物的生日,他的足迹几乎遍布全球,他的经历也十分引人入胜。虽然他已经70岁了,但是他的魅力依然不为时间所动。他的名字就叫"丁丁"。

【片】丁丁是世界经典漫画《丁丁历险记》中的灵魂人物。从他诞生到现在,算起来足足70年了。回首从前,惊心动魄的冒险经历使丁丁去过前苏联,到过刚果,他只身闯过远东的贩毒贼窝,深入过美国黑社会,甚至还曾向月球飞去。值得一提的是,《丁丁历险记》中的专集《蓝莲花》使丁丁在二战烽火中来到了中国,他的言行向世界揭发了日军的侵华罪行。

自打头发飞扬的丁丁和寸步不离左右的小狗白雪出现在比利时街头,到现在,他们的经历已经赢得了世界各地数以百万计、一代一代人的关注。就在丁丁的70岁生日到来之际,法国国家议会已经准备就"丁丁是左派还是右派"的问题进行讨论。法国总统希拉克甚至还表示,他在国际形象上的惟一竞争者就是丁丁。一位经营丁丁纪念品的英国人对此大不以为然。"我们必然记住丁丁是比利时人,法国人说丁丁是他们国家的人只是因为丁丁说法语。我们必须承认丁丁是比利时人,但英国才是丁丁的第二故乡"。

截至目前,《丁丁历险记》已经被翻译成58种文字在世界各地流传。其每年的销量超过了300万册。丁丁的历险对孩子们来说是一次次神奇的旅程,对那些充满生活梦想的成年人来说是一点点乐趣,更是一份美好的回忆。

【导语】俗话说,第一个敢吃螃蟹的人是最勇敢的人,今天,来自美国纽约的一位名叫马斯特斯的人成了第一个公开接种爱滋病疫苗实验的人,他的这份勇气和直面人生的魄力比起第一个吃螃蟹的人则又不可同日而语了。

【片】其实,马斯特斯并非是第一个接受爱滋病疫苗实验的人,但是他却是第一个敢于公开参与实验,并号召其他爱滋病病毒携带者也参与到这项实验中来的人。

这种新研制出的名叫爱滋瓦克斯(aidsvax)B/B的爱滋病疫苗是由美国纽约大学医学院研制,并由加利福尼亚州的一家生化公司负责推广实验的。这也是美国首次在医院领域广泛推广人体接种爱滋病疫苗的实验。

据悉,这种疫苗的主要成分里含有爱滋病病毒表面的一种糖蛋白,虽然这种糖蛋白在爱滋病病毒侵袭并感染人体的过程中发挥重要作用,但接种疫苗的人不必担心会因此引起爱滋病病毒的感染,因为这种糖蛋白在系统中没有再生的能力。

从前两阶段的实验显示,这种疫苗对人体是安全的,并且可以产生一种免疫反应,研究者希望能有5000人参加实验,他们表示,如果接种疫苗的人群爱滋病感染发病率低于未接种人群,那么这种疫苗将被视为有效。

【导语】22号在英国伦敦举行的一次拍卖会上,沉没于波罗的海海底达82年之久的香槟酒每瓶的拍卖价格最高达到了4千美元。

【片】在拍卖这些香槟酒之前,前来参加拍卖会的人饶有兴致地品尝了这种香槟酒。据品尝者们说,香槟除了稍有点跑气之外,其味道非常香醇。

(而真正吸引众多拍卖者的是香槟酒不同寻常的来历)

这些香槟酒是英国国王爱德华七世在位时酿造的。1916年,一艘瑞典商船满载着5000瓶香槟酒和67桶白兰地由波罗的海前往芬兰,送给在那里进行战斗的俄国军官。一艘德国潜艇将商船拦截,抢走了船上大量的香槟酒,并把剩下的香槟酒和商船一起沉入了大海。从此这些香槟酒在海底呆了八十多年。直到近来搜寻者们用4年的时间将商船打捞上来,这些完好无损的香槟酒才有幸再次与人们见面。

【导语】因特网已经逐渐渗透到了人类活动的各个领域,包括司法领域,它可以成为铺向犯罪分子的天罗地网。美国联邦调查局上周宣布在全国范围内安装的DNA指数识别系统就是这样的一张网。

【片】建立DNA识别系统的依据是,人类的遗传物质具有惟一性。收集犯罪现场遗留下来的毛发、血迹,得出DNA样本,就可以据此去追踪或指证罪犯,如果事先已经存在一个可以随时对照的DNA样本库,那将大大提高破案的效率。

目前已经开通的这套计算机识别系统,内部存储了35万名被判有罪者的DNA样本,另外还有4600个属于犯罪嫌疑人,还有25万个没来得及检验。每个州的执法机构都可以通过互联网共用这些样本,与手头的案件进行比较,这一招术令惯犯们人人自危。

美国联邦调查局目前有意扩大取样的范围,但是此举招来了侵犯个人隐私的强烈批评。以至调查局的官员要大声疾呼:当罪恶在阳光下滋生,记得提取现场的遗物吧,DNA可以判定一个人是否清白。

【导语】几个世纪以来,人们一直对"第六感觉"感到迷惑不解。我们知道动物依靠其分泌的一种"外泌素",或者说是"信息素"来相互联络、传递信息,或作警告,或吸引异性。那么,我们人类是否也有这种"外泌素"呢?如果有,它对我们又有什么作用呢?

【片】最近,美国犹他州丹佛的科学家们说,他们发现了大约20种人类"外泌素",而且这些外泌素也起着类似动物外泌素的作用。他们利用几种不同的外泌素制造了一种新型"荷尔蒙香水",并认为这将是医学领域一项巨大突破。据使用过"荷尔蒙香水"的女性说,她们在搽上了这种香水后变得更加自信和轻松,而且这种自信又会吸引其他人。

【导语】日本科学家研制的人造子宫已成功地将绵羊胎儿养育成活。他们的英国同行兴奋地表示,这一医学领域的重大突破将为过早生产的婴儿带来生存的希望。请看报道。

【片】尼克莱蒂斯教授认为,过早生产是造成婴儿死亡或残疾的重要原因。因此,任何能够给这些婴儿带来更多生存机会的医学进步都将是意义非凡的。他预计,人造子宫将在几年内造福人类。

不过,也有人认为,这一医学突破将和克隆技术一样,造成道德上的混乱。因为,总有一天,它得让不在母体内生长的婴儿降生在人世上。

这是中央台编译报道的。

【导语】大家知道,名胜古迹是人类共同拥有的宝贵财富,保护这些古迹往往会面临着许多棘手的问题。像大家很熟悉的英国史前巨石阵遗迹目前就面临着都市现代病——交通拥挤,那么当地政府将怎样协调"保护古迹"与"城市发展"之间的关系呢?

【片】矗立在英国西部平原上的巨石阵,是一组由圆形巨石排列而成的石柱群,它大约建于公元前2500年到公元前1500年之间,多年来不仅让英国人引以为傲,也吸引着世界各地的游客。

目前,在巨石阵附近有南北两条公路。它们像叉子一样割断了巨石阵与索尔兹伯里平原原有的和谐,有时又会像患了肠梗阻的病人,让前往巨石阵的游客寸步难行。

在英国政府日前提出的一项市政方案中,政府建议把北部的公路铺上青草,并在公路靠近巨石阵的附近建立一个游客服务中心。同时拓宽南部的公路作为主干线,最关键的是要把主干线临近巨石阵的地段修建成约 2 公里的地下公路,这样既解决了交通问题,也把自然还给了巨石阵,项目预计将耗资 1.2 亿英镑。

尽管当地政府相信这个方案对巨石阵的伤害最小,但还是有一些考古学家表示了愤怒。因为这样一来,可能伤及另外 450 处史前遗迹。

不过,交通和争论都没能影响游客的热情,他们依旧来到巨石阵,并为它的古朴凝重而喝彩。

【导语】观众朋友您知道吗?现在,患有远视的人们不戴眼镜,也能拥有和正常人一样的视力了。日前,美国食品和药品管理局通过了医学专家们提出的用激光治疗远视的新技术。

【片】美国大约有 3000 万人患有远视,这些人常常会遇到种种不便,比如在驾驶时,远视眼能清楚地看见公路上的路标,但看清车内的仪表板却非常困难。这些难题在应用激光治疗以后就会迎刃而解了。

手术前需要先对眼睛进行精确的测量。手术时,先将眼睛的晶状体切开,然后利用激光将角膜中多余的组织去除。完成手术只需 15 分钟,远视患者就可恢复正常视力。这种治疗一次手术的费用为 6000 美元。但同其他许多治疗一样,有些患者仍会复发,复发率为 20%。

【导语】以下也是一条医学方面的消息。英国一家医学刊物 24 号发表一篇文章,呼吁限制使用一种用来治疗高危病人的药物,就是人血白蛋白,原因是,在过去五十年中,人血白蛋白可能造成了数千例病人死亡。

【片】人血白蛋白原是二战期间的战时血液代用品。1941 年,在珍珠港事件中,几名严重烧伤的士兵在使用这种药物后全部存活。此后,人血白蛋白便在医疗中被广泛使用,其作用是保障患者血液循环、稳定血压和防止心脏病突发。

在英国,每年有 8 万名病人接受人血白蛋白注射,通常采用的方式是静脉滴注。从事这一研究的医学专家说,这种制剂造成的危害可能比它的治疗作用还要大。

通过对 60 年代以来的 30 个病例进行跟踪调查,研究人员发现,在病危者中使用人血白蛋白的死亡率比使用一种廉价人工制剂的死亡率要高 6%。这样算起来,人血白蛋白可能造成了几千例病人死亡。

不过,由于这一研究中使用的病例数量有限,因此专家希望人们慎重对待这一结果。英国政府已表示不会立即停止使用这种药物。

【导语】包括韦尔弗利特在内的一些美国马萨诸萨州港湾近来再次成为海豚的"自杀"胜地。

【片】自19号以来已有50多头海豚在这些地区搁浅死亡,另有20多头海豚目前仍未摆脱困境。由于天气寒冷,营救海豚的行动进展不畅。一些救援人员称,海豚搁浅后的每一次挣扎都会对身体内部器官造成损害,因此将受伤的海豚重新放归大海是十分危险的。去年冬季近100头海豚在同一地区因搁浅而丧生。目前,动物学家还没有找到这些海豚"集体自杀"的原因。

【导语】法国巴黎今年春夏季时装展示会近来进入了高潮。两位时装界顶尖设计师——帕科·拉巴内和伊夫·圣·洛朗昨天展示了他们的最新设计。两位设计师没有让他们的拥戴者失望。

【片】帕科·拉巴内在时装设计中运用了大量新材料。除了他惯用的塑料织物外,金属在新设计中也占据了重要地位。拉巴内的想像力使这些新材料光彩耀人。拉巴内带来的先锋时尚依然独一无二。

至于时装大师伊夫·圣·洛朗,他依然执着于传统的、优雅的女性时装设计。不同于其他设计师,伊夫·圣·洛朗时装的颜色大多采用黑色、深绿色和深蓝色,其间以红色作为点缀。新的时装款式同伊夫·圣·洛朗以前的设计相比并没有什么重大突破,但是观众依然为之倾倒。人们不得不承认,伊夫·圣·洛朗依然是巴黎最好的时装裁缝。或许T型台上最后走来的这款短小的、玫瑰织就的婚纱会再次向人们提示:他并不仅仅是个好裁缝,而且还是塑造美的高手。

【导语】19世纪荷兰画家梵高作品展下个月在美国华盛顿国家美术馆开幕。参展的72幅梵高名画目前已经运抵美国。

【片】梵高是后印象派的代表人物。27岁时,他在弟弟特奥的鼓励下自学绘画。此后十年间,梵高承受着生活中的巨大创痛,创作出了《向日葵》、《加歇医生》、《自画像》、《邮递员鲁兰》、《椅子》和《烟斗》等传世之作。

35岁时,梵高因精神失常割下了自己的一只耳朵。37岁那年他开枪自杀,两天后离世。

梵高的作品中包含着深刻的悲剧意识、强烈的个性和形式上的独特要求,远远地走在了时代的前面。他生前从未得到社会的承认,在世时仅售出了一幅作品。直到本世纪初才开始为世人所识,声誉日隆。

本次将在华盛顿展出的梵高名画作品共有72幅,其中有70幅来自荷兰的梵高美术馆。这家美术馆24号发生火灾,梵高的画作由于越洋参展幸运地躲过了这场劫难。

【导语】奥斯卡金像奖的红地毯再次徐徐铺开,也许是电影大师们受世纪之交感怀的启示,列于各项提名榜首的《莎翁情史》、《美丽人生》、《拯救大兵瑞恩》、《细细红线》与《伊丽莎白》,或演绎二战,或追溯帝王史,或描绘几个世纪前的爱情,一一尽现千百年来的历史沧桑。

【片】爱是戏剧永恒的主题,从古至今,森严的社会等级,无情的战场,都无法拒绝爱的温情。沧海桑田,人们在爱的悲欢中,呵护着心底的希望与尊严,于是历史得以漫漫延续。

莎翁情史发生在遥远的古代,莎士比亚在创作时才思枯竭,绝望之际,与女扮男装的薇奥拉相遇并坠入情网,然而由于等级的阻隔,莎翁与心上人劳燕分飞。悲愤的作家写下了不朽的爱情悲剧罗密欧与朱丽叶。

另一部爱情影片伊丽莎白则回溯到16世纪的英国,伊丽莎白一世从一个宫廷权势之争中压力下的少女,成长为叱咤风云的一国之君。此时,心上人却已心有他属。女王斩断情丝,终生与国家和权力相伴。

单调的军服、枪炮与终日挥之不去的乌云,空洞的神眼与凝滞的表情,流血与死亡成为生命的主题,这是影片对战争与屠杀的控诉。

然而,无情的战场无法拒绝母爱与温情,在死亡的阴影下,亲情、友情与爱闪烁着温润的光泽。

同是讲述二战故事的《细细红线》里,美丽柔和的自然风格与战场的无情厮杀,对往事美好恬静的回忆与歇斯底里的冲突反复切换更迭,其实这两部影片的初衷都是一样的,人们看到的是对死亡的恐惧,对生命的依恋。

意大利影片《美丽人生》以黑色幽默的手法诠释战争题材。在大屠杀的阴影下,并在集中营父亲对儿子谎称大家在集中营里玩一场游戏,规则是不吵闹不吃零食,儿子信以为真,在父亲的谎言中度过了一段平静的时光。影片反复出现父亲含泪的微笑,它告诉人们,只要爱与希望在,生活永远是美好的。

【导语】由于上个月发生了大火,生活在南非自然保护区的6000多只野生动物目前正面临着饥饿的威胁,但幸运的是,日前这些野生动物已经得到了救助,施行这一计划的是国际动物救济基金组织。

【片】上个月大火席卷了南非恩达布赫野生动物保留地以及邻近的塞格瓦第自然保护区。野生动物经常觅食的地区大约3/4被烧,它们的旱季食物几乎全部被吞噬,而其中许多面临饥饿的动物正处于怀孕的季节。国际动物救济基金组织日前向这一地区运送了饲料,以帮助这里的野生动物顺利度过旱季,计划将实施3~4个月,直到下个雨季到来。事实上,因大火受损的不仅仅是这里的动物,孩子们经常被带到这里实地观察野生动物的生活。拯救这里的动物实际上也是在拯救下一代的教育基地。

【导语】大多数电脑一般是让玩家在绚丽的模拟现实的画面中扮演地球卫士。最近,一个新的电脑游戏"警察攻击:特殊战略"问世了,它能让玩家领略一下当警察的滋味。

【片】这一游戏是在前洛杉矶警察局长戴瑞尔·盖茨的帮助下完成的,他同时在游戏中向玩家提供咨询。游戏根据现实生活中的真实案例,设计了十几个谋略关卡。你可以选择扮演警察或盗贼,利用你的智慧和经验,抓住小偷,或逃避警察的追踪。

日前,洛杉矶警察局已经在办公室的电脑中安装了这一游戏,用于自己的警察和警官。试过这一游戏的警察都对它的设计赞不绝口。

【导语】观众朋友您想象过没有夜晚的世界是什么样子吗?这听上去如同幻想但也许不久就会变为现实了,因为俄罗斯科学家正计划在天空中制造月球,让地球的夜晚亮起来。

【片】神秘而浪漫的月夜常常带给月球观测者以无限遐想。然而夜晚可能很快就会不同了,因为俄罗斯科学家正在计划制造一个新的月球。按照计划,最终的新月球将由几百面围绕地球运转的镜子构成,通过反射太阳光达到照亮地球的目的。实验月球计划在11月发射升空,用于照亮北极太阳光无法到达的地区,从伦敦、布鲁塞尔、伊尔库次克和西雅图等城市都能看到新月亮。

没有夜晚的世界将会是什么样?一些科学家认为,人造月球将破坏北极野生动物业已形成的生活规律,因此对这一计划持批评态度。天文学家也不喜欢人造月球,因为人造月球将遮蔽恒星的光辉,观测恒星将变得更困难。而更令人担心的是纯洁的天空被广告商利用,人们头顶上最终布满了广告光柱。

【导语】世界上第一例平安降生的八胞胎正在美国休斯敦的一家医院受到医生们的精心照料。

【片】八胞胎中的第一个婴儿是两周前在当地一家医院降生的。20号,其余7个婴儿通过剖腹产手术在同一医院出生。据报道,孩子们出生时竟动用了25名医生和护士。八胞胎的父母都是原籍尼日利亚的美国公民,今年27岁的母亲服用过受胎药物。八胞胎为两男六女,都为早产儿。医院说,八胞胎至少要在医院住两个月。

【导语】美国空军6号宣布,他们对曾在空军服役的一百多只黑猩猩的未来做出了安排。其中一些黑猩猩曾为美国早期的空间探索计划做出贡献。

【片】据悉,其中一些黑猩猩将被送往一个研究机构,另外的黑猩猩则被送入灵长类动物养老院。

这些黑猩猩都是美国宇航局早期空间研究计划的开路先锋。其中两只黑猩猩,爱伦·希伯德和约翰·格林曾参加过美国最早的载人宇宙试验飞行。

这些在太空试验中奉献了自己青春的黑猩猩们在试验中有的被安置在离心机中,尝试失重的滋味,有的在减压舱里接受训练,直到通过测试。

大约30只黑猩猩将在得克萨斯州灵长动物养老院安享晚年。另外111只黑猩猩则被一家医疗研究机构收留。

在谈到对这些猩猩作出的安排时,空军上校杰克说,空军方面的考虑是只要接收者能够很好地照顾这些黑猩猩的生活就可以啦。

【导语】在越南胡志明市最近新开了一家餐厅,所有光顾过的人都说,这家餐厅让人过目难忘。

【片】这就是双胞胎餐厅。它坐落在胡志明市南部的商业区里,从外面看是一对比肩而立的法式别墅。不过,餐厅的出奇制胜之处却是在里面。瞧这些侍者,他们全是双胞胎!

餐厅的主人介绍说:"开这样一家餐厅的想法我一年前就有了。但是要找到这么多的双胞胎,并动员他们来这里工作可不是件容易的事。我们一共有11对双胞胎。"

现在这里正在举行生日聚会,问到一位客人对餐厅的感受时,他说,很有趣,就是太贵了。

2.《晚间新闻》

晚上好,欢迎收看《晚间新闻》:

【导语】今天各地春运客流仍保持在高峰状态,部分车站客流甚至在继续攀升。

【片】安徽阜阳火车站继昨天创下节后春运客流历史最高峰之后,今天的客流继续上升,超过了62000人,创下新的历史记录。虽然每天开往上海方向的临时客车已经增加到了10趟,但是运力仍然显得很紧张。预计从明天开始,去往北京方向的客流将开始增加。由于铁路运力吃紧,部分客流转向了公路,这两天从阜阳坐汽车出发的旅客也在5万人左右,汽车客运部门在每天1500个班次的基础上,增加了800多个班次。今天成都和武汉的铁路客流也在稳步增长,成都铁路局已将原定24号加开的成都至昆明的临时旅客列车提前到了22号开行;武汉铁路分局也加开了武汉到广州、深圳、汕头、温州方向的20趟临客。这是中央台报道的。

【导语】列车上人多、空间小,乘客长途坐车普遍比较疲惫,常常疏于防范,一些小偷也就趁此机会作案。记者近日跟随南昌铁路公安的便衣民警登上了山东菏泽开往江西南昌的列车。凌晨5点左右,记者在列车乘警的帮助下拍摄到了一起偷窃案。

【片】在画面上我们可以看到,这名青年一直在车厢里来回走动,乘警说,他是在选取作案目标。列车快要进站时,他爬上座椅,在行李架上迅速地翻动着别人的行李。此时大部分旅客都在睡觉,没有人注意到他的举动。过了一会儿,这个青年又向车厢连接处走去,此时列车即将到站,列车出口附近人多、空间小,大部分旅客都提着行李准备下车疏于防范。这名青年迅速地摸着乘客的衣服口袋等处进行试探,最后从这名乘客身上掏出了钱包,整个过程只有几秒钟,乘客始终没有察觉。证据确凿,这名小偷当然是跑不了的,但据他交待,以前他已经这样作案多起了。(【同期声】案件多发时机,一个是在列车停靠的时候,和旅客上下车的时候,再一个列车到站前的5~10分钟左右,是作案的好时机。)警方提醒说,小偷最常见的两种作案方式就是晚上乘旅客熟睡之机偷窃;白天则混在上下车或者车厢门口等人多的地方,乘旅客找座位、放行李,两三人互相掩护实施盗窃作案。而记者在采访中发现,不少旅客都比较麻痹大意:这名旅客在睡觉时就随意地把包扔在一边;在车厢连接处、洗漱间等处总是可以看到无人看管的行李;在上下车最拥挤时,大部分旅客只顾挤车就忽视了行李。(【同期声】旅客在乘车当中自己小心,同时也加强与我们公安部门的配合,发现犯罪分子作案,或者说公安在破案中,抓犯罪嫌疑人当中协助我们一起,使犯罪分子成为过街老鼠,人人喊打。)这是中央台报道的。

【导语】国土资源部今天公布了2000年度土地调查结果。调查显示,我国除港澳台之外的31个省、自治区、直辖市去年首次实现了建设占用耕地占补平衡。去年,我国建设占用耕地245.5万亩,而与此同时,我国土地开发复垦整理增加耕地303.9万亩,补充同期建设占用耕地后,耕地增加58.4万亩。

与上年基本持平,但比"九五"期间年均占用耕地减少了21%。

【导语】卫生部今天公布了《医疗美容服务管理办法》,将从5月1日起开始正式实施。

【片】这份管理办法规定,医疗美容机构必须经卫生行政部门登记注册并获得相关许可证。医疗美容服务实行主诊医师负责制,医疗美容项目必须由主诊医师负责或在其指导下实施。主诊医师必须具有执业医师资格,经执业医师注册机关注册,并具有从事相关临床学科的工作经历。医疗美容是指运用手术、药物、医疗器械等技术方法对人的容貌和人体各部位形态进行的修复和再塑。隆乳、隆鼻、吸脂等都包括在内。这是中央台报道的。

【导语】有关方面今天透露,一度停工的上海环球金融中心即将复工,这座大厦建成后将成为世界上最高的建筑。

【片】环球金融中心坐落在上海浦东陆家嘴地区,紧邻金茂大厦,于1997年8月开始桩基施工,1998年10月,受亚洲金融危机的影响,项目的最大股东日本森大厦株式会社决定将这一项目停工搁置。2001年,项目股东在对上海的经济增长和房地产市场进行调查评估后,决定复工建设环球金融中心。环球金融中心的设计高度为460米,据介绍,调整设计后高度还会有所增加。这是东方台报道的。

【导语】过春节给孩子压岁钱是中国人的传统习惯,春节刚过,南京的许多银行就接到了不少孩子存进的压岁钱。

【片】这几天,南京市区各银行的营业网点,每天都能接待十多位小顾客,这种情景在往年是很少见的。从存单款项来看,大多数孩子的压岁钱都在千元左右。以往孩子们收到压岁钱后,大都是用于购买自己喜爱的物品,而今年许多孩子打算利用压岁钱交学费,不少孩子通过学校与银行之间的代收费服务帐号,直接把自己的压岁钱转为新学期的学费。(【同期声】南京浦厂铁路子弟小学学生张憬嘉:爷、奶、姑、舅一共给了我500块压岁钱,我到银行里存起来,今后交学费用。)

不过北京的一些孩子今年春节收到的不是压岁钱,而是另外一些时尚礼物。春节期间,北京图书大厦里人流不断,许多家长带着小孩来挑选光碟作压岁礼物。儿童卡通片和知识含量较多的光碟礼盒都很热销。(【同期声】家长:我觉得孩子还小,给他压岁钱不实际,给他这个还可以提高知识常识。)(【同期声】学生:"如果你要钱,长大了也可以自己挣,现在好好学习,长大了可以成为祖国的一个栋梁之才。")

"压岁碟"卖得正火,而北京的一些市民则另有创新:"过年不送压岁钱,送给孩子'动物认养权'。"今年是马年,北京八达岭野生动物世界食草动物区内的小矮马特别受人们的喜爱。春节期间降生的身高只有70厘米的小矮马,一下子成为节日小名星,很多家长打来电话要求以自己孩子的名义认养这匹小马。在春节期间,动物世界里的小矮马、老虎、狮子、长颈鹿等十几种动物成为人们争相认养的目标。(【同期声】学生:我觉得认养马可以培养自己的爱心。马年是最好的一个年,也是我妈的属相,我应该多照顾一下它。)这是中央台和江苏台报道的。

【导语】新疆地质勘探人员近日在罗布泊阿齐克谷地偶然遇到一群野骆驼,他们用随身携带的摄像机及时拍下了这难得一见的场面。

【片】当时,地质勘探队员们正在野外进行供水勘查。途中,队员们发现了大量野骆驼蹄印和粪便,随后他们就碰到了4峰野骆驼。一名队员立即开始用随身携带的数码摄像机拍摄。由于野骆驼非常胆小、警觉,当地质人员试图靠近它们时,野骆驼立即向沙漠深处跑去。野骆驼是世界珍稀动物之一,全世界只有1000只左右,仅有的两个野骆驼保护区,一个在我国的新疆,另一个在蒙古。这是新疆台报道的。

【导语】中央人民政府驻香港联络办公室今天晚上在香港会议展览中心隆重举行新春晚会,与香港各界知名人士欢度马年新春佳节。

【片】中央人民政府驻香港联络办公室主任姜恩柱在酒会上致词说,过去的一年,我们国家大事多、喜事多、盛事多,祖国好,香港就有光明的前途。以董建华行政长官为首的特区政府带领香港同胞奋发努力,巩固了香港作为国际金融、贸易、航运中心的地位,维护了香港的繁荣与稳定。展望未来,中央政府继续贯彻"一国两制、港人治港",高度自治的方针是坚定不移的。全国政协副主席霍英东、行政长官董建华和香港各界知名人士300多人出席了酒会。这是中央台驻香港站记者报道的。

【口播】国务院副总理钱其琛今天在中南海会见了香港特别行政区政府政务司司长曾荫权。钱其琛说,香港回归以来,特区政府依法施政维护了香港的繁荣稳定和发展。他希望特区政府在行政长官董建华的领导下努力工作,为香港公众提供更优质的服务。

【导语】中央人民政府驻香港联络办公室今天晚上在香港会议展览中心隆重举行新春酒会,与香港各界欢度马年新春佳节。香港各界知名人士300多人出席了酒会。

【口播】正在我国进行工作访问的美国总统布什明天上午将在清华大学发表演讲,我台第一套节目明天上午十点零五分进行现场直播,届时我台第四套、第九套节目也将直播。

《晚间新闻》播送完了,谢谢收看。

3.《新闻早8点》

观众朋友,早上好。关注每天最新动态,欢迎收看《新闻早8点》:

据伊拉克官方新闻社报道,驻巴格达的联合国武器核查人员3号在巴格达附近的一家工厂里发现了一颗受损的弹头和一个瓷制的导弹模具。

【配音】据报道,核查人员当天对伊拉克境内至少8处可疑地点进行了检查。这些弹头和模具是在距巴格达东南部18公里处的一家工厂里发现的。这家工厂主要生产固体火箭燃料及相关产品,在过去几周里已经多次接受检查。伊拉克方面称,这些弹头和模具在去年12月伊拉克向联合国提交的武器报告中已经提到过,这次的发现并不重要。而核查人员到目前为止没有对此事进行任何评论。

同一天,来到巴格达访问的欧洲议会代表团与伊拉克议会的代表进行了会谈,希望通过外交努力和平解决伊拉克危机。

(【同期声】欧洲议会代表团成员麦克纳:现在很明显,美国想用战争〈来解决问题〉,〈所以〉他们需要任何可能的借口。我认为现在重要的是不让他们得到借口,所以伊拉克方面应该百分之百地配合核查人员的工作。)

此外,伊拉克贸易部长萨利赫当天也发表讲话表示不会惧怕美国的军事打击,并号召国际社会通过外交努力促进伊拉克问题的和平解决。

【导语】3号,正在约旦首都安曼进行访问的希腊外长帕潘德里欧表示,只要伊拉克总统萨达姆充分地同联合国武器核查小组合作,对伊战争就完全可以避免。

【配音】帕潘德里欧是在同约旦外交大臣马阿谢尔会谈后做出上述表示的。他指出,目前仍然有机会避免战争的发生,这是欧盟希望通过他传达给萨达姆的一个明确而肯定的信息。

(【同期声】它〈战争〉是可以避免的,但是这意味着〈我们要表达的〉一个明确的信息,那就是萨达姆〈必须〉完全地配合武器核查工作,完全地揭示那些核查小组认为重要的信息。)

约旦外交大臣马阿谢尔则表示,对伊战争已经箭在弦上。他还表示,约旦已经开始为战争爆发后可能面临的石油短缺以及难民问题做准备。

希腊外交部长帕潘德里欧这次是作为欧盟轮值主席国的代表,就伊拉克问题赴中东地区展开斡旋。约旦是帕潘德里欧中东之行的第二站。4号,他将前往黎巴嫩继续访问。

【口播】接下来是有关"哥伦比亚"号航天飞机的后续报道。

曾在1997年搭乘"哥伦比亚"号航天飞机上天的乌克兰宇航员卡杰纽克3号表示,要查明"哥伦比亚号"航天飞机失事的真正原因"几乎是不可能的"。卡杰纽克指出,"哥伦比亚号"在60000米的高空解体,这使航天专家很难着手展开调查。卡杰纽克认为,"哥伦比亚"号失事的原因可能不止一种,其中可能性较大的是隔热片在航天飞机起飞时被火箭助推器上的一个机件砸坏,从而导致航天飞机在返回地球时发生事故。

【导语】3号,以色列总统卡察夫召见了来自利库德集团、工党和革新党三个以色列议会大党的代表,与他们就新一任以色列内阁的组阁问题进行了会谈。

【配音】在当天的会谈中,各党代表都阐述了自己在组阁问题上的看法。

(【同期声】利库德集团代表、以色列通讯部长里夫林:我们确实认为以色列需要一个民族联合政府,我们请求以色列总统尽一切努力来说服其他党派加入民族联合政府。)

工党的代表则表示,在目前的情况下,工党不会与利库德集团联合组阁。

(【同期声】以色列工党代表、工党总书记派恩斯·帕兹:我们并没有改变我们的基本原则,我们有自己的思考方式,我们并没有从总统或是总理的讲话中听到任何能够令我们改变想法的内容。)

同一天,为了说服工党加入即将组阁的联合政府,沙龙与以色列工党主席米茨纳进行了两个小时的会谈。会谈中,米茨纳正式拒绝了加入沙龙联合政府的邀请。工党方面稍后表示,沙龙在会谈中表现出的立场比大选前还要强硬,并且拒绝向工党的主张进行妥协。这种情况下,工党拒绝加入沙龙联合政府是"对整个国家负责任的表现"。

【导语】柬埔寨首相洪森3号在位于柬埔寨西南部的贡布省表示,柬埔寨将作出最大努力,尽快恢复因为1月29号金边反泰骚乱而受到损害的柬泰关系。

【配音】

(【同期声】柬埔寨首相洪森:政府未能控制这次骚乱的主要原因是我们无法控制这些具有煽动性的报道以及未能对骚乱者采取武力手段。)

(【同期声】柬埔寨首相洪森:真正受损的是我们的人民,我们将用税收赔偿〈所造成的〉损失,一小伙极端分子让整个国家受到伤害。)

洪森表示,他将在4号派遣柬埔寨外交大臣贺南洪作为特使前往曼谷,觐见泰国国王普密蓬并拜会泰国总理他信和外长素拉革,就1月29号在金边发生的骚乱向泰方作出进一步解释,争取更多的理解与谅解,以尽快恢复因这次骚乱事件而受到损害的柬泰友好关系。洪森同时还代表柬埔寨政府对普密蓬国王、他信总理和广大泰国人民在"1·29"金边暴力事件发生后给予柬埔寨政府的谅解表示感谢。

由于柬埔寨《吴哥之光报》等私人媒体的报道,金边1月29号发生了反泰骚乱,泰国驻柬使馆和一些泰资企业被纵火焚毁或遭到严重破坏。截至目前,金边法庭已对50多名参与骚乱的嫌疑人提起诉讼。

【口播】3号,美国总统布什正式向美国国会提交了2004年度财政预算报告,根据这份预算报告,在从今年10月1号开始的2004财政年度里,美国联邦政府的总开支将达到22300亿美元。其中,国防预算为3800亿美元。这份报告还预测说,美国今年的财政赤字将创记录地达到3040亿美元,而明年的财政赤字更将高达3070亿美元。分析家指出,共和、民主两党将会就这份报告展开激烈的辩论。

【导语】新春走四方,旅游过大年。这两天,许多人背着行囊走出家门,去领略江南水光山色、去欣赏塞外冰城雪景、去体验乡村农家生活,纵情山水、享受休闲、愉悦身心,在欢声笑语中度过一个五彩缤纷的春节。

【配音】据海南省旅游部门的统计,从大年初一到初三,仅仅3天时间,到三亚旅游的游客就有近10万人。好风凭借力,送我上青云。在三亚海边,从来没有飞翔经验的游客,只需在教练的指导下掌握几个简单动作,就可以乘着滑翔伞腾空而起,实现飞天的梦想。才上九天揽月,又下五洋捉鳖。正在兴头上的游客们又纷纷潜入水底,与海洋生物来一次"亲密接触"。

(【同期声】游客对话:

"你看得多深啊?"

"我看得挺深的。"

"我看到8米啦。"

"我看到海星。"

"海星算什么,我还看到好多鱼呢,我还摸到一条鱼呢。")

春节假日里,上海长风公园海底世界新推出的水下舞龙格外抢眼。巨龙在水中上下翻飞,显得特别飘逸。有意思的是,平日里凶恶的鲨鱼一见到这位陌生的朋友,就躲得远远的。但在福州的海底世界里,小朋友们却十分勇敢,与憨态可掬的小海豹嬉戏,和体态臃肿的大海龟交朋友。

在黑龙江长寿山滑雪场,一场家庭滑雪比赛激烈展开。游客现场报名,只要是三口之家立即就可以投入比赛。比赛累了,坐上今年最有年味的羊拉爬犁,轻松惬意中林海雪原尽收眼底。

在新疆巴州的博斯腾湖上,看完了盛大的冰上社火表演,再骑一骑独特的冰上骆驼,参加一回冰上拔河,冰雪世界里,人人玩得热血沸腾。坐上手推爬犁,十几对新人还在冰上举行了特殊的婚礼。

春节里,一场瑞雪给黄山披上了一层白纱,秀美的黄山再次变成了一个如梦如幻的冰雪世界,雪中看云翻云卷,雾起雾落,晶莹剔透,令游人心驰神往。在广西桂林,绿野青山也在一夜之间被小雨淋了个通透,怡人的清风中,游客们踩芦笙、背新娘的兴致更高了。

到最乡土的地方,品尝最醇厚的年味。在石家庄、呼和浩特、天津、南昌、昆明等地,传统的民俗最让游客难以忘怀。在潍坊,每一幅传统的年画都要上6种颜色,工匠师傅特意把吉祥的红色留给游客自己来刷,让游客沾上一点红色,带走一份吉祥。在南宁,青秀山下的一枚直径两米多,重达150多公斤的绣球王每天都吸引了大量游客。坐在陕西咸阳、浙江千岛湖的农家热炕头上,欣赏着大红灯笼高高挂、农家小院农民画,一切都散发着醇厚的泥土芳香。冬日里到山西绵山的云峰寺,参加传统的挂祥铃、挂祥灯活动,游客们在三晋大地上感受着丰厚的传统文化。

岁岁"节"相似,年年"味"不同。如今,老百姓过年的方式花样不断翻新,人们追求新个性,寻找新体验。一张张笑脸中透出了更多的自信与从容。

【配音】在尽情享受美好生活的人们中间,最快乐的要数中老年人了。在武汉,一对对白发伉俪借着新春的喜庆劲儿走进影楼,像年轻人一样照上几组婚纱照。穿上婚纱、打上腮红,崭新的形象仿佛让彼此回到了当年。拍摄间隙,他们还不忘相互打趣欢乐,幽默风趣让人忍俊不禁。

(【同期声】武汉市民:玫瑰象征幸福。我送你,向你求爱。)

舍宾作为一种健身美体运动,也不再是年轻人的专利,在石家庄、在太原、在长沙,越来越多的中年人也加入到这个行列。

(【同期声】长沙市民陈金华:我们都上了一定的年龄,跳跳舍宾能够保持苗条的体型。自从练舍宾以后,心态也更好了,走在大路上也觉得自己更美了。)

妈妈们忙着美体健身,爸爸们也没闲着。在河北、江西、湖北的一些大中城市,击剑运动受到不少男子汉的青睐,体育馆里练剑的普通市民比专业队员还多。这位先生的儿子是个专业击剑运动员,春节休假被儿子拉来观战,没想到刚看了一会儿,他就禁不住诱惑,非要跟儿子过过招儿。一个是初次摸剑,一个是专业水平,到底谁能赢呢?

(【同期声】武汉市民:本来我是个外行,没想到打了一下之后感觉还可以,但是说实在话,他不敢打我,我是他父亲,他不敢。玩得挺开心的。)

在重庆,热衷环保事业的年轻人,过了一个"绿色春节"。从大年初一开始,他们将用10天时间徒步走三峡,做环保、生态考察,并向沿岸居民发出禁止乱丢垃圾的倡议。

(【同期声】重庆绿色环保志愿者联合会会长吴登明:我们的要求是带走垃圾,留下脚印。你看我们把捡垃圾的垃圾袋都准备好了。)

(【同期声】绿色志愿者:充满了挑战、充满了艰辛的这种东西也是自我挑战的一种乐趣。)

男女老少精神爽,阖家联欢乐融融。在福建宁德,一场以家庭为单位的趣味体育比赛热闹开场。这个项目叫"牵羊过河",瞧这一家三口,尽管出师不利,但也要铆足了劲争第一。

如果你有个好创意,何不做回快乐的发起人。吉林省长春市市民王东和,家里祖孙三代都属羊,报纸上他的一则"寻羊启示",把3个祖孙三代都属羊的家庭聚在一块儿。

在海南文昌椰林深处,一场别开生面的爬椰子树比赛吸引了四里八乡的村民。参赛的爬树高手,年纪大的已有68岁,小的只有16岁。你来个"猴王登高望月",我就表演"豹抓松鼠",二十几米高的椰子树不到一分钟就爬了个上下来回,最后还一块儿来个"羊上高山",祝福村民们"羊年登高步步高"。

【导语】春节期间,全国各地的志愿者纷纷加入到"送温暖"、"一帮一"、"三下乡"活动中来,参加无偿献血,到图书馆做义工,到贫困户家中走访慰问,和残疾人朋友一起联欢,让不能回家的外地民工感受到家的温暖。羊年新春,春意融融。

【配音】记者现场:

新春佳节,在北京市第五社会福利院,像今天这样社会各界与老人同欢同乐的场面几乎天天都能看到,人们在爱心行动中欢度春节。

大红的灯笼,闪烁的彩灯。民间艺术家送来了具有传统特色的新年礼物,艺术家和文艺爱好者带来了精彩的节目,爱心和热情让福利院里的老人们喜笑颜开。

(【同期声】杨乐〈89岁〉:社会方方面面对我们老年人这么关心,我感到活得非常开心、非常自豪。我有信心活到120岁。)

记者从中国志愿者协会了解到,今年春节期间,全国预计有近千万名志愿者参与到各种志愿服务活动中来,志愿者的年龄层次正呈现出多元化的新特点。舞蹈家李仁顺虽然已经年近七旬,但参加义务演出毫不含糊,从年前到小年,她已经接了十几场演出任务。

(【同期声】东方歌舞团李仁顺:用我的热情感染他们,我觉得过年期间三天两头参加义务演出,很有意义。)

【导语】三羊开泰闹新春,军中百灵喜洋洋。连日来,军队文艺工作者主动放弃节日休息,组成演出小分队下基层、上海岛、到哨所,为官兵送去欢歌笑语,为战友送去羊年祝福。

【配音】被官兵誉为"军旅流动文艺轻骑兵"的某部演出分队,从腊月二十六开始,已连续为边防官兵演出了20多场。演员们每到一处,都想着那些远离连队值勤点的战友,哪怕只有一个兵也要表演精彩的节目。

(【同期声】演员:说实话非常冷,我希望把我最优美的舞姿献给他们,给他们带来欢乐。)

(【同期声】哨所战士李鹏:他们又是唱歌,又是跳舞,我心里感到很温暖、很热乎。)

刚刚参加完中央电视台春节联欢晚会的某部青年演员魏葆华、吴正丹,一下飞机就和演出小分队一起来到某通信总站,给官兵表演了《化蝶》等精彩节目。百灵欢歌笑语,军营处处添彩。

【导语】春节是团圆的日子,当人们合家欢聚、举杯庆祝新春佳节的时候,忙过了除夕之夜年夜饭的厨师们依然没能坐下来好好休息一下。

【配音】在湖南长沙,这几天一到中午或晚上,各主要餐馆、酒楼往往座无虚席。厨师们更是忙得不亦乐乎。这位专门负责炒笋子的厨师,一天就要炒掉200多斤笋子。而即使是一个普通厨师,一天也得炒上2000多个菜。

不过最不敢松懈的还是厨艺表演大师,他们不仅要满足顾客的口味,还要让大家一饱眼福。为了这道叫"千丝万缕"的名菜,一块豆腐要被切成15000根丝,时刻都马虎不得。

(【同期声】长沙西湖楼厨师伍楚军:每天我们要下刀十多万次,这丝大概有300多万根,它的总长度大概有300来公里,几乎从长沙一直连到张家界。我们每天一般是工作8个小时以上,春节比较忙,大概要工作十多个小时以上,辛苦一点儿也没关系,只要能让长沙的老百姓过个好年,我们辛苦一点也无所谓。)

【导语】今年春节期间,少数民族聚集较多的西南各省区成为了游客出行旅游的首选地区,而特色鲜明的民族节庆活动正是吸引游客的法宝。

【配音】人们说,西南地区的少数民族只要会说话就会唱歌,会走路就会跳舞。在丽江纳西乐舞之乡黄山、昆明的嵩明县和大理喜洲的文化旅游活动中,耍龙灯、划旱船、扭秧歌让游客们感受到了浓浓的年味儿,技艺精湛的高脚狮表演,和姑娘龙、蚌壳灯一起跳出了个红红火火的新年。万朵茶花争相吐艳的昆明金殿公园,一到春节就成为民族风情表演的大舞台,很多民间艺人都来到这里展示自己的绝活儿。

耍龙舞狮迎新春是大理白族群众的一项传统习俗。随着羊年新春的到来,一支支来自城乡各地的龙灯队汇聚到大理古城楼下,条条彩龙凌空飞舞,时而翻转,时而盘旋,舞出了人们内心的喜悦,欢快的霸王鞭和白族调,道出了白族儿女建设小康社会的信心。

广西旅游部门也把少数民族风情游作为今年春节的旅游重点,推出了50多条独具特色的民俗游线路和景点。原汁原味的少数民族风俗、五彩斑斓的少数民族服饰和多姿多彩的少数民族歌舞组成了春节旅游的亮丽风景。

夜幕降临,一千多名壮、汉、苗族群众穿着盛装,围在熊熊篝火周围,跳起捶背舞和牛头舞,唱起悦耳的山歌。无论是白发苍苍的老人、青春洋溢的青年男女,还是稚气未脱的儿童,都在尽情地欢乐,把一年劳作的辛劳都化在了歌声舞步中。

贺州的白裤瑶山歌会、南宁的壮族传统八音乐舞、桂北山区的铜鼓舞,这些丰富多采的民俗旅游活动不仅受到了游客的欢迎,也丰富了当地百姓的节日生活。在大桂林旅游圈的融水苗族自治县,旅游景点纷纷推出了踩芦笙、背新娘等参与性和互动性很强的民俗特色游活动,游客可以亲身体验当地的民族风情。

全国重点文物保护单位——江西龙南关西围也在今春装扮一新,一百多户靠旅游走上致富路的客家群众聚集在祠堂里吃年夜饭,以客家人特有的方式欢庆春节。醇香的米酒端上来,浓浓的擂茶抬进来,家家户户还准备了最拿手的客家特产,男女老少坐在长长的桌子两旁,举起酒杯共同庆祝太平盛世,憧憬美好的幸福生活。

【导语】今天是大年初四,根据全国假日办昨晚7点发布的春节黄金周旅游信息预报显示,从大年初一到目前,各重点旅游城市和景区游客人数持续增长,许多地方宾馆、饭店纷纷爆满。

【配音】哈尔滨市短线旅游骤然升温,本地市民一改以往过大年的传统习俗,或邀请亲朋好友到宾馆饭店聚餐,或举家到周边滑雪场游玩。预计从今天开始,将有20多万来自北京、天津、济南、郑州、大连等华北和东北地区的游客到哈尔滨体验冰雪游。哈尔滨的旅游高峰将持续到正月十五左右。三亚市今天的客流量也将持续增长,来自北京、广州、重庆等地的游客仍将保持上升态势。岛内居民和广东的散客、自驾车游客将纷至沓来,未来三天各景区、酒店均爆满。从昨天开始,租车或开私家车前往南京、苏州、无锡、杭州、上海等城市2~3天的中短途旅游迅速升温,上述城市各旅游星级宾馆的客房出租率平均高达80%,今明两天,游客还将持续增长。在广东,各旅游城市周边"一日游"备受青睐,番禺、从化等地郊区的旅游度假村入住率均超过95%,接待空间已经十分有限。

【导语】今明两天,民航、公路运输仍将处于高峰,而铁路客运则相对比较平稳,来看今天的春节出行资讯。

【配音】从昨天开始,各地公路部门400公里以内的短途旅游班线热了起来。四川省将有30万左右游客去往周边的旅游景点,上海到南京、杭州、宁波、苏州、无锡旅游的客人也格外的多。

民航方面,今天,广州飞往桂林、西安、北京、乌鲁木齐的航班客座率接近90%。从天津始发的所有航班机票都紧张。北京到昆明、三亚的航线也较热,但还有少量余票。民航部门预测,初五到初七将有大批旅客乘飞机返回工作岗位,请旅客尽早预定返程票。

铁路方面,桂林火车站今天将加开东安至广州的A67次列车。此外,从3号到7号,还将在柳州至广州的K38次、南宁至北京的T6次列车上加挂卧铺车。另外,根据铁路部门的预测,从现在到农历初八,探亲、旅游客流将集中返城,正月十五前,务工人员、学生和部分民工陆续返城;正月十五过后,大批民工客流将集中返城。铁路部门提醒旅客,早做返程计划,尽量避开高峰出行。

【导语】体育方面,首先来看一组亚冬会的消息。

【配音】亚冬会女子速滑500米第二轮的比赛昨天进行。我国30岁老将王曼丽滑出了39秒21的好成绩,从而以1分18秒41的总成绩摘得金牌,打破了日本选手对这个项目的长期垄断。这也是中国代表团在第五届亚冬会上获得的第一枚金牌。

就在昨天,中国男子越野滑雪项目也取得了历史性突破。在男子越野滑雪15公里自由式比赛中,我国新秀张成烨以36分13秒7的成绩夺得铜牌。在此之前,中国男选手在亚冬会这个项目中从未进入过前八名。

昨日战罢,第五届亚冬会已进行了16个项目的决赛。目前,日本队以11金、8银、7铜的成绩暂列奖牌榜榜首,哈萨克斯坦和韩国紧随其后。我国代表团以1金、2银、3铜的成绩位列第四。

【字版】中国代表团在第五届亚冬会上获得首金
女子速滑500米　王曼丽
中国男子越野滑雪项目取得了历史性突破
男子越野滑雪自由式15公里比赛　张成烨夺得铜牌

第五届亚洲冬季运动会奖牌统计

	金牌	银牌	铜牌	总计
日本	11	8	7	26
哈萨克斯坦	3	3	2	8
韩国	1	2	4	7
中国	1	2	3	6
黎巴嫩	0	1	0	1

【导语】昨天的NBA常规赛,休斯顿火箭队在自己的主场以105:89击败太平洋赛区老大——萨克拉门托国王队,姚明拿下了自己在NBA的第15个两双。

【配音】本场比赛,火箭队打得非常顺手。凭借姚明与队友弗朗西斯和格里芬在内、外线的多点进攻,火箭队始终掌握着场上主动,并最终以105:89击败了国王队。本场比赛,姚明上场36分钟,拿下18分、10个篮板、4个盖帽和创自己NBA记录的6次助攻,迎来他进入NBA以来的第15个两双,同时也成为了目前火箭队中个人得到两双次数最多的球员。

【口播】据喀麦隆媒体3号报道,喀麦隆政府全力支持喀麦隆奥委会主席、非洲业余田径联合会副主席卡·马尔博姆竞选非洲田联主席。为了支持马尔博姆竞选非洲田联主席,喀麦隆青年和体育部长姆克帕特·利顿日前在首都雅温得专门举行了一个声援仪式。非洲足联主席、喀麦隆人哈亚图和喀麦隆球星米拉等出席了声援仪式,并表示支持马尔博姆竞选非洲田联主席。据报道,非洲田联将于今年4月在埃及首都开罗召开大会选举新任主席,接替现任主席、塞内加尔人拉明·迪亚克。

最后来看今天的天气预报。

关注每天最新动态,感谢收看《新闻早8点》,我们明天再见。

4.《新春集锦》

【标题】新春集锦:数字化生活

【导语】观众朋友们,从今天开始,我们《世界报道》栏目将播出一组"新春集锦"特别节目,将去年世界各地发生的一些轶闻趣事奉献给您。今天,首先让我们来回顾一下过去一年中,数字技术给我们带来的各种惊喜。

【片】(咔嚓咔嚓声、快速定格照片)不用胶卷、不用冲印,数码相机让你随心所欲地记录每一个精彩的瞬间。其实,不仅仅是照片,你的日记、书信、录像带,甚至你整个生命的印记都可以浓缩在一串串的数字字节中。利用网络,你还可以将自己的数字年轮与认识的、不认识的,甚至是远在地球另一端的朋友一起分享。运用在考古领域,数字技术就更能显现它的神通。这具"男孩法老"木乃伊已经沉睡3300年了。最近,英国科学家们用数字成像技术穿透层层包裹,揭开了他的神秘面纱。先用X射线扫描出头部轮廓,然后根据记载在三维图像上添加面部特征,看来这个18岁早逝的法老真的没有愧对史书上对他"相貌英俊"的评价。电脑显示屏能够折叠?没错。能折叠的LED显示屏已经出现在了人们眼前。它不受视角限制,即便在阳光照射下,画面依然清晰。LED显示屏自行发光的功能还为它省去了一般液晶显示屏后面安装的发光设备,因此它自然是超轻超薄,可以折叠了。将来,移动电话、掌上电脑都将使用这种新的显示技术,人们就可以随时随地享受LED带来的清晰、逼真的影像世界了。数字技术的最大魅力莫过于它所营造的虚拟世界。戴上特制的眼镜,翻开这本电子书,三维的虚拟世界就会出现在你的面前。书中的人物跃然纸上,用传神的表情、动作、语言,带你一同体会故事中的喜怒哀乐。【《指环王—双塔》片断】虚拟世界在电影中的应用为电影制作者们提供了更广阔的空间。(空)在你对这样的宏大场面感慨不已的时候,你是否也注意到了数字技术在影片的细枝末节处的精彩表现呢?在影片《人工智能》中,由于扮演的是一个机器人,童星黑利·乔尔·欧斯蒙特在水中也能眨眼,更不能有气泡从鼻子中呼出,这对小童星来说太难了。就让电脑来帮忙吧。瞧,电脑已经轻松地睁大了他的眼睛,还为他换上了一个不冒气泡的鼻子。其实,从我们第一次使用全自动电器、发第一封电子邮件,体验数字给我们带来的方便与快捷开始,数字时代已经悄悄地走近了。那么就让我们享受数字,享受它给我们带来的每一分惊喜吧。

5.《本周》

《本周》(一)

【导语】朋友们好,欢迎收看《本周》。这春节刚一过完,就有一项调查说,从除夕到初七,咱们中国老百姓在这八天假期里一共发了70多亿条短信,平均下来,每个手机用户都发送了30多条短信。手指一按,吉祥如意的拜年话全在里面了,发一条短信才一毛钱,这也应了那句老话:千里送鹅毛,礼轻情义重。春节都要走走亲戚串串门,有好多细心周到的上海人今年春节,不再大包小包地提溜着烟酒水果,人家现在时兴送磁悬浮列车的车票,让亲戚朋友亲身体验一把这别处没有的每小时400公里的上海速度,不比吃点喝点有意义?沈阳人今年给亲戚朋友送的礼充分显示出了东北人的实诚、热心,礼品也不大——一张名片大小的体检卡,等到过完年医院开了门,让自己的亲朋好友拿着它去做一次全面体检。怎么样,高高大大的东北人不光爱当活雷锋,心还挺细的。好,节目的开始咱们先来看本周要闻。

【配音】江泽民11号晚上同法国总统希拉克就伊拉克问题通电话。江泽民对希拉克表示,我们坚决主张在联合国框架内政治解决伊拉克问题。核查是有作用的,应支持继续查下去并予以加强,落实"1441号决议"。战争对谁都没有好处。我们有责任采取一切措施尽力避免战争。

【导语】北京时间2002年12月30日0时40分,我国自行研制的"神舟四号"无人飞船在酒泉卫星发射中心发射升空并成功进入预定轨道。这是我国载人航天工程的第四次飞行试验。全国人大常委会委员长李鹏、中共中央政治局常委、国务院副总理吴邦国,中共中央政治局常委贾庆林在发射现场观看飞船发射。中共中央政治局委员、中央军委副主席曹刚川,全国政协副主席宋健,中央军委委员、总装备部部长李继耐,总装备部政委迟万春等,也在现场观看了发射。30日凌晨,载人航天发射场星空灿烂。高100多米的飞船发射塔旁,矗立着"长征二号"F捆绑式大推力运载火箭,箭体上江泽民同志题写的"神箭"二字格外醒目,火箭的顶部托举着"神舟"四号飞船。0时40分,震天巨响中,火箭腾空而起,疾速飞向太空,火箭尾部喷射出的长长烈焰,在夜幕长空划下一道绚丽的彩虹。十几分钟后,飞船成功进入预定轨道。这次发射成功,标志着我国载人航天事业取得了新进展,向实现载人飞行又迈出了重要一步。发射"神舟"四号飞船,是长征系列运载火箭的第69次飞行,也是自1996年10月以来,我国航天发射连续第27次获得成功。飞船发射使用的酒泉卫星发射中心,建有完善的发射测量、控制、通信、指挥系统和适应航天员需要的设备设施,以及备份着陆场和应急救生医疗中心。

国家主席、中央军委主席江泽民当天致电总装备部并载人航天工程指挥部,祝贺"神舟"号飞船发射成功。贺电说:欣闻"神舟"四号飞船发射成功,我感到非常高兴。

这里,我向参加研制、建设、试验的全体科技人员、干部、职工和解放军指战员,表示热烈的祝贺和诚挚的问候!"神舟"四号飞船的发射成功,是我国航天事业取得的一项历史性成就,是我国改革开放和社会主义现代化建设的一个重大胜利,必将进一步激发全国各族人民投身建设中国特色社会主义事业的巨大热情。希望你们深入学习贯彻十六大精神,再接再厉,开拓前进,为人类和平开发利用太空作出应有的贡献。

【导语】火箭上天放飞了中华儿女的希望和骄傲,也放飞了中华儿女的飞天梦。再过几个小时,"神舟号"就要顺利返航,新年快要到了,它要满载着奋斗和探索的成果重回祖国母亲的怀抱,回到看着它成长的科研人员身旁。它的飞天带去了上一年的硕果,它的返航带回了新年的祝福和团圆的祈盼,也为所有关心它成长的人们带回了欣慰和自豪。是啊,新年就要到了,在此,编辑部的全体工作人员也祝所有回家团聚的儿女,一路平安!

【导语】旅途再遥远也挡不住人们回家的脚步,我们常用"归心似箭"来形容人们期待团聚的心情。现在,高科技的成果给我们带来了更高的效率,也为我们回家带来了"飞"一般的速度。

【配音】在上海,1月1日刚刚开通的高速磁悬浮列车已经向市民开放。从元旦起到春节期间,每逢双休和节假日,磁悬浮列车将开行观光列车,全长31公里的线路单程只需8分钟。走进磁悬浮列车,人们还来不及感受车厢的豪华,车子就慢慢"浮"了起来,随即便"飞"了起来。兴奋的乘客们用手中的照相机、摄像机记录下他们的磁悬浮之旅。周到的设计者们用减速玻璃,使人们免去了眩目的烦恼。上海磁悬浮列车线路,总投资约89亿元人民币。从去年9月起,上海磁悬浮列车就开始在上海龙阳路和浦东机场之间每天进行四次调试运行,现在的最高时速是每小时400公里以上,已经接近450公里的运行要求。上海市有关方面透露:如果运行顺利,磁悬浮列车可望在3月1号正式运行。也就是说,正式运行后,上海的市民要想"常回家看看"就会更方便,更快捷了。

【导语】上海的市民乘磁悬浮列车可以"飞"着回家,这让不能回家的人们着实妒忌了一回。不过,越来越先进的科技产品,不会让身处两地的亲朋好友们干着急。这不在重庆解放碑商业街上,80多部彩屏液晶网络电话机赶在元旦之前亮相街头。观光和购物的间歇,人们在小小的彩色屏幕上轻轻一点,缤纷的贺卡就可以为亲友送上浓浓的节日问候。

【导语】重庆的市民用电话分享着节日的祝福,华西村的农民利用网络分享着生活的感动。

【配音】江苏省江阴华西村农民在步入"小康"的同时,已经开始享受到了现代科技带来的崭新生活。华西村95%以上的家庭已拥有电脑、数字电视和数码相机,他们白天在村办企业上班,晚上在家点播视频影视或在线游戏,节假日则驾车外出旅游,用数码相机记录下一幅幅动人的生活画面。他们把拍下的照片发到网上,和大家一起分享着"飞"入数码生活的喜悦。

【导语】过年回家是中国人的传统,十天前也就是大年初六,北京开往广州的T15次列车上一共有2000多名旅客,有回家看望一年没见的老父亲老母亲的,也有带着老婆孩子一家人去广州旅游的。第二天他们到了广州后一看报纸才知道,他们差一点就在半路上丢了命,他们享受到了一家人团聚过年的幸福,参加工作才一年的民警雷宏却再也回不了他在湖南衡阳那个温暖的家。40年前,解放军战士欧阳海在铁轨上推开受惊的战马救了一火车人的故事,当年恐怕连一年级的小学生都能讲得绘生绘色。40年后,雷宏和自己这个湖南老乡欧阳海一样,也是在危急时刻二话不说,用自己的生命保住了整整一车人的生命。除了两人都是湖南小伙以外,两人都刚满23岁,而他俩牺牲的铁路只相距35公里。

【配音】(列车疾驰画面+字幕:2003年2月6日 15点31分 T15次北京西—广州)

两个村民推着一辆摩托车要横穿铁路到对面的公路上,车子的前轮卡在铁轨里,笨重的车子横在铁路中央。就在这时,T15次列车飞驰而来,两个村民不顾车子撒腿就跑,正在值班的雷宏冲上前来,300米、200米……在最后一刻雷宏使出了浑身的劲儿把平时推起来都得费点劲儿的摩托车生给拽出了铁轨。旅客得救了,而雷宏还没站住脚就被旁边铁路上相对开来的一辆列车撞倒了,再也没有起来。(黑场关门+黑场隐起)

雷宏的追悼会上,来了好多雷宏生前的好战友、好弟兄,雷宏年龄小,平日里他们都把雷宏当成自己的弟弟,来的人中还有好多人雷宏一家根本不认识,这些父老乡亲都是听说这事以后自发来悼念雷宏的。雷妈妈哭了,已经数不清这是妈妈第几次为儿子流泪了。

【导语】昨天是元宵节,不知道雷妈妈有没有吃上元宵,我们最大的心愿就是雷妈妈能保重身体,就像儿子在身边的时候一样,您要相信,您对儿子的每一声呼唤,他在另一个世界一定能看得到、听得到。

《福建日报》的记者王国萍今年过年带着钱和年货专门去了趟仙游县城,去看一个小伙子,而就是这个小伙子在两个月前的一个晚上,曾经持刀抢劫过她。

【配音】这个瘦瘦弱弱的女孩就是王国萍,那天晚上她掏出了身上带着的钱后,抢劫她的小伙子拿着钱扭身就要走,可王国萍凭直觉感到这个小伙子是第一次干这种事,而且好像满肚子心事。

(【同期声】王国萍:我就问你是哪里人,是不是遇到什么难事,沉默之后,他就哭起来。)可能是很少有人这样关心过他,小伙子把家里的情况全都告诉了这个像自己大姐姐一样的王国萍。他说,他叫小甘,他的妈妈在家病得很重,姐姐上大学却交不起学费,说着说着,已经是大小伙子的小甘又像孩子一样哭了。王国萍带着小甘去饭馆里吃了热乎乎的热汤面,小甘一口气吃了两大碗。第二天,小甘起了个大早去公安局自首。不久,小甘被免于起诉。过新年的时候,小甘回到了妈妈的病床前,如果不是王国萍,小甘很可能就要生平第一次在铁窗下度过新年。每过一年,孩子就长大一岁,今年过年小甘一下长大了好多,他明白了做一个好人有多重要。(【同期声】小甘:世上还是好人多,我在这里谢谢关心我们家的每个人,我一定好好做人,重新做人,不会辜负他们的。)

【导语】真不知该为小甘的浪子回头欣慰,还是该为王国萍的爱心和勇敢叫好。我一直在想,假如那天晚上小甘转身要走的那一刻,王国萍没有叫住他,现在的小甘会在哪里?将来的小甘又会是什么样呢?王国萍也算是挽救了小甘的人生,而她用的是自己的爱心和真诚,因为她相信人心都是肉长的。

人心都是肉长的,那老虎的心呢?从小就听《武松打虎》的故事,那时候就知道老虎是山中之王,一脸的凶相,就连身体壮如虎的武松也得先喝下十八碗酒壮胆才敢进山打虎。可泰国有7只老虎,它们一点儿都不凶,还特温柔。

配音:都说谁养的随谁,把这七只老虎从小一把屎一把尿养大成虎的,是泰国寺庙里这些慈悲为怀的僧人。几年过去了,当年的小虎崽长得快跟主人一样高了,可在这些僧人眼里,它们还跟当年刚从猎枪下被抢救出来时一样,需要他们的细心呵护。您瞧僧人们养的这些老虎低眉顺眼的,还真像是照着猫画出来的。就跟爱吃辣椒的人性子烈一个道理,这七只老虎的饮食习惯已经跟那些在森林里撒欢儿的老虎同胞们完全不同了。僧人们吃的是素,它们也跟着吃素,有时候还吃狗粮,打小就没沾过荤腥,也就不觉得只吃素有多么违背虎性。白天僧人们打坐念经的时候,老虎们就蹲在一旁,管它听得懂听不懂,时间长了,耳濡目染,它们也变得和主人一样超然世外、心境悠远。看来,老虎的心也是肉长的。

【导语】这七只老虎的老虎脾气算是给彻底磨没了,变得跟小山羊似的温柔。山羊本来就够温柔的,当了妈妈的山羊更别说了,本周日历的第一页讲的是一只刚当妈妈的克隆羊。

【配音】9号,克隆山羊"阳阳"在羊年的新春生下了一对龙凤胎,因为有一个特殊的妈妈,所以和其他羊宝宝比起来,它们的生命会有更多的保障。

宝宝的降生是妈妈最难忘的时刻。10号,一个在国航飞机上降生的宝宝一出生就成了中国第一,她是我们国家第一个在天上出生的孩子。"空姐"阿姨用修眉毛的剪子为她剪断了脐带,妈妈给这个"从天而降"女儿取名叫"天凤"。

11号,"一辈子逗您玩"的相声大师马三立再也不能逗大家玩了。90岁的大师给我们留下了近300段相声,老人走了,但这些珍贵的艺术作品给人们留下了永远的回忆。

优秀艺术作品总能勾起人们的回忆。12号,曾在莫斯科人质事件那天演出的音乐剧《东北风》再次上演,因为那次人质事件,这出音乐剧对俄罗斯人来说具有特殊的意义,它让人们回忆起三个月前那个漆黑的夜晚。

13号,中国小伙子姚明参加了平生第一场NBA全明星赛,这也是老飞人乔丹的最后一场全明星赛。老飞人风采犹在,得了20分,他用行动告诉只得了两分的小巨人,前面的路还很长、很长。

老的让人回味,而新生的更引人注目。14号,上海97层的金融中心复工,这个492米的大个子,比现在世界第一高的马来西亚佩重纳斯大厦还要高出40米。

15号一过,中小学就要开学了,北京市170万名中小学生将在这个新学期里率先试用全新的"学生守则"。新守则里的规定比实行了十多年的旧守则更有时代感,比如"文明上网"、"不赌博,远离毒品"也被写进了新守则里。

【导语】在以前的《小学生守则》里要求孩子们要"按时上学,不随便缺课,专心听讲,认真完成作业",而在新的守则里就改成了"勇于探索、勤思好问",它鼓励孩子们的探索精神。孩子是最有想像力和创造力的,下面我们要讲的故事就是想给那些立志探索未知领域的孩子们一点启发。

【配音】这是著名的古罗马竞技场,今年已经1600多岁了。它的年岁实在是太大了,已经是一副老胳膊老腿了,看上去就像个老爷爷。本周,有一群美国的电脑设计师们用电脑重现了古罗马竞技场当年还是个"小伙子"时的风采。电脑像个魔术师,把我们一下子带回到1000多年前的古罗马时代,神殿、方型大会堂、竞技场都完好无损地展现在我们面前,逼真的三维效果让人们感受到了古罗马昔日勇士和野兽角斗的场面。

科技能让古老的焕发青春,也能跟变魔术似的让一个大活人在你眼皮底下变没。本周,日本的科学家就发明了一件"魔法斗篷",您只要穿上这件"雨衣"就会变成一个透明人。这件"雨衣"像是一个罩子,把照在你身上的光线全都朝着眼睛看不见的方向反射走了,所以你看得见别人,别人看不见你,这不就是咱们小时候做梦都想长的本事嘛。不过要是真有一天,随便到商场逛逛就能买一件隐身衣穿的时候,可得慎重,因为穿上这身衣服上街,车祸肯定少不了。做隐身衣的材料还可以变出其他"魔法",拿着它,放到哪儿,透到哪儿,您瞧多像一张可以移动的X光照片。这个"魔术"要是能用到医院里,再做X光检查的时候,病人就不用再挤进黑乎乎的匣子里。

【导语】能不能发明出真正的隐身衣是未来的事,可有些人正在为眼前的事发愁呢!都说皇帝的女儿不愁嫁,可偏偏有些名门望族的后代因为找不到对象成了大龄青年。

【配音】今天能聚到这儿来的,都不一般,虽说已经漂洋过海来北京安家了,可二百多只,只只都是纯种的世界名猫,一般人只在画册上见过它们,要不是主办方重金邀请,名猫们哪儿能聚得这么齐。除了让平时见不着的名猫们找个机会亮亮相,它们的家长们来之前也都藏了点私心,想借这个机会看看能不能相中个女婿、儿媳妇的。原来这些俊男靓女都到了谈婚论嫁的年龄,想当年来的时候还是个不懂事的孩子,一转眼都长成大姑娘、壮小伙儿了。虽说是人见人爱、生活悠闲,可男大当婚、女大当嫁,否则过节的时候只有羡慕人家的份儿了。这种事儿一向都是家长比孩子着急,这不,谁不是夸自家的孩子好,它们个个都带着洋血统,有些在国外都难觅知音,周围就更没有合适的人选了。最不让家长操心的该算这对柯尼斯卷毛猫了,当时一抱就是俩儿,色彩艳丽的是妻子,旁边是她沉着稳重的丈夫。现在小俩口已经有了爱的结晶,可过不了多久,孩子的婚事可能又得让父母们发愁了。这孩子跟别人不一样,最让主人放心,自己的事儿自己处理。(拍旁边的猫,对话)(【同期声】唉,你多大了,今晚有约会吗?)

真是名人有名人的烦恼,当个平凡人有当平凡人的快乐。泰国这些动物同胞们找对象的时候不讲什么血统、什么门当户对,柴米油盐地过日子图的还是个踏踏实实。看,在人们的撮合下,它们速配成功的机率还挺高。当天就是与心爱的人走上红地毯的日子,伴娘伴郎早已经恭候多时,像许多害羞的新娘一样,这一刻真的好紧张。(摇着走上前)看起来这一对儿更默契,相互依偎,感受着对方的心跳。他们真是天造地设的一对,长得就是一脸的夫妻相。聚光灯下,引来无数羡慕的眼光。公布一个好消息:婚后我们将出版第一本婚纱专辑!

【导语】听说前两天,名叫"蓝色妖姬"的玫瑰花一枝就能卖到300块钱。那天许多为了向心上人表达爱意的男士没少破费,一枝可能也就狠狠心买了,要是心上人非要他送999枝呢,一般人可是送不起。不过在泰国,有些结了婚的男人没有给老婆送玫瑰花,那么贵的花送了没准回家还得挨批评,可是他们一分钱没花,照样还是让老婆们感受到了刚谈恋爱那会儿的甜蜜。

【配音】这是九对恩爱的年轻夫妇,都说"九"象征着天长地久,看来这话挺有道理。瞧他们一点不像是从婚姻的围城里来的,倒像是从蜜罐里来的。虽然在众目睽睽之下,可我的眼里只有你。几个小时过去了,老公终于不剩几个了,也难怪,一动不动地抱着100多斤的大活人,累了还不能扛肩上,难怪连这剩下的老婆都已经睡着了。谁会是站到最后的一对呢,是他们?是他们?还是他们?原来是这小俩口,全场最高大魁梧的丈夫和全场最娇小瘦弱的妻子。要问我爱你有多深,力气代表我的心,他足足抱了老婆10小时49分15秒。

还没有老婆,可又觉得浑身有使不完的力气想找人较量一下,可以去印度的乡村运动会。这个小家伙刚8岁能有啥力气,嘿,千万别小瞧他,三个壮汉,外加一辆摩托车,硬是让他一人给拉走了,没有一嘴铁齿铜牙,可千万别跟他叫板。都说胳膊拗不过大腿,可他的胳膊能让四辆摩托车甘拜下风,就是"铁臂阿童木"来了,恐怕也得管他叫"师傅"。钢筋铁骨恐怕也没有这么大承受力,羡慕归羡慕,千万别模仿。

"各位观众大家好,下面将进行的是2003挑战赛,选手都来自美国东南部,首先出场的是大花和二花,它们参加投篮项目的角逐。大花投了一个漂亮的球,二花顶了出去,大花又来个远投,噫,球进了。""(障碍赛场地)绰号:飞毛腿小白正跨过一道又一道障碍,不愧是飞毛腿,小白今天的表现太棒了,看来,它今天又要创纪录了。""精彩刺激的100米赛跑开始了,选手中杀出一匹黑马,不是别人,是被大家看好的短跑新秀小黄,短跑冠军也将后继有人。"

精彩的比赛之后,选手们一个个全都是一身臭汗,要是能马上洗上个热水澡该多好啊。这台机器,您认识吗?新型洗衣机!对了,不过这个是给狗们洗衣服用的,这是日本丰冈最近出现的一种专门给狗洗衣服的洗狗机。小狗爱干净,可是小狗的衣服脱不下来,就只能连身体一起洗。洗个澡还真舒服,清水、肥皂水还有带香味的暖风,不用自己动手,就享受一"干"二"净"的待遇了。主人也省心,看看报,聊聊天,爱犬就洗完了,还不用收拾满地的肥皂泡。不过,这只帅狗似乎不大愿意接受这个自动服务,是不是怕洗乱了自己美丽的发型?噢,原来是这机器上的图案跟主人家里的烤箱一个样儿,它怕自己进去以后,出来时就变成可口的热狗了,这个孩子似乎对这台洗狗机格外感兴趣,要是我也能这么洗个澡该多好!(插:《洗澡》片段)

【导语】昨天是元宵节,南方人北方人过年的时候各有各的讲究,可这元宵节的过法都差不多,逛花灯、吃元宵、红红火火、团团圆圆。老百姓有个说法:不过完十五不算过完年,正月十五算是过完了,可您家的冰箱肯定还搁着昨天晚上没吃完的元宵,这几天,元宵还能接着吃,过年的幸福和甜蜜咱们还能接着回味。好,朋友们,咱们下周见。

【导语】观众朋友:如果您手中有DV摄像机,请把您拍到的真实、有趣、感人的故事告诉我们,请把录像带寄至下面的地址:

北京市复兴路11号中央电视台新闻编辑部《本周》栏目收

邮编:100859

我们的联系电话是:010—68507695

我们的邮箱是:thisweek@mail.cctv.com

寄录像带的时候请您附上文字说明和您对节目的想法,我们会妥善保管您的录像带,并会把它完好地还给您。

本周(二)

【导语】周末好,欢迎收看《本周》。信用卡大家都知道,买东西的时候刷一下就能当钱使,本周出现了一种女性信用卡,特别好看,卡身是透明的,还增加了许多服务项目,以后可能还会有男性卡、老人卡、学生卡。一张小小的卡片能做出这么多名堂来,都是商业竞争的结果,可受益的是咱老百姓。

去年"十一"的时候,两三毛钱一块的口香糖出了名。为了清理粘在天安门广场地上的60万块口香糖,国家花了不少钱,本周,口香糖更是成了"十五"科技攻关对象,国家打算拿出100万开发专门对付口香糖的清洗剂。这样的小题大做是因为总是有人不自觉,如果人人都能把吃完的口香糖包起来扔到垃圾箱里,省出这100万来,能干不少事儿呢。

上周我们刚说了过年发短信拜年的事儿,可本周,就有人得了"短信瘾症",得这病的人每天收不到一定量的短信就会心神不宁,焦虑不安,严重了还会影响正常的工作生活,一毛钱一条的短信本来是件小事儿,您可得注意,别把小事儿给闹大了。

【导语】人命关天的事儿在谁眼里都是大事,危难时刻最需要的就是别人的帮助。前几天,天儿挺热,冻了一冬天的冰有点化了,这时候再到冰上去就很危险,可有人没当回事儿,危险就真来了。

天津的这位老大爷是和朋友去钓鱼的,没想到鱼没钓着,自己却掉进了冰窟窿里。多年没游泳了,老大爷吓得手忙脚乱,幸好,附近的警民来了个大联合,用绳子把老大爷一点点儿拉了上来,冰面已经很不结实了,救人的民警们也几次掉进了冰水里,手上脸上都是冰碴儿划的口子。

据说那一天,那片冰面上先后有6个人掉到冰窟窿里,但都被救了上来,说出来是个皆大欢喜的事儿,一个不小心可能就成了悲剧,希望那几位爱冒险的朋友能记住这次教训,别再干这害人害己的事儿了。救他们的民警们可忙坏了,身上的衣服都湿了好几回,可要谢谢他们,他们肯定会说,这是他们应该做的,山东姑娘张秋玲就想了个另外的办法向救过她的民警同志们表达心意。

【配音】警察叔叔们一字儿排开,舞狮队就在他们的面前表演,舞狮队是这位姑娘带来的,她叫张秋玲。敢在公安局里耍狮子,是因为小张和警察叔叔们的感情不一般,要是没有警察叔叔,我们今天就看不到她的笑容了。

(【同期声】村民张秋玲:是警察叔叔们救了我,给了我第二次生命。)

半年前,正在田里干活的张秋玲不小心掉进了11米深的机井里。接到报警电话后,民警们马上就来了,井旁边的土太软了,不能用挖掘机,只能用锄头、铁锹一点点从井口往外挖土,从早上十点多钟到下午五点多,20多位民警们不敢停手,终于把张秋玲从井底救了出来,那时候她已经因为呼吸困难休克了。事情已经过去半年了,可张秋玲一直惦记着她的救命恩人们,她知道警察叔叔们过年肯定没休息,所以就带着舞狮队专门为他们表演来了。

【导语】张秋玲刚被救上来时的样子让人看着都害怕,机井下的那七个小时肯定特别难熬。前不久,广东清新县有7名矿工也被困在了塌方的铅锌矿井里,矿井事故总是凶多吉少,这一次,人们真不想再看到亲人们的眼泪了。

【配音】塌方后,人们都没歇着,排水运泥地忙个不停,总算在塌方60小时后救出了4个人，可另外3个人所在作业区的通道被堵住了，抢救人员得现开一条路进去。已经过去快3天了，在空气稀薄、处处充满危险的黑暗的矿井下，不知道被困的矿工们是不是还能坚持，但抢救人员们没有放弃，早一分钟救出他们，救活他们的希望就多一分。终于，在被困五天五夜后，一位虚弱的矿工被人们抱了出来，在冰冷的地下水里泡了107个小时，这会儿得先让他暖和过来。紧接着，他的两个同伴也被救了出来。五天没吃东西，喝的水也不干净，他们的身体都十分虚弱，不过都没有生命危险，躺在干净的病床上，他们应该不会再做噩梦了。

山东青岛一艘客船上的乘客们本周做了场噩梦。(【同期声】乘客：开船10分钟后，就听到喀喀的声音，我们的船就减速，就不动了。)他们的船搁浅在了一片大雾之中，四周全是水，船上的人肯定想到了泰坦尼克号的故事。但及时赶来的救援人员并没有让那个故事重演，他们马上开始行动，雾太大了，救援船没办法靠近，他们就用小船把乘客们一个个拉到了安全的地方。两个多小时后，56名乘客和6名工作人员都上岸了，船上的这位乘客拍下了她们被救的全过程，看得出来，大家都很冷静。

【导语】遇到危险的时候，冷静是最重要的，但对一只豹子来说，它都不知道危险是什么，更别说冷静了。

【配音】这里是山西绵山风景区，景色美，环境好，一只国家一级保护动物金钱豹在这里安了家，可是……(意外坠崖)山西台的一位记者正巧拍到了金钱豹掉下悬崖的过程，金钱豹掉下来的山崖有20多米高，相当于六七层楼，还有许多突出的岩石，随后赶来的救援人员在麻醉枪的帮助下把金钱豹运到了动物园，让有经验的动物医生给它疗伤。向来以灵活闻名的金钱豹怎么会从山上掉下来，一化验才知道，它是吃了被毒死的山鸡或野兔中了毒，伤筋动骨再加上毒药的作用，金钱豹难受得直咬铁栏杆，人们怕它把牙磨坏了，给了它一块木头让它咬着。(【同期声】高级兽医师：来的时候呼吸不太好，也不吃也不喝，精神也不好。)经过治疗，虽然还没度过最后的危险期，但它已经开始吃饭了，这是个好兆头。

【导语】一只豹子都能被折腾成这样，万一哪家人捡到那只被毒死的兔子什么的，后面的事儿真是不敢想，但愿金钱豹的内伤外伤都能早点好。

生活里总免不了要出意外，那些意外有的让人担心，有的让人高兴，还有的让人哭笑不得，本周日历就跟您讲讲这些意外的事。

16号，主场吃了败仗的曼联主帅弗格森，回到更衣室里拿球鞋出气，"委屈"的鞋子意外地砸到了贝克汉姆的眼睛上方。小贝被破相的消息，一传十，十传百，迅速升温，就连蜡像馆的贝克汉姆也跟着凑热闹。

(山东济南4000教师向学生宣誓：用我们的真情去感化学生，用我们的智慧去启迪学生，用我们的人格去熏陶学生。)老师向学生承诺这还是第一回。17号，开学第一天，山东济南学生老师们新学期都有了一个新的开始。

18号,考古人员在重庆涪陵小田溪意外地挖出了战国时期巴国的王陵。巴国是秦始皇统一中国时被消灭的,这次发现又能讲出许多历史故事来。

19号,北京饭店获得酒店业国际最高荣誉——五星钻石奖,咱们国家的国有饭店还是头一回拿这个奖。不过获奖并非意外,酒店从硬件到软件都不一般,就连一根小小的火柴也显得与众不同。

20号,河南郑州有5个少年模仿电脑游戏《反恐精英》,拿着仿真枪分警、匪两队冲上了街头,这意外的演习让当地群众着实出了一身冷汗,还好他们只过了两分钟的瘾,40多名真正的警察就赶到了现场。

21号,陕西一只猪妈妈生下了13只猪宝宝,13个兄弟像是来自世界各地,竟有黄、黑、灰、白、花五种不同的颜色。生物学者说,这是基因在遗传过程中的特殊变化。

11岁的小冯川一个月前因为意外的车祸变成了"植物人"。(【同期声】川川,想不想看动画片呀,川川以前最喜欢看动画片的,川川还记不记得了,川川的记性是最好的……)妈妈没白天没黑夜地和儿子说了一个月的话,22号,小冯川奇迹般地醒了。(【同期声】我看见我儿子现在一天天好起来,我的心情也一天天好起来,我相信有一天我儿子一定会开口叫我妈妈的。)

【导语】孩子出门在外的时候,家里人最怕他们出意外。年一过,好多人都忙着进城打工,他们中有许多都是孩子,在家里他们都是爸爸妈妈的宝贝,特别让爸爸妈妈牵挂,不管他们走出家门是为了实现什么样的梦想,外面的世界总是很现实,下面我们想给您讲一个打工者的真实生活,希望您看了能得到一些启发。

【配音】这是小杨,刚从陕西来北京时才19岁,现在看起来已经像个大小伙子了。来王大爷家已经10个多月了,当时是王大爷的儿子找他来的,主要是照顾王大爷。刚来时,小杨怎么都不习惯,因为他整天面对的是一个不会说话、不知冷暖的植物人。

(【同期声】第一次见病人挺害怕,脸色苍白,不会说话。他们家三个月请了五个护工,都没照顾好,我干的时间最长。当时想干一个月拿到钱也就不干了。在家哪干过这活,洗衣服做饭,都是我妈妈照顾我。)

王大爷是个老红军,几个儿子平时都太忙没法照看老人,以前王大爷经常吐得满身都是,大小便都是在床上,自从小杨来了后,大爷不仅每天都干干净净的,而且因为每天晚上有人给翻身子,大爷再也没得过褥疮,气色也一天比一天好。一个月过去了,小杨没有再想着走。

(【同期声】刚开始给他擦完就走开了,不是一直看着他,现在看着他感觉挺亲的,就像自己家人一样,有时候干完工作还跟他说说话,摸摸他的头。)

小杨摸着大爷的头悄悄地说话时,大爷就会变得很安静,似乎听懂了小杨的话。这活虽然不算很累但挺费心,没过几个月,原本150斤的小杨瘦成了120斤,可看着王大爷有了起色,小杨心里甭提多高兴了。为了照顾老人,小杨自学了护理技能,注射、量血压、测心电图他样样会,他戏称自己是杨护士,时间一长,王大爷离不开小杨,小杨也舍不得王大爷了。

在大爷家就跟在自己家一样,小杨过得挺自在的。赚钱了,小杨给自己买了第一件礼物,黑色的西装,逛街的时候他都会穿着西装,因为他觉得这样更像个大人。可偶尔静下来的时候,小杨就会想起远在陕西的妈妈,妈妈快60了。身边也没人照顾。

(【同期声】虽然这儿条件挺好,可有时挺想家,现在攒点钱照顾家里,让我妈别那么太辛苦,过得好些。)

过年小杨给家里寄了3000块钱,都是他这一年打工赚来的。他想让妈妈过个好年,自己在外边干什么活儿,小杨从没说过,他怕妈妈会担心,也怕别人笑话。妈妈从小就疼爱小杨,所以给他取名杨白旦,意思是宝贝蛋。妈妈希望小杨有出息,小杨也挺努力,现在他每天照顾完老人,就坐在床边看书,他有个梦想,就是当作家,上学时他的作文经常被老师夸,还拿到班里念。

(【同期声】妈,过年没回家,挺想你的,在这儿老爷子离不开我,你一个人在家多小心,想吃什么买什么,别舍不得给自己花钱,缺钱就打电话,我给你寄,只要你好,我就挺高兴的。)音乐结束。

【导语】从陕西出来那会儿,共有七八个老乡,现在其他人都回家了,就剩下小杨一个人。小杨干过保安,端过盘子,在工地上和过泥巴。小杨的妈妈要知道孩子吃过这么多苦一定很心疼,不过看了小杨现在的表现妈妈肯定放心了,又踏实又勤快还懂事儿,小杨以后肯定会有出息。

【导语】在大城市里,堵车是个通病。为了治病,英国本周开始向进入伦敦市中心的机动车征收闹市通行费,说白了就是买路钱。据说提意见的人并不多,看来,大家宁肯贴钱也想让自己速度快一点儿,有位美国人为了追求速度还当上了发明家。

【配音】这辆汽车很漂亮吧,流线型的外表,时尚化的内饰,还会变形,最重要的是它有一颗奔腾的芯,时速能达到611公里。这速度加上这外形,怎么看怎么像飞机,别怀疑了,它的确会飞,它是包罗·莫勒的最新发明,它的前身是飞碟。虽然这辆飞车还在实验阶段,噪音大,飞一次就像刮一次沙尘暴,但已经不难想象未来的交通是什么样的了(《第五元素》片段,空中的车流),到那时间问小孩子:"天上飞的是什么啊?"他们肯定会毫不犹豫地告诉你:"汽车呀。"

(急速60秒过场)

追求速度的人往往爱冒险,在几百米深的矿井隧道里他们也要比比谁的速度快。两位选手出发了,有一百多年历史的古老隧道被灯光照得像是科幻世界,选手们若隐若现,速度达到了每小时80公里。在这里比赛,摔个跟头算是轻的,跳得太高或拐弯不及时都会撞上坚硬的石头,可是越危险,选手们才觉得越刺激,胜利后的喜悦也更妙不可言。

（急速 60 秒过场）

喜欢滑雪的人也迷恋速度，可滑雪动作不太容易掌握。美国有位滑雪爱好者用新型材料做了个新式雪橇，速度快，好掌握，每个人都能像滑雪老手一样，自由自在地在雪地上撒撒野。您看这个跟大脚蹼似的东西就是人工刹车系统，脚一沾地车就能减速或拐弯，不过这么大头冲下还是让人有点害怕。

（急速 60 秒过场）

雪地应该是雪橇的天下，两个轮子的自行车能有何作为呢？到美国的蒙大纳州去看看您就知道了，在高手们的胯下，两个轮子也能大有作为。不过，高手们也有马失前蹄的时候。

【导语】刚才那些飞车的镜头要是让美国的田纳西羊看了，肯定会看一次晕一次，外国人虽然不讲十二生肖，可最近他们也喜欢羊，就因为这羊的胆子小得不一般。

【配音】(被吓晕倒)一点儿响动就能把它们吓晕过去，甚至休克，还特别干脆，四腿一蹬就躺倒一片，跟被集体拔了电源似的。胡子一大把的山羊公公见过世面吧，可它也不例外，虽然坚持着没倒下，也被吓得够呛。不过您别担心，它们没什么大事，过几秒钟还能醒过来。这一切都是基因变异的结果，在达尔文眼里，它们肯定属于该淘汰的生物，可在咱一般人眼里，这些小家伙真是太可爱了，人们把它们保护了起来，还帮助它壮大家族，所以它们和人类特亲近，就算你让它晕倒过也没关系。

这些大家伙们怎么了，该不会也被吓晕了吧，当然不是，它们是在表演假死。这么卖力的演出不是为了别人，而是为了它们自己，泰国的大象数量越来越少，这 40 位大象艺术家在泰国北部南邦的大象保护中心搞了一场义演，呼吁人们给它们多一些关爱，为了改变四千多兄弟姐妹的生存环境，它们吹拉弹唱的可没少费力气，这么卖力的演出当然得到了丰厚的回报。水果可是好东西，维生素含量丰富，不光能增白还能抗皱呢，可是水果皮营养如何就不知道了，应该没什么坏处吧。

好东西也不能吃太多，保持身材才能健康美丽。

这话说给这只大花猫听已经有点儿晚了。本周，它荣获了世界第一肥猫的称号，其实要想创这个纪录也挺容易，就是天天这么躺着不动，饭来了就张张嘴，现在，它体重已经超过 40 斤，腰围足有二尺一，眼看着它走到这一步，青梅竹马的小伙伴也很痛心。抓老鼠已经完全不可能了，能凑合着跑几步就不错了。虽然拿了世界第一，可它好像并不高兴，估计它现在最想干的事情就是——减肥。

要说减肥，最有效的方法就是锻炼，菲律宾人不光自己练，还要一块儿练，他们凑了 10 万多人，在 2 万多平方米的大广场上跳起了健美操，这么多人还能做得这么整齐，平时肯定没少下工夫。看大爷、大婶们这认真劲儿，可不像是在凑数。一下子有了 10 万多学生，当老师的骄傲，领操的也格外有劲儿。全民健身，那叫有气势，虽然挤点儿，可是有气氛，互相督促着，谁也别偷懒儿。

身材练好了,您就可以去当人体模特儿了,您别有顾虑,这个模特儿衣服穿得可严实了,先包一层塑料薄膜,再糊一层石灰,连您的脸都一块儿包起来,等石灰硬了,取下来做成钢铁模型,就成了一件艺术品。这些艺术品看着挺眼熟,艺术大师们可能是受了兵马俑的启发,能让自己的身体变成艺术品的机会可不多,在路上看到另一个自己,感觉是不是很不错。

【导语】您身边肯定也有许多有意思的、感人的故事,如果您正好把它们拍了下来的话,可以寄给我们,寄录像带的时候请您附上文字说明和您对节目的想法,我们会妥善保管您的录像带并会把它完好地还给您。

咱们下周见。

本周(三)

【导语】朋友们好,欢迎收看《本周》。一出家门要花钱的地方就不少,坐公交车、打的、坐地铁,哪怕一两块钱也得掏回腰包。本周,北京市启动了交通一卡通工程,今后一路上的车钱全都可以刷卡解决,省了找钱的麻烦,也不怕掏钱包的时候再被贼惦记。不过提醒您要把密码看管好,要是卡跟密码一起丢了,那跟丢钱没什么两样。刷卡买东西不算是什么新鲜事,不过本周一个姓李的北京小伙还是觉得挺新鲜,几天前他刷卡买了样几百块钱的东西,没想到几天后银行通知他把一辆20万元的轿车开走,5年内这辆车就归他了,刷卡消费还有机会得大奖,以后小李肯定甭管买什么都刷卡。本周,北京地税局开始印发小奖额的有奖发票,中奖率也从万分之一提高到千分之三,过去一万个人里才有一个能中五千、三千的大奖,好多人都觉得这么大的馅饼很难砸到自己头上,现在中奖率提高了,虽说只是十块、二十块的小奖,可中了也一样高兴。就像咱们包饺子的时候喜欢包进去一两枚硬币,吃到的人图个吉祥、大伙一乐,可就是因为这一两毛钱,这顿饺子一家人肯定都抢着吃。自从有了有奖发票,吃完饭人们也开始抢着要发票,大伙多了项饭后娱乐,国家多了不少税收,这事挺好,两全其美。

【导语】前两天,有80位到武汉打工的民工接了份以前从没接过的活,一天下来,他们觉得这活挺轻闲。

【配音】只要在台前找个舒服的姿势这么一坐就行了,不过在下面给他们画像的人可比他们紧张多了,因为这里是今年高考艺术专业考试的考场,能不能把台上坐着的民工大哥画好对这些考生来说特别关键。而台上的民工大哥们也是头一回被这么多双眼睛这么仔细地盯着,刚开始还有点不自在,不过他们特别有职业精神,一坐就是大半天,一动不动。领工资的时候听别人一说才知道,今儿自己这算是当了一回模特儿。

【导语】最近,南京也有一个行业一下子红火起来,名字挺洋——叫"涉外保姆",说白了就是到外国人家里当保姆。不少20出头的年轻人也抢着报名,一打听,好多人都是为了借着给人家做家务的机会，顺带感受一下中西方文化差异，提高一下自己的外语水平。别的事咱不能钻空子，可学习上的事钻点空子，挺好。这不，浙江东阳横店镇的农民这段时间也忙坏了，最近地里没什么活，可您白天去家里肯定还是找不着人，从不够岁数没上学的小孙子到一把年纪没上过学的老爷爷全出动了，都忙啥呢？

【配音】"哥几个，拍电影去喽"，每天挨家挨户吆喝这话的是这位穿西装打领带的郭祖苗，啥长都不是，可天生具备领导气质的老郭自打镇上方圆几十里建起好几个影视基地之后，就再没闲着。他先给自己买了这身西装，因为工作性质不同了，原先是组织乡亲们种地，现在变成组织乡亲们拍戏，城里人管这叫"经纪人"。村里人多地少，地里的活干完了就去基地拍戏，现在，村里人十个有九个都上过镜。戏拍多了，不用怎么教、一点就通，入戏特快，让哭哭、让笑笑，快赶上专业的了。说起这份职业，乡亲们都挺满意(【同期声】老乡：好多人原先没事做天天搓麻将，现在麻将不搓了，生活充实了)。不光日子过得充实了，钱包也比只守着一亩三分地那会儿鼓了，原先一年赚1000多，现在每年能赚6000多。

【导语】俗话说："三百六十行，行行出状元"。甭管干什么，只要干一行爱一行，都能干出点儿名堂。小时候经常会被大人问到"长大了想干什么"，我们那时候的孩子十有八九会说"想当解放军、当老师、当科学家"，您试着问问现在的孩子，要是有人回答说，想当个专给花看病的医生，您可别觉得奇怪。

【配音】给花看病的医生自己就是养花、卖花的，卖出去的花命运大多都是离开花卉市场的时候还壮壮实实，进家门没几天脑袋就耷拉下来了。花也跟人似的，就算没什么大毛病，可遇冷遇热，吃的合适不合适都免不了闹点小毛病，买花的时候光图个瞧着好看买回家了，可买回来的花有什么脾气喜好，没养过花的人一时半会儿还真摸不着门道。卖花的人也心疼自己的花啊，为了让卖出去的花不跟泼出去的水似的，打个电话，他们准保服务到家，一边给花对症下药，一边再教您几招养花秘诀。出诊费也不高，为的是建立起良好的客户关系，买盆花还捎上个花卉家庭医生，下回买花人家准保还找您。

【导语】农民当起演员，虽说是群众演员；医生的行当里出了新门类，虽说是专给花看病的，三百六十行多了这么多新鲜职业，是因为生活中多了新的需要。本周，有一位咱们的大熟人也换了份新工作，因为2008年奥运会需要她。(接日历)

【配音】乒坛王后邓亚萍23号正式调入北京奥组委市场开发部，今后她的工作就是跟各类企业打交道，利用自己的知名度和影响力为北京奥组委多拉赞助。这份新工作的月薪是每月4000元，对她来说钱不多、任务重。

24号，泰森在与"黑犀牛"埃蒂安的拳王资格争夺赛上，刚一开场就以一记右勾拳将黑犀牛打趴下了，49秒钟的时间500万美元就是他的了，难怪都说泰森是台印钞机。

有人也想在一分钟就赚它上百万。25号,上海浦东上川路一家农业银行一大早开门营业前,保安正从运钞车里往银行搬钱,突然一个黑影冲出来,抱起钱箱就要跑,这还得了,几个保安当场把抢钱的这位按地上了。

　　从一个穷小子白手起家如今成了以407亿美元身价独霸全球富豪榜首位的人,比尔·盖茨26号来到北京。一下飞机盖茨就没闲着,又是出席签字仪式,又是参观实验室,还为8000人做了场演讲,晚上还设酒席宴请高朋。一天里做这么多事,盖茨这个世界首富当得也真是不容易。

　　能在紫禁城里开演唱会的都不是一般人,去年那场三高音乐会的场地费虽说不便宜,可也是白纸黑字、有言在先。而音乐会主办方晚了一天撤出这块寸土寸金的地儿,故宫方面说既然多占一天地儿就该多给一天钱,这场皇城脚下的纠纷27号总算尘埃落定,法院判故宫博物院胜诉。

　　2002年中国电视体育奖28号揭晓,最受关注的最佳男女运动员奖被李小鹏、杨扬收入囊中。杨扬在去年冬奥会上圆了中国人盼了22年的金牌梦,她同时被评为最受欢迎的女运动员,最受欢迎男运动员奖授予了远在大洋彼岸的姚明。

　　2002年度国家最高科技奖连同500万元的奖金3月1号颁给了一位74岁的老人,他是中国工程院院士金治濂。金老呕心沥血40年研制出了令世界惊叹的"神威"巨型计算机,每天的天气预报都离不开它,"神威"还帮助过我国科学家完成了世界第一张农作物基因图谱,因此大伙就算没听说过"神威"的大名,也肯定享受过它的服务。

　　【导语】都说"人老先老腿",年纪一大腿脚就不灵便,又舍不得打车,这样,出门的机会就少了。北京的罗士瑞大爷,就是腿脚不太好,以前他整天都窝在家里,心情也不好,可这阵子大爷特高兴,老往外跑,因为他有了辆"轿车"。

　　【正文】您瞧,罗大爷"开"着自己轿车过来了! 从远处看,是不是像顶大花轿。别看他都66岁了,可骑上自己的爱车看着比小伙子还精神。为这,罗大爷可没少费心。

　　其实这就是一辆普普通通的三轮车,一年前,罗大爷刚接到它时,真是除了车铃不响,哪儿都响,大爷先当起了修理工,车子修整好了。大爷最听不得有人说自己的车破,可偏偏有人挑毛病:您这车骑着没水平,没风度。罗大爷急了,今天往上安个篷,明天再装几个灯。啥叫没水平,罗大爷就是不服,索性花几百块钱买了个5.5英寸的黑白电视,外加一个收录机,这下子罗大爷和他的轿车可出了名了,花轿车也成了当地的一景。

　　听说我们来采访罗大爷,左邻右舍的全来了。

　　(【邻居同期声】听说老罗头儿上电视了,看看去,我本来想买东西去的。)(老来乐,最起码新颖,在北京来说这样的车也少,现在生活条件好了,没事干什么去,琢磨新颖的,打的不新鲜了,这个最新鲜。)

人越聚越多，罗大爷也越说越来劲儿，宝贝家伙全拿出来了。(音乐+快动作，安床，搬桌子，摆棋盘、倒茶)(【同期声】罗大爷您这喝的是什么茶？毛尖!)大爷一高兴非要让大家都坐坐他的车，感受感受。

(【邻居同期声】一开始看这车挺新鲜漂亮，慢慢觉得罗大爷会生活，老年人应该这样，老头儿那么大岁数了能琢磨出一辆车来，不简单了，我赶明儿跟罗大爷一样也这么干。)

"老爷子配花车"，这景致稀罕，甭管到哪儿都能引来大半条街的人围观。看样子，罗大爷早就习惯了大家伙给自己行注目礼，哼着小曲儿，挥手间透露出明星风范。可在孩子们面前，明星老头又成了慈眉善目的老爷爷。

大爷时不时还骑着宝贝车到闹市区遛了个弯儿，没想到，这次出访招来了更多的追星族，更有一帮老外把罗大爷围在中间，还没等他明白过来，闪光灯就晃得大爷眼冒金星，人家都争着跟罗大爷合影。

罗大爷的车是越骑越远，老伴儿不得不为他准备充足的好吃好喝的，生怕老头子渴着饿着。罗大爷每次出门都要到儿子、儿媳妇开的小店前兜一圈，有个名人爸爸，孩子们都觉得特自豪。车上的字(老年美中美乐中乐)，都是儿媳妇给剪的。

虽说眼下全家都挺支持罗大爷，可说起当初刚折腾车那会儿老伴儿第一个反对。

(【罗妻子的同期声】开始他弄的这个也不顺，我看着也不顺眼，中午弄了下午弄，做饭也不吃，后来还真弄成个样儿了。上方庄好多人看，跳舞的也不跳了，溜弯的也不溜了，都围车里三层外三层的。)

有一回老俩口拿着家里的柿子到市场去卖，没几分钟，柿子就被抢光了，大家都说罗大爷的车漂亮柿子也准错不了，罗大爷没想到，有了这车生意都好做了。他打算把这车打扮得再漂亮点、豪华点。

(【老罗同期声】电视剧《还我珠格格》里的轿子挺好，挺稀奇的，我准备把车弄成那样，做一个豪华的遮阳伞。现在我觉得挺高兴的，老有所乐、老有所想，不开心找开心，越活越年轻了。)(【老伴儿的同期声】是《还珠格格》不是《还我珠格格》，哈哈!)

(音乐)老罗头又上路了。

(【邻居同期声】上哪儿?)(【罗同期声】玩去! 你买卖行吗?)

(【邻居同期声】行，你都上电视了，玩得真潇洒。)

【导语】罗大爷说，别看这小三轮也就值几百块，可您就是拿几十万一辆的小轿车跟他换，他也不换。小轿车虽好，可满大街都是，而"罗大爷"牌的轿车，全中国就这独一份。您的车再高级，能有这么高的回头率吗？您的车再贵，能让您成名人吗？有了自信就有了快乐，罗大爷这份快乐花多少钱都买不到。

钱买不到的东西还有一样，就是生命。本周，有一只小猫和一只小狗都生了场大病，只有做手术才能救它们的命，可手术费高得吓人，主人愿意为它们付这笔钱吗？

【配音】它叫奥赖利,在这个家已经生活了9年,它早就成了这个家庭的成员,可就在上个月,奥赖利显得无精打采,主人把它抱进了一家豪华的医院,又是做CT,又是做核磁共振,还有放射学专家会诊。这是一位有名的动物神经病学家,他检查出奥赖利脑内长了瘤子。要想救命,只有一个办法,通过手术把瘤子取出来,狗主人一点没犹豫就给它掏了数目不小的一笔手术费。(【同期声】狗的主人:我们不想眼睁睁地看着这位家庭成员死去。)虽然脑门上留了块疤,但很快长出的头发还会让它恢复成漂亮的姑娘。

　　女怕伤肝,男怕伤肾,小伙子米斯蒂(猫)偏偏得了要命的肾病。它的主人带它去医院做了肾脏移植手术,它被救活了。米斯蒂一直在琢磨拿什么来报答主人,它终于想出个主意,那就是为这家再添几个成员,因为有了一个强健的肾,它想讨个漂亮的媳妇,生个健康的孩子。

　　想报答主人的还有广西的一只黑叶猴。几天前,它迷路了,几位叔叔阿姨收留了它,不仅疼它,还给它起了个好听的名字:小二黑。今天是小二黑回家的日子,小二黑好像挺难受,一直低着头。送它的叔叔安慰它,边走边给它讲"小二黑结婚"的故事,说这竹笼就是小二黑的花轿,下了轿子,小二黑还舍不得走,大家好说歹说,它才起身,可刚走两步,一听大家叫它,它又回过了头。

　　这小家伙长得也挺黑,它家住黑龙江的大森林里,也是因为迷了路,撞进了别人家里。因为语言不通,没法进行交流,所以眼瞅着都相处好几天了,人和狐狸还是彼此提防着对方。解开绳索的一刹那,狐狸似乎才明白了人的善意,这是几天来他们之间的第一次亲密接触,温柔中多少带点紧张。回头看看,狐狸走得有点迟疑,也许真的遇上好人了?

　　【导语】这两天,那只狐狸可能已经明白过味儿了,它一定挺后悔,要是早学两句人话,也不会有那么多误会,走的时候,也能跟好心人说声"谢谢"。不过有些小动物挺有先见之明,不光会说"谢谢"两字,人家会的还多着呢。

　　【配音】每年这条街上养鸟的人都要集体出来遛两回鸟,鸟多的地方笑声多,瞧见没,看热闹的人比提着笼子遛鸟的还多。半年没见当刮目相看。(【现场】鸟说:新年好,新年快乐,先生好。)这小嘴甜得跟抹了蜜似的。这位叫乐乐,不满足于只会说几句人话,因为嗓音条件不错它打算改行当歌星(唱:常回家看看,回家看看)。别以为鸟儿们只会学舌,有的鸟有主见着呢。(人说:吃饭了没有?鸟说:面条)嗯,没错呀(人说:恭喜发财,鸟说:还珠格格),嘿,真是不经夸(人说:恭喜发财,鸟说:面条),看来是真没吃饱。没见过这样跟遛狗似的遛鸟的吧(鸟跟着主人在地上跑),这只就是全场最特立独行的鸟,从来不肯被鸟笼圈着,可是人家特别听主人的话,还不认生,在谁面前都不把自己当外人(在看的人身上跳来跳去)。其实只要人类善待动物,它们跟人亲着呢。

这些全部一副"卑躬屈膝"模样的人也跟动物亲着呢。他们要让这只面带羞涩的小猫在他们用后背组成的T型台上尽情展示地道的"猫步"。被踩的不但毫无怨言还一脸的心甘情愿。当然,猫的本职工作不是走台步,人们还是没有忘记训练它们的基本功。这些一生下来就养尊处优的猫还真是——别说吃老鼠肉了,连老鼠跑都没见过,所以训练起来难度不小,看来竞争意识也不是很强(比赛跑,慢慢悠悠)。猫的日子过得好,全都是因为人们的爱心。人们除了有爱心还独具匠心,日本有一位酱油酿造厂厂长同时也是古典音乐发烧友,有一天,他想让西方古典音乐和他酿造的酱油碰撞出火花。于是一颗颗精心挑选的黄豆开始了厂长为它们安排的神秘而高雅的艺术人生,这间密封房间就是酱油得到升华变得与众不同的地方,在这一口口大缸里,它们的心随着音乐微微荡漾,最后出来就是这样,看着像醋,不像酱油,您想啊,人家是听着古典音乐长大的,能跟普通酱油一样嘛。

【导语】前两期节目中我们向观众朋友征集自拍的DV作品,这些天热线电话响个不停,有给我们提供新闻线索的,有的是询问他们拍的DV符不符合我们栏目的要求,我代表《本周》向这些热心观众说声谢谢,也希望观众朋友继续支持我们。前两天我们还收到河北广平王江波朋友写来的信,信不长只有一页纸,可我们每个人都看了好几遍,他在信里说"我是个残疾人,没怎么出过门,但我很喜欢音乐,也喜欢《本周》,在家闲着的时候就给《本周》写了一首歌,让你们见笑了",歌词是这样写的:"每周一次的等候,每周一次的牵手,平安地过好每一周,让快乐永远陪在你左右,别忘了下周同一时间、同一地点,本周和你,不见不散"。这么好的歌、这么真的一份情意,我们怎么会见笑呢,要是有机会我们一定去看您,和您一起唱这首歌。好了,别忘了下周同一时间、同一地点、本周和你,不见不散。

思考题:

1. 什么是电视新闻播音?
2. 电视新闻播音的特性是什么?
3. 电视新闻播音的要求是什么?
4. 电视新闻出镜播音(口播)的内容与要求是什么?
5. 电视新闻播音导语、串联语的特点是什么?
6. 什么是电视新闻片配音?
7. 电视新闻片配音的要求是什么?
8. 何谓电视新闻一体播?它的播音要求是什么?
9. 何谓演播室对话?
10. 演播室对话的要求是什么?

第二章 电视新闻现场报道

一 理论概要

在电视新闻节目中,为了向受众更快、更准确、更真实、更生动地展示新闻内容,现场报道这一形式越来越多地被运用。加上直播手段的配合,使受众能在第一时间掌握第一手新闻事实,而电视新闻报道者的现场介绍、现场评论、现场采访无疑又丰富了新闻内容,扩大了信息量。

那么,什么是电视新闻现场报道呢?电视新闻现场报道是电视新闻报道者置身于新闻事件发生现场,面对摄像机镜头,以采访者、目击者或参与者的身份向观众介绍、评论新闻事件,并同时伴以图像报道的一种报道方式。

一般意义上的电视新闻报道大多是以图像、配音、以及电视新闻播音员(主播)在演播室的出镜有稿播音(口播)的形式出现,而电视新闻现场报道则要求报道者在新闻现场进行即兴的报道。这其中既有现场播报、也有现场评述、现场采访等多种形式。

在这里有一点需要特别提及与说明的是对"报道者"这一角色的认知问题,电视新闻现场报道中的报道者,可以是记者,也可以是播音员、节目主持人,只要他们担负起这一任务,就是合理的报道者,这中间没有绝对的划分。作为电视新闻现场报道者,掌握标准的普通话,思维逻辑清楚,语言表达流畅,反应敏捷都是完成好现场报道应具备的基本要求。

(一)电视新闻现场报道的特点

电视新闻要求利用电视这一手段将国内外新近或正在发生的新闻事件及时、简捷、形象地加以报道,特别是消息以"快"为特点,电视新闻现场报道再加上直播技术的运用,可以说如虎添翼,一改电视新闻单一的口播新闻和图像新闻相结合的模式,令观众耳目一新,也使电视新闻报道的形式丰富起来。同时加强了新闻的实效性,增加了新闻的信息量,使电视新闻报道更加全方位、立体化。电视新闻现场报道具有以下几个特点:

1. 时效性强

国外的电视现场报道出现于20世纪60年代,由于新的电子传送技术的不断发展,电视作为电子技术发明的产物,其发展也得益于技术手段的进步,过去新闻的时效性是"TNY"即"TODAY'S NEWS TODAY",而随着新型的数字化传播系统和庞大的通讯系统的建立,电视直播具备了多机位,多角度,同步展现,同地和异地时空互动的技术能力,使现在对新闻时效性的要求变成"NNN",即"NOW NEWS NOW",与此同时,电视摄像机镜头深入到事件发生的现场,同步记录时间的流程,也使得观众产生身临其境的现场体验。比如,目前正在吃紧的伊拉克战局正是全世界瞩目的焦点,每个国家的新闻记者都纷纷奔赴巴格达。我们通过时空连线,看到我们的新闻记者每天在巴格达向广大观众介绍伊拉克局势的变化,安理会如何斡旋,以及伊拉克人民是如何面对即将可能爆发的战争等人们关注的问题,这种异地时空连线使得观众在第一时间感受到战争即将到来的伊拉克的"空气",增强了时效性,同时也加大了信息量,加强了现场感。

2. 信息量大

电视新闻现场报道,使声音和画面同时、同步存在,它可以准确地传达现场的气氛和内容。声音和画面的有机配合,使报道者可以通过现场介绍、现场评论、现场采访来诠释现场发生的事实,并做一些及时的背景材料的介绍和补充,使观众对报道的内容有更全面的了解。有时报道者利用此时无声胜有声的方法,没有现场评说,而是让观众自己去通过画面感觉和捕捉现场的信息和气氛,通过采访者与被采访者之间的问答,甚至他们当时面部细微的表情变化、言语间的停顿等等,使得各种符号都在传递着大量的信息,既增加了信息量,同时也达到了深化报道内容的作用。尤其在报道现场出现高潮画面时,报道者可以随机停止评述,让观众直接"参与"到事件现场中,这些视听信息比现场介绍、评述或者录播后的语言描绘等都更具有说服力,从而使观众接受的信息量也越大。

3. 参与性强

电视新闻现场报道之所以能够吸引受众,除了较之于传统的新闻报道形式不同,还时刻强调"我在场","我"是事件的报道者、目击者和参与者。在新闻报道中,我们的新闻报道者向观众传达"我在场"这个信息,可使"我"成为受众的代言人,从而增强了电视机前受众的参与感。

在1999年北约空袭南联盟的报道中,我们的新闻工作者就工作在战争最前沿,他们每天向国内发回有关南联盟的战事变化。观众看到我们的新闻工作者时而出现在被炸毁的建筑物前,时而出现在防空洞内,时而又出现在旅馆的房间里。此时,他们既是这场战争的报道者,又是这场战争的见证人;他们既报道战事,又报道当地人民的境况,包括他们自己的生活情况,从而大大增加了新闻的信息量。

4. 现场感强

电视新闻现场报道之所以能抓住观众的重要因素之一就是"现场感"。眼见为实,观众通过现场的图像以及报道者的现场介绍、评述、采访更直接地了解到事件的发生发展过程,既增强了新闻的真实性又调动了观众的情绪,从而增强了观众的参与感。尤其是新闻现场报道中直播技术的运用,使受众在第一时间,了解到第一手信息,作出最直接反应。比如,1999年5月7日北约轰炸了我驻南斯拉夫使馆后,中央电视台驻南斯拉夫记者在第一时间赶到现场并做出了现场报道。我们可以看到,由于轰炸导致停电,我们的记者用手电筒代替灯光,图像上只能看到黑暗中报道者的脸。在这种条件下,我们的报道者却带来了令世界震惊的消息。在画面上我们看到被炸毁的使馆仍然火光冲天,救助人员在抢救伤员……整个画面都是现在进行时,使观众身临其境,调动了观众情绪,增强了观众的参与感。

(二)电视新闻现场报道的分类

电视新闻现场报道可以分为事件性现场报道和非事件性现场报道两种。

事件性现场报道又可以分为突发性事件的现场报道和一般性事件的现场报道。

突发性事件的现场报道就是报道者在突发性事件现场面对摄像机对突然发生的事件作出及时的现场报道。由于突发性现场报道有其不可预知性,因此要求报道者有很强的应变能力和驾驭报道现场的能力。CNN之所以能成为全球最受瞩目的广播公司,就在于每逢重大事件发生时,他们的记者都力争第一个到达现场,"面对面"地向观众作出最及时、最直接、最详尽的报道。当然,突发性事件有其不可预见性,不可能在事件发生的同时,就正好有一台摄像机架在那里等待事件的发生,但是,以最快的速度到达事件发生的现场,并作出及时的报道是有可能的。

一般性事件的现场报道,是指对可预测的事件进行现场报道,这在电视节目中最为多见。所谓可预测性,即提前知道将要发生新闻事件的时间、地点、内容等。

较之突发性现场报道,一般性新闻事件和非事件性现场报道由于对新闻事件的已知性,因此准备也就更加充分,报道内容也就更加丰富。一般性新闻事件现场报道由于报道者提前知道所要发生事件的大致情况,因此,报道者有充分的心理准备,有充分的背景材料的准备,从而使整个报道更加从容、完整。

非事件性现场报道是指针对舆论所关注的问题所引发的现场报道。比如报道者根据人们所关注的话题做街头采访或者重要会议召开的现场报道等。

(三)电视新闻现场报道的传播方式

电视新闻现场报道在传播方式上可以分为直播和录播两种。

1. 直播方式:是指在现场通过转播车利用 ENG 设备把新闻事实的图像声音及报道者在新闻事件现场的报道、采访等情况转换为电信号直接发射及时播出的方式,它以完全纪实的手法把现场情景边摄录,边同步播出。

新闻的特性之一就是"快",它是新闻之所以"新"的最前提条件。随着科学技术的发展以及微波技术的利用,直播方式为电视工作者所广泛利用,受众可以通过现场直播与事件进入到共同进行时,不但时效性强,而且极大调动了受众的积极性,参与性。

直播对报道者也有一定的要求:

(1)直播前做好一切准备工作。无论是设备还是人员(包括工作人员和被采访对象),作为报道者在直播前都要进行全方位检查,确保报道的顺利进行。

(2)要有良好的心理素质。有些报道者在报道前准备的很好,但是一站到摄像机前脑海里就一片空白,不能马上进入播出状态,因此,要做到临阵不乱,不过分紧张。及时调整自己的心理,以最积极的状态投入到报道中去。

(3)应对突发事件要反应迅速,应对自如。

2. 录播方式:是指播出前把整档节目按播出要求编辑录制,做成完整节目的播出带,按规定播出时间进行播放,播完后,播出带放磁带库保存。录播虽然在时效性上不如直播快,但是通过编辑整理,可以把整个新闻事件简明扼要地表现出来,直播几个小时的新闻事件可以剪接成几分钟甚至更短的新闻,大大提高了效率,同时也减少了误差。

在我国,新闻节目大多采用录播方式,这种方式可以使节目安全播出,误差率小,但是由于它的制作需要一个周期——采制、编辑、撰稿、配音等。虽然作出的节目很完善,但却失去了时效性,较之于直播虽然画面声音很完整但失去了新闻新、快的特性。电视工作者也越来越认识到这一问题,逐步改变新闻的沉闷样式,力争更多地运用现场报道的直播方式增加了新闻报道的实效性。

(四)现场报道语言分类及其要求

电视新闻现场报道中的口语表达是现场报道的重要组成部分,报道者对新闻现场能及时、准确地给予报道,这就要求报道者有很强的语言驾驭能力。对于报道者的语言要有一个基本要求:如能够掌握标准的普通话,发音清楚准确,不产生歧义;思维清楚,逻辑严密,条理清晰等。就我国目前的现状而言,电视新闻现场报道的语言样式可以分为现场播报、现场评述、现场采访等。具体要求我们将在第二部分中讲解。

二　训练要点与提示

(一) 现场播报

即报道者用事先准备好的稿件，以新闻现场为背景，面对摄像机对新闻及新闻的相关背景进行介绍。张颂教授曾经说："有稿播音锦上添花，无稿播音出口成章。"对于现场播报来说，要求播报者熟记稿件并脱稿播音，更要求现场播报能"锦上添花"。为了达到这个目标，我们还可以用一些语言技巧来加强有声语言的表达。比如对内在语的很好把握，可以把不便表露的观点，用"弦外之音"来表达，使貌似浅显的文字有着深刻的寓意；此外，要求现场报道中，报道者始终具有新鲜感，随场上的环境、气氛、报道者要有饱满的情绪，准确的基调，多变的节奏，很强的对象感，正确的身份感（一般为记者、主持人身份），畅达的语流，突现的重点，适当的音量，适度的语气，口语化的语言，运动的思维，生动质朴的表达。例如，2003年2月17日中央电视台《新闻联播》（张宏民现场报道）：

"这里是赞比亚首都卢萨卡，应赞比亚国民议会的邀请，全国政协主席李瑞环于当地时间16号上午乘专机抵达这里，开始对赞比亚进行正式友好访问。"

【分析】这是中央电视台新闻播音员（主播）张宏民在卢萨卡机场、李瑞环主席的专机前作的现场播报。这种播报一般都事先有稿，把所要播报的内容背下来，并要求报道者状态积极，表达自如。背稿时，要按照自己的理解、按照稿件内在的逻辑层次，或者新闻事件的相关情况去记忆，这样能够既快又清楚，也可以记下关键语句和词汇，不必一个字不差的背，一些虚词不必一一对应，抓主要内容即可。然而，一些非常重要的新闻内容，经过反复推敲而定的文字，自己一点也不能改动。表达时应状态积极，与场上气氛相合，声情并茂。不能一边想一边背，这样语言就会显得过于死板。

训练材料：

【要求】请根据以下所给的新闻材料，作为一名中央电视台的随行新闻报道者，请你模拟在莫斯科伏努科沃机场作一则现场报道，时间限定为30秒—1分钟。

胡锦涛抵达莫斯科开始对俄罗斯联邦进行国事访问

中国国家主席胡锦涛26日乘专机抵达莫斯科，开始对俄罗斯联邦进行为期3天的国事访问。

当地时间下午3时55分,胡锦涛主席乘坐的专机徐徐降落在莫斯科伏努科沃机场。莫斯科上空万里无云,艳阳高照。俄罗斯外交部礼宾局负责人普罗斯维尔金和中国驻俄罗斯大使张德广登上专机迎请胡锦涛主席和夫人刘永清。当胡锦涛主席走下舷梯后,早已等候在那里的俄罗斯政府副总理赫里斯坚科迎上前去,与胡锦涛主席热情握手,代表普京总统欢迎胡锦涛主席。在机场列队迎接胡锦涛主席的中国使馆人员和中资机构代表挥动五星红旗,热烈欢迎胡锦涛主席的到来。

在赫里斯坚科的陪同下,胡锦涛主席检阅了仪仗队,军乐队奏两国国歌。

这是胡锦涛第一次以国家元首的身份访问俄罗斯。他在抵达机场后发表的书面讲话中说:"中俄两国人民友谊源远流长。发展长期稳定的睦邻友好合作,是中俄两国人民的共同心愿。10多年来,在双方共同努力下,两国关系取得了长足发展,达到了全新水平。《中俄睦邻友好合作条约》确定的世代友好的和平思想在两国深入人心。我们已成为好邻居、好朋友、好伙伴。中俄战略协作伙伴关系的社会、政治和经济基础日益巩固,发展前景无比广阔。"

他强调:"我们面临的历史任务是,承前启后,继往开来,进一步巩固和发展中俄睦邻友好和各领域的互利合作,不断开创两国关系发展的新局面,以造福于两国和两国人民。"

国务委员唐家璇等陪同人员同机抵达。

胡锦涛主席在国事访问后还将在莫斯科出席上海合作组织成员国元首第三次会晤,参加圣彼得堡建市300周年庆典活动,并将赴法国埃维昂出席南北领导人非正式对话会议。之后,他还将对哈萨克斯坦共和国和蒙古国进行国事访问。

【提示】

1. 在报道中除了要交代清楚新闻事件发生的时间、地点之外,更要交代胡锦涛主席此行的目的,以及对待睦邻友好国家的原则。

2. 由于是重要时政新闻的报道,因此在报道前要写好文字稿件,字句要经得起推敲,不能出现任何的差错。

3. 在运用好现场播报语言方式的同时,还要掌握好新闻现场报道的现场感与播报时间。

(二)现场评述

包括现场评和述两部分。二者可以分开也可以结合,一般来说,评与述二者往往联系紧密,评中有述,述中有评。

评,即现场评论。指报道者在新闻现场针对已经发生的新闻事实进行的分析评价。现场评论往往在报道者对新闻事件进行报道的同时,事件也在同步发展变化,报道者应根据对事件发生的初始过程和了解的部分背景材料,迅速分析眼前的现场变化,并且及时注意事件的发展变化动向,迅速进行筛选鉴别,用最简捷的语言表达出来。

例如,中央电视台2003年2月10日《世界报道》节目通过时空连线与在巴格达的中央电视台记者水均益进行的对话。

贺红梅:水均益,你好!我们知道,布利克斯和巴拉迪在结束伊拉克之行前评价与伊拉克官方会谈的成果时说,伊拉克对解决1998年以来悬而未决的问题的立场"有所转变"。他们所说的"有所转变"指的是什么?

水均益:"有所转变"是布利克斯和巴拉迪对伊拉克官方在与联合国合作态度方面的总体评价,我认为主要指的是伊拉克四方面的"转变"。

首先,在伊拉克科学家是否能接受联合国核查人员单独询问问题上,伊拉克官方转变最快。自6号第一位伊拉克生物学家接受了三个半小时的单独询问后,又有四位伊拉克科学家在最近三天单独接受了联合国核查人员的询问。

其次,应联合国的要求,伊拉克9号向布利克斯和巴拉迪提供了新的有关VX神经毒气和导弹研发的文件,并表示有意尽快制定法律禁止使用大规模杀伤性武器。

第三方面,是伊拉克宣布成立一个专门委员会在伊拉克全境搜索有关违禁武器、武器发展计划的证据并提交给联合国。

最后,在有关允许核查人员在伊拉克使用美军U2飞机进行核查的问题上,伊拉克也表示将在2月14号以前作出答复。

【分析】就主持人贺红梅在北京演播室提出的有关伊拉克对悬而未决问题的立场"有所转变"的问题,在巴格达现场从四个方面予以回答,从中我们不难看到水均益的评论具有以下几个特点:

1. 思路清晰,由于水均益长期以来从事国际新闻的报道工作,对于相关的国际关系非常熟悉,因此评论起来也非常准确、到位;

2. 层次清楚,为了使观众听起来清楚,他用了"首先"、"其次"、"第三方面"和"最后"来分别表述;

3. 语言简练,表达流畅。

又如,中央电视台3月8日《新闻联播》节目中一则题为《政协委员继续分组讨论

——多管齐下切实解决"三农问题"》的报道中:

【报道者现场】"农业兴百业兴、农民富国家富、农村稳天下稳。委员们认为除了作好农民的增收减支这两道加法和减法题以外,还要跳出传统思路,站在国民经济和社会发展全局看待三农问题,统筹社会城乡经济,这样才能真正实现农业和农村的可持续发展。"

【分析】报道者通过对政协委员对三农问题发表意见,献计献策的报道,最后在会议现场作即兴评述,首先表述中心论点——农业兴百业兴、农民富国家富、农村稳天下稳。其次,浓缩委员们的观点,提出解决三农问题的思路。这则评述虽然三言两语,却字字有力,句句有意,言简意赅,中心明确。

因此,现场报道的"评"要求报道者有良好的语言概括能力、语言表达能力、提炼主题能力、分析问题能力、挖掘主题能力。一般来说,评论的语言要求准确、简练,论点鲜明,逻辑清晰,环环相扣。

训练材料:
【要求】根据以下所给的材料内容,拟在广州白云区野生动物批发市场作一则现场报道,时间限定为1分钟以内。

机场车站严查广州　重拳打击贩卖野生动物

5月27日凌晨5时,广州市白云区工商局、林业局、公安局等部门出动65名执法人员,在副区长陶镇广的带领下,兵分四路来到位于广州白云区4个野生动物批发市场,进行突击检查。执法人员在4个市场共查获山鸡267只、夜游鹤30只、狐狸54只、貂6只、蛇25公斤、麻雀30只、斑鸠20只等。随后,这些野生动物被移交给广州市野生动物保护中心。

5时10分,在广州最大的野生动物批发市场——新源市场门前,一辆小货车进入了隐蔽在这里的工商局执法队员视野。一个30多岁的男人匆忙跳下车来到了一个档口前,他与档主短暂交谈后,飞快地从车上卸下野生动物。说时迟,那时快,执法队员立即冲上去把他逮了个正着。

白云区工商局副局长王云枫说,位于白云区的新源、槎头、东宝、南金4个市场是广州市最大、也是最集中的野生动物批发市场,过去这四个市场每天的交易额上百万元,其中最大的新源市场每天交易额达190万元,年交易额高达7-8亿元。每天野生动物源源不断地从全国各地运来,又从这里流入广东各地。

SARS病毒有可能来自野生动物的消息经媒体传播后,广东省、广州市决定再次重拳出击贩卖野生动物,改变广东人吃野生动物的陋习。广州市工商局天天派出执法队对全市的野生动物交易市场及酒楼饭店进行严格的巡查。

　　在广州最集中吃野味的广从公路边的食店酒家,现在来吃野味的顾客急剧减少,酒家外放野生动物的笼子空空如也,食客们也吃起了家常菜。

　　广州市白云区林业局张伟良副局长说,我们除了查处市场贩卖的野生动物外,还对机场、火车站实行严格的检查,前两天在白云机场查获野生动物1万多只。

　　26日上午,《广东省爱国卫生工作条例(草案)》被正式提交广东省十届人大常委会审议。草案明确规定"公民应当养成文明卫生的饮食习惯,不吃野生动物、切断由动物引起的病媒传播疾病的途径"。(记者刘茜)

　　【提示】这是一则事件性现场报道,报道者对事件的内容有一个基本把握,对新闻背景有一定了解,但不能只是对新闻发生的时间、地点、事件进行报道,而是要结合背景资料作一则评述性现场报道。

　　述,指现场报道中对新闻事件的发展过程及背景等相关信息的介绍。在事件发生的现场,虽然受众可以通过声音和画面听到、看到现场的景况,但对于事件的前因后果乃至背景或者事件发展状况了解并不多,这就需要通过报道者的介绍来补充,使受众对所报道事件有全方位的了解,以便作出客观的判断。此外,摄像机虽然可以把画面录制下来,但有时表现的并不全面,报道者在现场可以通过自己的观察,把摄像机没有录制到的,摄像机背后的内容用语言介绍给观众,使受众的视野更加全面具体。

　　在介绍中,电视新闻报道者的语言应当既简练又准确、生动。此外,还需报道者对突发事件具有快速反应能力,要做到眼快、脑快、嘴快。

　　在电视新闻现场报道中经常是有评有述,用述来表现新闻事实,用评来分析新闻事实,这就要求报道者具有很好的新闻素质,深厚的文化功底,用严谨的逻辑和多角度的思维对新闻事实展开分析评述。

　　例如,中央电视台1月8日《现在播报》关于甘肃小南沟煤矿发生瓦斯爆炸事故的报道。

　　【报道者现场】各位观众,我现在是在发生瓦斯爆炸事故的甘肃小南沟煤矿的风井口,大家看到我身后的这台风机正在源源不断地往井下输送空气,据当地的抢险队员介绍,目前井下一氧化碳、瓦斯的浓度还很高,这为进一步的抢险工作带来了不少困难。

【分析】作为突发的灾难性事件,受众最想知道的是井下矿工的解救、生还情况,因此,报道者把抢险采取的措施以及目前井下的状况作了报道。然后用摄像机记录下抢险的情况,并结合救护大队人员的介绍,全面地展示了抢险的过程。

【资料】甘肃靖远煤业公司救护大队副大队长张兴贵介绍:"昨天下去主井口有420米深,340米以下淤泥比较多,水势比较大。今天就是抽水,把电源切断,留下水泵的电源,待水抽干后再做打算。"

小南沟煤矿由兰州金城旅游服务集团公司控股,未取得四证就开始非法生产。2002年12月22号晚,小南沟煤矿井下发生瓦斯爆炸事故,造成11名工人死亡。事故发生后,矿方隐瞒不报,并拆除了井下通风用的设备,销毁了瓦斯检测记录。

例如,中央电视台2003年1月17日《新闻30分》就2003年春运开始,各地的记者从北京、上海、宜昌等热点城市发回的现场报道。

春运第一天:北京铁路、公路、民航全线升温

报道者现场:各位观众,这里是北京西站,春运第一天,我们在这里看到,十几个候车大厅都挤满了旅客,今年春运客流不仅来得早、来得猛,学生成为第一批集中客流也是今年铁路春运的一大特色。

春运第一天:上海专人引导运力充足

报道者现场:各位观众,这里是上海虹桥机场,旅客的增加使这里比平时繁忙了一些,从我身后的航班信息显示屏上可以看到,今天从这里出发的航班也比昨天有所增加。

春运第一天:三峡翻坝运输安全顺畅

报道者现场:这里是三峡大坝上游湖北宜昌秭归县的茅坪港2号码头,我们看到春运开始后的第一批从大坝下游乘车翻坝的旅客在上午8点10分顺利抵达这里,他们将从这里乘船前往上游的重庆——四川方向。

【分析】报道者从北京、上海、宜昌等地的车站、机场、码头用自己在现场看到的春运开始时人流窜动的情景,作现场报道,使受众跨越空间限制,感受到春运伊始全国春运工作的繁忙景象。

例如,凤凰卫视在《热火巴格达》的报道中,主持人陈晓楠在巴格达进行报道。

陈晓楠:"像我身后这样的小型粮食分发站在巴格达有几百个,月初的时候这里储进一个月的食品和必需品,人们可以在任意一天来领取。"

"人们对于这些数字已经能够倒背如流。根据目前的联合国石油换食

品计划,伊拉克公民每个月可以领取9公斤面粉,2.5公斤大米,1公斤油,250克茶叶,150克盐,1公斤洗衣粉,2块肥皂,250克牛奶。"

陈晓楠:"这就是伊拉克人领取粮食的票证,上面清晰地标明姓名住址,家里有几口人,应该在哪个分发站领取粮食,每个月他们会得到这样一大张,每个月撕下一张。"

陈晓楠:"巴格达街头的商品看起来还比较丰富,但是一眼就可以看出都是低档货,而且都落满灰尘,由于人们购买力很低,所以这里摊贩都有个习惯,进货量很小,当地生活的人告诉我们,买15斤大米,20圈手纸要跑三个商店才能买全。"

【分析】陈晓楠通过在巴格达的街头边走边看,用自己所看到和了解到的情况,报道了当地人民的生活境遇,如对粮食票证的说明,对商品品种及质量和人们生活水平状况的介绍,这种介绍,基本上是看到什么,讲述什么,结合事先了解到的背景材料,力争使信息量更加丰富、清楚、准确、全面。

例如,中央电视台2003年1月12日新闻联播中一则《湖北考生作弊》的报道。

报道者现场:"观众朋友,高等教育自学考试是一种个人自学与国家统一考试相结合的考试制度,考生通过考试后可以获得国家认可的大学学历,对于此类考试国家教育部门有着严格的规定与要求,然而就在昨天进行的湖北省高等教育自学考试中,在鄂州市的一些考场内却出现了严重的舞弊现象。"

【分析】在以上这则现场报道中,报道者利用评述结合的报道方式进行报道,"评"中表述出观点——对于国家考试的严肃性,"述"中表述了新闻发生的时间、地点、内容。在许多现场报道中经常是评中有述,述中有评,二者常常相辅相成,密不可分。

训练材料:

根据所给的新闻材料,请模拟在金盆岭垃圾场作一则现场报道,时间限定在一分钟以内。

怨声载道的株洲市金盆岭垃圾场

应群众的强烈要求,2月24日上午10点钟,记者来到湖南省株洲市城区附近的金盆岭露天垃圾场。

记者看到,这个垃圾场位于铁路株洲北站3场与4场之间的峡谷里,紧靠着铁路线,附近就是铁路单位和居民区。垃圾从峡谷底堆起,已经堆了有十几米高,大半个峡谷已经填满,靠市区一侧的垃圾已经高出铁路线,堆成了3座山,高的一座垃圾山山顶离高压电线只有2米左右。整个垃圾场黑糊糊的,臭气熏天。近百名拾荒者在这里用扒头、铁棍等翻扒着垃圾。有的拾荒者在这里燃烧垃圾取暖,浓烟滚滚,直上重霄九。在垃圾山上,拾荒者搭建有多个作住宿用的茅棚。

记者在垃圾山上呆了半个小时,先后就有十多部货车满载着垃圾倒在这里。

来自湖南道县农村的几个翻扒垃圾的拾荒者告诉记者,他们1992年就来这个垃圾场拾荒,已经在这里拾了11年的荒了。山上堆满了小山似的装满塑料、纸壳的废品袋。一辆来装废品的汽车正在装塑料废品。这名来自湖南省汨罗市的装塑料废品的汽车司机告诉记者,他几乎每天要来这里运一趟废塑料。

当地干部、群众激愤地对记者说:金盆岭垃圾场占地120多亩。每天有上百辆汽车往这里倒垃圾。几十米、上百米外的地方就可以闻到这里飘出的臭气,严重影响我们铁路工作人员的生产和我们居住在附近的居民的生活。有的拾荒者在附近用垃圾饲养牲猪,严重危害了群众的健康。这里成了株洲市一个巨大的污染源和病毒传染源。在国家十分重视保护环境和治理污染的今天,株洲市竟然在城区附近设立100多亩的露天垃圾场,真叫人不可思议!我们恳切地希望株洲市的领导关心群众的健康,立即撤掉这个垃圾场,并对现有垃圾作出处理!

【提示】

1.报道者在这则报道中,既是事件的报道者又是事件的参与者、感受者,因此报道者要把自己的所见、所听、所感真实地传达给受众。

2.可以充分利用所给资料,以第一人称"我"或"我们"进行报道。

3.报道中要做到评述结合。

(二)现场采访

"也叫镜前采访或电视采访,他通过记者和被采访对象的语言交流提供必要的新闻背景,展示人物的心理活动,发表观点见解等,因而深化了电视新闻报道内容。"(引自叶子著《电视新闻学》第260页)正如我们上面讲到的,电视新闻现场报道属于新闻类报道,因此,现场采访必不可少,通过采访可以充实新闻内容,挖掘新闻深度,增加信息量,可以使新闻更具真实感。

首先,要注意提问的客观性。一般采访中的提问忌带主观色彩,更不应有诱导性。应当注意两个方面:一是语言的感情色彩,二是选用的词汇。应让你的巧妙提问,引出对方有新闻价值的回答内容。

其次,采访要全面。新闻现场报道有条件时应尽量采访不同的当事人,这样,角度才较全面。而且要注意横向、纵向,从多个角度来揭示新闻事件的本质。同时,要抓住受众最关注或者最重要的问题,进行有层次、有效的提问、采访。

第三,在采访中报道者要能抓住主要问题。新闻现场报道中的采访应有穷追不舍,打破砂锅问到底的精神。如果要想挖出好新闻,一是要在提问中一针见血,按照自己的思路问下去;二是在采访过程中,不断判断被采访者的回答,抓住有价值的线索,紧追不放。

例如,凤凰卫视陈晓楠在《热火巴格达》的报道中采访伊拉克百姓的采访。

(采访老人)

陈晓楠:"你认为马上会开战吗?"

老人:"我们不知道,只有真主知道,而且我们不在乎,他们要打我们,尽管来,如果不来,当然更好。"

(采访壮年男人)

陈晓楠:"你们做好战斗的准备了吗?"

壮年男人:"今天游行中,你可以看到有老人,有妇女,有孩子,现在从南到北,每个伊拉克人都可以随时举起枪为国家作战。"

踩踏并且焚烧美国国旗是每次游行的例行科目,而如何在镜头前宣泄对美国人的仇恨也是多年来每一个伊拉克人早已驾轻就熟的本领。

(采访妇女)

陈晓楠:"你会送儿子上战场吗?"

妇女:"我有六个儿子,我会把他们都送上战场,我和我丈夫也会参加战斗。"

孩子们恐怕并不知道自己即将被送上战场,反美游行对他们来讲更像是一场可以肆意喧闹的大型聚会。在我们看来,对于从父辈那里继承的仇恨,孩子们似懂非懂。

(采访孩子)

陈晓楠:"你知道在这里做什么吗?"

孩子:"我和父母一起来,为了表达我的决心,我和我的兄弟们一起,会为国家而牺牲。"

陈晓楠:"你知道什么是战争吗?"

孩子:"不知道。"
陈晓楠:"你知道他们为什么要打你们吗?"
孩子:"不知道。"

【分析】报道者通过对伊拉克的老人、男人、女人(母亲)、孩子的采访中,向受众展示了伊拉克人民面对战争的态度,几组人群的选择,可以说覆盖了所有伊拉克的百姓层面,使报道具有很强的说服力。在提问中,报道者不是用千篇一律的问题来提问,而是根据不同身份的采访对象来提出问题,既有普遍性,又具有个性特点。

训练材料:

【要求】根据所给新闻材料内容,作一则现场报道,设定若干被采访者并进行采访,时间限制在3分钟以内。

克服陋习讲究"痰"吐　北京志愿者上街发纸巾

今天,北京将有160名志愿者走上街头,向随地吐痰等不良卫生习惯宣战。志愿者们将在西单、王府井、北京站、西客站等繁华地带,向过往行人发放卫生纸巾,并宣传随地吐痰、乱扔杂物的危害,劝阻有不良卫生习惯的人克服陋习,形成珍惜自己、关心他人、同舟共济、共抗非典的社会风气。这项以"克服陋习,讲究'痰'吐"为主题的公益活动由共青团北京市委、北京志愿者协会、北京青年报社、恒安纸业股份有限公司、北京市城市管理综合行政执法局共同发起。

尽管随地吐痰的危害已被大多数市民所认识,执法部门当前也加大了处罚力度,但这一陋习尚未从根本上得到解决。在众志成城、抗击非典的关键时期,本报连续推出了对随地吐痰现象的揭示、批评及"克服陋习"的倡议等系列报道,在社会上引起了强烈反响,不少市民还积极提出了各种建议。为了引导广大市民进一步增强卫生意识,养成良好的卫生习惯,提高防御和战胜疾病的能力,创造整洁、卫生、文明的市容环境,团市委与本报等多家单位共同发起了这项公益活动。

团市委将此项活动作为了"与你同心"主题活动中的一项内容,调动了在北京志愿者协会报名登记的160名"与你同心"志愿者参与这一公益活动,作为"克服陋习,讲究'痰'吐"的义务宣传员。北京市城市管理综合行政执法局作为整治市容卫生的执法部门也参与到了这项活动之中,最近他们不仅加大了对随地吐痰等现象的处罚力度,也加大了宣传力度,他们认为处罚不是目的,重要的是宣传教育,认识到位。恒安纸业股份有限公司则为本

次活动提供了赞助。(记者/张颖)

【提示】

1. 可以设立若干个采访对象,比如路上的行人(可以是各个年龄段的,各种职业的)、志愿者、城管部门工作人员、医务工作者等。

2. 提问要简捷明了,不能千篇一律,根据不同采访对象采取不同提问方式。

综上所述,电视新闻现场报道从语言表达样式的角度看,既有复现式的有稿播报,也有现场评述的即兴介绍与议论,还有一问一答极为口语化的现场采访谈话式语言样态。

此外,在电视新闻现场报道中,由于报道者是出镜进行报道,因此对报道者的副语言也要有一定的要求,如出镜着装大方得体,重要新闻的报道着装更要庄重;注重应有的礼仪、风俗及语境需求;镜头前无论全身或半身出镜,站姿都要挺拔;注重与镜头的交流感,从而能更加准确、生动、有效地传达给受众信息。

总之,电视新闻现场报道的语言表达形式是多样化的。需要我们全面掌握、有机转化、灵活运用。因此要求报道者具有一定的文化素质、新闻素质、语言功力、政策水平等多种素养,这是时代和事业发展的需要。

作为党的宣传员,新闻工作者肩负着宣传党的方针政策的重要使命。如果新闻工作者自身政治觉悟不高,就不能起到引导人、教育人、警醒人的作用。尤其在现场报道中更需要报道者有良好的政治素质,这是一次报道是否成功的前提。

三 电视新闻现场报道训练材料

1. 根据所给的新闻资料加以整理,作一则现场报道,用现场播报的方式进行报道,时间限定在30秒—1分钟。

我国第三颗北斗导航定位卫星发射升空

北京时间5月25日零时34分,我国在西昌卫星发射中心用"长征三号甲"运载火箭,成功地将第三颗"北斗一号"导航定位卫星送入太空。这标志着我国已自主建立了完善的卫星导航系统,对我国国民经济建设将起到积极作用。

这次发射的是第三颗"北斗一号"导航定位卫星。前两颗"北斗一号"卫星分别于2000年10月31日和12月21日发射升空,运行至今导航定位系统工作稳定,状态良好,产生了显著效益。这次发射的是导航定位系统的备份星。它与前两颗"北斗一号"工作星组成了完整的卫星导航定位系统,确保全天候、全天时提供卫星导航信息。

据专家介绍，利用若干颗导航定位卫星组成卫星导航系统，综合了传统天文导航定位和地面无线电导航定位的优点，相当于一个设置在太空的无线电导航台，可在任何时间、任何地点为用户确定其所在的地理经纬度和海拔高度。目前，世界上只有少数几个国家能够自主研制生产卫星导航系统。我国自行研制生产的北斗卫星导航定位系统，不仅具备了上述能力，而且在定位性能上有所创新。这个系统将主要用于国家经济建设，为我国的交通运输、气象、石油、海洋、森林防火、灾害预报、通信、公安以及其他特殊行业提供高效的导航定位服务，应用前景十分广阔。

这次航天发射是长征系列运载火箭的第70次飞行，也是自1996年10月以来长征系列运载火箭发射连续28次获得成功。（廖文根/奚启新）

2. 请根据下面所给的新闻材料，组成一个电视台的新闻报道小组，拟定报道提纲，制作一则电视新闻现场报道，要求评述结合，并进行模拟采访，时间限定为3分钟。

现场目击西客站查假学生证

昨天下午3点钟左右，记者在现场看到，一位客运值班员带着一位小伙子来补票，小伙子一副得理不饶人的架势。据他自己说，他在当地买不到全价票，就让朋友用学生证买了半价票；而他从湖南衡阳到北京数千里地，却因为人多无法补票；准备出站时他主动说自己用了半票，值班员为什么不管别人，非要让自己买加价票？据了解，这种现象不在少数，甚至有人写投诉信投诉值班员。

而另外一位50多岁的男同志，工作证显示他是西安某医院院长，他说自己是来北京考研的，所以也有权使用学生证，享受半价的待遇。

在西站值班室，记者在一个抽屉里发现了30多本假学生证。据值班员介绍，这一天查到的假学生证不下二三十本，有时一个值班员一天查到七八本。

享受学生票优惠政策有明确规定

持假学生证违规使用半价火车票者，一经发现，将受到铁路部门的严肃查处。

记者从铁路部门了解到：今年春运期间，北京地区上车旅客中，学生旅客大约占上车旅客总数的10%。而可以享受学生半价火车票的大学生必须同时满足三个条件：在全国统一招生计划之列（包括在此之列的民办高校)、参加全国统一高考入学和国家承认学历。

铁路部门还规定:学校和家庭不在同一城市的大专院校学生,每年可享受两次学生半价票,一次为每年1月1日至3月30日,另一次为每年6月1日至9月30日之间。乘车区间必须是学校和家庭所在地之间。购票时,铁路部门售票员将在学生证上加盖印章,作为已购学生票的凭证。

针对持假学生证使用半价火车票者,铁路部门将按规定要求其补足票款,并可处以全价票款两倍的罚款,假证件予以没收,情节严重者,将移送公安机关处理。

3. 请根据下面所给的新闻材料,组成电视台的新闻报道小组,拟定报道提纲,并设计采访对象及采访问题,制作一则模拟电视新闻现场报道。时间限定为3分钟。

山西省吕梁地区离石市街道办事处王文庄煤矿昨日上午发生一起瓦斯燃烧事故,11名井下作业的矿工不幸遇难,另有3名受伤矿工被抢救脱险。

记者今日下午通过吕梁地区煤炭安全监察办事处获悉,2月16日上午11时50分左右,离石市街道办事处王文庄煤矿突然发生瓦斯燃烧事故,正在作业的26名矿工被困井下。经救护人员全力抢救,其中12名矿工接连自行出井脱险,3名受伤矿工也于当日傍晚相继被救出,并迅速送往医院治疗。

王文庄煤矿事故发生后,山西省煤炭安全生产监察局接到报告,当即派人员赴事故第一线指挥抢险。国家安全生产监督管理局、中共山西省委、山西省政府有关负责人分外重视,分别做出批示:全力抢救井下遇险矿工,一定要把事故降低到最低程度。

山西省煤炭安全生产监察局有关负责人指出:一、核实井下人员,全力抢救井下有最后希望的矿工。二、注意在抢险过程中抢险人员的自身安全。三、做好善后处理及遇难矿工家属的安抚工作。四、强化对当地所有煤矿的监督,未经批准绝不准私自开工复产。

今日清晨,10名遇难矿工的遗体已运上地面。中午12时左右,井下的最后一名遇难矿工遗体也已被发现。据介绍,目前正在加大对事故井下的排风,估计不久这名矿工遗体会运上地面。

据悉,这家煤矿的抢险工作到今天下午基本结束,有关事故的原因目前正在调查中。(记者张恩)

4. 根据所给的新闻材料,制作一则现场报道,以现场评述为主要报道方式,时间限定在1分钟以内。

卫生部通报西安科技大学食物中毒事件

（新华网北京5月27日电） 卫生部27日通报批评西安科技大学临潼校区发生食物中毒事件，并建议有关主管部门追究其主管领导的责任。

4月28日至5月19日，西安科技大学临潼校区陆续有学生出现腹痛、腹泻症状，累计发病167人。5月19日，西安市卫生监督所接到西安科技大学学生举报称该校出现疑似食物中毒。西安市及临潼区两级卫生监督人员前往西安科技大学临潼校区调查处理时，在校门口被校方以防非典为由耽误两个多小时方被允许进入校内。卫生监督员对临潼校区的学生食堂检查发现：该校学生食堂存在操作间无明显功能分区、无冷盘间，食品储存、加工存在生熟不分，缺乏"三防"设施，苍蝇密度大，食品冷藏、通风排气设施不足等现象。5月22日，发病学生已全部治愈。5月25日，西安市临潼区卫生局根据现场调查、流行病学调查及实验室检验结果，将此事件认定为细菌性食物中毒。

这所学校自4月28日发生学生食物中毒的20多天里，未向当地卫生行政部门报告，未采取有效措施，使中毒学生逐渐增多，严重违反了《中华人民共和国食品卫生法》和《食物中毒事故处理办法》的有关规定。卫生部根据《食物中毒事故处理办法》有关规定，对西安科技大学予以通报批评，并建议有关主管部门追究其主管领导的责任。卫生部还要求，任何单位和个人不得以防治非典为名，干扰、阻碍各项卫生监督工作的正常进行。

5. 根据以下所给的新闻材料，制作一则突发事件的现场报道，其中包括评述和采访等多种报道方式，时间限定在3—5分钟。

1月18日傍晚，沈阳市一商业银行发生特大爆炸事件，造成三人死亡，多人受伤，几名蒙面男子将三包装有197万元现金的袋子抢走。

1月19日，沈阳警方向社会宣布，出资30万元重金悬赏破案。悬赏数额之巨，在沈阳历史上绝无仅有。

最近的目击者 爆炸之后听见枪声

距离爆炸点最近的目击者柳祖江老人独家向记者讲述爆炸瞬间的一切。柳祖江今年67岁，家住在德增街。当晚5点45分，他散步走到南顺城路沈阳市商业银行路对面的电线杆子下时，突听一声轰鸣，顿觉脚下的地面一沉，只见路对面的沈阳市商业银行前被一团白色的烟雾所笼罩，老人的第一反应是:有坏人抢钱了,并发生了大爆炸。当时老人离爆炸点只有百余米。

老人说:"爆炸声还没有落地,他又听见有一两声开枪的声音,随后在烟雾中,老人看到该银行的门前靠近大马路边的位置,一个头戴钢盔穿着制服握着枪的青年保安,应着枪声面朝地倒下了。"

与此同时,老人见有三四个人,从该银行爆炸门前的白色烟雾中,顺着银行的楼墙根,朝南跑去。老人说:"看样子这几个人是制造爆炸的凶手。其中有一人个子很高,手中拎着一个袋子。"老人用颤抖的声音重复道:"好在爆炸当时靠近银行的马路上没有什么行人,不然死伤会更多。"老人不断重复的另一句话是:"看那场面,爆炸肯定与抢钱有关。"

他补充说:"大爆炸的炸点是在这个银行一脚门里一脚门外的位置上。当时有两个像保安的人在银行的大厅内来回走动,爆出的无味的白色烟雾,是从银行门前停放的一辆灰白色面包车的车身后头升起来的。"记者在现场看到,这辆面包车是运钞用的专车,车尾有一个四方的装钱用的大铁箱子。据一名围观者讲,每晚5点左右,这辆面包车都停在银行门前取款。

各方及时救援　　爆炸造成三死多伤

大爆炸发生后不到5分钟,120急救车及公安人员几乎同时赶到现场。记者看到,银行大门南侧,到场的120的医生马上给一个被炸倒的青年保安打点滴,不一会医生又将点滴拔掉了,医生说他已经死了。他的头被炸伤,一条腿被炸飞。

爆炸造成三人死亡,多人受伤,死伤者均为男性。伤员被运送到沈阳市第一人民医院进行抢救,三名重伤员中有一人生命垂危。一位姓安的医生告诉记者:"这名最重的伤员也是一名保安,他当时倒在银行的门里,头部出血,胸部中弹。"银行内一名职工哭着说:"被歹徒抢走的钱有197万元。"

记者见该银行门前被炸得一片狼藉。银行大门窗户的玻璃和门上的空调及大门前的护栏,全部被炸碎。门边数辆停放的自行车被炸变形,被炸死倒在地上的三人,惨不忍睹。

赶到的公安人员及时组织疏散围观群众,使一度堵塞的马路,很快又恢复通畅。

6. 就一个关注的社会问题或新闻热点,自拟话题,制作一个电视新闻现场报道节目。要求有拟定节目提纲,设计采访对象,以及采访提纲,时间限定为3—5分钟。

思考题

1. 什么是电视新闻现场报道?
2. 电视新闻现场报道的特点是什么?
3. 电视新闻现场报道的分类有哪些?
4. 电视新闻现场报道的传播方式有哪些?
5. 什么是电视新闻现场播报?其具体要求是什么?
6. 什么是电视新闻现场评述?其具体要求是什么?
7. 什么是电视新闻现场采访?其具体要求是什么?
8. 电视直播技术的运用对电视新闻报道者有哪些要求?
9. 电视新闻现场报道中报道者副语言的使用应注意什么?

第三章　电视纪录片解说

一　理论概要

(一) 电视纪录片的认识

电视纪录片(即电视专题片)具有真实性。它是一种纪实性作品。它以真实的人物、事件、环境、情景等一系列自然的、社会的原生形态，来反映再现客观世界、现实生活，或表现创作主体的一种见解与情感。

纪录片，以真实性为基础与追求。纪录片的创作不允许情节的虚构和人物的扮演，创作属性与故事片有本质不同。这里所说的真实性，不包括被拍摄、纪录的那一事物的本质真实，而指从纪实的角度而言，它是真实存在的。

此外，纪录片也不同于同属真实性的新闻消息片，这主要表现在以下几点：

新闻消息片时效性强、篇幅短、主题单一，只用再现性手段进行创作；

电视纪录片时效性相对较弱、篇幅长，可主题多义、可用再现性和表现性手段共同参加创作。

再现，指对现实的客观反映。不允许有任何主观加工。

表现，这里指对片子的构思、编辑，以及对片子表现手段的选择、运用。(如：对片子的结构、解说词的写法、光线的运用、画面的色彩、构图等的追求。)

电视纪录片内涵丰富。它所涉及的领域、内容、题材很广，具有政治性、知识性、教育性、服务性和欣赏性。不同内容、题材、风格的纪录片，可以区分成不同种类、风格的电视纪录片，如政论片、人物片、风情片、科教片等。

电视纪录片创作多样,表现手段也多样。如:有的片子没有同期声;有的片子没有音乐;有的解说是第三人称;有的解说是第一人称;有的解说是一、三人称交替;还有的是对话式、散文式、议论式。总之,电视纪录片的内容、类型、风格等决定其创作手段的运用。

(二) 电视纪录片的创作要素

1. 画面图像:画面图像是一部片子的基础,有其自身语言,它具有直观性、形象感。

2. 解说:解说一般对画面有种依附感,但不是对画面的简单重复,它对画面有高度的补充、丰富、点题、渲染等作用。

3. 音乐:音乐是为配合图像与解说而存在的,它最具表情性。

4. 音响效果:音响效果是人为制造的自然声响,它可以营造真实的环境,表现人的情绪,折射人的心理,具有象征性和自身价值。

5. 同期声:同期声是拍摄现场的自然声响与人物语言。(如:采访、讲课中的人物语言等。)

6. 字幕:字幕代替说明性解说,起提示、补充作用。

以上几个创作要素,分别隶属于视听两大语言,共同形成电视语言。电视具有视听双渠道刺激和元素多维性的特点。在电视纪录片创作诸元素中,解说只是创作一部片子的要素之一,只是必要条件,而不是惟一条件。因而,要想解说成功,解说处理必须参考其他创作要素,求得整体和谐。

(三) 电视纪录片解说的特点

1. 语言特点:电视纪录片解说不同于广播播音,也不同于电视新闻片配音,一般而言,它比广播新闻播音用声低、力度弱、用气更灵活、语言更自如、多变;比电视新闻片配音有艺术性,技巧性较高,表达形式更丰富。

2. 备稿特点:电视纪录片解说的备稿,除去播音的"备稿六步"共性要求以外,还有其自身特点:即三个方面、两个阶段、一个循环。

三个方面:全片创意、解说本体、画面图像。

在电视纪录片解说备稿中,了解了解说词和画面内容视听两个途径的全部信息,方可获得全片创意,形成解说的基调、风格、样态。只看解说词是处理不好解说的,因只获得一半信息,另一半信息在画面语言里。

两个阶段:整体把握、具体把握。

在电视纪录片解说备稿中,理解了全片创意后,才能明了每一段解说词的具体作用,选择适当手段加以处理。

一个循环:在电视纪录片解说的备稿中,首先要看解说(每段到整体);其次是观画面;了解到创意;再回到解说词(整体到每段)。这样形成一个循环。

简言之,解说的备稿特点是:全方位涉及,循环式过程和整体氛围下的具体把握。

3．稿件特点:电视纪录片解说的稿件不同于广播稿,其特点表现为:散化、不完整、不连贯,有的有句无段,有的有段无章(少量政论片相对成章)。但在解说时,不能稿子写得散,就播得碎,应当心中有整体感,并把握每段解说的具体作用,懂得与画面承接、配合。实际上,解说的表达处理,不仅依据解说稿,也要参考画面情况,以及其他几个创作要素。

4．创作过程:电视纪录片解说的创作过程也有其特点,即感觉和感受同时发挥作用。在看片解说时,与解说词对位的画面可形成对解说者的直接感官刺激,引起解说主体的相应感觉。而在没有与解说词对位的画面时,解说者就要通过文字这个媒介来唤起解说主体的感知,引发相应的感受进行创作。而在广播播音中,却没有直观刺激。

5．解说位置:电视纪录片解说的位置感也不同于广播。在广播中,表达者的位置感一般居于前位。而电视纪录片解说,根据解说作用与需要,有时位置感后撤,有时位置感上前,这种感觉直接关乎解说处理的分寸把握和与画面语言的配合。

(四) 电视纪录片解说的样式

电视纪录片创作的多样化,必然带来解说样式的多样,从模糊思维的角度出发,大致可分为以下几类:

1．议论型:如"政论片"的解说。它的表达一般声音、气息力度较强;出字饱满;语言感觉严肃、质朴、庄重、大方,有主体感;视角有一定高度。

2．叙说型:如"人物片"的解说。它的表达一般用声、咬字半实;内心语言可用半虚的声音;表达极为自然、流畅;语言亲切、自然,较平缓。

3．抒描型:如"风情片"的解说。它的用声一般轻美柔和;咬字柔长;节奏轻快、舒缓;语言亲切、甜美、柔和、真挚、有兴味。杜绝基调沉、语言硬、语速快、语调嗲和情感冷漠、客观。

4．讲解型:如"科教片"的解说。(包括:生产、教育、商品、体育、军事等各类的知识与操作。)它的用声一般比较平缓;语言稳实、质朴;表达不飘、不快、讲清楚、有耐心,枯燥的内容应增加兴味感。

5．字幕型:如"人文片"的解说。所谓"人文片"指跟踪记录某人或某些人生存状态的片子。它的解说一般只起提示、补充的字幕作用,表达较客观、平实、不动声色。可称为淡化式解说。

此外,还有活泼、诱导型的"儿童片";内行、明快型的"体育片"。

各种解说样式,可依片子的创作选择,也可在一部片子中混用,不应死套。

(五) 电视纪录片解说的功力

电视纪录片解说需要表达技能全面,有播音与表演的双重功力。既要有播音的清楚、规整;又要有表演语言的自然、生动。此外,还要有把握各种语体的表达技能。除去叙述、介绍以外,还要会议论、抒情、描绘、朗读、朗诵、说、讲解、甚至配音等多种语言样态。有了这些表达技能,解说什么风格、类型的片子都可胜任。语言功力是解说准确、对味的基础,也是改变解说表达"定势"的条件。

电视纪录片解说的详细讲解,请参见《电视播音与主持艺术》一书第三章。

二 训练要点与提示

(一) 解说的作用

电视纪录片解说的任务、作用及解说词散化、不完整、不连贯的特点,决定其每一段解说都有其独立作用,不可只用一种表达方式。这也是解决解说表达泛化的问题。泛化的解说不可能具体、准确发挥其应有的作用。因此,解说者拿到一份解说词,除去运用"备稿六步"结合"解说备稿的特点"对解说词进行总体分析外,还应对每段解说的作用进行认真、仔细的分析,并选择适当的手段技巧予以处理和表达。每段解说的任务、作用都完成好,解说整体就完美,就能很好地体现编导创意。因此,把握每段解说的任务是解说工作的重要一环。解说的作用主要有以下几个:

1. 提示说明作用

提示说明,是解说最基本的作用。它是对与解说词内容对位的画面进行说明、讲解,使人们对画面内容有更清楚的认识,不致发生歧义。

如:《梅根在北京》一片(片首画面是梅根、弟弟与妈妈进学校的镜头)的解说词:

"这两个迟到的学生是一对美国姐弟,姐姐叫梅根,弟弟叫乔治。梅根以前在这所学校里上过课,后来又回到了美国,现在美国的学校放假了,他们的妈妈又把他们带回了北京,想在这所学校里继续学习。"

这段解说,就十分清楚地将这画面中的人物关系和他们现在要去做什么介绍得清清楚楚。

有时,"这是"、"这"之类的提示说明性词语并没有出现在文字表面,但也是一种提示说明。

如《流动的历史》一片(片首是英国伦敦的市景画面)解说词:

"伦敦,是座历史悠久、风景秀丽的名城,波光粼粼的泰晤士河从城市中间静静流过,给这座城市平添不少风韵。"

这里虽然没有"这、这里、这是"等提示说明标志性词语,但介绍画面内容的作用却显而易见,我们由此了解到这画面上的异国景色是著名的英国首都伦敦,不致发生误解。

播提示说明作用的解说词,应加强解释的感觉,用语气显现其解释的意味,用重音点出提示的点。不应自言自语、淡淡地叙述。

2. 补充丰富作用

补充丰富,是解说的本质作用。编导往往将不易或不能用画面来表达的内容,通过解说补充进去,扩大片子的包容量,使观众得到更多的信息,从而更好地理解片子。补充丰富,集中体现了解说(有声语言)的优势。如:中央电视台东方时空栏目曾播放的一部电视纪录片《达比亚》(片首画面上是云南怒江大峡谷的风光)解说词:

"这里是怒江大峡谷,由于地理条件的缘故,这里的人仍然保持着他们独有的生活方式。长期以来,怒族人民以捕鱼狩猎为主。他们没有自己的语言,他们的记事都是靠弹奏一种叫做达比亚的乐器,用词曲的方式来传递,但到今天保存的词曲只有四十余种了,在当地能够弹奏这四十余种乐曲的,只有欧得得一个人。"

在这段片子中,画面展现出云南怒族人生活的自然景象,而解说却丰富了我们对怒族人生活习俗的了解,特别对达比亚的认识,以及对欧得得这位惟一传人的了解,引起我们的关注,以便更好地了解以下情节。又如:在这部片子的一段情节中(画面上是:村寨边上的山村,欧得得领着全家人在自家自留山上砍树——被砍倒的树——欧得得二女儿近景——欧得得大女儿近景——欧得得妻子和三女儿)的解说词:

"这棵树是欧得得的父亲把达比亚传给他时种的。据说,用这种树做的达比亚音色优美纯正。今天,欧得得要用这棵树做一个达比亚,送给其中的一个女儿。

这位是欧得得的二女儿,她没读过几天书,家里很多活儿都是她和姐姐做的。

老大今年18岁,按怒族人的习俗,她已经到了出嫁的年龄。

老三今年13岁,读四年级,在这个家里,她是识字最多的,欧得得特别喜欢她。

三个女儿当中最喜欢达比亚的还数老二,但是欧得得觉得老二不识曲谱,将来也不会有什么出息。所以,他很少和老二谈起达比亚的事,按照祖上定下的规矩,欧得得让谁抬这块做达比亚的木头,谁就是达比亚的传人。"

在这段片子中,我们不仅看见了欧得得的三个女儿,更重要的是通过解说使我们知道了欧得得的内心,这对我们更好地了解后面耐人寻味的情节是必不可少的。(片子后面的情节是:欧得得让三女儿抬做达比亚的木头,三女儿不肯抬,而二女儿要抬,却让欧得得训回来了。第二天二女儿病了。以后又发生了一些不尽如人意的事,最后,欧得得摔毁了达比亚。)

在这里,通过解说使我们了解到云南怒族人的生活习俗及主人公的内心世界。对于这些,画面语言是无法做到的。

起补充丰富作用的解说词在跟踪拍摄的"人文片"中作用显著,比较多见。因为这类纪录片,大多以片中人物的自然生活状态作为主要内容和情节,画面语言、同期声较多,解说较少,画面实在无法表现的内容,才用解说帮助。由于此类纪录片所表现的内容本身就充满引人入胜的情节,并能塑造出活生生的人物,因而,无须解说再锦上添花。只有画面和同期声无法做到的,才用解说发挥自己的优势作用。再如:在电视纪录片《中华之剑》中,有这样一段解说词:

"这位缉毒者在立下一等功之后,却不得不隐姓埋名、背井离乡,这在今天的生活中,似乎是难以想象的。"

这时的画面是两个男人的背影。(镜头提示是:缉毒功臣刘朝辉与战友的背影。)这里如没有解说的出现,受众便不知道我们可敬可爱的缉毒警们,在尽了自己的工作职责之后,还要承受背井离乡的苦痛。使我们对他们的工作有了更深刻的了解。(组织上的这种安排,是避免毒犯的日后报复。)

播补充丰富作用的解说词,应有较强的补充意味,表达不可太淡,解说位置不要太后撤。

3. 深化主题作用

深化主题,是解说的重要作用。它是通过解说,将编导的立意、观点直抒胸臆地表露出来,成为全片内容的升华和精神实质的凝结点,它是片子创意的点睛之笔。如:《我爱国旗》是一部优秀的宣传爱国主义的主旋律片,片中向我们展现了英烈们用自己的生命和热血染红了国旗;建设时期,国旗继续激励着我们的运动员、科学家、军

人等奋发图强。在本片临近结尾处有这样一段解说词:

"红色,血液的颜色,生命的颜色。独立、自由、富强,这是中国人一个多世纪以来,为之奋斗的理想。为了实现这个理想,无数革命先烈染红了朝阳,赋予这片大地以新生。先烈的英灵就是国旗的魂。"

这段解说词集中揭示了本片的创意,并用富于情感和文采的议论,"以虚寓实"点出了本片的立意,形成该片的"点睛之笔"。

又如:电视纪录片《报复》记录的是记者和公安干警为纠正一起错案做出的努力。在此之前,媒体曾报道了在公安部门加大打击拐卖妇女儿童犯罪行为的力度之时,北京警方从河北农村解救出一名年仅14岁,却已为人母的少女康明娥(其实,她已20岁,是正常结婚,夫家对她也很好。她听从了哥哥报复夫家没实现替自己找媳妇的诺言的计谋)。当时,社会各界许多好心人纷纷捐款捐物,明娥母子也住进宾馆,将要得到好心人的收养。但记者在深入采访时,发现一些问题,于是开始了更加深入细致的调查研究,最后终于发现了事情的真相。可贵的是,当初办错案子的公安干警积极配合查案,最终使此案真相大白,纠正了错案(片中有这样一段画面:刑警们正在讨论案情)。其解说词为:

"任何犯罪分子都无法逃过刑警们锐利的目光,在调查清楚事实真相以后,北京警方与河北易县警方密切配合,他们仔细研究调查报告,周密制定出下一步的行动计划。他们的目标只有一个,那就是一定要实事求是,维护法律的尊严和人民的利益。"

这段解说虽质朴,却点出了本片的要旨:有错必纠,维护法律的公正和严肃。播深化主题作用的解说词,应具有强调、点指之感,表达情感浓烈,有内在力度。

4. 烘托添趣作用

烘托添趣即烘托气氛、增添情趣之意,是解说的渲染作用。它可以通过解说将画面上平淡无奇的形象,引发为情趣盎然的联想,或将画面中本已具有的情感意向进一步加深、加浓,从而使观众更好地感受画面语言,欣赏片子。

如:一部旅游风情片《友谊之旅》(泰国、马来西亚、新加坡三国旅游纪实)解说词:

(画面上是"过人桥"的游戏,一头大象正在驯象师的驱赶下,一步一步迈过等距离躺在地上的人,当它走了一半不走了,用一只大脚在一个躺在地上的人的脸上晃。)"这只大象对这位女游客发生了兴趣,以至于动手动脚。"

在这里,画面本身已经很有意思了,加上这段解说,更加使人情趣盎然。从而,使这种情趣得到了渲染,并从视听两个方面合力刺激了观众的感官,取得较好的效果。

除去风情片外,其他片类也有烘托添趣作用的解说词。备稿时应仔细分析,设计表达。

播烘托添趣作用的解说词,要有极大的兴趣,语言可夸张一些,情感可浓郁一些。

5. 抒情造境作用

抒情造境,是解说的艺术点化作用。它往往用虚化的手法,来表现内心深挚的情感,或以精深的点指营造深邃的艺术和精神境界。它表现了解说词寓实于虚的写作特点,很具文采。

如《中华之剑》一片中,同期声讲述了一位女缉毒警刚登记尚未举行婚礼的丈夫为追捕罪犯与贩毒者一同跳进了滚滚的江水中。当时,她正在外边学习,回来后只有丈夫的遗物了:那写给她的充满爱意和思念的尚未发出的信;那枕巾上丈夫的气味和头发;那掉了齿的梳子;那曾吹出过欢乐曲子的口琴。以后的日子,她时常睹物伤情,用抽烟来排遣自己内心的痛苦(片中有这样一个画面:在江边,那位女缉毒警默默无语,深情地望着滚滚的江水)。其解说词为:

"每逢9月,成双成群的彩蝶就飞到这条江边,徘徊在烈士施翔宁牺牲的地方不肯离去。这里的人们说:'那是他的灵魂'。"

像这样的解说词,就是为了抒发对烈士的深深怀念之情,营造一个浓浓的意境。

又如《萌水情思》一片,表现的是当地人民为了给修建水库让地迁移他方时,对故土的留恋之情。其解说词为:

"萌山、萌水,今朝我离去,又禁不住回首再望你:这山,鲜花独秀;这水,娇楚可赞;这人,善良聪慧,我真想将这些带走,真想。以及它春的萌动、夏的色彩、秋的成熟、冬的言语。"

在这里,解说词似优美的散文,凝结着深深的恋土之情,营造着浓浓的难舍意境。

播抒情造境作用的解说词,要有深挚的情感,语言色彩浓郁,或在浓装素裹中含有韵味。

6. 连接画面作用

连接画面,是解说的又一个作用。它是帮助体现编导推进内容、形成结构的所在。通过解说,可以将表面上互不相关的镜头画面,有目的和有机地连接起来,使观众形成准确的理解。

如《闽土神韵》一片,集中介绍了福建地区与石头相关联的文化及石头的功用:摩崖石刻、装饰石雕、石刻佛像、石桥、石塔。片中在介绍了佛像之后有这样一段解说词:

"佛像再大、再好不过是供人顶礼膜拜。烧香念佛虽然暂时得到了内心的平衡,但毕竟解决不了肚子的问题,而这些石头造成的桥梁却在几百年内极大地造福于生息在这里的人们。"

这段解说词就巧妙地将佛像段落转到石桥段落,起到连接作用,并道出了画面的含义。

播连接画面作用的解说词,要有承上启下之感,点准、突现上下两者重音,观众才听得清,不致淹没在自然的语流中。

其实,解说的作用不只这些。除去以上几个主要作用以外,还有领起作用、归纳作用等。

了解了解说的作用,在表达中还要注意把握:

(1) 既要语言自然流畅,又要表达有重点,不可顾此失彼。

(2) 既要每段有独立作用,处理多样,又要受基调风格的制约。

(3) 解说词散化、不完整、不连贯,表达时心中却要有整体感,与上下文承接,与画面内容承接。不可每段感觉从零开始,将解说词播碎、播散。

(二)解说的叙、议、抒、描

要想解说成功,还应注意解说叙、议、抒、描的处理,按照解说词的写法当叙则叙、当议则议、该抒则抒、该描则描。不可所有解说词都用叙述、议论或抒情一种方式表达,那样的解说难出精品。当然,不同片类,解说词写法会有不同侧重,但决不可能一部片子的解说词都是一种语言样式。

1. 叙述

叙述,是解说的主要语言样态(介绍也在其中)。无论何种片类的解说,都离不开叙述与介绍,只是多少不同。叙述在解说中有着重要作用,叙述、介绍得清楚,解说就成功了一半。解说中的叙述不能平淡无味,要随其介绍的内容有相应的情感,合片子的风格,顾及解说者的身份。

如:电视纪录片《回家》的开头一段解说词就是叙述:

"1937 年 12 月,日军侵入南京。

这位老人就是 63 年前逃出南京城的孙仲芳,经过多方辗转,在这个偏僻的桂北小山村里,孙仲芳就这样生活了30年。伴随她的不仅仅是孤独,还有她内心深处那段挥之不去的阴影。"

播这类解说,虽是第三人称角度,也应使自己身份定位,语言有特定身份感。比如,这段解说,便可设定为本片编导比较合适。

叙述还多见于第一人称的解说。通过片中主人公的叙述,使人们更清楚地了解到他(她)的所见、所历和他(她)内心深处的感悟,使人听来更感自然、真切。

如《一个讲不完的故事》一片,讲的是"文革"前北京有五个孤儿在党和社会各界的亲切关怀下健康成长的内容。片中的解说就是以第一人称(五孤儿之一的女孩周同鹤)的口吻说出的。片子开头的解说词也是叙述,又可以叫倾诉:

"这就是我们的家。它是那么普普通通,毫不起眼。如果不是一场意外的家庭变故,谁也不会注意到北京市内这家小小的院落。二十多年前,我们的父母在不到半年的时间内相继去世,留下了我们兄妹五人成了孤儿。父母的突然去世,使我们万分悲痛。正当我们不知如何是好的时候,党和政府为我们做了周到的安排,街道办事处的干部、同院的叔叔婶婶、学校的老师同学,把我们当成自己的亲人,无微不至地关怀我们。许多相识和不相识的人纷纷向我们伸出了援助之手。"

播这类解说,应将自己的内心,化为主人公的心态,以她(他)的口吻叙说,表现她(他)的内心感悟,注意身份位置的把握。

2. 议论

议论,在解说中也很多见。除去政论片的解说议论较集中,其他片类的解说,议论大多散见于解说词中,有的是一段,有的是一句。但无论何种形式,只要是议论就要予以表现,不得混为叙述语言一并处理。否则,会削弱其应有的力度。但也应注意,解说中的议论都是缘于片子和解说中一定的情或理。表达不可生硬、空泛,应就其情,顺其理,带有情感、感悟的议论。表达时,一般语言力度强于叙述语言,情感浓于叙述语言。

如《闽土神韵》一片结尾的解说词就是议论:

"多山的福建困惑着缺少耕地的人们,千百年来人们就是在这样的环境里顽强地扩展着自己的生存空间。在与石头搏斗的过程中,人们也形成了石头般坚韧不拔的性格和精神,并且形成了对石头独特的审美感受,好在大自然是公平的,它在给人们一份艰难的同时,也给了人们一份智慧。虽然石头上不能长出粮食,却也生成了一整套与它相关联的发展史,它和福建颇负盛名的戏剧、音乐、歌舞、工艺美术等其他艺术门类一起,共同组成了八闽大地多姿多彩的地方文化。福建的石头,石头的福建,它既有辉煌的过去,也必定会有辉煌的未来。"

有时,在一段解说词中,大都是叙述,只有一句是议论,也要播出议论的感觉。如:《我爱国旗》一片中,有这样一段解说词:

"1984年,科学家王赣俊在登上航天飞机之前,在怀里揣上一面五星红旗。当他到达太空飞行时,他取出这面红旗向全世界展示。一个早已加入美国籍的华裔科学家,在登上太空时还是忘不了五星红旗。"

这段解说词的最后一句就是议论,因此,在表达时,要与前面赞扬意味的叙述有所区别,又要语言有机融合,却又不失议论的属性与力度。

3. 抒情

抒情,在解说中也不乏见,各种片类都有不同量和不同方式的抒情。有的是诗一样的语言,句式整齐,文采飞扬;有的仅一句话,夹在其他语言样式之中,自然糅合在一起。抒情是表现情感的最好方式。解说中的抒情,一般也缘于一定的具体内容,表达时,既要区别于前后的叙述语言有自己独立的语言样态,也不能单独抒情,跳出解说的基本样态。抒情语言的表达,情感要真挚,语言形式可以高亢,也可以内在。

如:《我爱国旗》中(有这样一组画面:战士在做冰雕,有国旗、祖国版图)这里有一段抒情的解说词:

"北方与冰雪连在一起,战士与祖国连在一起。看看我们的祖国吧,在这遥远的边陲也是这般巍然挺立;战士与祖国同呼吸、共命运的豪情都刻在上面了,看懂了它,你也就赢得了战士的心、战士的爱。"

播这段解说词,就可以用内在的抒情方式表达,声轻、语柔、情深,以体现我们对战士的爱。

而这部片子结尾一段解说词:

"带着九百六十万平方公里的庄严走近你,
带着亿万勤劳勇敢人民的敬仰走近你,
带着改革开放的坚定信念走近你,

带着屹立于世界民族之林的辉煌走近你，
　　敬礼！五星红旗！"

　　播这段解说词，就可以用高亢的抒情方式来表达，声朗、语硬、情浓，以体现我们对祖国的爱。

　　4．描绘

　　描绘，在解说语言中不是很多，但也存在。因为有视觉语言，所以不像广播语言使用较多。它在电视纪录片解说中的作用，主要是突现、强调引起受众的注意。无论是对一处风光的描绘，还是对一种物体的描绘，或是对一种动物的描绘，无不透出对其的关注与关爱。解说时，感觉要细腻，语言要清楚、自然，亲切。

　　如：《中国金丝猴》一片中有这样一段描绘的解说词：

　　"浅蓝色的面孔，短短的嘴巴，厚厚的嘴唇，圆头小耳，看上去有些可爱和滑稽。川金丝猴们有着一张多么生动的面孔。"

　　又如：《长白山四季》一片的解说词：

　　"秋天的水，很有特色，它——清澈透明。
　　水中的青苔、小草，一块块、一丛丛，像碧绿的翡翠；水中的卵石，像闪光的明珠，似水洗的玉屑。"

　　播这些解说词，要有形象的描绘感，语言需慢些，似一支画笔描出一幅具体的画面、一个具体的形象。一般，描绘性语言表达要慢于议论、叙述性语言。

　　描绘语言在风情片和科教片中比较多见。作用是刻画细腻，感性更强、更生动。

　　解说叙、议、抒、描的运用，应当注意把握：

　　(1) 在解说备稿时便理出议论、抒情、描绘的语言，设计表达。

　　(2) 不能处理成单独的议论、单独的抒情，要有机融合于解说语言中。

　　(3) 在整段叙述的解说词中，即使有一句议论、抒情、描绘也不能不做相应处理。

(三) 解说的把握

　　一部电视纪录片要想成功，离不开片中几个创作要素的协调配合，解说也不例外。解说不同于广播播音，从节目整体出发，在广播中有声语言是创作的惟一条件，而在电视纪录片的创作中解说只是必要条件，是诸创作要素之一。因而，电视纪录片解说创造必须参考其他创作要素，以求得片子整体和谐完美与解说的成功。

1. 寻求正确的解说基调、风格

诚然,解说的成功与否,首先在于解说基调的准确和风格的正确。解说基调、风格的形成,取决于片子创作的特点。

那么,如何把握一部片子解说的基调、风格呢？具体做法是：拿到一份解说词先不要急于上口,应全神贯注地看,了解它是表现什么内容的,它的写法如何,头脑中初步产生一种语感,再看即将解说的片子,补充画面语言中的另一半信息,对片子有个整体印象后,结合背景整合、修正、提炼其创意(主题、目的),最后,产生相应的解说基调、风格。应当注意以下几点：

(1)不要只看内容、不究目的

如,一部表现水果生产的片子,按照一般语言表达创作规律,这种内容应当是抒情风格、热情、甜美的基调,解说属抒情表达样式。但事实是,这是一部成果系列片之中的一集,这个片子是表现该地区水果生产所取得的成就,应属政论片。因而,解说不能只看片子的内容和解说文字表面就想当然地确定解说基调、风格,形成解说样态,一定要结合创作背景、问究其目的才能使解说基调、风格准确定位,解说样态选择恰当。

值得注意的是,同属一种样态的片子,由于创作的不同,有时,解说风格也不相同。例如,同是"政论片",有的以歌颂成绩为主,因而,解说基调是热情赞扬,解说风格是恢弘、高亢的,解说表现为：高视点、强力度、大气势,语言扬多抑少；而有的是总结经验、思考问题为主,因而,解说基调是内在、凝重的,解说风格是客观、平实的,语言较平缓,而有力度。

又如,一部表现军民抗洪救灾内容的片子,画面中既有该地区受灾后的苍凉景象,也有军民抗洪的壮景。解说基调、风格如何定位？

那就要问究目的：如想表现中国人的硬骨头精神或表现解放军哪里有险冲向哪的人民子弟兵本色,就应用热情赞扬的基调；如想表现该地区受灾严重希望人们伸出援助之手,基调就应是凝重呼吁的。风格也在其中。

以上一例,如目的不明,基调、风格无从定位；或者定位错误,作用相反。但同时也要注意到,如基调、风格定位准确,却表达体现不到位,也难以达到预期效果。因为基调是由内外两方面构成,一定的思想感情还要通过一定的声音形式得到体现。风格又只有融进基调才得以显现。所以,解说者应当具备较强的语言表达功力,特别要改变那种语尾下滑的纯大自然语言习惯。这种语言方式,会给人以哭腔、语调悲的错觉,难以表现热情、赞扬的基调色彩,表达受局限。

(2)基调表达要统一中有变化

有的解说者分析归分析,真正表达时,却总以开头一段解说词的情感、色彩为准进行解说,不善于变化,这会影响解说基调的准确。

比如,系列片《让历史告诉未来》一片开头一段解说词:

(画面上是春节联欢晚会上,一群头戴兔耳帽的小朋友正在跳着欢快的舞蹈)"瑞兔,象征吉祥、和顺,给兔年的中国带来欢乐。"解说者如果顺着这样的情绪用这种基调播解说词,基调就不大合适,太轻快了。因为,这部片子是表现我军建军60年来所走过的道路,其中既有胜利,也有教训,道路并不平坦。基调以凝重为主。但是,既然画面是欢快的情绪,解说也不能背道而驰相去甚远。应在总基调的制约下渗透一些相应的情绪,但不能过,做到统一之中有变化。既有具体段落的独立性,又有统一基调的制约性。这是解说二度创造应当做到的。

有些初学者在解说中,要么,每段没区别,还美其名曰:基调统一;要么,听不出基调,还自鸣得意:变化多端。这些都是不可取的。改变的办法有两个:一是,建立正确的解说意识;二是,增强足够的表达功力。

解说,应当懂得如何处理的原则、规律,又有足够的功力体现出来。

(3)字幕型解说也有基调

有些解说者很喜欢(人文片)字幕型解说,由于字幕型的解说词质朴,没有什么文采,表达不需修饰,语言技巧单一,只是单纯的说明、补充(片子本身具有生动的情节、丰富的同期声、是表现的主体),因而,有的解说者解说无感觉,犹如念字机,这是一种错误的认识导致一种错误的表达。字幕型解说也有基调和感觉。语言表层的不动声色,不等于内心深处无感觉、没感悟,不动声色,只是一种表达样态,事实上,人只要活在世上,就不可能有"零感情"存在。应当将字幕型解说不动声色地表达,理解为:不露声色。因而,在字幕型解说时,也要根据片子的内容、立意产生一定的情感、基调,也要用一定的表达技巧参加创作,气息、用声、停连、主次、语言色彩一切都融于自然、平稳、恬淡的语流之中,发挥其独有的作用。这种内在的表达方式,犹如红装素裹,内涵较深,含有韵味,具有一定美学品位,需有各方面功力驾驭。但应杜绝两种误解:

一是,以为什么样的解说词都可以用这种方式处理。

二是,以为没经过训练的人反倒可以播好这种解说词。

应当看到,纪录片的创作丰富多彩,解说词的写法也多种多样,每种片子的创作样态和解说词的写作风格,都有与之相应的解说方式,不能强求一种,否则,必定失败。

再有,如果以为没经过语言训练的人,无论是编导本人,还是什么人,播这种解说必定好于经过训练的人,这又是一大误解。因为,任何专业都有一定之规,都要有一定条件和基础。那种听不出技巧的表达,显得极为自然、适度的表达,才是有训练、有技巧的最高表现。违反这一原则,任由自己随心所欲就要落于失败。那些经过训练也播不好这种解说词的专业人员,只能被认是专业不合格者。决不能以此为评判标准。

2. 寻求解说与画面的对位

电视纪录片的解说按照创作规律，应当结合画面进行。原因如前所述：电视语言是由视觉语言和听觉语言共同形成，画面（视觉）语言和解说（听觉）语言又是其主要元素，它们共同组成了电视语言。解说者在播解说词时，如果没有画面作为参考，就不知道一段词、一句话用什么方法、手段、技巧处理，如何与画面语言对位、承接、贴合。因为，画面语言与解说语言是相连一体的。在电视纪录片创作中，画面语言又多处于主要位置。（只有一些"科教类"和"政论类"的片子在时间紧的情况下，可以用先播解说词再剪画面的方法。因为，它们是以讲解知识、操作或主题议论为主，解说内容是主要的，画面对于它们往往只是形象化展示。）但是，那种所有纪录片都用先录解说再剪片子的做法是不可取的，因为它违反了创作规律。（据笔者所历所闻，在中央电视台制作的纪录片中，没有一部是先解说后剪片子的，都是配合画面进行解说。这对片子和解说的高质量至关重要。）

（1）解说与画面的对位

解说要想与画面对位准确，在分析、理解的基础之上，首先要知道画面的大段落、小层次，然后，解说与之对应，不致发生混乱。

如《流动的历史》一片，这是介绍中国图书出版业与西欧国家交流的片子。其中一段解说词：

（校园外景）"1478年，牛津大学印出最早的印本图书。牛津大学和剑桥大学是英国早期印刷出版业的开拓者。

17世纪末，英国出版业开始迅速发展。在逐渐扩大的文学书籍市场上，书商开始以自己的爱好，对公众兴趣的觉察和对新颖题材敢冒风险的胆量，在英国文学的发展进程中，发挥着重要作用。

位于伦敦西北的牛津，是座著名的大学城，35所学院使这座城市洋溢着书香之气。

在现代英国首相中，霍姆、威尔逊、麦克米伦、希思、撒切尔，都曾在这里的一所学院就读过。

牛津大学出版社，创建于1478年，是世界上历史最悠久的出版社。它历来都是牛津大学的一个重要的部门，为促进学术发展、提高学术教育与文化水平做出了贡献。"

在这几段解说词中，分别讲了：印本图书问世、图书的作用、介绍牛津大学、介绍牛津大学出版社。但是，由于解说词的撰稿人不是专业人员，对于什么片类用什么解说样态、解说语速如何、（在一定片长内）文字多少合适等不甚了解，因而，在这里，在一定片长中前四段解说的词很多(作者又不愿再减),最后一段解说词又较少。我们在解说时,就要将前四段解说语速加快,以便在与最后一段解说词相伴的牛津大学出版社牌子的画面出来之前,说完前面的解说词,再用较慢的语速说出下面的解说词。如匀速解说,就会压了后面的画面,使小层次发生混乱。

尤其是片中需要严格对位的景物或人物,更需使用"快慢微调"的方法,使解说与画面巧妙契合,发挥应有的作用,体现解说的魅力。

又如:《流动的历史》一片的解说词:

(画面上是大英博物馆内)"这里是它的'印刷与图画'大厅,那里不仅收藏着各种珍本图书,还收藏着不少文豪的手稿。

我们看到了:查尔斯·狄更斯、夏洛蒂·布朗特、简·奥斯汀的手稿。

此外,还有著名音乐大师的手稿:莫扎特、贝多芬、舒伯特,以及门德尔松、勃拉姆斯和舒曼。

名垂千古的乐章,就诞生在这一页页黑斑跃动的纸上。"

这里,对应解说内容,画面上有相应的书籍和乐谱画面,但片长不等,有长有短。

我们解说时,也要做相应微调,以便对准画面。否则,将这个作者的著作对到那个作者的名字上,或将作家的名字对到乐谱上等等,都是极不严肃的,严重影响内容的准确。当然,这中间也有文化知识做基础,如果解说者根本就分不清狄更斯与奥斯汀;贝多芬与莫扎特,也就不会对准画面。

要做到与画面对位准确,有两个先决条件:

一是,对解说词、画面要分析细致,段落、层次心中清楚。

二是,掌握记忆画面进出点和处理解说与画面对位的技术。

解说处理,一定是在分析理解解说词和画面内容的基础之上。因为一般编导给我们的解说词(不是分镜头本),通常只有大段落的划分,小层次根本不分,需要我们自己对画面再细分,有时,一句话就是一个小层次。因此,解说的准备工作细致,才能心中有底,解说自如。当然,解说对准画面也需一定的技术。

(2)解说的对位技术

解说与画面对位,需要有具体的技术,如记忆画面进出点,便是需掌握的技术之一。有些解说者从来没有对画面解说过,自然不知道掌握这一技巧的重要性。但按照正确的创作规律,这一技术的掌握确有必要。否则,这个问题解决不好,解说者解说时总提着气、绷着劲儿,生怕误了解说进出点,没有一个好的解说状态,难出精品。记忆解说进出点,具体有以下几点:

▲记景物——即记住画面中,需对位或解说进出点处的具体景象、物品和人物。

如:《八闽风情》一片的"土楼"一段,全段共分5个小层次,当第一个小层次"土楼的外形"的解说词说完以后,还有画面也不能再说了,要等下面有人铲土的镜头出来,才能说"土楼的建筑材料"第二小层次的解说词。因而,应记住"铲土"这一具体景象的画面。

▲记景别——即记住画面中,解说进出点或需对位处的景物、人物的具体景别。

如:《八闽风情》一片的"惠安女"一段,有这样一段解说词:

"美丽的惠安女娴静中略带沉重感,天生的羞涩又微露着忧伤,也许她们承受的生活太沉重了,也许过去有关婚姻的种种陋习给前辈造成的悲剧,她们至今还难以忘怀。"

这段片子中有不少惠安女的镜头,但对片子后发现,只有两个惠安女的近景镜头入这段解说词,才与意思、画面对位合适。所以,应当记住这个景别镜头。

▲记场景——即记住画面中,解说进出点或需对位处的特定场景。

如:《八闽风情》一片的"元宵节"一段,有这样一段解说词:

"福清县新措乡的社火很有特点,每到元宵佳节人们便忙乎开了。在室内桌面上陈设的人称文武宴,要想完成这些东西,可得花点子功夫,它由龙凤狮象等十二味珍禽异兽,鱼虾蛰蟹等三十六味水产,荔枝、龙眼、枇杷、橄榄等七十二种青果制成。当然了,这是由全乡的人集体完成的,这种盆碗的艺术造型,既装点着节日气氛,又是近年来兴旺发达的自我表现。在屋外,人们则围绕着熊熊燃烧的篝火,纵情狂欢,这同样是辛苦一年后对收获的自我陶醉。一种传统的风俗活动,包含着不断变化的万般风情。"

在这一大段解说词中,画面场景由外到内,又由内到外,画面较长,解说词较少,因此,解说需走走停停。应记住,出现屋内桌面镜头时,再说:"在室内桌面上……"这些解说词;到室外火堆镜头出现时,再说:"在屋外……"的余下解说词。因而,在此,应记住室内、室外的场景镜头,以使解说对位准确。

▲记人物——即记住画面中,解说进出点处或需对位的人物。

如:《八闽风情》一片的"悬棺葬"一段,有这样一段解说词:

"旅游胜地武夷山,九曲溪水依傍群峰娓娓流淌,在临溪的悬崖峭壁上,我们可以看到高悬着的木板,当地人称之为'虹桥板',其实,这就是大约四千年前生活在这里的古越族人的悬棺葬。为什么要把人葬在峭壁上,是对山和水的崇拜？还是想表达什么意念,这当然应该由观众去揣度,但我想这里面肯定包含了一种对生活、对生命的认识和理解却是毫无疑问的。"

在这段画面中,有山光水色、悬棺、游客等。面对这一大段解说词,对片后发现,"为什么……"这几句解说词,对在一位游客正手指山上的悬棺画面处,意思、画面正好贴合。就应记住这个人的画面。

有时,当画面上都是人时,为了记准解说的进出点,可分别参考人物的性别、年龄以及人数多少等特征,区别他人。

如:《我爱国旗》一片的临近结尾,画面上是来自祖国四面八方的人们聚集在天安门广场观看升国旗的情景。解说词似诗一般的语言:

"有这样一种目光,有这样一种歌唱,每天都汇聚在黎明的东方,
汇聚在中国北京的天安门广场;
有这样一种步伐,有这样一队卫士,每天都带着民族的尊严,
走向一个神圣的地方;
有这样一种期待,有这样一种渴望,每天都来自天南海北,
此刻都朝着一个高度,一个方向;
有这样一种喜悦,有这样一种情怀,每天都要和母亲倾诉,
每天都融入共和国的晨光。"

为了取得视听的和谐统一,解说就要记住几个典型人物的画面:广场上的人群、一队护卫国旗的卫士、两个少数民族女青年、一个举手向国旗敬礼的儿童,并以松紧、快慢的解说对上画面,使二者契合,这样的处理给人以和谐之美的享受。

▲记动静——即记住画面中,解说进出点或需对位处的具体景物与人物的动态与静态状况。

如:系列片《中国书法大观》其中一集"书法与人生",介绍了一位老干部退休后学习书法学有所成。片中是大量老人坐着写字的画面,解说很不好把握进出点。但经过对片发现,当老人起身去倒水时说某段解说词正好,于是,就该记住这个"动态"镜头,以提示自己解说进入。

同样道理,也可以记住机器、汽车、运动员等不同人的动、静态状况帮助自己记忆解说的进出点。

▲记镜头——即记住画面中,解说进出点或需对位处的镜头运动方式及组接特点。

如:《八闽风情》一片的"土楼"一段,介绍土楼的"实用价值",解说词:

"圆形的土楼内部房间连成一体,没有头尾,象征着住户的平等地位。每户拥有自上而下的一套住房,一楼吃饭,二楼较为干燥,作为谷仓和贮藏室,三楼通风凉爽作为卧室……"

对片发现,这段解说在镜头变为"摇镜"对土楼进行圆周摇扫时进入正好,于是应当记住这个镜头方式。

同样道理,对于镜头的推、拉、移、跟、仰、俯等拍摄方式,以及组接的"变格"快、慢处理,都可以作为我们记忆解说进出点的标识。

▲记颜色——即记住画面中,解说进出点或需对位处的具体景物、人物的着装、饰物等的颜色特点。

如:植物的绿叶、黄叶、红花、白花;汽车的黑色、蓝色、紫色;人物服装、以及佩带饰物的各种颜色;甚至画面光线的明、暗;画面基色的蓝、红、黄(如天色)等。这些特点,在画面镜头没有其他特征可以帮助记忆进出点时,也可起到应有的作用。

▲记音乐——即在先配乐的片子中,记住解说进出点与画面相伴的音乐的情绪、旋律、节奏特点。它也可帮助提示解说的进出点。

如:《八闽风情》一片中,前一段是介绍"元宵节",音乐是热闹喜庆的情绪,节奏比较欢快。后面,音乐旋律转为悠远、略带苍凉的情绪,节奏也较舒缓,它可以提示我们该进入下一段解说:

"樟湖坂是濒临闽江的一个小镇,早在商周时期就有古越族人在这一带居住,今天由于建设宏大的闽江水利工程,这地方将被淹没,居民也将迁移他方,那么,这古老的风俗,是像土地一样被淹没,还是像迁移的人被传播到其他的地方呢?"

这种对音乐的记忆参考,不仅可以提示我们解说的进出点,同时,也可帮助我们把握解说的情绪、处理。显然,这段解说词的情绪是略带沉凝,与音乐的情绪相吻合。

以上内容表明,掌握记忆画面进出点技术,可以更好地进入解说创作状态。也是解说成功的基础之一。

3.寻求解说与镜头形式的贴合

镜头形式,在这里指:镜头的推、拉、摇、移、跟、仰、俯拍摄方式;景别的远景、中景、近景、特写;以及场景的内景、外景等。

解说要想成功,不能只与片子的内涵相合,还应与画面镜头的表现形式相合,才能真正地贴合。这一点在解说处理中非常重要,它也是为什么有人解说不贴合的重要原因之一。

如：《八闽风情》一片介绍"石旗杆"一段的解说词：

"闽西这些石头制成的旗杆很有代表性，它是为人而立，是代表着一种荣誉，被乡里认为是了不起的人都可以立一个旗杆，这颇有些像安徽的牌坊群，但又没那么多的官场味和学究气。顶端呈毛笔状的，是为中了举的读书人而立的，上边蹲着石狮子的，则是武举人的象征。这石旗杆充满了原始的野性力量，因之，也就代表了山民的性格。"

这里，当解说到"顶端"这几句解说词时，(这时的镜头是从下向上仰拍)解说者也应有随镜头向上看的感觉，并将这种感觉融入解说语言之中，这样的解说才内外贴合，给人以视听统一的贴合感。

又如：《一个讲不完的故事》一片，其中一段表现几个孤儿找到了当年曾照顾过他们的邻居苏彤阿姨，解说词：

"啊！找到了，终于找到了！那是我们的苏彤阿姨，二十多年前像慈母一样关心过我们的好阿姨。"

与之相伴的画面是孤儿们跑向对方，镜头是"跟拍"，我们理解编导使用这种镜头方式，是为表现孤儿们找到久别的亲人后的激动心情。但如果此时解说是静态的激动感，就与画面镜头不相合。所以，应有似与孤儿们一同跑向对方的运动感，形成动态的激动感进行解说，才有视听、内外的全面贴合感。

再如：《大地不会忘记》是赞扬某市市政设计人员的片子，本片结尾的解说词："啊，人民不会忘记，大地不会忘记！"这段解说词，我们如不知道与之相伴的画面镜头如何，便无从处理。但当我们知道了画面是白天外景，镜头是航拍后，便可以辽阔激情的赞颂感来处理解说。如解说词一字不变，而画面变为夜深人静，室内设计人员仍在赶制图纸时，我们便可用内在深情的赞颂感来处理解说。以取得与周围环境、气氛的和谐。

由此可见，解说对画面镜头形式的依赖是多么强。因而，解说处理必须参照画面镜头形式。

当然，也不是说，解说要与每一个镜头、场景都相合，这也办不到。但应在大多时候、特别表现处对应上画面镜头形式(政论片这点相对弱些)，才能取得完美的视听效果。

(四)解说的处理与技能

电视纪录片解说要想取得成功，不仅要与其他几个创作要素配合，把握解说的基调、风格，同时，还应遵循正确的处理原则，具备一定的表达技能。

那么，一部电视纪录片的解说词究竟应如何处理，都运用哪些技能手段呢？

1. 选择解说样态

一部电视纪录片解说的成功，应当具有选择解说样态的能力。解说样态的确立，又源于对片子的立意、风格及创作特点的把握。解说者不应有表达"定势"，喜欢什么样态，就用什么样态表达。或表达能力欠缺，只会一种方式表达，别的不会。这都不会取得解说的成功。如不看具体情况，将不同样态解说仅凭个人好恶任意处置，便预示着解说的失败。不同的片子，自有不同的解说样态：

如，《一个讲不完的故事》是自述式(叙说型)；《我爱国旗》是议论型；《八闽风情》是抒描型；《达比亚》是字幕型；《中国的金丝猴》是讲解型。因此，解说者每次拿到一部片子的解说词，都要仔细分析、揣摩，正确选择解说样态，这项工作做好，解说便成功了一半。否则，表达技巧再好，人们听来也不对味。

2. 确定解说身份

一部电视纪录片解说的成功，还离不开解说身份的确立。因为这个工作做不好，会使解说的基本语气散乱，不统一。

比如：《一个讲不完的故事》的解说是第一人称，以片中人物的口吻解说；解说的年龄感在三十几岁，不能音色太嫩，似十几岁的少女，也不能音色太老，似个历尽沧桑的老年妇女；还不能语言感觉太飘，因片中主人公是位语言学院毕业的知识女性；而《我爱国旗》、《八闽风情》、《达比亚》、《中国的金丝猴》的解说都是第三人称，却也可以根据片子的创作及解说词的写法分别具体设想为：《我爱国旗》是军队文化创作员；《八闽风情》可是导游员或报社记者；《达比亚》可是编导；《中国的金丝猴》可是科普工作者或教师。这样，解说者解说时，便会心中明确自己的身份位置，产生具体的身份感，选择恰切的基本语气和语言分寸进行表达，从而使解说贴合、自然、统一。

3. 掌握解说技能

一部电视纪录片解说的成功，光有解说样态的正确选择、解说身份的适当确立、与其他创作要素的配合，还不足以保证解说的成功，表达的准确处理，才是解说成功的最后落脚点，解说语言技能的全面，才是解说成功的基础。在解说中我们都会遇到哪些表达技能呢？

(1) 朗读

朗读，是解说的一种手段。在电视纪录片中，它多用于片首、片尾的解说。它的作用多同于字幕，引起、揭示或提示片子的内容。朗读表达一般较庄重、客观、大方、情感不浓,它的表达,不同于叙述,也不同于朗诵。

如4集系列片《闽水魂》每集片首的一段解说词就可以用朗读式处理:

"在我们的视野中静静流淌的这条大河,是一条极普通的河,普通得使人感到陌生,在历史的记载中它不像黄河、长江那样显赫,但既然是一条大河,就总要哺育出一条大河的文化。所以,闽江,这条横贯福建的大河,也以自己的魅力创造了独具特色的地方文化。"

这段解说如用朗读方式处理,表达相对客观。一方面,可以区分片中"抒描型"的具体解说方式;另一方面,也可以提示片子的主要内容,起到领起作用。

在此,有一点需要提及,字幕型的淡化式解说与朗读表达的语言色彩不浓的处理相近。如:纪录片《野马之死》的片头与片尾解说词:

【片头】"野马是一种比大熊猫还珍贵的动物,全世界不到一千匹。本片讲述了一个凄楚动人的故事,记录了中国第一匹野马——"准噶尔一号"生命历程的最后24小时。"

【片尾】"公元2000年5月14日是人类的母亲节,凌晨5时,中国第一野马——准噶尔一号死于难产,它活了12年2个月零8天。专家尸检后认定:难产的发生与野马长期圈养、活动场地狭小、体态臃肿、饲草单一有关。专家呼吁:尽快创造条件,将野马放归荒野。"

这两段解说,就可以用淡化式解说的方式处理,它们分别介绍了片子所表现的内容以及野马的死因,呼吁更好地保护野马。淡化式解说处理,可更好地引起人们的关注与思考,同时,也显得庄重、醒耳,也符合本片的创作和解说样态。

(2) 朗诵

朗诵也是电视纪录片解说经常使用的手段之一。曾有一位著名解说员说过:"不会朗诵就不会解说。"这话的意思是由于解说词的写法具有文采,有的语句整齐如诗、文采飞扬;有的引用佳辞名句,或烘托高潮,或感慨抒情,因而,解说应当具备朗诵的能力才能做好工作。

如:《我爱国旗》一片开头和临近结尾的解说词,就写法如诗,句式整齐,文采飞扬,寓实于虚,可用朗诵的方式处理。其解说词为:

【片头】

"听得见/儿女的/脚步,看得见/儿女的/笑容,50年了,五星红旗/飘扬,都知道/沧海/变桑田,天堑/变通途。
听得见/祖国的/脚步,看得见/祖国的/笑容,50年了,每当/金秋来临,谁心里/没有一份/喜悦、一份/祝福?"

【片尾】

"有/这样一种/目光,有/这样一种/歌唱,每天/都汇聚在/黎明的东方,
汇聚在/中国北京的/天安门广场;
有/这样一种/步伐,有/这样一队/卫士,每天/都带着/民族的尊严,
走向一个/神圣的地方;
有/这样一种/期待,有/这样一种/渴望,每天/都来自/天南地北,
此刻/都朝着/一个高度,一个方向;
有/这样一种/喜悦,有/这样一种/情怀,每天都要和/母亲/倾诉,
每天/都融入/共和国的/晨光。"

注意,朗诵不同于叙述、介绍,它们最大不同在于朗诵语体语言表达有语节感,不是散文体。表达需要有一定的语感和表达功力做保证(如上面解说词中所示意的)。如将二者混淆,便会使人听来散乱,表现不出其应有的内涵与文采。解说难言成功。

有的解说词中时而夹杂几句诗样的语言,时而引名言佳句为解说添色。解说中也要予以表达。如《泰山》一片的解说词:

"春秋时代的大音乐家俞伯牙,登/泰山/观/东海日出,看/风云雨雾/变化,听/瀑布松涛/咆哮,拜/大自然/为师,写下了著名的古琴曲'天风操'和'水仙操'。遗憾的是这两部名曲都已失传。不过,泰山以它独有的气魄谱写的大自然交响曲,却依然迴荡不息,魅力无穷,向它的知音、好友永远倾诉着壮志豪情。"

又如:

"十八盘是考验意志和耐力的路,十八盘砥砺恒心和韧性的路。在人生的道路上总会遇到这样那样的困难。往往困难越大,离胜利也就越近了。登过泰山十八盘的人,可以形象地体会到这个道理。
'天门/一长啸,
万里/清风来。'
'地到无边/天作界,
登上绝顶/我为峰'。"

更有甚者,有的解说词通篇写法如诗。因此,在解说时,也应遵循诗的语节处理。如《不能消失的颜色》解说词:

"为何,为何,
为何,为何……
为何/不能/消失的/颜色,
竟成了/正在/消失的/颜色?
为何/西双版纳的/土地,
在消失中/不断裸露。
为何/金沙江畔的/山坳,
在消失中/不断地滑坡!
千万/不要认为
人类/是强者,
就可以/随心所欲地/
向自然/掠夺。
假如,绿色/不能容忍,
假如,你剥夺得/太多,
沉没,便会像火山/爆发,
变为/烈火;
变为/吞没。"……

对于这种朗诵体解说词的表达,一方面,要有朗诵的语节、语感,另一方面,也要有解说的心态,解释、说明、议论、抒情。不能播成纯朗诵,置画面于不顾,置解说任务于不顾,跳出解说范畴。应把握二者的有机融合,才能发挥其应有的作用。

(3) 说

说,在这里是相对朗读、朗诵而言,它的语言方式如同日常生活中的语言,是谈话体,它是解说的重要手段。解说以"说"为主。在解说中,"说"的概念中有:叙述、介绍、自述。也就是说,这些内容可以用说的方式处理。"说"的语言特点是自然。在解说中的"说"不是没经过训练、纯大自然的,它也需要有控制、规范、有美感。

如《一个讲不完的故事》的解说是自述性解说,片中所有解说内容都是主人公的内心倾诉,用说的方式解说使人听来亲切、自然,尤其是许多人物的内心独白,那具体、细腻的内心感悟和娓娓道来的语言方式更能使人感到自然、真切。同时,解说也要让人听出适当的年龄感、身份感,人物的气质、音色不能有偏差,也不能丧失语言应有的美感。

又如,《四姐》一片的解说词:

"1997年,中国计划经济向市场经济转轨,整个经济实现了高增长、低通胀,但国有企业也付出了巨大的代价。这一年,我有三个兄弟姐妹下岗了,其中,四姐的处境最为严峻……"

"四姐生于1954年,当时正值新中国的第一部宪法诞生,我的那位当中学教师的父亲和全国人民一道为之欢欣鼓舞,因此特地给她取名朱宪,以作纪念……"

这部纪录片记录的是一位普通下岗女工(本片编导的亲姐姐),在我国社会经济转型时期如何调整自己的心态,努力进取的日常小事,却折射出这个弱势群体的人们拼搏进取的精神。本片是编导跟拍一年的结果,在这一年中,他用镜头,也就是他的眼睛,观察到自己的姐姐不断努力进取的点点滴滴。这部片子的解说用"说"的方式向我们讲述,无疑会有一种真实感、贴近感。

当前国内兴起的跟拍纪录片解说,大多运用"说"的解说方式。它一般没有华丽的辞藻、整齐的句式,也没有什么议论、抒情、描绘,它的解说词朴实、平易,以提示、补充为主,表达不动声色,起字幕作用,解说时也应贴近这些特点。但不动声色,不等于没有情感,只是表达方式较含蓄。

(4)讲

讲,就是讲解。讲解在纪录片解说中,多用于科教片的解说。它的特点是平稳、清楚,情感色彩不很浓,语言起伏不太大。这里所说的"科教片"包括科学知识、技能操作两大类,包括生产、商品、军事、体育、文教等各方面。"讲"的语言比"说"的语言稍规范,却又不及播读。"讲"的语言方式解释性极强,根据所讲内容,有的需要规范、清楚为主;有的可以生动活泼一些;有的则可在清楚、规范的基础上韵味十足。

比如《王者之剑》一片的解说词:

"越国历史可以追溯到三千多年前的夏王朝。古越国在吸收了中国北方文化和生产技能之后,逐渐成为诸侯国中的强国。史书记载,古越人披头散发,身上纹有猛兽的图案,重义气、轻生死。这个青铜器的人物造型据说与当时的古越人有某种联系,喜好用剑是越人的传统。"

像这种解说,用"讲"的方式比较合适,语速较慢、语言平稳、情感恬淡、断连适当、主次分明、解释性强,这些都是为了让人听得清楚。

又如《中国的金丝猴》解说词：

"金丝猴活泼好动，腾、挪、攀、跳，有着一种森林生活的好本领。
它们很小就会借着枝条的韧力轻而一举地从一棵树跳到另一棵树上。优雅地用手脚钩住树枝采摘食物。借着一条几乎与身体等长的尾巴，像是身体的平衡器，悠闲地行走、跳跃。"

像这种解说词，就应用稍生动活泼的语气讲解（但应注意把握片子的样态，解说的任务、作用，不可太过，播成卡通片或儿童片的解说）。让人们在得到知识的同时，也能感到金丝猴的灵巧、可爱。因此，在讲解解说词的内容时，不但要注意讲解清楚，还应根据文字的提示，加强自身各器官的感觉，体验其具体形态，将此融入相应的解说语言中，表现出金丝猴的这些特点来。

与此相同，对于讲解的一些枯燥的原理、生疏的术语、平淡的操作，也都应同样加强体验、相应处理，这样才能真正给人讲解清楚。让人听来具体、有兴味。

例如：给人讲解太极拳的动作，解说词中有"慢慢伸出右手，手心向上，然后，翻手手掌下压，再身体向左转……"我们讲解时，也要心理、肢体感觉跟上，有种动作感、方位感和力量感。这样，动作的速率感、力度、方位感都较具体，将这些有机地融入讲解语言中，使解说更清楚、可感。要做到这一点有个先决条件，即解说者自己真正理解明白所讲内容，并且会做。

同样是讲解，有时，讲解的是古代或外国的东西。这时，在讲解的语言中加些相应的韵味，使人听来有味。

比如，书法絮语——《瘦金书》一片的解说词：

"一般来说，一幅作品无论笔道粗细，要写出挺拔的精神是不容易的。可是看宋徽宗瘦金书作品，笔道虽纤细，但通篇看去却又如此挺拔犀利，轻落重收，筋摇骨转，又有腴润飘逸之感，这是很不容易的。'瘦金书'能达到这种艺术境界，可见其非常扎实的功底和修养，这也是他能自成一家的主要原因。"

这是一部介绍书法的小片子，画面是古人、书法，再配上古典风味的音乐，画面节奏较慢，如以一种稍慢的语速、典雅的语气、略带古诗词韵味的语调解说讲解，会给人一种贴合感（注意，不可过于带调）。

再如：《俄罗斯当代艺术和艺术教育》一片，主要向中国观众介绍了俄罗斯的建筑、绘画、影视及艺术教育等。其解说词为：

"具有历史的俄罗斯造型艺术,是世界美术的瑰宝。她一向具有浓郁的民族色彩和鲜明的时代特征。在世界美术史上,俄罗斯留下了一串闪耀着不朽光辉的名字。"

这部片子,画面上是各种优美的俄罗斯建筑、美艳绝伦的绘画……加之异国情调的音乐,解说讲解的语言中如适当融入些异国韵味,则风格和谐,给人一种美的享受。当然,这种韵味要有一定的度,不能过了。

(5)配音

这里的配音相似影视配音,却不如影视配音要求那么高。它不需配音的气口完全吻合,也不需口型位置严丝合缝。却也要求有与片中人物相近的音色,相同的神情,相仿的口型。它在纪录片中所起的作用:

一是,替片中人物的外语、方言配上汉语。

二是,为解说词的形象化展示服务。

有时,纪录片中的人物讲的是不同国家的语言或是中国的地方方言、民族语言,为了让观众更好地领悟其中的内容,需要解说者将其转换成汉语。有时,编导为了使解说更生动,会将其中某几句变为人物语言,解说必须相应处理才能体现编导意图。

如《中国文化在荷兰》一片中,两位荷兰电视台"你好,中国"节目的男女主持人被采访时说的是外语,本片中的记者提问也是用外语,这就需要解说者将其转变成汉语。而且,还要配出片中人物说话时的情态,配上大致口型,甚至女主持人的爽朗笑声也要配上。

又如《中国的金丝猴》一片中的解说词:

(画面上是一只雄猴走向另一只雄猴,坐下。)"嘿,你好吗?""很好,你呢?""注意友谊使金丝猴的生活充满善意和平和,有时,它们还像一群风度翩翩的绅士,亲密无间地挨坐,不愿分离地跟随。"

这里,编导用拟人的方式在解说中加进两句猴们互致问候的语言,使略显枯燥的解说顿生几分生动与俏皮。我们在解说时,也要及时转换心理,语言有所变化,形成相应的语言感觉,表现猴们友善的交往(其实,也是人间交往的反映)。

三 电视纪录片解说训练材料

为了配合解说训练,以下摘选了几篇不同样态的解说词,供教学使用。针对学生的问题,这些稿件,有的可以训练全篇,有的可以选择一部分进行训练。

1．请同学们分析理解解说词,选择正确的解说基调、风格、解说样态。
2．请同学们设计、确立片中解说的身份、气质、音色,并做相应处理。
3．请同学们仔细分析每段解说词的作用,并选择适当手段予以表达。
4．请同学们设计解说的不同语言方式:播读、朗诵、介绍、说、讲、配音并表达出来。
5．请同学们找出解说词中的叙述、议论、抒情、描绘的语言,并做相应处理。
6．请同学们运用记忆画面技术,结合画面记准解说的进出点,进行解说。

(一)《八闽风情》

在我们的视野中静静流淌的这条大河是一条极普通的河。普通得让人感到陌生。在历史的记载中它不像黄河、长江那样显赫,但既然是一条大河就总能哺育出一条大河的文化。所以,闽江,这条横贯福建的大河也以自己的魅力创造了独具特色的地方文化。

(字幕)　闽水魂
第一集　《八闽风情》

(大水轮车镜头)

风俗,是一个民族传统文化中的一部分,它既包含着地理环境等制约因素,也折射着政治发展变化之灵光。最重要的是它反映了人们对生活、对世界宏观认识的某些侧面。要了解一个地区的文化从风俗入手可能会有意想不到的收获,所以早就有人说"风俗是活的博物馆"。

(德远堂画面)

祭祀祖先,祈求种族繁衍是我国传统中非常重要的习俗,这不仅表现在名目繁多的各种礼仪上,就是在人们居住的民宅中,也可窥见一斑。

(土楼外景)

这是闽西南地区客家居住的土楼,土楼具有漂亮的外形和宏大的规模,这种精巧特殊的构造艺术在世界民居中都是极为罕见的。建筑土楼的材料很普通,田里的生土,拌以细沙、石灰、糯米、红糖经反复揉舂压,然后夯筑成墙。里面再加上竹片作为墙骨,以增加墙里的整体拉力十分坚固,最古老的土楼已有几百年的历史。圆形的土楼内部房间连成一体,没有头尾,象征着住户的平等地位。每户拥有自上至下的一套住房,一楼吃饭,二楼较为干燥,作为谷仓和贮藏室,三楼通风凉爽作为卧室。土楼的主要作用是避免盗、匪和野兽的侵扰,因此防卫措施是必不可少的,水井就设在楼内,关上大门,整个土楼就成为一座堡垒。对付火攻也有妙法,二楼的通道可以往下灌水,犹如消防水龙头。楼上还有瞭望台、射击孔,设备周全,楼内备有各种食物,紧闭大门仍可维持半年以上的生活。永定县高北村的"承启楼"是保存较好的一座,它共有四圈建筑,外高内低,圈圈相套,最外圈周长200多米,高达四层,有房近400间,这座土楼气势轩昂,动人肺腑,邮电部发行的民居邮票中的土楼就是以它为原型设计的。土楼藏于深山,一直不被外界注意,直到外国的卫星照片看到中国的地面有飞蝶状的建筑。土楼神奇的影响才扩展到世界上,外国游客惊叹参观土楼是"消魂夺魄"的一瞥,宛如天上掉下的那样神秘不可思议。

(山水之景)

福建是山和水的造化之物,山和海自然是风俗反映的集中点。在武夷山,我们可以看到最古老的习俗。

旅游胜地武夷山、九曲溪水依傍群峰娓娓流淌,在临溪的悬崖峭壁上,我们可以看到高悬着的木板,当地人称之为"虹桥板"。其实,这就是大约四千年前生活在这里的古越族人的悬棺葬。为什么要把人葬在峭壁上,是对山和水的崇拜?还是想表达什么意念,这当然应该由观众去揣度,但我想这里面肯定包含了一种对生活,对生命的认识和理解却是毫无疑问的。大概那时人们跟水的关系太密切了,所以这些棺木都由整根楠木雕凿成船的样式。每个到过武夷山的游客都会想到这样的问题,在科学极不发达的古代,人们到底用什么方式才能把棺木架上去呢?岁月悠悠,虽然我们无法想象当时的情景,但是我们却不得不惊叹先民们完成这种葬俗的心智和魄力!

(石雕镜头)

与繁衍种族、人丁兴旺最相连的观念是耀祖光宗,如果说因为人类同大自然的搏斗太艰难,所以各民族都有相似的生殖崇拜等风俗,那么中国的耀祖光宗恐怕是比较特殊并与众不同的了。

(群石杆)

闽西这些石头制成的旗杆很有代表性,它是为人而立,是代表着一种荣誉,被乡里认为是了不起的人都可以立一个旗杆,这颇有些像安徽的牌坊群,但又没那么多的官场味和学究气。顶端呈毛笔状的,是为中了举的读书人而立的,上边蹲着石狮子的,则是武举人的象征。这石旗杆充满了原始的野性力量,因之,也就代表了山民的性格。

(大石头镜头)

我们多少能从风俗中窥探出一个民族的心理奥秘和他的整体精神,但有时风俗只存在于某一特定地区,所谓"入乡随俗",强调的就是风俗的区域性和鲜明的个性。闻名遐迩的惠安女以她们奇特的装束和非凡的经历引起了人们的普遍关注,但你不要弄错了,她们并不是少数民族。那么惠安女为什么要这样穿戴呢?当地流传着许多说法:披头巾、戴斗笠是为了遮挡烈日,躲避风沙,蓝色和黄色是为协调天空、沙滩和海洋的颜色,也有的说法是明代倭寇横行,惠安女与男子并肩作战,包头巾、戴斗笠是为不露真相,穿短衣短裤是为行动利索。

(二个惠安女在街上)

美丽的惠安女娴静中略带沉重感,天生的羞涩又微露着忧伤,也许他们承受的生活太沉重了,也许过去有关婚姻的种种陋习给前辈造成的悲剧,她们至今还难以忘怀。

(火塔镜头)

逢年过节,是各地民俗活动最普遍、最集中的阶段,不用说一定少不了爆竹和灯火。火,取其光亮,驱邪镇灾;爆竹,取其声音,热闹喜庆。福清县新措乡的社火很有特点,每到元宵佳节人们便忙乎开了。在室内桌面上陈设的人称文武宴,要想完成这些东西,可得花点子功夫,它由龙凤狮象等十二味珍禽异兽,鱼、虾、蛰、蟹等三十六味水产,荔枝、龙眼、枇杷、橄榄等七十二种青果制成。当然了,这是由全乡的人集体完成的,这种盆碗的艺术造型,既装点着节日气氛,又是近年来兴旺发达的自我表现。在屋外,人们则围绕着熊熊燃烧的篝火,纵情狂欢,这同样是辛苦一年后对收获的自我陶醉。一种传统的风俗活动,包含着不断变化的万般风情。

(龙头镜头)

樟湖坂镇的元宵节另有一种过法。这也与当地的习俗有关,许慎在《说文解字》里提到"闽为东南蛇种"。先秦时代,生活在福建的土著居民是一个以蛇为图腾的民族,樟湖坂地区至今还流传着"迎蛇灯"的习俗。蛇灯做工精致,每节长约两米,灯内放有蜡烛,家家户户自做一节或几节,放灯时再把蛇头蛇尾衔接成串。狂欢开始,蛇灯出动。鸣锣开道,火铳助威。你看这蛇头,其实很像龙,但既然世上本没有龙,还是崇拜蛇来得比较实惠一些,给本来就已经很热闹的节日,更助了几分兴,冥冥之中,蛇灯闪烁,很显然,这种迎蛇灯的习俗是原始图腾的遗风。

(水库镜头)

樟湖坂是濒临闽江的一个小镇,早在商周时期就有古越族人在这一带居住,今天由于建设宏大的闽江水利工程,这地方将被淹没,居民也将迁移他方,那么这古老的风俗,是像土地一样被淹没,还是像迁移的人被传播到其他的地方呢?

(渔夫打鱼镜头)

中华民族是一个历史久远的民族,这些发源于民族文化之中的风俗,充满了凝聚力和人情味,正是它,为我们的生活增添了独特的情趣和魅力。

(中央电视台制作)

(二)《我爱国旗》

(广场夜景 摇至夜色中的天安门)

【解说】听得见儿女的脚步,看得见儿女的笑容,50年了,五星红旗飘扬,都知道沧海变桑田,天堑变通途。

　　听得见祖国的脚步,看得见祖国的笑容,50年了,每当金秋来临,谁心里没有一份喜悦、一份祝福？

　　（居委会挂国旗）

　　【解说】1949年10月1日那个辉煌的庆典之后,50年来,每当这个人民的节日到来的时候,在祖国的各个角落,幸福的人民总是先把国旗挂起来,这是他们与祖国的心灵对话。

　　（老人接受采访：这个在老百姓欢庆喜庆的日子里……我们都愿意挂国旗表示……对祖国和共产党的热爱）

　　（少先队升旗　一个长镜头）

　　【解说】孩子们的热爱就从这深深的缅怀开始。他们从懂事的那天起就知道五星红旗是先辈艰苦奋斗,流血牺牲换来的,是烈士的鲜血染成的。

　　（间隔画面）

　　（海南岛迎接祖国解放,小船帆影,吹号,冲锋,绣红旗,红旗特写）

　　【解说】还在国民党占领下的海南岛琼崖纵队从电台里收到了五星红旗的消息,他们根据电台里提供的五星红旗的图案、尺寸,赶制了一面五星红旗在海南岛升起,一年以后,他们举着这面旗参加了解放海南岛的战斗,有的战士倒下了,从此再也没有起来。

　　重庆歌乐山白公馆。我们熟知的革命烈士江竹筠,同志们都亲切地称她江姐。敌人曾用48套刑法想打开她的嘴巴,得到我们党的秘密,在她的十个手指上钉满了竹签,但是得到的是始终的沉默。江姐和战友们虽然看不到自己绣的五星红旗在重庆上空飘扬,但她们知道这一天不会太远,这一天必然来到。就在江姐绣好这面红旗后的几天,她从容地走上了刑场,用最后的微笑告别了心中的五星红旗。

　　（四川建筑,接江姐塑像,接照片,歌乐山外景,接内景铁镣,接红旗特写,接江的塑像化为躺在地上的人）

　　（香港人体组成的五星红旗）

　　【解说】新中国诞生的第六天,恰逢中秋佳节。当时中英两国还没有建交,香港不能悬挂五星红旗,这些年轻的艺术家就来到香港扯旗山上聚会,用自己的身体组成了五星红旗,用这种特殊的方式表达对中华人民共和国成立的喜悦。

　　（第一个得冠军的人,人物特写,鲜花,奖章,到15秒处有国旗）

　　（外国街景,跑道上的中国人,接举重的中国人举重动作,之后是举鲜花的人）

　　【解说】新中国成立以后,五星红旗第一次在国际体育比赛颁奖活动中出现是1953年的第一届世界青年友谊运动会,我国年轻的游泳选手吴传玉为新中国体育事业夺得第一枚金牌。

1956年世界青年友好运动会在苏联莫斯科举行。举重选手陈镜开在最轻量级比赛中两次试举均未成功。这时他看到,苏联工作人员已经把一面苏联国旗拴上了旗杆,等待宣布比赛结束升旗了。陈镜开心里一阵刺痛,决心为五星红旗再搏一次。他把杠铃加大到133公斤,运足力气,一下子把杠铃举过了头顶,他成功了,全场掌声雷动。苏联工作人员取下了苏联国旗,挂上了中国的五星红旗,国歌奏响,陈镜开大步走上领奖台。

(航天飞机〈15秒处国旗〉,王的特写,航空景象)

【解说】1984年,科学家王赣俊在登上航天飞机之前,在怀里揣上一面五星红旗,当他到达太空飞行时,他取出这面红旗向全世界展示,一个早已加入美国籍的华裔科学家,在登上太空时还是忘不了五星红旗。

(高举红旗登上南极大陆,红旗越来越近,越来越大)

【解说】1984年,中国的旗帜飘扬在南极上空。

(队员唱国歌)

(长城站落成全景,众人看国旗升起,落点是一个国旗升得很高的镜头)

【解说】1985年2月20日,中国南极长城站落成。

金庆民是世界上第一位登上南极大陆的女地质学家。一天,她为了寻找一种矿体,一个人在岛上走了很远。就在她找到矿体的时候,却不慎掉进了冰缝,在孤立无援的情况下,她拼命用冰镐扒住冰块往上爬。几次上来,又几次掉下,最后终于爬上地面,脱离了危险,激动之中,她从怀里取出一面鲜艳的五星红旗,把它牢牢地插在了矿体上,然后站起身来,对着祖国的方向振臂高呼——

(队员们在考察,各种艰苦场面,出现她举国旗的镜头,后是女队员单个作报告的镜头,接下面)

(女考察队员接:"祖国呀,你应该为你的女儿骄傲!")

(间隔画面)

(海关卫士升旗,很空旷的画面,船上飘动的国旗,火车从有旗帜的海关进来,友谊海关特写,空镜头,海上,陆地巡逻,落在国旗在飘扬)

【解说】从千里边疆到万里海防,年轻的战士用生命捍卫着祖国的荣誉和尊严。家乡远了,亲人远了,保卫祖国大门的责任重了;陆地远了,绿树远了,他们让火红的旗帜永远守护在身边。

(拉萨布达拉宫全景叠)

【解说】曾有一位双目失明的藏民赶到拉萨,他说他就是想听听升国旗时的声音,那一天,他站到了离国旗最近的地方。

(接受采访:中华人民共和国成立,西藏……国旗在西藏人心中有崇高的地位

……有群众居住的地方就有国旗)

(接西藏升旗仪式,正步行进)

(升旗手接受采访:我是藏族……成为指挥刀手……每当五星红旗在世界屋脊升起时,我心里有说不出的感觉)

(升旗仪式,比较完整的升旗,有孩子纯净的目光)

(升旗手接受采访:我这次休假,有人问我你是不是国旗护卫队的……能升一次旗就教育一次人)

(升旗仪式完,这是一次完整的升旗仪式,中间有采访,很有意思)

(雪山,不同的战士升旗镜头,走,升国旗,出现战士吹口琴奏国歌的镜头,从战士吹口琴开始,出现在风雪中巡逻的镜头,最后又回到护卫国旗的士兵场景夫上,之间有国界碑场景,夕阳下的国旗很有意境)

(原片,字幕:1995年8月22日凌晨6点,西藏海拔5324米的查果拉主峰)

【解说】这是边疆的黎明,这是高原的黎明。这里是西藏海拔5324米的查果拉主峰,边关的每一个峰峦都装满战士对祖国的豪情。

(边关的国旗)

(战士在做冰雕,有国旗,特写细细地铲,红星的特写,祖国版图的冰雕图案)

【解说】北方与冰雪连在一起,战士与祖国连在一起,看看我们的祖国吧,在这遥远的边陲也是这般巍然挺立,战士与祖国同呼吸共命运的豪情都刻在上面了,看懂了它,你也就赢得了战士的心、战士的爱。

(战士、群众升旗,战士唱国歌有口型,手向国旗敬礼的镜头收尾)

(雪山全景,有国旗翻卷的好看镜头)

(字幕:青海阿尼玛卿山 海拔5265米)

(战士走来升旗,小学生看升旗)

【解说】这里是青海的阿尼玛卿山,海拔5265米,五星红旗每天都在这里升起。老师早早就把孩子们叫醒了:今天我们去看升国旗。还是那座山,还是那面旗,永远那么亲切,永远让我们充满敬意。

(接受采访:你见过天安门广场升国旗吗?)

教师1:在电视上见过……

教师2:方圆百里就这一处,把孩子们带到这里来,有利于对他们进行爱国主义教育,树立炎黄子孙的自豪感吧!

(战士在用石头组中国地图,是飘扬的旗帜,是石头的特写,落点是石头落地的声音〈这也是战士们的心声〉)

【解说】在缺氧量达到60%的情况下,战士们把石头一块一块背上来,石头总量在27吨以上,战士们在这里摆下对祖国的爱,他们用生命书写着"祖国在我心中"的大字。

(战士1　看见国旗看见母亲,每次升旗都有不同的感受。)

(战士2　不能给我爷爷丢脸。)

(战士3　看见国旗就没委屈了,祖国永远在我心中。)

(战士敬礼,出现红旗特写,飘扬的旗帜特写,最后是战士向国旗敬礼,从敬礼到敬礼,此处要突出敬礼!)

【间隔画面】

(毛泽东和群众握手……检阅部队毛的特写至出检阅车,之后是朱、周、刘及阅兵场面〈28年血与火的斗争中〉)

【解说】50年,弹指一挥间。1949年,中华人民共和国的成立,使百年受辱的中华民族从此走上了社会主义道路,在摆脱贫困,摆脱落后方面开始了卓有成效的努力。第一代领导人迅速恢复了在旧中国遭到严重破坏的国民经济,一个欣欣向荣的新中国正在引起世界的关注。

(毛发表讲话)

(毛出访苏联)

【解说】意气风发的毛泽东这时乘专列离京北上访问苏联,这个农民的儿子受到了高规格的礼遇。斯大林见到毛泽东时,一再称毛泽东是中国人民的好儿子,了不起。

(毛在会议上)

(周戴鲜花出访)

(毛着便装与百姓在一起。出现礼花,又出现一次,主要场景是毛在天安门观看焰火,25秒时毛标准的招手,后出现气球)

【解说】晚年的毛泽东,顶住了来自国际社会各方面的压力,坚持正确的对外政策,坚决支持世界各国人民的正义斗争,并在1974年提出了划分"三个世界"的正确战略和我国永远不称霸的重要思想。

(联合国大会会址,从选票显示屏起,邓出现在讲台上)

【解说】经过我国人民的长期斗争和在联合国中主持正义国家的支持,1971年10月召开的第26届联大会议上,以压倒多数通过了阿尔巴尼亚、阿尔及利亚等23国的提案,恢复了我国在联合国的一切合法权利。从此,我国在联合国和安理会的席位得到恢复,五星红旗飘扬在联合国大厦的上空。

从此,中国在联合国中为维护世界和平,推动全人类的共同发展发挥了重大作用,中国有了自己的声音。

【解说】集中力量进行社会主义现代化建设,需要和平的国际环境。邓小平科学地观察国际形势的变化,重新确定国际战略,调整对日、对美、对苏关系,发展同周边国家和第三世界国家的友好关系,打开新时期对外关系的新局面。邓小平坚持独立自主的和平外交政策,在和平共处的五项原则基础上积极发展同世界各国的友好关系,为维护世界和平、促进世界发展,反对霸权主义和强权政治,建立国际政治新秩序和国际经济新秩序作出了巨大的贡献。

(邓检阅三军,出现天安门游行,出现邓挥手,之后是气球升空〈前面是"同志们好"〉)

【解说】党的十一届三中全会以后,邓小平成为中国共产党第二代中央领导集体的核心,领导我们开辟了建设有中国特色社会主义的新道路。

(邓与撒切尔谈话,与葡萄牙人谈)

【解说】用"一国两制"方式实现和平统一,是邓小平同志的伟大创造。根据中英、中葡协议,1997年香港已回归祖国,澳门也在1999年回归祖国。

(邓参观宝钢)

【解说】改革开放的总设计师邓小平在开拓新道路的进程中,尊重实践,敏锐把握时代发展的脉搏和契机,既继承前人又突破陈规,既借鉴世界经验又不照搬别国模式,总是从中国的现实和当代世界发展的特点出发去总结新经验,创造新办法。

(江泽民在宝钢)

【解说】党的第三代领导核心江泽民不断把中国的改革开放和现代化建设推向前进。根据邓小平的理论,他主持作出了建立社会主义市场经济体制的重大决策,制定了全国经济和社会发展"九五"计划及2010年远景目标的规划。

(江泽民出席国际会议,与领导人握手,落在吹号手上〈为中国独立自主的和平外交政策增添了光彩〉)

【解说】以江泽民为核心的第三代领导集体显示出了驾驭国际局势、处理各种复杂国际事务的卓越能力。

(江泽民出访美国,落在自信的谈吐上,是江的特写〈中美两国领导人在美丽的金秋中再次把手紧紧地握在一起〉)

(托着巨幅国旗的人们至体育场组成的国旗,到江点火炬)

【解说】红色,血液的颜色,生命的颜色。独立、自由、富强,这是中国人一个多世纪以来,为之奋斗的理想。为了实现这个理想,无数革命先烈用鲜血染红了朝阳,赋予这片大地以新生,先烈的英灵就是国旗的魂。

(香港回归,战士上场,喊敬礼,升旗,后是江的特写,最后是五星红旗的特写)

【解说】这是中国人民解放军七十年光辉历程中又一次走向神圣的时刻,这十几秒钟所跨越的是一个150年的历史时空。

【解说】中华人民共和国国家主席江泽民以洪亮的声音庄严宣告:"中华人民共和国香港特别行政区正式成立。"这是中华民族的盛事,也是世界和平与正义事业的胜利。

(升旗仪式)

【解说】有这样一种目光,有这样一种歌唱,每天都汇聚在黎明的东方,汇聚在中国北京的天安门广场;

有这样一种步伐,有这样一队卫士,每天都带着民族的尊严,走向一个神圣的地方;

有这样一种期待,有这样一种渴望,每天都来自天南海北,此刻都朝着一个高度,一个方向;

有这样一种喜悦,有这样一种情怀,每天都要和母亲倾诉,每天都融入共和国的晨光。

(共用结尾)

【解说】带着九百六十万平方公里的庄严走近你,

带着亿万勤劳勇敢人民的敬仰走近你,

带着改革开放的坚定信念走近你,

带着屹立于世界民族之林的辉煌走近你,

敬礼!五星红旗!

(北京电视台制作)

(三)《中华之剑》片断

(境外吸毒者场面)

这是我们抓拍的一组境外人员吸毒的场面,他们毫无顾忌、从容自若,由于隔着边界你不能去阻止他,而且,他们距我们是这样的近,近得使你甚至感觉不到边界的存在。据当地的群众说早在十几年前,他们就聚集在这里吸毒了。

(一女科研工作者介绍海洛因)

是的,它原来是一种有药用作用的植物,在收割、加工之后用以造福人类的。一百多年前,药学家们无论是从鸦片中提炼出吗啡,还是进而从吗啡中提炼出海洛因,他们的初衷都是想寻找为人类解除痛苦的良药。但是,正像人类所创造的一切科学文明一旦被险恶者所利用便会走向反面,是会贻害人类一样,利用罂粟制毒贩毒谋取巨额利润,从17世纪中叶,那些披着基督教宗教外衣的英国海盗们,越过太平洋和印度洋向中国大肆倾销鸦片的时候就开始了,受害最重的就是中国,两次鸦片战争的历史路人皆知。

(张福娟讲述)

我们简直不敢相信,五年前的她曾是长春电影制片厂来昆明选演员时的候选人之一。

(张福娟继续讲)

这位禀性善良的姑娘,为了让更多无辜的人不再重演她的悲剧,同意让我们拍下她在发瘾时的惨状。这是我们整个拍摄过程中,惟一一位主动配合我们的吸毒者。为此,她将忍受巨大的痛苦,而她的身边就摆着一支可以为她缓解痛苦的针剂,她却反复交待她的亲人"一定要等摄制组拍完了再给我注射"。

(张福娟哀嚎)

我们实在不忍心拍下去了,没向她道别就悄悄地离开了这里。听说她刚刚过完28岁生日,她说这也许是她最后一个生日了。

(一些吸毒者的痛苦场面)

在整个西南边境的采访中,无论我们的镜头多么想避开这些令人痛心的情景,可严酷的现实却是无法回避的。这些痛不欲生的人竟常常栽倒在我们的镜头前。

(一吸毒者破败的家里)

由于父亲吸毒,这家的孩子有两个生下来就是残废,母亲已哭瞎了一只眼睛。为了拉扯四个孩子,她一天要外出做工十七八个小时。

(孩子镜头)

这个5岁的男孩又痴又哑,从我们一进屋就始终这样地望着我们。

当我们把这块糖递给他时,他似乎感到了甜,摄制组的同志后悔没能多带些甜的东西给他。

(一男吸毒者呻吟)

吸毒者从天堂到地狱的路仅一步之遥,即便是他们在走向地狱之门时,那份孤独、悲苦和凄惨也是无以复加的。

(一男吸毒者尸陈街头)

没有人知道他从哪里来、到哪里去,没有人知道他的姓名、籍贯,只有一点人们是知道的,他是一个吸毒者。

(一组吸毒者的惨状)

吸毒者最后的结局,往往是吸毒过量致死、自杀、因吸毒导致的意外事故、疾病、被害等等而提前死亡,它的死亡率是惊人的。

(监狱镜头)

毒品本身对人体造成极大伤害,而吸毒行为对一个文明社会又会造成极大伤害,因为昂贵的毒品驱使着吸毒者要不断地获取钱财,这些钱常常取自于无辜者的腰包,取自国家财产,甚至人的生命。

(吸毒者行为的一组镜头)

染上毒品的人灵魂消失、人性扭曲、道德沦丧、罪孽深重。作为人在他整个生命历程中,不管面临多少痛苦,都不应该失去他的尊严,即便在一个危机四伏的环境里,也会为了维护他的尊严免受侵害而顽强不屈地搏斗。但在吸毒者那里,这最基本的一切也荡然无存。

(境外大毒枭"昆沙"骑马镜头)

这就是"昆沙",臭名昭著的金三角地区的大毒枭,你看他俨然像一个毒品王国的国王。他崛起于60年代末、70年代初,并迅速成为金三角地区的霸主,他拥有训练有素的军队和精良的武器装备。他依仗特殊的地理位置和雄厚的财力,与政府甚至国际社会分庭抗礼,他是一个罪恶的深渊,又是著名的制毒贩毒活动的起点,他控制着金三角地区鸦片产量的70%以上,每年生产的毒品达到1600吨。中国开放后,他千方百计地想通过我国云南、广西、广东向国际市场贩运。

(采访云南平远地区一居民)

从境外到境内,从村镇到大中城市,罪恶与罪恶连接在一起,拼命掀动罪恶之水,淹向更广泛的地区和更多善良无辜的人们。在那里,是悲泣和控诉。

在云南开远市,解放军化工厂139名各界人士悲愤控诉,联名写信给中央领导,要求严惩罪犯,救救孩子。

(云南开远市解放军化工厂座谈会一女工讲述)

贩毒者们不下地狱谁下地狱!李鹏同志收到来信以后立即批示:"云南的禁毒工作已到了非抓不可的地步,主要依靠发动群众,大家来禁毒,才能真正取得成效。"

(公安干警投入缉毒场面)

在这场艰巨、危险的无形战斗中,首先冲锋陷阵、流血牺牲的,是我们的公安缉毒干警和边境国门的守卫者。

(一女缉毒干警接受采访)

虽说缉毒者的亲属都有心理准备,有谁愿意自己的亲人落下一身伤疤或者遭到那些凶残的毒犯们的报复呢?

(缉毒功臣刘朝辉与战友的背影)

这位缉毒者在立下一等功之后,却不得不隐姓埋名、背井离乡,这在今天的现实生活中,似乎是难以想象的。

(采访刘朝辉——田园景色)

是呀,谁愿意忍痛离开养育了自己几十年的家乡呢?而且是不能再回去。这位一等功臣和他的亲人们常常梦见自己家乡的山和水,有时梦里都哭出了声。就在我们编辑的过程中,为了保护他们,也不得不隐掉他们的面容,使观众朋友们无法看到他们眼中饱含的泪水。在我们这个时代里,作为一名缉毒者他们在肉体和灵魂上所承受的比我们想象到的要多得多。

(去墓地祭先烈)

在我们进入对缉毒烈士的采访时,我们才知道他们有的已牺牲了长达十年之久。

由于缉毒斗争形势的需要,他们几乎没有被公开报道宣传过。今天,我们来到了这里,面对他们,我们真希望他们的灵魂依然能够存在。

（在陈建军烈士家里采访）

他怎么能瞑目，他又怎能没牵挂？他还没最后看一眼结婚不满两年的爱妻和刚满周岁的女儿。

这张照片是烈士生前最喜爱的，牺牲时，就紧贴在胸口的衣袋里。就打那，妻子剪短了长发再也没有留过，她说："这长发永远只属于他。"

（女儿说："我要哭。"）

这一声哭，含着多么深的母子情，据说整整七年来，她们生活清贫、相依为命，女儿大了，她却老了，为了女儿和永难抹去的那段情，她至今没有嫁人。

（江边景色）

每逢9月，成双成群的彩蝶就飞到这条江边，徘徊在烈士施翔宁牺牲的地方不肯离去。这里的人们说："那是他的灵魂。"

（缉毒处长讲话）

她不但无怨无悔，她还告诉我们，只要她活着，她就要在每一年的中秋节和每年的9月27日来到这里，与那一群彩色的蝴蝶、与她的心上人一同度过这一天的美好时光。

（英模大会上）

在结束本集的编辑时，我们的人物统计表显示，我们采访的一百多名缉毒侦察英雄以及他们的亲属，有近80位因为工作的原因不能出现在银屏上，而出现了的一半也必须做特殊的保护。我们为不能充分展示他们的业绩而感到痛苦。

（英模代表讲话）

在这个颁奖会上，一位老侦察员笑着对我们说："除非我们牺牲了，人们才会真正地认识我们。"

（中央电视台制作）

（四）《梅根在北京》

（梅根、弟弟与妈妈进学校镜头）

1．这两个迟到的学生是一对美国姐弟，姐姐叫梅根，弟弟叫乔治。

2．梅根以前在这所学校里上过课，后来又回到了美国，现在美国的学校放假了，他们的妈妈又把他们带回了北京，想在这所学校里继续学习。

3．班里的同学都熟悉梅根，他们以前是好朋友。可校长隐隐有些担心，前几天中美之间发生了那么大的事，会不会影响梅根和同学之间的关系。

4．孩子的情绪是千变万化的，老朋友相见自然十分亲热，但校长发现有些同学的神情有点严肃，所以校长决定下节课要亲自去上。

5．接下来的课正常地进行着，梅根好像又回到了以前的集体。

6. 课间,梅根还像以前一样与同学一起跳皮筋做游戏,可有时他们也聊起十几天前袭击中国大使馆的事件。

7. 不到10岁的孩子也许还不能完全理解这个事件意味着什么,可这片硝烟也会在他们心头留下一片阴影。希望他们永远这样快乐,不再谈论炸弹与硝烟。

8. 中午,妈妈特意接梅根出来吃她最爱吃的涮羊肉。梅根的妈妈是在北京长大的,她希望儿女也能接受中国的教育。梅根的家庭是个酷爱中国文化的家庭,她的父亲乔治还特意给姐弟俩起了个中国名字,一个叫包子,一个叫饺子。梅根在吃饭时高兴地向妈妈介绍上课的情况。

9. 星期六妈妈带着弟弟和梅根去动物园看熊猫。

10. 管理员还为这两位美国小客人讲解了熊猫的习性。

11. 看完熊猫又看大老虎,梅根和弟弟在北京动物园里玩得开心又快乐。

12. 梅根的晚饭是在东华门夜市上吃的,梅根和弟弟也像老北京人一样,一手举着羊肉串,一手拿着老玉米,悠闲地漫步在街头。

13. 吃完饭,梅根一家还坐上三轮车要再看看北京。

14. 这一天,北京的街头依然是那么热闹,也依然是那么平静,给人一种成熟的感觉。在这成熟中,三个美国人度过了他们普通而快乐的一天。

(北京电视台制作)

(五)中国金丝猴

镜头提示	解说词　　同期声内容
片名:《中国金丝猴》 黄色树叶 粉红色花	春天总是美丽的。 各类植物都争先恐后地以自己的嫩叶和花朵装点着山谷与山坡,像是为飞禽走兽们好不容易度过的艰难的冬天准备的盛大庆典。
一片树林远景 有几个小猴在跳动 小猴跳跃	猴群在枝头快乐地跳跃,纵情地嬉戏,自在地摘食着杨树、桦树鲜嫩的芽苞和玉兰科植物肥厚的花蕾。 这是大自然宽厚的恩赐。此后的日子,它们会随着植物发芽的走向顺序,向高山地带进发。
三只猴子在树上	金丝猴仿佛是一个奢华的家庭。它们柔软细密的皮毛,在清晨阳光的照耀下闪闪发光,像是能工巧匠们专用细密的金丝为它们精心编织的外衣。
一只背对的猴子坐在树上	它们为自己高贵的装扮而自豪,高高翘起的鼻子,很容易使人想起一些矜持的、美色娇人的贵妇人。
二只猴子理毛(在树	1879年,著名动物学家米勒·爱得华兹在巴黎自然历史

上)	博物馆见到这种采自中国的灵长类标本时,被它惊人的美丽所吸引。尤其是金丝猴淡蓝色的面颊上向上仰起的鼻孔,使他联想起了 11 世纪十字军司令漂亮的翘鼻子夫人洛克安娜,由此,他把这种动物命名为 R·洛克安娜。川金丝猴学名便由此而来。
云、山	世上一共生存着四种金丝猴,除了越南仰鼻猴外,其余三种都生活在中国大陆。按照它们分布的区域,分别称为(四川)川金丝猴、(云南)滇金丝猴、(贵州)黔金丝猴。
树上一只向后看的猴子	与大多数疣猴生活在热带雨林中成为对照,金丝猴的栖息环境迥然不同:它们生活在寒冷潮湿、人迹罕至的高山密林中,每年都会经历多雪的冬天。
干枯的树林中群猴在活动 山	因为披有厚厚的保暖皮毛,加上身材魁梧,体格健壮,在海拔 4000 米以上的高山,仍然有金丝猴活跃的身影。 在三种中国金丝猴中,川金丝猴是分布最广,也是最旺盛的一个种群。在四川邛崃山、岷山山脉、甘肃南部、陕西秦岭、湖北神农架等地都可以发现它们的踪迹。
树上一只向上爬的猴子	金丝猴的聪明和美丽,为中国古代的作家们丰富的想像力提供了依据。那位名扬中外、神奇可爱的美猴王孙悟空,据说就是川金丝猴在神话故事里的动人化身。
一只毛色金黄的猴抱着小猴	淡蓝色的面孔、短短的嘴巴、厚厚的嘴唇、圆头小耳,看上去有些可爱和滑稽。川金丝猴们有着一张多么生动的面孔。
树上四只猴子	只从外形人们就很容易辨别出它们的雌雄来。
树上一只背对向上爬的猴子	你看,那个身体强壮、犬齿明显的就是雄性,面颊嘴角边那个肉粉色突起物更显示出男儿本色。随着年龄的增长,这个突起还会更明显。又厚又长的皮毛,也增加了雄猴的威武。
一只雄猴爬、跳	成年的雄性金丝猴,四肢粗壮步态稳健从容;时时都在展示一种强大的自信。
一只母猴走、坐	比较起来,雌性个体的毛色就显得浅暗和稀疏一些了。身材也显得娇小玲珑,行动因谨小慎微而表现出一种羞怯。
山景	山地丰富的植被,培养了金丝广泛的食性。 随着栖息环境的季节变化,金丝猴的食物也表现出明显的季节性。一些乔木和灌木的芽、叶、花蕾、果实、树皮,以及附着在枝干上的地衣和苔藓,支撑金丝猴自哺乳期之后的整个生命过程。

早晨曙光	日出而动，日落而息。早晨，太阳缓缓升起，快乐的一天又要开始了。鸟儿在枝干间跳跃着鸣唱晨曲，唤醒沉沉入睡的猴群。
阳光照在树林中	耀眼的阳光穿过密密的枝叶，随着气温慢慢升高，猴群变得活跃、忙碌。每一个无拘无束的日子都是宝贵的。
向下迁移的猴群	它们离开宿营地，在一个采食地进完早餐，便坐下来小憩，或是三三两两互相理毛，或是你追我赶、打打闹闹地游戏、玩耍。
猴在树上睡觉	午休必不可少，它们会依着树杈，闭目做一个短暂的梦。
树杈上一只小猴	醒来后一边采食，一边向宿营地进发。如果没有意外的干扰几百米范围的丰富食品就够它们消磨一天的。显然，食物分布的范围决定着它们迁移活动的距离。
从树上向下跳的猴群	金丝猴活泼好动，腾、挪、攀、跳，有着一身森林生活的好本领。
小猴跳	它们很小就会借着枝条的韧力轻而易举地从一棵树跳到另一棵树上去。优雅地用手脚钩住树枝采摘食物。借着一条几乎与身体等长的尾巴像是身体的平衡器，悠闲地行走、跳跃。
一只猴子荡臂走	但是，金丝猴荡臂行走的距离非常有限，手臂轮换 2 次就得转成另一种运动方式。
一只公猴跳下树来	在树上攀爬，也在地上行走。冬天，它们花费较长的时间在地上觅食，有时甚至可以在地上行走很长时间和距离。
山、雾	繁殖的季节到了，森林里充满猴子们青春的身影，回响着欢快的叫声。
小猴摘食	川金丝猴的性成熟年龄一般在 4~5 岁，雌性会早于雄性。雌性成熟后每月出现月经，9~12 月是交配的高峰时期，而春季 4~6 月则是生产的高峰时间。一般每胎一仔，动物园也有过一胎两仔的记录，雌性雄性都可以发动繁殖行为的交合，但以雌性发起为多，我们称之为邀请交配。
雌猴转身给雄猴理毛	温存过后，雌猴常会转过身来给雄猴理毛，像是一种深情的抚慰和回报。
群猴在玩耍	幼猴的出生，会给整个猴群增添欢快和喜悦。刚刚出生的幼猴，毛色灰黑，红手红唇，一双圆圆的大眼睛对世界充满着新奇，它们总是胆怯地依偎在妈妈的怀里。

一只母猴搂过小猴	母亲对子女的关怀是无微不至的。迁移行走的时候，一岁以下的小猴总是吊在母猴的腹部，以保证安全。
小猴从树上下来	大一点儿的猴子也会紧紧地跟在妈妈身前身后。其他母猴对部落里的这个小生命都关怀备至，以便小猴的妈妈抽出时间来采食、休息。这种阿姨行为在疣猴科动物中都普遍存在着。
小猴下树	游戏，是小猴子们必须的课程。它们嘻戏打闹，没有片刻消闲。
小猴跳下	它们四处游荡，寻找伙伴，一起打发这漫长、无聊的下午。从游戏中它们学习交际、培养友情。它们似乎懂得这种欢乐的日子不会太多，必须抓紧时间玩耍。一旦到了成年，就得变得稳重一些，因为许多有关家庭和种群的责任会落在自己的肩上，像护卫、繁殖、哺育后代等等，那时，它们就得像父母一样紧张忙碌的生活。
山景	金丝猴集群相当大，记录中最多的有600多只，神农架也曾发现340多只的大群。社群结构的框架，以及如何形成如此庞大的群体，这些问题一直吸引着研究者们的目光。就目前的观察和了解，金丝猴群的结构可能是分层次的。最基本的单元是家庭，通常是一只公猴携几只到十几只母猴和它们的幼崽组成。夜晚宿营，同一个家庭的成员会栖在一棵树上。
两棵树上的猴群	一个家庭和另一个家庭之间会有时间和空间间隔。这些时候可以很容易地分清每一个家庭。有时还有一个中间层次，由若干家庭组成分队，若干分队再组成大群。金丝猴群体中全雄群和独猴的生活状况也是存在的，有许多秘密还有待人们去揭开。
一家庭	雄性家长在采食，繁殖等资源获取方面都享有家庭特权，当群落中雌性个体间发生矛盾时，家长会慨然出面，协调关系，维持家庭的和睦。
两雄猴	其他雄性和这些家长一样担负着护卫群体的工作。
雄猴走	在迁移行进中的群落队伍，先锋开路、后卫压阵的都是雄性。雄性家长通常会前前后后，照应着一家大小的移动。
雄猴跳树上	由于成群，金丝猴个体的社会关系非常复杂，社会行为也多种多样。天性活泼的金丝猴在行为上与人类有许多相似之处。

走向另一只雄猴	嘿,你好吗? 很好,你呢? 　　注重友谊使金丝猴的生活充满善意和平和。有时,它们还像一群风度翩翩的绅士,亲密无间地挨坐,不愿分离地跟随。 　　闲暇无事,坐在一起相互理毛,会使大家变得亲热一些。
三只猴理毛	理毛是猴群极为重要的活动之一。理毛的施予与接受,以及理毛时间的长短等却都体现着群体成员的等级关系,和个体之间的亲密程度。
母猴为公猴理毛	母猴经常为公猴理毛。对它们来说得到这种机会是一种荣耀,它们不允许别人插手。
公猴给母猴理毛	这只公猴想对爱妻温存一番,这使母猴感到受宠若惊,一只试图从它们中间穿过去的幼猴无意破坏了美事,母猴看来十分恼火。
群猴理毛	据统计,雌猴理毛时间长而且大部分时间是给雄猴和幼猴理;雄猴接受理毛的时间和频率要比雌猴多得多。
树林中猴群(远)	金丝猴的猴群很大,个体间有时会距离较远,声音成了最常用的交流手段,多雾多雨的天气,猴群迁移和采食间歇小憩之时,你呼我应,我唱你和,美妙的合唱回荡在千山万壑。
小猴叫	遇到新奇事物或不速之客,也会发出"Ga、Ga"警报声。
公猴叫	这只公猴显然对隐蔽在附近的摄像机有所觉察,它开始向这个方向发出"咔、咔"声,但在没有弄清楚到底发生了什么事之前,它们并不急于逃跑。
小猴跳树	受到感染,一只幼猴也发出紧张的"咔、咔"声来回应它。
母猴抱死猴	一只不幸的母亲,紧紧地搂抱着已经死去的婴猴。几天来,它一直这样紧紧搂抱着死去的幼猴,默默跟在猴群后面,没有谁对它表示关怀或者安抚,在这个世界里,死亡是它们必须经常面对的现实。
母猴吃红树叶	悲伤使它好长时间没有进食了。看到眼前的树叶,它总算开口吃了一点,同时,依然紧紧搂住死去的幼猴。过些天,它会把死猴的尸体藏在它认为安全的地方,然后重新开始生活。
蝴蝶在粉红花上	紧随春天的脚步,炎热的夏季随之而来。层层叠叠的树

	叶,遮挡着暴烈的日晒,也挡住了一些天敌的视线。植物的生长在这个季节进入了最旺盛的时期。充沛的食物来源,使秦岭金丝猴显得比其他任何季节更加悠然自得。
枫叶、流水	山林的秋天,各类植物的果实丰富而多彩,像将一个盛满了各种美味佳肴的巨大果盘展现在猴群面前。这将是一年中最丰盛的晚宴。这会使它们的体内积蓄更多的营养和脂肪。
黄花	栖息地的秋天美丽而又短暂。盛宴之后又一个严寒的冬天就要来临。
山景、雪	冬天是一个严酷的考验,栖息地的冬日寒冷而且漫长,万木凋零,枝叶枯萎。现在,可以使金丝猴充饥的,除了枝藤的树皮,便是苔藓、地衣,以及残存在枝头的果实、坚果等一些可怜的食品了。
河水(冰雪消融)	不过,冬天并不可怕,因为很快将会冰消雪融,万木争荣,又是一个美丽的春天。
农田、远山	人类活动的不断扩大比起严酷的大自然,更为严重地威胁着金丝猴种群的生存。有效地制止这些行为,成了自然保护区最重要的和长期的工作。
母猴	一种美丽而善良的动物——金丝猴,它将和人类一样,同样拥有自由生活在这颗星球上的权利。
母抱小猴	它们用美丽动人的眼睛告诉人们:我们是相依相存的朋友!永远的朋友,对吗?

(中央电视台制作)

思考题:

1. 什么是电视纪录片?
2. 电视纪录片解说的创作要素有哪些?
3. 电视纪录片解说的备稿特点是什么?
4. 电视纪录片解说的作用有哪些?
5. 电视纪录片解说的把握有哪些?
6. 电视纪录片解说的语言特点有哪些?
7. 电视纪录片解说的表达技能有哪些?
8. 电视纪录片解说的表达样式有哪些?
9. 电视纪录片解说如何对好画面?
10. 电视纪录片解说与广播播音及电视新闻片配音有何不同?

第二单元

电视节目主持

第四章　电视新闻评论类节目主持

新闻评论类节目主持人目前大体有两类:主播和记者型主持人。

主播专指消息类节目的主持人。目前我国广播电台、电视台似乎十分青睐"主播"这一称谓,然而背后的工作机制和业务职责却不尽相同。我们认为,"主播"不是一个时髦的叫法,而恰恰反映着播报人职责、职能上的发展和变化。消息类节目采用"主播"形式,一是为适应新闻报道多样化发展的客观趋势,由主播来驾驭口播新闻、图片新闻、图像新闻、演播室访谈、与前方记者对话、异地传播等多种报道形式,串联起演播室和新闻现场不同时空、不同形式的新闻报道,以保证节目传播的整体性、内容安排的灵活性及报道的真切感和权威感;二是顺应栏目个性化传播的趋势,新闻消息类栏目也有不同的定位,包括内容、形式、播出时间、接收对象及风格的不同定位,主播讲究传播贴近性、服务性的具体做法及各自的语言样态,无疑是栏目个性化、品牌化的一个重要标志;三是满足受众市场对新闻及新闻播报方式多样化的需求,丰富播报语言样态,观众可以根据自己的需要做不同层次的多种选择;四是主播除了担负消息的播报外,如若能积极参与导语和串联词的修改或写作,对信息的新闻价值必能有更准确、更深入的把握,同时能为受众理解、接受信息带来便利和兴趣;五是必要时主播可能出现在新闻现场直接做现场报道。

记者型主持人专指专题型或杂志型新闻评论节目主持人。他们除了在演播室主持节目的传播全过程外,更多地活跃在对新闻事实或新闻人物的采访当中,以他们的采访报道及评论构成节目的主要内容与形式。他们与归属于新闻中心采访部的记者有所不同,即固定于具体栏目出任主持人,他们采用专访或其他特定的节目形态、直接面对观众并贯穿于传播的全过程,是栏目的形象,也是栏目的灵魂(如中央电视台的《新闻调查》、《时空连线》、《世界》、

《面对面》,以及北京电视台《第七日》的主持人)。

主播也好,记者型主持人也好,都应对节目有较深入的参与,他们对信息的认识与整合、对背景的分析、对观众视角及叙事方式的考虑,正是人们感受主持特点与个性风格的空间。

新闻评论类节目的主持人,不论哪种类型都应具备较高的新闻素养、政治素质和出面主持节目的专业能力,有了必备的素养和相应的能力,才能适应栏目的具体要求。主持人的新闻素养主要指新闻敏感,即对客观事物(包括社会现象以及新闻事实)的新闻价值的观察能力、判断能力和分析能力,其核心是政治敏感和政策分寸的把握;其专业能力主要包括:播报能力(含"播说结合""说新闻"等)、修改或撰写导语串联词的能力、专访能力、新闻报道能力,以及新闻评论能力。

本章提供播报多样化能力、修改撰写导语串联词的能力、评论能力以及专访能力训练的思路和材料。

一 消息播报

(一)理论概述

1. 播报样态分类

当前新闻播报的语言样态主要有:规范播报、播说结合(或称"播讲"结合)、说(讲)新闻(眼下,还有个别"侃新闻"的现象)。它们适用于不同的新闻栏目、不同的新闻内容、不同的播出时间,以及不同的接受对象、不同的接受需求和心理,乃至传播者不同的理念追求。

规范播报,俗称"传统播报",是国内外主流媒体、主要新闻消息类节目普遍采用的方式。播报要求和能力训练已放在"电视新闻"阶段解决,本章不再赘述。

"说新闻":多用于社会新闻。亲切平易、口语化、重交流是其外部特征,但这些外部特征并非其全部的、本质的特征。"说新闻"与"播新闻"的差异,主要并不在语言样态上,而在新的"传播理念"和随之而来的"信息加工"。所谓新的传播理念,即在传媒激烈竞争中更加方便和吸引受众的接收与理解,因此为了优化传播效果就必须对稿件作必要的信息加工,这些才是"说新闻"的重要环节和本质特征。同时,"说新闻"的口语化区别于不经加工的随意口语、市井口语,必须坚持新闻语言简洁准确、规范质朴的要求。

"播说结合":介乎于"规范播报"与"说新闻"之间,消息语体有改动但变动不大,状态平和稳健,播报心理和语态十分注重"交流"感和"讲述"感。

"侃新闻":仿拟坊间市井语言,冗词赘句多,语言啰嗦,影响信息量,并刻意增加个人化的随意性、主观性很强的调侃式"议论",或大惊小怪或戏谑挖苦,或玩噱头,或耍花架子,虽然"新异"但常常"出位",分寸把握不好就会有明显的"玩世不恭"和"个人炫耀"的味道。很容易偏离新闻"真实、客观"的本质,而失之于油滑卖弄。如果疏忽了坚持"正确导向"和"先进文化"的原则,为"侃"而"侃",就会导至格调低下、媚俗、恶俗。故此"侃新闻"不应提倡,当然也不作为我们的训练项目。

2. 选择播报方式的原则

在工作中,究竟采用何种播报方式,必须遵循三个"符合"的原则:第一,符合新闻节目的根本属性和固有特点;第二,品位格调符合"代表先进文化的前进方向"的根本要求;第三,符合栏目的定位、宗旨、风格、收视对象特点及播报者条件等综合因素,坚持形式为内容服务,而不从主观意愿出发。

目前第一线的新闻消息类信息的口语传播已呈现出多样化趋势和语言样态的融合趋势。播报多样化,一方面体现于各个不同定位、不同风格的新闻栏目;另一方面,不同的播报方式之间并没有不可逾越的鸿沟,也不呈对立状态,具体到一个新闻栏目,相近的播报方式已有"融合"的趋势,如:(1)"播报"与"播说结合"两种方式的融合。如央视《世界周刊》、《今天》中的康辉,《媒体广场》中的文静,《午间30分》中的胥午梅、郎永淳,《国际时讯》的李梓萌等人的播报状态和语言样态。(2)"播说结合"与"说新闻"的融合,如央视《本周》中的贺红梅,北京电视台《晚间新闻报道》中的潘全心、凤凰台的陈晓楠。(3)新闻杂志节目中,"播报"与"说新闻"及"点评"的融合。如北京电视台新闻杂志型栏目《第七日》主持人元元用"说"的方式串联和点评,与男声"七日要闻"的快速播报形成节奏跌宕的变化。当然,一档新闻节目中不同播报方式的转换,一定要自然,或有恰当的过渡,以保证栏目风格和一档节目的整体和谐。

近年来,在新闻界(无论报纸还是广播电视)倡导叙事方式的变革,其中较为突出且为受众接受的即"故事性"的叙事方式,一是从选材就开始注意"新闻的故事性",二是通过"加宽"、"加细"凸现新闻,让报道内容丰满起来。所谓"加宽",指围绕一个主体信息,多角度报道,使信息"立体化";所谓"加细",指抓细节与情节,使信息"形象化"。当然,在"加宽""加细"时不应忽略受众对信息量的需求,同时这样的做法并不适用于所有的新闻,但无疑为我们优化新闻传播提供了思路,可作为主播信息加工时的重要参考。

播报多样化的训练,我们把重点放在"播说结合"与"说新闻",并特别强调信息把握能力、语言加工和表达能力的提高。具体包括三方面的能力:(1)新闻理解和分析能力,在厘清事件头绪、理解新闻信息本质、把握信息要点、判断新闻价值、联系相关政策与社会反映等方面下工夫,提高学生对新闻事实敏锐准确的理解能力和分析能力;(2)书面语体向口语体的转换能力,即从有声语言"线性传播"特点出发,变换叙事方式,加强学生新闻信息加工能力和灵活的文字转化能力;(3)流畅清晰的口头表述能力,背功需要文字做依托,而按照自己整理出的叙事脉络不经过文字转换直接把新闻说清楚,是又一种重要的口头表达能力。

(二)具体做法和要求

1. 文稿的口语化加工:词语处理——将生涩刻板的书面文字词语换成通俗易懂的口头词语,但要符合新闻语体特点,简洁平易、明快生动,少用或不用专门术语,多用双音节词,不用生僻成语、典故;句式处理——成分复杂的长句改为数个短句,多用口语句式,不用倒装句、欧化句;语音安排——避免同音字误听误解、考虑平仄相间、朗朗上口、入耳动听的听觉效果。总之是方便理解的、具体生动的、经过加工的精粹口语,而非粗陋的初始口语或"灌水"的缺少信息量的口语。

2. 语序调整:听觉接受信息呈线性特点,为了便于观众对"稍纵即逝"的有声语言信息的接受理解,有时需要对新闻事实较为复杂、背景相对生疏的消息做语序的调整,或帮助听者对信息的快速进入有个"预热"过程,或厘清"线性传播"的脉络。调整的思路:背景提前,兴趣点、关注热点提前,以事件发生发展的时间或空间为序,或事件相关方面由主到次一一交待,或根据因果、比较、点面结合的逻辑结构调整……

3. 交流感和讲述感的加工:从故事性的个案切入、适当的细节描述、口语句式、第二人称、富于交流感的设问、无疑而问或自问自答……

4. 强记信息要点和叙事的逻辑顺序,依据上述原则重新组织语句,不必拘泥于原有的词句,注意叙事层次的流畅抱团和推进,不要为偶尔"磕巴"所困扰。

5. "播说结合"及"说新闻"时,状态专注积极、松弛自信而有活力;与观众交流的眼神和表情要真诚、到位;可辅以少量自然恰当而明确简洁的手势;用声取中,吐字清晰,不拙不涩;语流的松紧疏密、高低强弱变化紧扣新闻的信息要点,并与观众的信息需求呼应契合;态度基调贴切、具体,且有适度的变化;如此才可能让观众乐于接受和信服,也才能不失新闻节目的权威感,让公信度与亲和力、必听性与可听性有机地结合在一起。

6. 注意事项:切忌改变新闻消息类节目特质,不得与社教类、服务类栏目的主持"串味儿",也区别于新闻杂志或评论类节目的语言形态;切忌"口语至上"、没话找话,说些没有信息量、啰嗦、无序的套话、空话;切忌盲目追求所谓"风格",语言粗俗媚俗、格调低下。

(三)范例分析

例1:【导语】春节期间,一些独具特色的民俗文化活动,也给各地百姓的春节生活增添了不少乐趣。一起去看看。

【正文】杭州古街河坊街头,已经销声匿迹多年的传统手艺糖人面人又回来了。

捏糖人的老艺人姓朱,干这行有30年了。据说以前他只要把摊子在居民区前一摆,不用吆喝,孩子们闻着糖香就会找来。做糖人讲究个火候,要在糖还没有变硬之前,做出各种造型。"老鼠偷油"、"盘龙棍"等是最受孩子们欢迎的。在"糖人朱"边上是"面人徐"。这两门手艺有相同的地方,只是所用的材料不同。面人的造型更为广泛、手工更精巧一些。不光孩子喜欢,大人们也是爱不释手。"面人徐"的手艺也是祖传的,现在还收了徒弟。

(广东佛山:陶艺风情百年犹在)

春节这几天,广东佛山祖庙内举办了一个百年风情陶塑作品展。作者运用洗练、活泼的手法,糅合了传统民间的陶塑艺术,再现广东百年风情,数十件精美的陶塑作品,不负佛山陶都的盛名,也让观众们似乎重新拾回了对以往生活的回忆。这次还展出了《广东儿歌》十几首,像《月光光》、《鸡公仔》等,它既反映广东风土人情同节令气候,也体现了方言区的特点,游客读起来朗朗上口,回味无穷。

(山东高密:"肚子里有花"的剪纸老艺人)

山东高密是中国传统剪纸艺术最发达的地区之一,过年了,自然就更是少不了它。高密市姜庄镇李仙村的彭金芳老太太,今年81岁,她用一把普通的剪刀,剪出了栩栩如生的百马图。这一匹匹形态各异的小马,稚拙淳朴,天真自然,眉目传情,呼之欲出。更令人叫绝的是,百马图中的马,有的居然还出自徐悲鸿《八骏图》。

(广州:体育花会乐在参与)

每年一届的羊城春节体育花会,已经成为广州市民春节期间必不可少的民俗活动,这也非常形象地反映出广州人"请你吃饭,不如请你流汗"的生活新时尚,昨天开幕的第十二届羊城春节体育花会,活动内容更加丰富多彩,有传统民间艺术"八仙踩高跷"和醒狮、武术、花样溜冰、歌舞、戏剧表演等。除了各种表演之外,最受市民欢迎的,是一些可以全家出动一齐参与的互动体育游戏项目。

(杭州:绝技绝活饱眼福)

来自全国各地的个人世界吉尼斯记录保持者,节日期间聚会杭州。颠球高手、拉面大王等等各路好汉轮番上阵,为观众上演了一回自己的绝技绝活。

而自行车王子更是要在这里刷新他保持的吉尼斯记录。

2002年2月19日

点评:口语句式,富有讲述、交流特点。

例2: 今天,一场沙尘暴袭击了北京,专家预计,沙尘暴要持续到明天才会逐渐减弱。

今天一大早,北京的天气就异常阴郁,空气中散发着浓重的土腥味。到上午10点,天气越来越暗,天空变得昏黄不清,10点半的时候,北京已是漫天黄沙,空气中弥漫着呛人的沙尘。中央气象台的专家说,北京今天遭遇了今年以来第一场真正的沙尘暴。现在,受沙尘暴的影响,北京市区的能见度还不到500米,北部郊区的一些地方能见度甚至降低到100米左右,气象专家说,下午随着冷空气的到来,会有6级左右的大风,到时北京市的能见度最低会下降到200米左右。这场沙尘暴将持续一整天,到明天逐渐减弱,22号,影响基本上结束。据了解,到目前,沙尘暴还没有给首都机场的航班起降带来什么影响。这是中央台报道的。

2002年3月20日

点评:细节描述,易于听者感受。

例3: 阿富汗首都喀布尔16号发生一起英军维和士兵枪杀阿富汗平民的事件。

18号,英军维和部队和喀布尔警方继续就此事展开调查。

这起事件的受害者是一个阿富汗家庭。这一家的男主人伊萨克说,16号凌晨,他和家人为了把他即将分娩的妻子送往医院而不得不违反了宵禁令。当他们在家门口正准备上车时,附近的英军哨兵突然向他们射击,伊萨克的弟弟当场被打死。而伊萨克的妻子在受伤后逃回家中,随后生下了一个男孩。伊萨克说,他们根本就没有携带武器,也没有做任何挑衅性的举动。

开火的英军哨兵表示,他们是在遭到射击的情况下才开火还击的。英军哨兵没有人受伤。英军的调查人员表示。他们将与阿富汗警方一起对事件进行彻底调查,并将结果公之于众。预计整个调查将持续至少两个星期。

2002年2月19日

点评:语序头绪清楚,便于听者理解。

例4: 在上海,位于浦东陆家嘴的野生昆虫馆大受小朋友的欢迎,因为在那里,除了可以大开眼界之外,还能与许多平时难得一见的昆虫进行一次零距离的接触。

这个一脸紧张的小男孩,为了显示他男子汉的勇气,肩上爬着一条蜥蜴,头上还要顶一条。能够这么近距离地与蜥蜴在一起,机会确实难得,于是不少大胆的小朋友都举手要摸摸这个可爱的小家伙。

在昆虫长廊里,游客们可以看到世界上最长的昆虫竹节虫,还有世界上最古老的非洲蟑螂鼓手蜚蠊,另外还可以欣赏到变色龙高超的捕食技巧。在众目睽睽下,变色龙凝神静息,猎物出现时迅速吐出长长的舌头,一顿美味马上到口。这手绝活,怕是这位小朋友练上一辈子也不行。

据了解,春节长假期间,父母带孩子到昆虫馆来的特别多,仅一个小小的鱼池,平时工作人员每天只需放15公斤小鱼供孩子们嬉戏,可在春节期间,每天放150公斤都不够。

2002年2月19日

点评：口语化、细节描述、讲述感强。

例5： 糖尿病是一种常见的多发病，常常会导致人体代谢失常，严重的会引起眼睛失明、动脉血管硬化等并发症。通过向患者体内移植部分胰腺，使病人恢复分泌胰岛素的功能，是目前比较有效的办法，但手术难度相当大。最近，北京市朝阳医院成功地进行了一例这种移植手术，这在亚洲还是第一次。同时，也带给我们一段母女情深的感人故事。

接受手术的患者名叫张宁，是一名年仅15岁的女孩，今年6月，她被查出患有糖尿病的时候，胰腺分泌胰岛素的功能已全部丧失。眼看着自己的女儿生命受到威胁，张宁的妈妈毅然决定，用自己的胰腺来换取女儿的健康。在医生的精心照料下，手术进行得很顺利，现在，小张宁的血糖指标已基本正常，移入体内的部分胰腺已经开始正常工作，而张宁的妈妈身体恢复得也不错。据医生介绍，用亲属的胰腺进行移植，患者发生器官排斥反应的概率比较低，这是目前世界上先进的治疗方法之一。

2001年7月18日

注：背景提前，观众接受该消息时有个"预热"过程。

例6： 我们身处在一个自然资源有限，但科学技术却飞速发展的时代。作为高科技产物的机器人也离普通人越来越近，而且逐渐从娱乐功能向实用功能转化。

有没有想过用恐龙看家。听起来有些不可思议，但在不久的将来，这个想法就有可能成为现实。日本欧姆龙公司26号推出了他们的首批看门用的机器恐龙。据研制者称，这类机器恐龙将用于为人们看家护院。从它们慢吞吞的步伐来看，现在就让这些恐龙上岗还有些为时过早，但它们凶神恶煞的样子确实比狗更具有威慑力。现在这些机器恐龙的行进时速最高是0.6公里，研究人员称，在2003年正式投入市场前，他们将把这一数字提高到每小时2.5公里。机器恐龙的体内装有能够识别不同声音的声音传感器和一个摄像头，人们可以通过移动电话用声音遥控机器恐龙。如果等不到2003年，迫不及待的机器人爱好者可以先来看看同是欧姆龙公司研制的机器姑娘"小花朵"。这款机器人将在今年秋天上市。随着机器人的功能逐渐从娱乐走向实用，看来斯皮尔伯格的电影《人工智能》所描述的场景或许真的会成为现实。但无论怎样，机器人终究还是要服务于人类。这是中央台编译报道的。

2002年3月27日

点评：语言交流感强。

例7： 一位年轻的时装设计师最近在巴黎举办了她的个人时装展。引人注意的是，这位设计师是一个坐在轮椅上的残疾人,她就是身残志坚的法国姑娘卡拉斯科。

这是卡拉斯科设计的系列服装。包括礼服、长裤、长裙等。(同期声展示)

20岁的卡拉斯科患有先天性的肌肉营养失调症,这使她只能在轮椅上生活。(同期声略)

卡拉斯科设计的主要是优雅性感的女性时装。由于只能移动手臂设计草图,她的时装要在缝纫师的帮助下完成最后的作品。从去年起卡拉斯科开始筹备自己的时装设计展,她获得了政府帮助残疾人从事商业活动的特殊许可,在很多热心人的帮助下,她的梦想终于成真。在巴黎著名的克里永饭店举办的时装展上,她受到了人们的认可和热烈的欢迎。

2002年2月19日

点评:突出特点,引人注意。

例8: 日前,一只奇怪动物突然出现在广东海丰县一居民家中。撞进民居的这位不速之客竟然是只俗称"四不象"的"苏门羚"。

"苏门羚"是国家二级保护动物。它长有一对羚角,而耳朵长得像驴耳,因此又被取名为岩驴。它的体型又跟羊相似,但项背长有硬毛。就是由于这种非驴非马的特点,所以民间称它为"四不象"。苏门羚长年生活在环山陡峭的岩石下以及乱石河谷中,主要分布在西北和西南等省区,在华南地区极为罕见。"苏门羚"在海丰出现,极有可能是被人偷运至此后逃脱出来的。

据该户居民介绍,在发现"四不象"的第二天,便陆续有人愿以不等的高价收买,但都被他拒绝。目前这头"四不象"已被省有关部门收留。汕尾市林业局有关人员呼吁广大市民要保护野生动物,发现不明动物时,切莫胡乱宰杀或是将其卖给不法商贩。

2002年2月19日

点评:事件、背景、主信息、延伸信息脉络清晰。

例9: 17号,一场别开生面的冰上赛马在瑞士圣莫里兹展开,精彩的比赛吸引了来自世界各地的赛马爱好者。

比赛是在圣莫里兹一个冰冻的湖面上举行的,冰层的厚度大约有70厘米。有近一万两千五百名观众前来观看,其中不少观众每年都来。

(【同期声】德国游客,略)

除了常规的赛马以外,有的项目还需要骑手踩着滑雪板或是坐着雪橇进行比赛。骑手们策马驰骋,在寒冷的冬日里尽情挥洒热情,展示他们高超的技艺。

圣莫里兹坐落于阿尔卑斯山南部,是瑞士著名的度假区。冰上赛马开始于1907年,是圣莫里兹吸引旅游者和体育爱好者的一项传统活动。几十年过去了,冰上赛马运动依旧魅力不减。

2002 年 2 月 19 日

点评:口语与书面语结合,有概述,有描述,有实况,有背景,信息丰富、简洁。

(以上例稿由央视《新闻 30 分》郎永淳供稿)

(四)训练建议

1. 可先选择事件性消息、解释性消息、科技珍闻、社会新闻做练习,厘清事实脉络、把握新闻实质、用顺口入耳、简洁平易的话"由己达人"地叙述。开始可从重新改写消息文稿入手,教师对学生的修改稿做出分析和指导;上路后,增加难度,省略改写环节,直接对消息文稿做播出的口头处理,提高新闻理解和语言转换及不依赖文字的流畅清晰的口头表达能力。

2. "播报多样化"的练习与下一节的"导语串联词撰写"练习,既可分别进行,也可以结合起来做综合练习,特别是训练课时紧张时,最好把两部分的内容合并,更贴近实际,效果可能会更好。

(五)训练材料

▲有两部分。第一部分由本书提供材料:

1. **提示:**充分理解消化,用自己的话把这条信息说清楚。

按照我国《城市房地产管理法》的规定,城镇住房必须进行土地登记。但实际上,很多人买了房却迟迟拿不到"土地使用证",以致于无法实现房屋的正常流转出售。然而在苏州,自从 1998 年实行了"土地分割登记"制度以后,老百姓只用 10 天就能顺利领到"土地使用证"。

苏州市民丁炎 1993 年买了一套商品房,因为居住不合适想卖掉再买新房。但由于手续繁琐,他一直没有领到"土地使用证",因此无法将房子卖掉。今年,丁炎补办了一张"土地分割证",凭着这张证书他很快领到了"土地使用证",并打算最近就把房子卖出去。过去,购房者办理"土地使用证",需要同房地产开发商一起前往土地部门,提交"建设用地规划许可证"、"建设工程规划许可证",开发商的"土地使用证"等 8 项证明文件,再由土地部门对房屋用地的权利人、坐落、权属来源、面积等进行审核。而且在审核过程中,经常发生商品房的坐落名称与整个房地产项目名称不一致的情况,给登记工作带来极大难度。购房者从申请到领证往往要等上半年时间。苏州从 1998 年起实行了"土地分割登记"制度,按照这项制度的规定,一幢楼建成后,土地部门在对整幢楼的土地进行登记的同时,也要将楼中每套房屋对应的土地进行登记,并为每套房屋发一张"土地分割证"。房屋出售时,购房者从开发商那里取得"土地分割证",并在日后办理土地登记时提交给土地部门,土地部门根据"分割证"上的记录就颁发给相应的"土地使用证",而不再像以前那样进行复杂漫长的审核,既方便了购房者,也促进了二手房市场的正常流转。

"土地分割登记"制度的实施还有效遏制了违法用地现象。过去,合法用地房屋和违法用地房屋都没有"土地分割证",而多数消费者又对数量繁多的证明文件了解不够,识别不出违法用地。现在有土地部门把关,证书不齐的违法房屋得不到"土地分割证",很容易被购房者识别出来。

实行了"土地分割登记"制度后,苏州的违法用地面积比1997年下降了94%,土地登记率由1997年的10%提高到现在的96%。江苏省已于日前要求在全省范围内推广苏州市"土地分割登记"制度的做法和经验。

目前,我国多数地区的城镇住房用地登记率仍停留在较低水平。今年2月,国土资源部下发通知,提出力争用一年时间基本完成全国城镇住房用地登记工作。

2002年3月25日

2. 提示:改变语序,强化交流感。

中消协会在19个大中城市进行的科学消费情况调查显示:在吃穿住用、文化娱乐、商品标签、医疗、环保8个方面,消费者采取不科学态度和做法的仍然占相当的比例。其中与环保有关的消费行为和知识误区最高,达到53%。

调查发现,近半年经常使用一次性发泡不可降解的快餐盒的消费者占10%,偶尔使用的占62%,从未使用的占27%。分析显示,部分具有环保意识的消费者,在经济利益面前立场一般都会发生改变,表现为不愿意为环保支付更多的成本或花太多的功夫。超过一半的消费者在环保领域的知识相对匮乏,显示出问题的严重性。在消费知识方面,问及对空气污染知识的了解情况,如在汽车较多的城市马路上散步,大人和小孩谁呼吸的汽车尾气最多,回答"小孩呼吸的尾气最多"这一正确答案的的消费者比例为42%,另外6成的人回答错误。同时有3成的消费者不知道"有些猪肉含有瘦肉精",3成不知道"含磷的洗衣粉对封闭的水域有较大的污染"。3成的消费者不知道"环境污染导致癌症",还有近两成不知道"部分早产的水果是用有害人体的化学药剂催熟的"。近年来,有机食品、绿色服装、环保涂料等产品的推出,也正是在培育和推行科学消费。这是中央台报道的。

2002年3月26日

3. 提示:先梳理清楚,长句改短句,口语化说清楚。

25号,日本政府与20名因植入硬脑脊膜组织而感染克雅氏症的病人达成庭外和解协议,向这些患者支付一亿六千二百万日元,约合120万美元的赔偿。根据协议,除了日本政府之外,德国布劳恩·梅尔松根医药公司和日本进口商BSS公司另外将向这20名患者支付总额为10亿日元,约合760万美元的赔偿。日本政府也承诺将对这桩诉讼案之外的克雅氏症患者进行赔偿。1973年到1997年的二十几年间,日本政府一直从德国进口用于脑部手术的硬脑脊膜组织。而早在1987年美国政府就发出警告,这种组织有可能会引发克雅氏症。

2002年3月26日

4. 提示:将较复杂的事件说明白。

耶路撒冷东部18号傍晚发生一起汽车爆炸事件,一名以色列警官和一名巴勒斯坦司机被炸死,另有一名警官受轻伤。

据以色列电台报道,在耶路撒冷东侧的犹太人定居点马阿里·阿杜米姆附近值勤的警察,当天傍晚发现一辆行迹可疑的车辆朝耶路撒冷方向驶去,随即赶上前去命令汽车停下来接受检查。驾车的巴勒斯坦司机下车后,警察经检查发现汽车是被盗车辆。巴勒斯坦司机随即用遥控器引爆了安装在汽车上的炸弹,一名警官和司机本人当场被炸死,另一名警官受轻伤。目前,还没有组织宣布对这次自杀爆炸事件负责。

鉴于近日以巴暴力活动明显增加,以色列总理沙龙决定18号晚会见军方高级官员,就如何对巴方袭击活动采取更严厉的报复措施进行磋商。

2002年2月19日

5. 提示:将头绪较多的信息说清楚。

巴勒斯坦民族权力机构领导人会议25日深夜结束后发表的声明指出,参加27日在黎巴嫩首都贝鲁特举行的阿拉伯国家首脑会议,是巴权力机构主席阿拉法特当然的权利,以色列根本无权干涉。

声明说,以色列沙龙政府企图在是否"允许"阿拉法特前往贝鲁特的问题上同巴方讲条件、设障碍,这样做是"大错特错"的。声明强调,巴勒斯坦人民绝对不会向以色列的强权政策和武力威胁低头。阿拉法特的政治顾问拉迪那25日对新闻界说,阿拉法特虽然非常希望能够前往贝鲁特,但在目前情况下,他宁可不去参加阿拉伯国家首脑会议,也绝不会再同以色列在此问题上谈什么条件。另据报道,美国总统布什25日呼吁沙龙解除对阿拉法特的封锁,允许他前往贝鲁特参加阿拉伯首脑会议。白宫发言人弗莱舍说,布什已经通过国务卿鲍威尔向沙龙转达了他的要求。据悉,以色列安全内阁定于今天开会,讨论是否"允许"阿拉法特前往贝鲁特,并返回巴勒斯坦的问题。这是中央台编译报道的。

2002年3月26日

6. 提示：说清楚，注意条理、层次。

26号在中东地区再次发生数起流血事件。当天夜间在约旦河西岸城市希伯伦，一辆欧盟派驻当地的国际观察员车辆被袭，2名观察员被打死。在耶路撒冷的一起汽车自杀性爆炸袭击事件中，两名巴勒斯坦人被炸死。

据悉，当天，当观察员的车辆经过希布伦一条主要道路时，突然遭到袭击，车内的1名土耳其人和1名瑞士人因伤重不愈，在医院死亡。医疗机构的消息说，从死者身上取出了以色列军队使用的制式子弹。巴勒斯坦民族权力机构事后发表声明说，以色列军队狙击手事先埋伏在道路旁的两座建筑内，当观察员车辆经过时，用交叉火力向他们射击。声明指责以色列沙龙政府应为袭击事件负责，并呼吁有关方面尽快成立核查小组，调查事件真相。以色列电台则说，袭击者是1名巴勒斯坦人，他当时身着巴安全警察制服。另外，当天上午，耶路撒冷市郊还发生了一起汽车自杀性爆炸袭击事件，由于以色列警方及时发现并对嫌疑车辆进行围追堵截，爆炸并未导致重大人员伤亡，但驾车的两名巴勒斯坦男子被当场炸死。这是中央台编译报道的。

2002年3月27日

7. 提示：调整语序，说清楚。

联合国新闻发言人埃克哈德25日说，联合国秘书长安南将于4月18日至19日在纽约联合国总部再次与伊拉克政府代表团举行会晤。双方将就武器核查及海湾战争失踪人员问题进一步磋商。

埃克哈德强调指出，在伊拉克问题上，安南不能替代安理会的作用。安南希望在伊拉克全面执行安理会有关决议的基础上发挥协调作用。

伊拉克外长艾哈迈德在3月7日的会晤后向安南提交了一份材料，内容包括伊政府向联合国提出的在武器核查、伊拉克与安理会关系，以及伊拉克自卫与主权三个方面的20个问题。对此，安南已明确表示，这些问题应由武器核查委员会、安理会及联合国其他机构回答。这是中央台驻联合国记者报道的。

2002年3月26日

8. 提示：说清楚，注意基调。

迄今为止，美国拥有世界上最先进的"全球定位系统"。但欧盟交通部长们26号决定批准建立欧洲人自己的全球卫星导航系统——"伽利略导航系统"，它将打破美国全球定位系统在这一领域的垄断。

该系统由30颗同步卫星组成定位网络，能使任何人准确确定自己在地球上的位置，误差不超过一米。此前，由于"伽利略系统"高达36亿欧元的造价，加之美国军方的极力反对，建造计划搁浅了一年多的时间。但本月欧盟首脑会议召开前不久，德国签署"伽利略"计划的举动使得事情出现了转机。德国称,出于政治、战略和经济的考虑,欧洲应该拥有自己的卫星导航系统。许多支持者也认为,建造该系统不但会创造更多的就业机会,也会使欧洲不再那么依靠美国的技术。这次批准用于研发的费用将达到四亿五千万欧元,约合三亿九千二百万美元。与美国军用"全球定位系统"不同的是,伽利略系统是民用系统,而且将在技术上更为先进,覆盖范围更为广泛。它将被广泛地应用于汽车、船只、飞机的导航,以及紧急营救等行动,预计将于2008年建成并投入使用。这是中央台编译报道的。

2002 年 3 月 27 日

9．**提示**:说清楚,注意交流感。

伊拉克官方发言人 24 日在巴格达宣布,伊拉克准备接待一个美国代表团来伊拉克调查 1991 年海湾战争中失踪的一名美国飞行员的下落。发言人指出,这个美国代表团将在美国新闻媒体组成的记者小组的参与下,并在国际红十字会的主持下前往伊拉克进行调查。1991 年 1 月 17 日海湾战争爆发的第一天,美国飞行员麦克·斯科特的战机在伊拉克境内被击落,美军方当时把他列入了失踪人员名单。但美国中央情报局后来得到情报说,斯科特在飞机坠落前已弹出机舱没有死亡,并有证据显示他仍被关押在伊拉克某一监狱内。为此,美国政府于今年 1 月致函伊拉克政府,但伊方对此予以否认,并表示美国可以派团来伊拉克进行调查。

2002 年 3 月 25 日

10．**提示**:加背景,说清楚。

国家认证认可监督管理委员会,今天对六家在认证业务活动中有严重违规违法的六家认证机构进行了通报。

国家认监委和国家工商总局根据群众举报,于 2001 年 12 月开始对 11 家认证机构进行了调查,结果发现有六家机构置认证信誉于不顾,存在着虚假认证、买证卖证的违规违法行为。这六家机构是:广州英迈标准技术有限公司/EQA 办事处;广州市玖千网科技有限公司/IMS 中国总部;广州高宝汉德有限公司/英国高宝公司中国分公司;广州英特安认证服务有限公司;广州沃德企业管理服务有限公司/WCS 公司中国分公司;美国 NSF 认证机构中国代表处。

(【同期声】略)

国家认监委的负责人表示,今后将进一步加大对违法违规机构和人员的查处的力度,有违法违规行为的机构,其认证经营活动资格将被取消,不得再从事相关活动;有违法违规记录的从业人员,将被清理出认证认可工作队伍,不得再从事相关的业务。这是中央台报道的。

2002年3月27日

11. 提示:理清头绪,说出层次感。

第十四届阿拉伯国家联盟首脑会议将于今天在黎巴嫩首都贝鲁特举行,由于这次会议将重点讨论由沙特王储阿卜杜拉提出的一项中东和平新建议,因此备受世界舆论的关注。这次会议的关键人物,一直被以色列软禁在拉马拉的巴勒斯坦民族权利机构主席阿拉法特能否出席会议,成为一个悬念。现在,这个问题终于有了答案,巴勒斯坦民族权利机构昨天深夜发表声明宣布,阿拉法特将不参加这次首脑会议。

从阿拉法特在西岸城市拉马拉的总统官邸,到阿盟首脑会议召开地贝鲁特,只有几百公里,但由于以色列方面设置重重障碍,阿拉法特最终未能跨越这道人为鸿沟。巴勒斯坦民族权力机构26号深夜宣布,阿拉法特将不参加阿拉伯国家联盟首脑会议。

过去几天里,以色列政府极其卑鄙地试图利用这一事件羞辱巴勒斯坦领导和巴勒斯坦人民。当天早些时候,以色列总理沙龙在是否允许阿拉法特出席首脑会议的问题上,又提出了更为苛刻的条件,那就是,在阿拉法特参加会议期间,如果发生恐怖袭击事件,以色列有权决定不让阿拉法特返回巴勒斯坦。为防止以色列政府利用阿拉法特参加阿盟首脑会议的机会设置新的障碍,阻止阿拉法特返回巴勒斯坦,阿拉法特和巴方领导人作出了不参加会议的决定。尽管阿拉法特不能亲自参加这次首脑会议,但据悉他将于今天通过卫星在拉马拉的官邸向阿盟首脑会议发表讲话。这是中央台编译报道的。

2002年3月27日

▲第二部分训练,以学生自己从报上或网上选择的材料为主做练习。

二 修改与撰写导语、串联词

(一)理论概述

"受众为本"是传播观念的时代特色,强化交流、强化服务也是"以人为本"的理念在传播中的体现。随着时代的变迁,当代观众的收视完全是个人行为,早已告别了指令性的集体收视状态,加之人们获取信息的来源增多,因此当今的传播者十分在意吸引和方便观众的收视,格外重视对信息的加工。一方面使消息内容立体化,另一方面,现在消息的导语常与衔接前后消息的串联词胶着在一起,充分发挥导语引起关注及串联词的整合作用。同时,对信息的整合、背景分析、见解阐述等,也正是主持人在消息类节目中适当发挥主持特点和风格的空间。发挥导语引起关注及串联词的整合作用，主要包括四个方面：1．突出新闻信息的重点；2．寻找方便理解、吸引收视的导入角度；3．必要的简短议论；4．有机串联整合节目。

由于种种原因，我国的新闻主播大多缺乏新闻工作的实际锻炼，于是许多电视台为了提高主播的新闻素质及对节目的整体把握和驾驭能力，从增强"新闻敏感"着眼，从提高"观众意识"、"服务意识"入手，不约而同地提出了主播参与编辑工作（主要是导语、串联词的修改撰写）和部分采访报道工作的要求。实践证明，这样的做法对提高主播的新闻素质、传播素质和节目的整体把握能力确实很有成效，主播与编辑之间也形成了很好的互动，优化了传播效果。当然，有的栏目配有专门的口播编辑做此项工作，或因时间及精力的关系，一段时间后主播不再具体承担导语串联词的修改，但是，主播是否具有这一能力，对于栏目风格的形成及主播是否称职，或直播状态下主播对临时发生的情况处置能否到位，都有直接的影响。

(二) 具体做法和要求

1．适应听觉、突出重点：一是将原来导语中的长句分解为短句，适应听觉接受与理解信息的需要。二是把重要的信息点及观众关注的信息点在导语中予以突出，信息点贵在准确、精当，能够吸引观众的注意力，使导语听来十分明晰；

2．扩大视野、补充信息：提供必要的新闻背景（如社会背景、历史背景、地理背景）、或相关的知识性材料，帮助观众更轻松、更方便地透过新闻事实的来龙去脉，扩大观众的视野，更好地理解新闻事实的本质及其对周围事物的影响；

3．寻找切入点、吸引收视：应熟悉观众的需求、关注重点、期待和感情，多从贴近观众生活、贴近观众心理的角度寻找那些"直接可感"的切入点，可用由近及远、由此及彼等方法导入一条新闻，或抓住消息的核心以设问方式提出悬念引发兴趣，或用"讲故事"方式讲述新闻事实的个案或细节以吸引观众注意收视；

4．稍加点评、意在沟通：主播以"朋友"式的个人身份和观众"一起"关注新闻，必要时把自己对新闻事件的感悟，讲究分寸地在导语或串联词中与观众作简短的交流，如果把握得当，不仅能增强观众的注意和兴趣，还能在颇有"人情味"的平等氛围中，"不露声色"地强化新闻的导向性和深化新闻的价值；

5．有机衔接、巧妙转换：消息间贴切有趣的勾连，是整合信息优化传播的重要手段之一，可在相邻的消息之间发现正相关、负相关、对比、联想等可能有的逻辑联系，让观众更有兴趣、更专注地接收新闻，增强传播的整体性。但必须注意，消息的整合串联应当自然巧妙，要注意串联的有机性和合理性，强拉硬拽、牵强附会是不可取的。

(三)范例分析

1. 关于导语的修改与撰写

(1)一则关于印度火车相撞的消息作为国际新闻的头条,原有的导语是:

2号凌晨,一列满载旅客的列车与一列邮车在印度东部西孟加拉邦西里古里80公里以外的盖萨尔车站相撞后爆炸。目前,事故原因已经调查清楚。

康辉做了修改,把消息主体中的重要信息点在导语中开门见山地提了出来,而且也较为上口、易于理解:

2号凌晨,印度发生了一起历史上最为严重的火车相撞事故。官方证实有250人死亡。在印度东部西孟加拉邦西里古里80公里以外的盖萨尔车站,一列满载旅客的列车与一列邮车相撞,随即发生了爆炸。目前,事故原因已经调查清楚。(以上为中央电视台《新闻联播》1999年8月3日播出)

(2)一则关于《角膜塑型镜经营验配监督管理规定》发布的消息,《现在播报》用的导语是:

为加强对OK镜的监督管理,保证产品安全有效,国家药品监督管理局今天发布了《角膜塑型镜经营验配监督管理规定》。(央视《现在播报》2001年8月9日播出)

同样是这则消息,《东方时空·早新闻》对导语做了如下改动:

OK镜又叫角膜塑镜,这本是一种医疗器械,可是,在很长时间里,它却被当成了商品,OK镜市场一度非常混乱。昨天,一项关于"角膜塑型镜经营验配"的监督管理规定出台了,值得注意的是,发布这个规定的是国家药品监督管理局,这就意味着,今后,OK镜是要作为医疗器械来经营的,只有取得许可证的医疗机构才能从事OK镜业务。(央视2001年8月10日播出)

它先从通俗的叫法"OK镜"说起,简要介绍其知识,并强调管理规定出台的背景,因而增强了贴近性,同时把这条消息的重点也凸现出来了。显然,"硬梆梆"的、"公事公办"发布消息的方式与"人性化"的导入方式相比,后者更易于引起人们的关注。

(3) 一则亚洲首例亲属间胰腺器官移植手术的报道,《现在播报》沿用通常的习惯——导语直接叙述新闻事实:

近日,北京市朝阳医院顺利完成了亚洲首例亲属间胰腺器官移植手术,目前患者的血糖检测基本正常。这表明移入患者体内的部分胰腺已经在正常工作。(央视《现在播报》2001年7月17日播出)

《东方时空·早新闻》却把消息主体中关于糖尿病的常识性背景资料及做这一手术的母女的感人故事提到导语中来,不仅让观众接受一条较专业的医疗消息时有个"预热"过程,同时还从"人间有爱"的情感角度入手,平添了观众收视的期待心理:

糖尿病是一种常见的多发病,常常会导致人体代谢失常,严重的会引起眼睛失明、动脉血管硬化等并发症。通过向患者体内移植部分胰腺,使病人恢复分泌胰岛素的功能,是目前比较有效的治疗办法,但手术难度相当大。最近,北京市朝阳医院成功地进行了一例这种移植手术,这在亚洲还是第一次。同时,也带给我们一段母女情深的感人故事。(央视《东方时空·早新闻》2001年7月18日播出)

(4) 一则关于"整治加油站"的消息,导语没有采取常见的直奔事实本身的做法,而是以聊天的方式以交流的口吻谈起对加油站的感受,其实也正是开展"集中活动"的背景,进而导出新闻本体。这种贴近生活、贴近受众的导入方式易于唤起共鸣和进一步的关注:

经常开车上路的朋友们可能都会发现,现在,路边各种各样的加油站是越来越多了。加油站增多,一方面给大家的出行带来了方便,但另一方面,由于一些加油站没有经过严格审批,缺乏管理,消费者在这里加油常常会遇到油品质量差、计量不准等麻烦。针对这种情况,国家经贸委副主任张志刚昨天表示,将在全国范围内组织一次集中整治活动。(央视《东方时空·早新闻》2001年7月24日播出)

(5) 一则关于克隆羊繁衍后代的消息,导语采用提出问题,引起悬念和兴趣的方式导入,交流感也十分强:

我们都知道,科学家们已经成功地克隆出了山羊。但是,克隆出来的山羊能不能繁衍后代,它们的后代又会是什么样子呢?再过一段时间这个问题就会有答案了。目前,世界惟一存活的成年体细胞克隆山羊"阳阳",最近,在西安被证实已经怀孕4个多月,将在8月初分娩。(央视《东方时空·早新闻》2001年7月24日播出)

(6)一则贝克汉姆受伤的消息,导语采用聊天的口吻自问自答,听来事实清楚,又透着与观众平等亲和的关系:

距离世界杯只有四十多天了,当全世界大多数球迷都在盼着快点开幕的时候,英国的球迷们却在默默希望那一天能来得晚点。为什么这么说呢?因为他们热爱的贝克汉姆脚踝严重受伤,而从英超本赛季的最后角逐到欧洲冠军杯的半决赛乃至耀眼的大力神杯,还有好些硬仗等着这位主角呢。(上视《新闻夜线》2002年4月14日播出)

(7)上海电视台《新闻晚报》栏目中有个3分钟的"华夏关注"单元,一则关于商标注册"傍名牌"不良倾向的调查,主播编写的导语以刚刚热播的电影情节做引子,从艺术到现实,加之"编后"的点评,引人深思:

好多观众对去年年底的贺岁片《大腕》记忆犹新,片中巧妙地借着广告狠狠讽刺了一把现实生活中的商家们,比如电影里的"报丧鸟"、"搜狗网"还有"爱岛VCD"等等,和我们平时熟悉的很多名牌都很相似。电影是虚构的,那些被点名的企业也只能哭笑不得。可现在确实有不少名牌被一些投机取巧的商贩给盯上了,于是就出现了一个词"傍名牌",我们来看看记者的调查。

编后:显然要一个不漏地把相似商标注册完不是解决问题的上策,这两年越来越呼唤保护知识产权,恐怕相关法规的细化是迫在眉睫了。这里也想劝那些绞尽脑汁傍名牌的企业们,怎么就不能把这股聪明劲儿放在创出自己的名牌上呢?(上视《新闻晚报》2002年4月19日播出)

(8)北京电视台《晚间新闻报道》报道"网上报户口"的导语,由远及近,以谈家常的方式交代背景,交流感强、服务性强:

户口问题一直是既敏感又热点的问题,它关系到孩子入学、大人就业等一系列实际问题。就因为户口问题,不少年轻人在结婚的时候,还要考虑对方有没有北京户口,尤其是女方,因为以前一直规定,孩子的户口随女方。今天下午,北京市公安局在网上办了一回公,首次在线解答和户口有关的问题。这一问一答,还真让人明白了不少事儿。(北京电视台《晚间新闻报道》2002年播出)

2. 关于消息的整合串联

(1)上海电视台《新闻夜线》节目中,一次有关国际新闻的部分有这样3条消息:杰宁难民营一片死寂、世界各地爆发反以游行、委内瑞拉局势巨变;主播抓住其中的内在联系,用导语和串联词把它们衔接起来,引导观众一直看下去(上视《新闻夜线》2002年4月14日播出,查谦供稿):

自从上个月29号以色列重新发动大规模军事行动以来,巴基斯坦城镇遭到了巨大的破坏。昨天,中国国际广播电台的记者第一次进入重围中的西岸城市杰宁,看到的一切只能用四个字来形容:惨不忍睹。(导语交代背景后接报道:杰宁难民营一片死寂)

摄像机所能记录的永远都是有限的。实际上,以色列军队在巴勒斯坦土地上的暴行还远远不至于此,这引起了国际社会的愤慨,一段时间以来,世界各地不断爆发反以示威,以色列境内的和平人士也加入了抗议的行列。(首句对难民营惨景的感慨以递进的关系承上启下,自然而然地导出反以示威的报道)

我们常说国际局势风云突变,这用来形容刚刚发生政变的委内瑞拉再合适不过了,那儿的时局在过去的24小时里发生了戏剧性的变化,刚刚就任的临时总统卡莫纳昨晚宣布辞职,而今天,被赶下台的查韦斯总统在支持者的欢呼声中又返回了总统府。(首句不是通常意义上的导语,而是通过很有交流感的常理转换到新的关注点上,即由宏观跳到微观的演绎法)

(2)北京电视台《晚间新闻报道》以报道北京社会新闻为主要特色,而消息之间的串联和导语也别具一格,内容上有关联的尽量勾连点染,多采用简短的议论,方式上突出与观众交流的口吻,从而加强了消息与消息之间、节目与观众之间的粘合力。随机抽取2002年播出的一档节目,从"社会新闻"到"多媒体聚焦"的串联整合中不难看出其中的特色(该栏目主编兼主播潘全心供稿):

标题：挣钱心太狠　　倒卖狐狸皮

【导语】一个人对一样东西恨之入骨，才会夸张地说：要用枪把它打成蜂窝煤。四只还没成年的小草狐，就遭到了这种厄运，明明是被保护对象，只因为人的贪婪，再也没机会在林中奔跑，甚至还要被人做成围脖、帽子和皮包。两名河北农民带着小草狐皮和其他十几张狐皮，准备发一笔财，结果是自己被发到公安局里去了。

标题：本来应爱护　　何必害生灵

【导语】您可能会说：我可没有杀野生动物的胆儿，也不想倒卖，只是买回家去自己欣赏，甚至给自己一个理由：因为喜欢才买，所以会让它活得更好。此话大错特错，习惯了野外环境的动物，在笼子里根本活不好，但无论是花鸟市场，还是肉类批发市场，甚至餐馆里，却随处可见被人买来卖去的野生动物。

标题：有"仇"也恩报　　善待猫头鹰

【导语】相信还是有爱心的人多一些，北京有位曾先生就是个榜样，一只猫头鹰飞进了他家，一口气儿咬死了他四只心爱的鸽子，曾先生爱鸽如命，恨不得把猫头鹰抓起来摔死，但曾先生心中有情，手下自然会留情。

标题：树倒砸大奔　　法院定责任

【导语】有关保护生物物种，保护生态环境的大话，用不着再多说，想想好运的猫头鹰，想想倒霉的小草狐，人心善恶，自有评判。我们常说，谁是谁非，法院公断。北京有一起"古树倒了砸坏一辆大奔的案子"，从一审到终审，不是被告要上诉，就是原告要上诉。古树长在和平宾馆院里，一审时，法院判定和平宾馆赔偿车主18万元维修费，车辆的贬值损失也得赔。原被告双方全都不满，于是官司又打到了中级人民法院。

标题：冬季办书市　　先打公益牌

【导语】北京有两个被固定下来的书市，春季书市和金秋书市，每次都是兴旺得可以。人们往那儿凑，一个是书全，另一个是便宜。看到了书市的感召力，今年，在春秋之间又首开冬季书市。

标题：摩托无市场　　车展今遇冷

【导语】北京似乎成了个展会城市，国展中心今天又挂出了"第二届北京国际摩托车展"的横幅，也许是北京人对摩托车的热情远远赶不上汽车，没有市场，参展商也没有热情，现场不免冷淡。

标题：东西确实好　　只是价更高

【导语】一辆摩托车几十万并不少见，但一辆自行车要是开价十几万，一套厨房用具高达百万，您是不是觉得有必要、得研究研究这到底是什么样的货色。

标题：特价购物节　场面真热闹

【导语】对大多数人来说,这么昂贵的东西,终归是可望而不可及。平常过日子,还得讲究精打细算,省点儿是点儿,依然是生活的主流。正因为如此,每当打折、特价、优惠这样的字眼出现的时候,总会伴随着热热闹闹的抢购场面。这决不是没出息,实实在在就是生活。朝阳体育馆正在搞服装服饰特价购物节,有了"特价"的招牌,没法儿不热闹。

标题：多媒体聚焦

【导语】东西能挑便宜的买,是因为可以货比三家、有选择的余地；可是,当你别无选择时,人家强取豪夺,你也没办法。垄断带来的,就是这样的无奈。尽管如此,消费者作为弱势一方,仍然希望能够有所作为。来看今天的多媒体聚焦。(略)

(三)训练材料

1. 央视《新闻早8:00》2002年6月7日播出稿,有播出版录像。

(1)当地时间6月6号,国家主席江泽民与俄罗斯总统普京在圣彼得堡举行了双边会晤。请看本台记者今天凌晨从前方发回的报道。

(2)6号抵达巴基斯坦首都伊斯兰堡进行访问的美国副国务卿阿米蒂奇,当晚同巴基斯坦总统穆沙拉夫举行了会谈。在会后的新闻发布会上,阿米蒂奇肯定了巴基斯坦寻求和平的努力。

(【同期声】略)阿米蒂奇说,从与穆沙拉夫总统的谈话中可以看出,巴基斯坦希望尽一切努力避免战争,这对于今后的进程是一个好的基础。他说,穆沙拉夫总统希望在保持民族和军队的尊严的基础上来做这一切,阿米蒂奇表示,美国将继续努力缓解巴印之间的紧张关系；他强调,国际社会还需要对此做进一步的工作。阿米蒂奇定于今天离开巴基斯坦前往印度。美国总统布什日前宣布,在阿米蒂奇结束他的使命之后,美国防部长拉姆斯菲尔德将于下周前往巴基斯坦和印度,同双方领导人就克什米尔紧张局势进行磋商。

(3)俄罗斯警方6号在莫斯科南部靠近伏努科沃机场的一座公墓里发现了5枚来路不明的导弹。据警方介绍,这些导弹长约1米,可以用来攻击空中或地面的目标。由于导弹隐藏的地点正好位于一条繁忙的空中走廊下面,警方初步怀疑它们是犯罪集团或者恐怖分子计划用来袭击过往的飞机的。目前警方正在就这一件事情展开调查。

(4)韩国总统金大中6号在朝鲜战争纪念日仪式上说,朝鲜半岛有望在10到20

年之内实现统一。

（【同期声】略）本月15日是金大中同朝鲜领导人金正日举行会晤2周年纪念日。金大中对2000年韩朝首脑会晤给予了高度评价。

(5)联合国粮食和农业组织和世界粮食计划署近日发出警告说,南部非洲6个国家约1280万人口将面临严重饥荒。6号,来自各个救援机构和南部非洲国家政府的代表在南非约翰内斯堡召开一次特别会议,讨论如何帮助这些国家渡过危机。

据参加会议的救援机构官员说,干旱、洪水、早寒等自然灾害是造成南部非洲国家粮食稀缺的主要原因。会议详细地分析了饥荒可能造成的影响,并商讨了相应的救援措施。根据世界粮食计划署的预测,受到饥荒威胁的这些国家目前急需120万吨粮食,而在未来一年中,救援食品的需求将达到400万吨。

【同期声】世界粮食计划署东部和南部非洲地区负责人朱迪思·刘易斯:在未来三个月内我们非常非常非常迫切地需要粮食,这就是为什么必须要马上行动起来,南部非洲的许多国家都是内陆国家,这给救援物资的运送带来了一定的困难。因此,会议的另一个议题就是如何让救援物资顺利及时地抵达受灾区。

(6)想到非洲还有那么多饥饿的人民,总觉得再讨论一些奢侈的事情是一种罪过,不过科技的发展总还是令人欣喜的,最近,瑞典沃尔沃公司就推出了一款新型概念车,它提供的全方位的安全保护,不得不让你刮目相看。

这款概念车最引人注目之处就是它的"眼睛定位系统"。车内的眼睛感应器可以根据司机眼睛的高度,自动调整司机坐椅以及方向盘、油门和档位的位置,让司机处于最舒适的驾车状态,从而减轻疲劳。同时,车内后视镜和车身前后两处保险杠上也安装了传感器。它们可以帮助司机观察到盲区内的车辆,从而避免可能发生的碰撞。它独特的照明系统还可以监控车速以及转弯时车轮的运动情况。另外,车内还有一个专门的夜视镜。红外摄像头拍下的图像可以让司机在夜幕下清楚地看到路面状况,避开障碍物。这样司机就可以掌握车内和车外的一切路况信息。目前这款新车售价1000万美元。沃尔沃公司表示,虽然这款概念车暂时不会正式投入生产,但在最近两年内,美国福特汽车公司的某些车型会采用这些安全设施。

(7)我们接着刚才的话题,继续来关心汽车,因为第七届北京国际汽车工业展昨天已经开幕了。这次车展是我国加入世界贸易组织之后,第一次举办的大型国际性汽车展览会。众多国内外汽车厂家踊跃参展。可以看出,一场汽车第一市场新的争夺战,已经拉开了序幕。尤其是国内汽车厂家在展会上展出的低价位的家用经济型轿车,就是为普通观众准备的一份诱人的汽车大餐。

像这款吉利轿车如果按标准配置来算的话,市场价格为3.89万元,为本次车展价格最低的车型。长安铃木这次带来的全新升级版奥拓都市贝贝,价位仍保持在原来的4万多。而天津夏利推出的几款新车中,这款家用轿车备受参观者的青睐,它采用日本丰田最新技术,价格适中,一改经济型轿车没有领先技术的历史。

这届车展,昨天和今天接待的主要观众都是一些专业人才,真正对普通大众开放要等到明天。对于观众群进行时间段上的划分,也是本届车展一个显著的特点,而这也是这届车展和往届车展诸多不同的一个方面。

在组织与服务上的诸多变化,一方面说明已经举办了六届的北京国际车展,已经有了不少的经验;另一方面也体现出北京市打造国际车展专业名牌方面的努力。目前,这次展览会在参展厂商、展品数量、展出规模等方面都达到了国内展览会的最高水平。应该说,这已奠定了在国内汽车车展中的权威地位,在国际汽车会展界,也已有了较强的影响力。

(8)昨天在北京还有一个大型展览同时开幕,这个展览关注的是一个新兴行业里的热点问题,那就是"信息安全"。

来自国内近40家著名信息安全企业,带来了他们最新的技术和成果。涉及网络安全管理、防火墙、加密设备、网络入侵检测、生物识别产品等领域。在本届信息安全产业展览会上,有一种"指纹登陆身份认证系统"备受瞩目。该系统投入使用后,只有进行过指纹注册的用户才能登陆计算机操作,大大提高了信息使用的安全性和确定性。(【同期声】某参展商:我们现在就是使用指纹身份识别来判定我们确切的某个授权人〈可以使用计算机〉,这样的话,一旦确切了是这个人的话,那么他所做的一切操作都是不可抵赖的。)资料显示,在最近的三年间,我国信息安全产业的规模迅速壮大。今年的产值有望突破100亿元。信息安全产业正成为一个新的经济增长点。

(9)第一届全国内陆省区国际教育展昨天在河北省石家庄市开幕,来自美、英、德、日等18个国家和地区的108所国际知名的院校参加了这次教育展。

和以往我国举办的国际教育展不同,这次教育展上所有参展院校推介的留学专业和内陆省区急需的专业极其相同,显然这些院校是在对我国内陆省区作了大量调查了解后,才来参展的。参展团以面对面的方式,直接回答参观者的提问:专业设置、学制和学习方式、留学条件、如何办理留学手续、各种费用价格等。这种没有中介的咨询,受到了参观者的普遍欢迎,而内陆省区对投资教育的极大热情,给参展院校留下了深刻印象。(【同期声】美国安德鲁大学代表金伯瑞:……最明智的选择。)

(10)广西南宁市中级人民法院昨天对南丹"7·17"特大透水事故的部分责任人,南丹龙泉矿冶总厂的23名原主管和员工进行了一审判决。

原南丹龙泉矿冶总厂总经理黎东明犯非法采矿罪、重大责任事故罪、妨害作证罪、单位行贿罪,被判处有期徒刑20年,并处罚金20万元。龙泉矿冶总厂犯非法采矿罪、单位行贿罪,被判处罚金2400万元;龙泉矿冶总厂被冻结在银行的存款,扣除以上罚金后,余下的二亿四千多万元非法采矿的违法所得予以没收,上缴国库。另外,龙泉矿冶总厂原副总经理王国亮、韦家农等22名原主管和员工,分别犯非法采矿罪、重大责任事故罪、妨害作证罪、单位行贿罪、非法持有枪支、弹药罪等各罪中的一罪或数罪,受到法律应有的判处。

(11)联合国教科文组织将于今年6月,对中国的11处世界遗产进行全方位的监测评估,来看一下有关的报道:

此次监测评估的对象是我国28处世界遗产中1995年以前申报成功的14处。联合国教科文组织将根据国际公认的文物保护准则对这14处遗产的保护状况进行审议和评估(插字版,略)。监测项目主要看世界遗产的组成部分是否受到破坏或消失,包括周边环境是否有所改变,这些改变是否得到世界遗产委员会的批准。是否存在大规模的开发、建设或人为活动对世界遗产造成损害。这种全球范围内的监测工作联合国通常每六年进行一次。(【同期声】略)

一般讲来,一个国家的世界遗产被列入濒危世界遗产清单,对各缔约国政府和公众将会起到警示、督促和约束作用,对遗产地管理机构和当地政府也会产生不小的影响。上一次监测评估是在1997年,当时被正式列入《濒危世界遗产清单》的遗产,已有22处,主要分布在经济不发达国家。据了解,对于濒危遗产的评定,联合国教科文组织会充分考虑主权国的意见,但也不完全取决主权国的意见。

(12)最近有一项针对我国野生植物资源的全面调查已经全面展开。据农业部介绍,这项调查将用5年的时间,调查的范围包括被列入国家重点保护的191个农业野生植物物种。调查的内容包括它们的分布状况、形态特征、保护价值以及濒危程度等。今年首先调查的有雪白睡莲、莽山野桔、山橘、冬虫夏草等25个物种。

(13)记者昨天从有关部门了解到,四川、云南、西藏三省区将打破行政区划,联合打造世界最大的高原生态旅游区——"香格里拉"。

拟建的这个高原生态旅游区位于四川、云南、西藏三省区的交界处,范围包括川西南、滇西北、藏东南的50个县,面积达40平方公里。这一地区分布有人迹罕至的雪山草原、冰川峡谷以及藏族风情等自然、文化景观。以往这三个省区对该地区的旅游推荐和开发,只局限于自己行政区划以内的地方;而且旅游基础设施相对落后,景色旅游项目单一、粗糙。而这个高原生态旅游区建成后,旅游者就可以看到一个完整的、更加丰富多彩的香格里拉。

(14)恐怕谁也没有想到卫冕冠军法国队居然会被逼到这个地步,在昨天的比赛中,法国0:0战平了乌拉圭,出线希望更加渺茫。

来回顾一下昨天的3场比赛。

在下午进行的E组第二轮比赛中,"非洲雄狮"喀麦隆一球小胜沙特。上半场喀麦隆就曾两次洞穿沙特大门,但均越位在先。第66分钟,喀麦隆9号埃托奥接中场长传,打入本场比赛惟一进球。沙特两战皆负后成为第一支被淘汰的球队。在随后的A组第二轮比赛中,塞内加尔1:1战平丹麦。上半场第14分钟,托马森赢得点球并主罚命中,为丹麦首开纪录。下半场第 52 分钟,塞内加尔通过一连串流畅的配合杀入禁区,15 号迪奥扳平了比分。昨晚最后一场比赛中,法国队锋线杀手亨利在第 25 分钟被罚出场,10 人应战的法国与乌拉圭都浪费了多次良机,最终双方互交白卷,这也是本届世界杯上第一场没有进球的比赛。

我们休息一会,广告之后看今天的天气情况。

(15)下面一起来关注今天的精彩赛事。

尼日利亚和瑞典在首轮都未能获胜,因而本轮全取 3 分是两队的惟一目标。相比之下,个人技术出众、整体配合娴熟的尼日利亚赢面更大。在打破了多年来首战不胜的宿命后,西班牙正力图改写自己在世界杯上的最好成绩,而硬朗的巴拉圭将是检验他们真正实力的最佳对手。如果取胜,西班牙将成为第一支进入 16 强的球队。阿根廷与英格兰在"死亡之组"中再次相逢,也为广大球迷带来了最值得期待的一场比赛。马拉多纳的"上帝之手"和贝克汉姆的红牌都已经成为历史,但英格兰人心中的怨气决不可能轻易消散。不过以目前英格兰的实力和状态,他们很有可能旧仇未报又添新恨。不管结果如何,相信这场比赛会和以往的英、阿之战一样,成为我们心中永远的经典。

2. 央视《本周》2002 年 6 月 16 日播出稿,有播出版录像。(贺红梅供稿)

(1)朋友们好,欢迎收看《本周》。今天是父亲节,说心里话,我真想远在外地的爸爸。那些爸爸就在身边的朋友,我真羡慕你们。在今天这个日子,真该好好陪陪爸爸。节目开始,我们还是先看看本周要闻。

本周,江泽民主席先后对拉脱维亚、爱沙尼亚和冰岛进行国事访问。江主席的这次访问恰逢中国和拉脱维亚、爱沙尼亚建交 10 周年,和冰岛建交 30 周年之际,这是中国国家主席首次对这三个国家进行访问。江主席表示,中国将本着互惠互利、着眼长远的原则,不断扩大和各国在经贸、科技等多领域的合作。

(2)(【本周话题】我爱足球)

(【片花】中国队征战、中国队回家的镜头,配歌曲《从头再来》)两天前,中国足球队的小伙子们回来了,在这个时候,我们最想和他们说:没关系,咱们从头再来。小伙子们不少都刚 20 出头,再苦练四年,一定能踢得更好。我有位邻居,是位七十多岁的大妈,她想让我好好谢谢这些小伙子,是他们让老太太由从不看球,变成了铁杆球迷,她先是只看中国队的比赛,到后来,场场不落。老太太说,她每次看球赛前,还得吃两片药,怕太激动犯心脏病。这些天,像大妈这样因为关心中国队而喜欢上足球的人太多了,足球不光能让人激动,我们平常听都很少听的故事,在足球场上看到了。

这是瑞典队和尼日利亚队的一场小组赛,这个梳小辫儿的小伙子在拼抢的时候受了伤,为了能继续战斗,缝针的时候,小伙子连麻药都不让打。三分钟之后,他又上场了。(音乐;韩国球员黄善洪受伤继续比赛)男人流血不流泪,原世界冠军阿根廷的队员们有着让人心惊胆寒的名字,又是战神,又是杀手的,可因为输了球要告别世界杯赛场的时候,他们却哭得像个孩子。《阿根廷,别为我哭泣!》,人们唱起了这首歌,为失败的战士送行。

(3)我们邻居大妈说,平常哪见过满脸胡子拉碴的大小伙子哭得这么伤心,所以她也跟着哭,以前只听评书讲过关云长刮骨疗毒的故事,没想到,这回在足球场上看到了不打麻药就缝针的英雄。有这么多的惊心动魄的故事,难怪足球这么吸引人。足球的魅力有好多是大妈体会不到的,只有自己亲自上场,才能体会到其中更大的快乐。

(音乐、片花、字幕:本周,瑞典队在世界杯赛场上进球了,本周,尼日利亚在世界杯赛场上进球了,本周,美国的幼儿在漂亮的草坪上第一次触摸足球,本周,刚结束战乱的塞拉利昂人带着战争的创伤享受足球,让我快乐!我爱足球!)

(4)一边看着世界杯,一边喝着冰镇啤酒,真是这个夏天最大的享受。不过,最近有人说:"喝啤酒还能治病",这个说法您听着是不是觉得挺新鲜的?

"少喝点啤酒能防病",说这话的是哈佛大学的瑞姆博士。他最近做了项研究,得出的结论是,少喝点啤酒比那些滴酒不沾或一喝就喝得烂醉的人更能抵御疾病。少喝点啤酒,能使人得心脏病的机率减少3到4成,还能预防糖尿病,加快新陈代谢,男人每天两杯,保持体重。这么说来,这酒快赶上药了。药不能瞎吃,啤酒也不能多喝,女的每天一杯,男人每天两杯,您记住了吗?

(5)大热天的,我们还得提醒开车的年轻女士们留点神,千万别图凉快穿着这种鞋开车,交规上明确写着"不准穿拖鞋驾驶车辆"。前几天北京交警专门抽查了开车的女司机,结果发现10个有7个穿着这种鞋。我们专门替您打听了一下,说是穿这鞋底容易打滑,紧急的时候要是踩不到刹车板,那麻烦可就大了。不过这鞋穿着挺好看,还挺舒服,今年夏天商场里卖的全是这种鞋。您要是难舍这份爱美之心,不妨在车上备上一双平底鞋开车时穿上,这不就两全其美了。

(6)天热就得常洗澡和常理发,可这却是小孩子最怕的两件事。眼下广东就有家理发店用动画片来对付这些爱哭闹的小顾客。您瞧这些小家伙们全神贯注的劲儿,光顾着看蜡笔小新,哪还有功夫顾脑袋上的事儿。举一反三,您可以让孩子边看电视边洗澡,洗澡的时间最好安排在电视台播动画片的时候;过不了多长时间,也许您就会发现,您的孩子特别爱干净了。

(7)(【本周关注】我爱运动)

天热的时候,冲个澡就凉快多了,可这几天,最热的季节却让最怕热的人集中到了一起,在这次集会上,怕热的人们挥汗如雨,尽情发挥。目的只有一个:当明星。

早晨9点，北京西城区文化宫就聚集了一群胖哥、胖姐，浓妆艳抹！剧中人物！这儿有好戏上演？是演出，确切点是比赛，今天要比出全北京最优秀最有才艺的胖子，这20位胖哥胖姐能冲入20强可不比踢世界杯容易，他们是从323位胖人选手中拼杀出来的。(【同期声】略)也许就是这份好心情让他获胜的吧。观众都是特别邀请来的亲友团，有亲人的支持，表演就多了份自信。里边演着外面练着，赛前热热身或许能缓解压力。(【同期声】略)这些胖哥胖姐看起来都还挺苗条，可实际他们个个不下200斤。用一位胖哥的话说这叫长得匀称，会长。快乐的心态让他们有快乐的生活，这从表演项目里就能看出来，歌舞、相声、滑稽表演，娱乐性的节目占了一大半。这位39岁的表演者，体重212斤，不仅有一副专业水平的嗓子，还能像台湾"机智歌王"张帝一样，老歌填新词。(【同期声】略)胖姐李美玲，已经拿了两个冠军了：最胖女明星，337斤；减肥最快明星，一个月减35斤。这次她有了新目标，当才艺之星！跳双人舞李姐最拿手，这也是她减肥的方法之一。(【同期声】我为这个节目下了很大功夫，我跳的这个舞没有瘦人跳得好看，不过我自己感觉挺好的、挺美的，按体重身材讲我今天能拿第一，努力努力，争取拿一个。)(表演，鼓励的掌声)现代的、古典的、中国的、外国的，凡是您想到的，胖哥都能给您学两下。你听听他是谁，(同期声：忽热忽冷爱感冒，刮风下雨怎知道？——)(【字幕】《单田芳演双簧》)还有这个。(口技；鸟叫；——)都说胖人活动迟缓，可看看这位180斤的胖妹，是不是更像韩国舞星，不瞒您说，胖妹能跳20多种韩国舞呐！胖哥配瘦妹，不是夫妻，哪会这么默契。(【同期声】我们胖人不比瘦人差，通过自己的努力也能获得成功。胖人现在也能跳舞。跳这种时尚的舞，而且是现代舞，都可以。)

(8)看着人家舞跳得这么好，胖友们是不是有点儿眼热？我们做这个节目就是想给胖友们打打气，坐着看，不如站起来运动。说起运动，本周最激烈的运动除了世界杯，就是拳王争霸赛了，"本周日历"记录的第一件事，就是这场比赛。

(【本周日历】)

9号，刘易斯打倒了泰森，拳坛出了新霸主，泰森老了，惹事生非找来麻烦耽误了他大好的青春。这本是最普通的微笑，可出现在泰森脸上竟会让全世界吃惊。看来，泰森丢掉的不仅仅是青春和拳王金腰带。

10号，一场大雨把久旱的陕西淋了个透，也闯了祸，冲塌了陇海铁路上的一座桥，还把一千多名游客困在了秦岭山区，子弟兵不单救了人，还人挑肩扛地把救灾物资送到了灾民手里。

11号，110多件被走私到美国的古化石被无偿交还给中国，当初被人偷偷摸摸卖出国，这次可算能大大方方地回来了。

12号，埃塞俄比亚总理在意大利罗马出席联合国粮食首脑会议时，要求意大利政府归还方尖碑。此时，这座方尖碑就站在会场外的联合国粮农组织总部大楼前，它是60多年前墨索里尼派人从埃塞俄比亚抢来的。

13号,卡尔扎伊当选阿富汗过渡政府领导人,他承诺要使阿富汗实现和平稳定、民族团结。

14号,美国驻巴基斯坦卡拉奇领事馆附近发生自杀性汽车炸弹爆炸事件,至少11人丧生。美国很生气,宣称美国仍处于战争状态,并决定临时关闭美国在巴基斯坦的外交机构。

15号是端午节,300多名在祖国大陆的台商直航到金门,回台湾和家人团聚,还有250多名台湾同胞回祖国大陆和亲人过节。

(9)(【本周插页】废物不废)

端午节要吃粽子,吃完粽子,粽子叶可别乱扔,拿它做蒸馒头的屉布最合适了,很多东西扔了就成了垃圾,可要留下来没准真还有用。在美丽的云南丽江风景区,您交一塑料袋垃圾就能换来一张早餐券,或者兑换成15块钱的现金,游览的时候捎带着拣拣空水瓶,或者留着自己不要的东西别扔,不费什么力气,又能物超所值,何乐而不为呢。有人拣垃圾,是因为有人在制造垃圾,重庆市本周就新添了一大堆垃圾。

这块号称"世界最大"的广告牌坐落在长江大桥南桥头,长300米,高45米,相当于3个足球场,站在这儿三年多了,可还没人在上面做过广告,一是因为刊登广告要花不少钱,二是因为这个广告牌的最佳视点远在一公里外的长江对岸,可等你到了对岸,十天有九天看见的都是山城的大雾,既然没什么用处,还挡了别人看风景,重庆市只好把它拆了,当初建的时候就嫌不够大,这会儿拆起来就麻烦了,估计得拆上个把月,拆下来的1500吨钢材也没地儿去换早餐,只能当废料卖了。

虽说是废料,但也不能浪费,黑龙江省龙江县的汽车司机郭维君就化腐朽为神奇,把吃过的鱼骨头变成了艺术品,两只黄鹂鸣翠柳,一双蝴蝶舞翩跹,没想到这些会扎嗓子的鱼刺收拾一下还挺好看的,为了创作,郭师傅一家可没少吃鱼。

业余艺术家们都能点石成金,专业人士们自然不会闲着,德国雕塑家斯卡尔特前不久就在金字塔前办了一场垃圾秀,展出了他用垃圾制成的一千件艺术品,这是1000座真人大小的雕塑,易拉罐、尼龙袋、各种电线就是它们的身体,它们就像是从金字塔里爬出来的士兵,让人想起了电影里的情节。

(10)许多人都追着一个圆圆的东西跑,您猜猜这是什么比赛,您可别说是世界杯,这个比赛比踢足球要疯狂多了。

在英国最近举行了一场人和奶酪的赛跑,以风度闻名的英国绅士很大度地让小个子的奶酪先跑。可一开跑,绅士们就傻了眼,这速度,要是小奶酪参加百米赛跑,它6秒钟就能到达终点,连世界冠军都不是它的对手。绅士们很快就掌握了奶酪的跑步姿势,只可惜不能把自己弯成个圆圈。这个小姐可真豁得出去,原来是爱情给的胆量,下面是甘愿为她粉身碎骨的小伙子。

(11)奶酪要保证新鲜,得放在冰箱里,您要是觉得天太热,也可以到冰箱里去凉快一下,去趟瑞典的"冰吧","冰吧"里摄氏5度的温度正好和冰箱冷藏室里的温度一样,冰镇的酒,冰做的杯子,保证您一口下去能凉到心里头。刚进来时的豪情是火热的,可现实却是冷酷的,时不时还会有冰水滴到脖子里,直冻得您上牙打下牙。望梅能止渴,看了我们这个故事,您就算不去"冰吧",也能感受到一些清凉吧。

(12)这么好玩的地方,小狗史努比肯定也想去,可惜没时间,它最近正忙着拍电影呢,会说话的它出现在哪儿,哪儿就会热闹,可是大家都挺怕它,不但猫躲着它,连人都不敢得罪它。听说,导演还要把爱惹祸的"豆子先生"请到电影里来,要是这两个活宝放到一块儿,真想不到还会出什么乱子。

(13)让人更难以想象的还有大卫·科波菲尔变的魔术,他曾经把自己漂浮在科罗拉多大峡谷上,还把一架7吨重的喷气式飞机变得无影无踪,更神奇的是,在众目睽睽之下,他让纽约的自由女神像消失了30秒(大卫表演拦腰截断),这样的魔术您可千万别试。最近,大卫要来北京演出,上回来北京的时候,他表演了穿越长城,这回的演出被安排在工人体育馆,因为受场地限制,他不会变飞机、轮船什么的大型魔术,可主办者表示,节目绝对精彩。

(14)绝对精彩的还有广东一位大姐的头发,把它拆散了撑直了量一下,竟有两米半,她是位农家女,28岁开始留头发,今年38岁。她早晨起床后,先不下床,而是站在床头辫辫子,完成这么大规模的工程起码需要半个多小时。大姐说,她要把辫子留到底,看这头发的长法,再过十年大姐就不能站在床上梳头了,那时候,年近半百的她,恐怕还得上房去。

结束语:本周节目到这儿就结束了,祝您过一个快乐的周末。观众朋友,咱们下周见。

3. 为下列消息重新撰写导语,有的消息可尝试从多种不同角度切入。

▲提示:尝试从多种角度用不同方法"切入"

建设部、国家计委和监察部日前发出通知,要求各地进一步加强建设工程交易活动的监管,健全和规范有形建筑市场,从源头上预防工程建设领域的腐败行为。

有形建筑市场指的是经政府主管部门批准,为建设工程交易活动提供服务的场所,也就是建设工程交易中心。针对目前我国建筑市场发育尚不成熟,一些依法必须公开招标的建设项目存在规避招标、假招标行为,一些勘察、设计、施工、监理单位转包工程和违法分包行为仍屡禁不止等情况,建设部等部委要求,今后,对于全部使用国有资金投资,以及国有资金投资占控股或者主导地位的房屋建筑工程项目和市政工程项目,必须通过有形建筑市场,依法公开招标;特大型和大型市政工程项目需采用国际招标;目前已经设立运行的有形建筑市场必须与政府部门及其所属机构脱钩,不能搞"一套班子、两块牌子";不得与任何招标代理机构有隶属关系或者经济利益关系;不得从事工程项目招标代理活动;不得以任何方式限制和排斥本地区、本系统以外的企业参加投标,或以任何方式非法干涉招标投标活动;今后,凡地级以上城市设立有形建筑市场,由省、自治区、直辖市人民政府报建设部审定。为进一步整顿和规范建筑市场秩序,下一步建设部将会同国家计委、监察部等有关部门成立部际协调小组,对已设立的有形建筑市场进行检查,对不符合条件或有违规行为的,责令限期整顿或予以取缔。这是中央台报道的。

▲提示:选择切入点

昨天,上海市第一人民医院对一位由于心脏长在右边而引发严重心脏病的患者实施了内脏纠正手术。

这位22岁的徐姓患者由于先天性心脏病不断加重,近日来到上海市第一人民医院心脏外科就诊。结果医生在检查中发现,这位患者不但心脏长在右面,腹内肝脏、脾脏的位置都与一般人相反。而心脏错位正是导致他先天性心脏病的主要原因。在进行了4个小时的手术之后,医生对他错位的内脏进行了最大程度的纠正。目前患者心功能恢复良好,不久就可以像正常人一样生活。据医学专家介绍,这种心脏错位现象大约3000个新生儿中会出现一例,如果在婴幼儿时期即能发现并得到治疗,将不会引发严重的心脏疾病。这是东方台报道的。

▲提示:选择切入点

中国野生动物保护协会日前在北戴河七里海湿地举行了大规模救护鸟类放飞活动,以纪念我国第21个爱鸟周的到来。

这次放飞的珍稀鸟类共有丹顶鹤、金雕、黑鹳、灰鹤等国家一级和二级保护动物32只。它们都是当地的群众从野外救助回来的,在经过救护人员的悉心照料后,重新飞回蓝天。

据介绍,这是我国开展救护动物放飞以来,放飞国家一、二级保护野生鸟类种类和数量最多的一次。我国现有鸟类1256种,占世界鸟类的十分之一。此次"爱鸟周"期间,中国野生动物保护协会还将组织有关专家首次对四川、云南等西南四省、市的自然保护区鸟类资源和生存现状进行调查。

▲提示:选择切入点

春日的山城别有洞天。新春佳节这几天,一些重庆市民选择了出门旅游,但有更多的重庆人把旅游线路定在了自己的家门口,因为重庆的变化实在太大了。

成为直辖市后的重庆一年一个样,高楼林立,路桥飞架。市旅游部门从去年10月就开始策划的"魅力重庆一日游",囊括18个城市景观的4条线路。城市环境与旅游景点相结合,巴渝文化与山城风貌共争辉,都市旅游的重新包装,不仅改变了过去外地游客只参观渣滓洞、白公馆的单一线路,而且还吸引了大量的重庆本地市民。今年春节,到家门口转转去,成了大伙过节的新选择。

今年春节,参加"一日游"的游客中,本地市民明显增加。重庆市平均每天接待游客4万人次,其中本地游客占到了30%,方兴未艾的都市旅游正在巴渝大地悄然兴起。

▲提示:选择切入点

2001—2002年赛季全国女排联赛经过90场的争夺战,17号圆满结束。各项最佳称号也随之揭晓。

八一女排主教练林翰廷因带队六年来首夺主客场联赛冠军,被评为最佳教练员称号,这也是他首度获此殊荣。同是第一次获得最佳荣誉的还有最受欢迎运动员称号得主赵蕊蕊和最佳自由人得主李颖。辽宁电信环宇女排主攻手张越红获得了最佳扣球手的头衔,宝鸡赛区被评为最佳赛区。

▲提示:选择切入点或与其他消息衔接的串联词

阿富汗北部的巴格兰省25号晚发生震级为里氏6级的强烈地震。据阿富汗临时政府水利和自然资源部部长侯赛因估计,地震至少造成1800多人丧生,2000多人受伤。目前,本台已派出记者赶赴灾区,但由于当地通讯条件极差,我们没能与前方人员取得联系。同时,这次地震波及到邻国巴基斯坦西北部地区,我们采访了国际广播电台驻巴基斯坦记者洪琳,请他介绍一下这次地震的有关情况。

▲提示:请为下列国际简讯加串联词

(1)来自意大利全国各地的300万各行各业职工23号聚集在罗马市中心,举行了规模空前的集会游行,反对意大利新近抬头的恐怖主义,抗议政府计划对30多年一直沿用至今的劳动法第18条进行修改。根据该条法律,雇主不能没有理由而随意解雇手下的职工。这是最近10多年来意大利举行的最大规模的群众性集会游行活动。据悉,为了缓和矛盾,意大利政府准备邀请意大利三大工会领导人于下星期二到总理府,就国家劳动法的修改问题等进行磋商。

(2)黎巴嫩首都贝鲁特市内一幢8层大楼23号中午突然倒塌,至少造成5人死亡,12人受伤。有目击者称,几名建筑工人被埋在废墟里,停靠在附近的汽车也被压在瓦砾中。这座建筑此前一直在修缮当中。据悉,楼内还包括一所学校,目前还不清楚大楼倒塌时,里面是否有学生。但是由于阿拉伯联盟首脑会议将于下周在贝鲁特召开,出于安全考虑,许多学校都已提前放假。事件发生后,救援工作迅速展开,附近街道被暂时戒严。马兹拉区是贝鲁特市的繁华的商业区,周末行人通常较多。

(3)埃及国家安全法庭23号裁决一名埃及工程师犯有间谍罪,判处他15年有期徒刑。这名男子叫埃尔·菲拉利,今年36岁。法院指控他是以色列间谍,并向以色列提供有关埃及军事、经济、政治等方面的情报,犯有"故意损害国家利益"罪。但以色列方面对此予以否认。2000年9月,菲拉利曾被警方拘留。但随后因证据不足,被无罪释放。埃及民众对此表示强烈不满。去年9月,埃及总统穆巴拉克作出决定,要求对菲拉利进行重新审判。

(4)芬兰警方22号透露,在芬兰首都赫尔辛基东北的约恩苏飞机场,一名19岁的男子21号因企图携带炸药和毒品登上飞机而被警方扣留。警方称,在对这名男子进行例行检查时,发现他携带了200克炸药,一些电熔丝和少量的毒品,但没有发现炸药的引爆设备。警方说,这名男子对有关如何引爆炸药的知识一无所知。警方正对这一事件进行调查。

(5)23号,俄罗斯"库尔斯克号"核潜艇最后一批船员的灵柩被送到圣彼得堡,有一千多人出席了在那里举行的悼念活动。灵柩中安放的是艇长利亚钦和其他六名船员的遗体。俄罗斯海军总司令库罗耶多夫和其他海军将领参加了悼念活动。活动结束后,遗体被送到墓地下葬。当天,俄罗斯海军的所有战舰都降半旗以示哀悼。"库尔斯克号"核潜艇是2000年8月12号在巴伦支海参加演习时失事沉没的,艇上118名官兵全部遇难。到目前为止,已经辨认出115名官兵的遗体,剩余3名船员的遗体已经无法找回。

(6)3月23号对所有的阿富汗人来说,是一个具有特殊的意义的一天。因为这一天,阿富汗儿童终于告别了弥漫的硝烟,回到了久违的课堂。

23号一早,许多孩子在家人的带领下兴高采烈地来到学校,老师们也掩饰不住喜悦的心情守在学校门口。过去的23年里,孩子们都是在枪炮声和飞机轰炸中度过的,经历了流离失所、贫穷和失去亲人的痛苦。但是从这一天开始,他们终于可以重返校园、与课本为伴了。阿富汗临时政府主席卡尔扎伊出席了当天在首都喀布尔一所学校的开学典礼。仪式上,他百感交集、热泪盈眶,他说,这是临时政府成立3个月以来,"最伟大和最令人感到幸福"的时刻。卡尔扎伊宣布,今后阿富汗每年新年的第三天为教育节,政府今后把教育列为国家预算的重点。前来参加开学典礼的联合国特使卜拉希米显然也被这一场面感动了。他说,3个月来人们目睹了阿富汗许许多多的历史性时刻,但没有任何一个时刻像开学典礼这样感人至深。连年的战争和塔利班的统治导致大量阿富汗青少年,特别是女童中断了学业。如今,孩子们终于能如愿以偿地重返校园了。这是中央台编译报道的。

4. 本阶段训练,主要由学生参照以上范例的思路,自己编排消息并撰写导语和串联词在镜头前播出。

三 主持人评论

(一)理论概述

1. 主持人言论的特点和作用

对人或事或社会现象做出实事求是、合情合理的分析议论,是新闻评论类节目主持人应当具备的能力。

主持人的言论,一般有两种形式,一是三言两语的"点评",即在串联词或采访报道中,对新闻事实或社会现象所做的简短议论;另一种是独立成篇的短评,即主持人小言论,它在节目中占有独立的时段,辟有专门的栏目或子栏目。主持人传播身份的平等性、议论话题的贴近性、谈话体的交流感及语言表述的个性化是主持人言论的特色,其亲切平易、富于个性是观众易于并乐于接受的,而且,这种在思想观点、态度感情层面上与受众直接、平等、深入浅出、动心动情的交流,使新闻评论类主持人的形象更为丰满、更为鲜明,更具厚度和公信力,因而也更加可亲可信。进一步说,由于主持人与节目之间互补互动的良性循环,时间一长,主持人言论中表现出来的人格力量便会成为吸引受众最主要的因素,受众就像喜欢聆听自己所信赖的、所佩服的朋友发表见解一样,期望听到并十分关注主持人的言论。实践证明,主持人言论能够作为媒介言论的一个分支,以其独特的面貌,进行沟通、疏导、平衡、匡正,积极灵活地发挥舆论导向作用。

主持人的言论无论长短都应追求亲和力与公信力的有机结合,这正是主持人集社会性与人际性于一身的职业角色所要求的,也是主持人社会责任感和平易通俗的传播特色的集中体现。主持人之于观众,不仅是可以促膝谈心的朋友,还应当是"润物细无声"的引导者。

2. 议论能力的训练重点

主持人言论的创作,事先写作也好,临场脱口而出也罢,基本要素不外乎我们从小到大学习议论文所强调的"论点、论据、论证",对此可供参考的书籍很多,这里不再重复。我们不妨另辟蹊径,从思维方式、思维能力的角度,拓宽思路、提高思辨能力和思维的组织功能。必须明确,思维方式、思维能力并非纯技术性的东西,它首先需要主持人有科学理论的武装、正确价值观念的引导、积极社会心理的陶冶,以及相关政策、知识和信息的占有;其次,掌握辩证唯物主义的哲学思维方法,即矛盾分析、分析和综合、归纳和演绎、抽象和具体等方法;最后在遵循这些最普遍的思维规则的基础上,学习和运用系统性思维、发散性思维、聚敛性思维、动态性思维及逆向性思维等方法,来开阔和改善我们的思路,从多维的、整体的、开放的、动态的角度观察和思考问题,实事求是地对外界信息进行整理、归纳、编码,直至落实到语言的表述。

因此,本阶段议论能力的训练重点放在两个方面:一是思维能力的提高;二是主持人言论语言特点的把握。综合起来就是——拓宽思路"有话可说"、运用材料"言事见情"、分析说理"透彻易解"、语言表述"平易鲜活"。

此外,要认识"预有准备"与"即兴快评"之间的辩证关系。广义的"预有准备"泛指平时的学习和积累、关注与思考,狭义的"预有准备"指有自己事先撰写好的言论稿,它重在思维与语言的锤炼;"即兴快评"重在思维快速的反应及语言准确快捷的组织,它既需要平时思考及语言表述的锤炼与积累,还要求具有良好的心理素质。"预有准备"的言论既是主持人言论的重要形态,也是"即兴快评"必不可少的基础,"即兴快评"不是要小聪明的事,不是"抖机灵"就能应付的,它需要思想基础、政策水平、判断能力和语言能力的厚积薄发。因此,训练中要兼顾言论的写作与表达,以及即兴口头评述两方面能力的锻炼。

(二)具体做法和要求

1. 做法

(1)三言两语的点评,多用于导语、解说词、串联词或结束语,一般少则十几个字,多则百十来字,形式自由,位置灵活。这方面的能力在"修改和撰写导语串联词"的训练环节已有涉及,本阶段训练以"即兴述评"和"小言论"两种方式为主,又具体分为"预先准备"和"即兴点评"两种,可结合起来练习。

"预先准备"的述评,学生事先准备好两件可供点评的材料,以"先述后评"的方式做话筒前述评,教师带领学生共同做出评价;除此之外还要做即兴点评练习,即用同一件材料,做不同角度、不同深度、不同风格的点评练习,教师引导学生对练习做出分析和评价。

(2)主持人的小言论,是以个人身份,针对典型的新闻事件或群众普遍关心的问题,直接面向受众阐明观点态度的语体或节目样式。所谓"独立成篇",是相对于渗透在串联词、结束语中"三言两语"的点评而言,小言论少则三五百字,多则上千字;在杂志型栏目中,它或许结合本次节目中的具体内容缘事而发,或许就当时的热点另辟蹊径阐发议论。

"不想就不能写,不写也就很难想得明确周全"(朱光潜《漫谈说理文》),小言论的写作过程是训练思维及语言表述必不可少的关键一环。首先,"想明白"才能解决小言论的"观点立意"和"框架结构",即言论的"灵魂"和"骨架";其次,"写清楚"是将其落实到"引起共鸣"的语言"组织"能力和语言"包装"能力,即言论的"血肉"和"形貌"。因此小言论的练习可按"三步走"的方法进行：第一步要从言论稿的撰写抓起，从有精心准备的稿件开始；第二步到"立马可待"的快速撰写；第三步再到即兴的"出口成章"。训练时，做3分钟自撰小言论镜前播出，学生相互点评，并可做换选题的即兴评述，教师做好评析总结。

对上述练习，教师引导学生从四方面对照一般议论文的要求及主持人言论特点做出分析和评价：①内容(含选题、观点、材料、论证)；②结构(平易巧妙的切入点、观点、材料的运用、谋篇布局)；③语言应用(含词汇、语法、句式、逻辑、文风)；④语言表达(含镜头前状态、基调、重音、停连、语气、节奏、交流)。

2. 要求

(1)同学们要从以下几个方面入手：①关注社会生活、关注国内外重要新闻事件，注意平时的积累，同时要善于搜索、筛选和整理信息，如此才会有思维的材料，提高思维的速度；②学会对事物做纵向的历时性分析和横向的共时性分析，掌握从时间、空间序列纵横交错、多视角、多层面、立体的、全方位的思维方式，如此才能开阔思路，拓宽思维的广度；③运用积极的求异性、批判性思维，透过现象看本质，从而提高思维的深刻性；④立论必须符合正确的舆论导向，力避极端、片面、偏激和简单。

(2) 三言两语的点评，其内容出自主持人对新闻信息迅速而敏锐的反应，它是主持人对新闻价值的准确把握，是主持人对新闻背景(包括社会现实情况)的深入了解；点评不是层层展开的东西，而是拎出那值得"说道说道"、或"非说不可"的、具有普遍意义的"一点"，或提示，或补充，或概括，或深化，三言两语，点到为是。好的点评应当精辟、到位，又极具"平等"色彩及交流意味，以观众易于和乐于接受的语言方式及新颖的视点坚持正确的舆论导向。

(3)在实际操作中，首先，选题不要贪大，从理论到事实应是自己能够把握的，善于把日常琐事与社会普遍意义关联起来思考；其次，主持人的点评和小言论的内容切忌不痛不痒、华而不实、人云亦云，简单化、表面化，一般化的所谓"点评"不如不说，像那种重复一下事实，就以诸如"不能不引起有关部门的重视"、什么"事态的发展，我们将拭目以待"等等套话，不说也罢；再次，主持人的点评和小言论的语言忌"字儿话"和"学生腔"，同时，必须防止在"通俗化""个性化"的旗帜下油腔滑调、戏说调侃、矫揉造作、自我欣赏；最后，其实是最起码的要求——不得抄袭，不得拿现成的文章做缩写来充数。

(三)范例分析

1. "三言两语"的点评示例

(1)《焦点访谈》主持人敬一丹曾采访制作了一个题为《在沙漠边缘》的节目。片子通过触目惊心的画面，报道了我国西北地区土地荒漠化的严峻现实。片尾的结束

语,敬一丹略一侧身,指着充满整个大屏幕、随风翻飞的碧绿的杨树叶说:

> 在我即将完成这个节目时,特意编辑了这样一组画面放在结尾。这绿色,是我们这次采访一路追寻的亮色,是西北沙漠大片灰黄基调上难得一见的颜色,也应该是伴随着沙沙、翠翠长大的颜色。一位摄影记者说,到西北沙漠画画,只需带两种颜料,带十管黄的,一管绿的就够了。我想,画今天的沙漠是这样,但愿画明天的沙漠时,能够多带几管绿颜色。(注:沙沙、翠翠是采访对象孩子的名字)

主持人敬一丹对土地沙化的深切关注,以"绿色"为触发点,围绕着"绿色"的三个排比句具象地说明:这次采访的任务——"是我们这次采访一路追寻的亮色";采访中所见荒漠化的严重——"是西北沙漠大片灰黄基调上难得一见的颜色";防治荒漠化的责任——"也应该是伴随着沙沙、翠翠长大的颜色"。最后援引同行摄像师的话带出自己的感慨,又表达了由衷的希望和美好的祝愿,言简意赅,耐人寻味。这些话,落笔在颜色上,没有直接阐述土地荒漠化带来的危害,也没有煞有介事地分析造成荒漠化的原因,论述荒漠化的后果,提出防治的措施,更没有引经据典地说政府"红头文件"上的话,但是听起来,却能让人产生联想,有画面,有意境,有感同身受的深切同情,可持续发展的环保意识油然而生。从主持人关注国家、关注老百姓命运的情怀中,有心人还能体味到敬一丹朴素、细腻而又淡雅、富于韵味的语言特色。这番话,可以直觉和品味到的内涵很多,很丰富,很富有感染力。从思维和语言角度可以看出,敬一丹抽象思维的流畅性、概括性及形象思维的联想与艺术感受,以及语言表达上细腻抒情的个性特点。

(2)北京电视台主持人元元在节目中对某些官员找"枪手"代考有如下的点评:

> 在某省组织的中央党校函授学院法律本科招生考试中,有3名副县长不去考场,派自己的秘书充当"枪手"代考,结果被考场的工作人员当场"擒获"。自然,这三名副县长也被取消了考试资格。我想之所以由秘书代劳,并不是因为领导本人文化水平过不了关,或者非要摆这个官架子,而是纯属一种习惯动作。平日里大大小小的事情,不想亲自办的,和不好意思亲自办的,都由秘书出场,一个秘书半个官,就像人们说:一个女婿半个儿。(《元元说话Ⅱ》第77页,中国科学院办公厅《现代文明画报》,2001年7月)

再如对公款钓鱼的议论:

钓鱼本是闲暇时候人们自己给自己找的一个乐儿,从前人们多是骑个自行车,再带上一根鱼竿儿,找个阴凉僻静之处甩上几竿,不管钓上来还是钓不上来,图的是休息休息。可是我们发现这几年钓鱼运动却有了新的发展——骑车改汽车了、私款改公款了、钓上来的鱼也是由少变多了。而且还有一点,那就是过去在河边钓鱼钓上来以后提着就走不用结账;现在从养鱼的池子里钓鱼钓上来以后你得结账,而且很多是用支票结账开成餐费。
(《元元说话》1998 年 9 月 14 日播出)

　　具有平民化风格并善于用"京味"口语的主持人元元,她的"百姓话儿"里透出俏皮幽默、快人快语、犀利率直、善用讽刺的个性语言特色,表现出一种"对语言和思维常规的自由操纵"(叶朗主编:《现代美学体系》北京大学出版社 1999 年版)。

　　2．独立成篇的小言论示例

　　(1)1998 年,各类媒体对图书出版与销售中的"隐私热"发表了相当多的议论,白岩松在《东方时空》的主持人小言论栏目《面对面》里也谈了这个热门话题,题目是《"隐私热"另说》:

　　星期天的《实话实说》针对"隐私"这一热点来了一次针锋相对的讨论。作为一个听者,相信很多人在电视机旁也都有着自己的看法。我也一样,作为 1998 年出版界一大热点,无论你赞同还是反对,"隐私热"都不可改变地存在着,因此在热流之中保有一点儿思考似乎是应该的。概括起来说,隐私热出现让我有"一个进步、一些怀疑、一点儿反思和一个应该"这四点想法。

　　隐私热在今年出现其实是社会的一个进步。很多年前,邻里乡亲呼吸声相闻,挣的差不多,从父辈开始大家就熟悉,成长史也没得隐瞒,何来隐私之说。更何况出版界政治挂帅,谁来关心什么隐私。但现在不同了,生命道路在多元的社会中各不相同,出版业也百花齐放,隐私也成了中国人挂在嘴边的话语,不是进步是什么?

　　更重要的是,我们已经越来越知道每个个体的生命体验和心路历程都与历史有关,个体正在我们的身边被前所未有地尊重着。

　　但我还是有个怀疑。标榜"绝对"、"非常"的隐私就真的全部是真实的吗? 始作俑者一本书过后,众多同类书籍快速跟上,这种"急就章"中间的水分和戏剧化因素就真的那么可信和真实吗? 今年 10 月南方一所大学贴出征购隐私的广告,钱的面前,迎合市场的面前,所谓真实,大家不必太过当真。

　　面对隐私热也该有一点儿反思。隐私热不是出版商造出来的,作为倾诉隐私的人和我们每一个看客、每一个买者和书商一起制造了这股隐私热,因此不高兴者不必把抱怨都送给出书的人。我们作为看客,心中的哪些弱点是这股热的诱因呢?

另外社会该反思。我们身边有没有一个健全的社会心理抚慰系统呢?没有。心理医生稀少得可怜,人与人之间距离越来越远,朋友之间越来越有礼貌……谁来做我心事的倾听者?

最后是一个应该,众多普通人的隐私作为商品大赚其钱,但该在某些方面没有隐私的人却正享受着隐私被保护的快乐。比如说,权钱交易总是人不知鬼不觉,有些官员的非法收入反倒成了被隐藏起来的私财;交易不透明,有些人偷漏税让税务部门一点儿办法都没有,等等等等,什么时候能让这些隐私都经常被公开呢?(《东方时空》1998年11月24日播出)

我们不妨分析一下白岩松在这篇言论中表现出来的思维特点。他运用发散思维,从多种角度、多个侧面及不同层面发表自己对"隐私热"的见解,所谓"一点进步",是从纵向的、历史的角度分析"隐私热"现象,从对比中得出"进步"的观点;所谓"一点怀疑",是以逆向思维对隐私故事的真实性提出疑问;所谓"一点反思",既有"倾诉隐私的人和我们每一个看客、每一个买者和书商一起制造了这股隐私热"的批判性思维,也有横向地与发展国家社会心理救助系统比较后的设问;最后的"一点应该",白岩松以求异思维,打破了思维定势,突破人们对"隐私热"常规思维的路子和范围,直接联系到老百姓关注的反腐败上来,出乎意料却又顺应民心,同时又体现了思维的深刻性。总之,其思维方式整体上的系统性和独特性,使这篇言论颇有独到之处,能想人所未想,言人所未言。

(2)学生习作:(2000级研究生高纬)

2001年就要过去了,据说,美国伯克莱大学一位社会学家称2001年是"中国年"。的确,中国申奥的成功,APEC会议在上海的成功举办,还有中国加入WTO……接踵而来的一连串好事,把中国与世界更紧密地联系在了一起。

记得当龙永图给全国观众细说WTO时,曾讲到一个瑞士小男孩认真负责冲厕所的细节,让我们感叹外国人从小培养的那种"规则意识",而在我们周围,时常可见的是公共汽车上你争我抢的情景,在十字路口乱闯红灯的现象,甚至在一些高等学府的厕所里,也时常可见"来也匆匆,去也冲冲"的善意提醒。

如果说这些是"规则"在日常生活中向我们一部分人提出的挑战,那么,加入WTO后,我们面对的将是国际规则的挑战。前不久,国际权威刊物

《自然》杂志有文章指出,中国向联合国提供的捕鱼量,数字"注水",高得离谱,直接影响国际渔业政策的制定。这其中一方面是因为我们现有的统计方法不符合国际惯例,但也不可排除一些"注水数字"在当前"数字出官"这种中国特色的"游戏规则"中在起作用。

看来,在规则上与国际接轨首先是"观念"的接轨,就是要我们舍弃原有的狭隘的规则意识。记得几年前我们常听到的是"狼来了"的警告,而如今我们听到最多的是"不怕有风险,就怕没规则"的呼声。这就是一个明显的进步。

前几天,《南方周末》有一篇报道:12月6日,一位复旦大学教授状告财政部,原因是2001年记帐式国债发行后被附加了有限条件,打破了既定的交易常规。因而,争论的焦点集中在政府的行为是否遵循了公开、透明这一国际规则。

很明显,这是国际"大规则"对部门"小规则"的挑战。这正是接下来想说的第二点——"行动"。令人高兴的是,人们已开始用行动来维护规则并用"规则"来保护自己了。更让我们振奋的是,一些政府部门也已经行动起来了:日前,农业部废止了一批与WTO规则不符的规章和文件;12月8日,中央电视台对广东省2002年公路春运价格听证会进行了现场直播。原本一个区域性的听证会,却受到广泛的关注,是因为它让我们目睹了政府定价时遵行了公开、透明的规则。

其实,旧规则的舍弃和新规则确立的过程,也就是我们每个人乃至整个国家由封闭走向开放、由脆弱走向强大的过程。愿我们在过程中成长,在规则中发展。

这篇小言论有感于中国加入WTO后方方面面与国际接轨的紧迫性,占有较多的材料,写作过程中在立意上起初拿不准,一方面想从规则意识的缺乏谈到我国普遍存在的"潜规则",如"招生黑幕"、"球场黑哨"、"数字注水"、股市操作中的"黑幕"、工程建设中的"暗箱操作"乃至"豆腐渣工程"、"希望工程"中的搀假行为等,再引发出"潜规则"对社会的危害以及对遵守规则者的不公……另一方面是谈树立规则意识的过程,但思路散,不集中,对材料也缺少主次详略的控制。经过推敲,决定不涉及"潜规则"问题,突出"在规则中发展"的主题,于是精选材料,从日常生活文明规则谈到国际贸易中的规则,摆出问题的同时也强调了"规则"的重要性,继而论述了规则接轨的"观念"和"行动"两个层面,最后得出"在过程中成长,在规则中发展"的结论。

这篇习作及修改过程有三点值得肯定:一是对社会进程的关注及材料的积累,选择的事例典型有说服力;二是思考立意的过程锻炼了思维,由线性到发散,由发散到聚合,有所舍弃,确定主题后再由浅至深,由无序到有序,立意积极,布局合理;三是用语简洁,通俗易懂,用事实说明新理念,易于引起观众的思索和共鸣。

(四)训练材料

新闻评论讲究"新",应让学生以自选的新鲜素材做练习为主,这里只提供部分练习材料,分"三言两语"点评与"独立成篇"小言论两部分。

1."三言两语"虽然字数少,但需要了解有关政策和背景,不可信口开河,要求切中要害,并注意语言风格和不同角度的评议练习。请对下列素材做点评练习:

▲两天两个消息,让人心中先喜后痛。23日上午10时,3000尾"小麦穗儿"鱼苗被6所小学的环保志愿小卫士们放进了什刹海,孩子们手中的小桶上面还贴着"救救什刹海"的白色纸条。他们说,这些鱼苗可以吃水藻,以后他们还会把小野鸭也放进什刹海。可是今天就有了关于这些小鱼苗的新消息:一些垂钓者不顾水边"禁止垂钓"的牌子,把孩子们放养的小鱼苗钓走了。

▲中秋夜,到公园赏月是许多人的选择。但是,南宁市有很多人为了不买门票,竟在园湖路紧靠人民公园的路段爬高压电线铁架和电线杆进人民公园。在望仙坡花鸟市场对面公路边的高压线铁架下,有不少市民"排队"上架。在这个"队伍"里,竟然还有拖家带口一家大小齐上阵的。一些年轻小伙子干脆几个人一起叠罗汉爬上去,还说:"从这里很轻松就可以爬进人民公园了,何必花这个冤枉钱买门票。"据粗略统计,起码有数百人通过三个高压电线架爬进公园。

▲有媒体报道,今年高中学生开学后新发的英语书与以往有所不同,印刷效果和手感都明显出众。但是,这种纸有些"刀枪不入",不管是钢笔还是签字笔,写上去字迹总是干得很慢,同学们不得不用嘴吹、手扇等各种方式让字迹干掉,纷纷成了"烤羊肉串儿的"。出版社说,明年印教材时,他们将征求学生使用意见,对教材的用纸进行改进。

▲有媒体报道,近年来一些有一定级别的中青年干部为了仕途发展,利用手中权力想方设法到高校混个硕士、博士文凭。他们中有相当部分人都没有经过正常的考核、考试,录取以后也基本不来上课,有的叫秘书代为听课,就连博士毕业论文都是别人"操刀"的。而一些导师为了某种"关系"、好处,对部分不具备条件的官员"攻硕"、"攻博"大开绿灯。

▲春节期间,有关部门摆放在积水潭路口用于装饰街道、烘托节日气氛的花束屡屡丢失。据一位附近存车处的师傅介绍,这儿原有四篮花,是春节前码放的,摆放之初姹紫嫣红的煞是好看,但是没过一两天便开始有路人抽取花篮里的花,现在只剩下孤零零的一盆中还暂存着两束塑料花,另外三个花篮中盛满了路人丢弃的垃圾。

在这些花篮旁边树立着数块宣传五讲四美的灯箱广告,其中"讲公德,爱护公共财物"的字眼历历在目。

▲每年寒暑假,动物园周边都有很多北京的中学生、大学生及外地来京读书的学生在这里经营自己的小"生意"。由于学生的特殊身份,加之其目的大多是为勤工俭学、锻炼自己,给城管工作人员的整治无照工作带来很大的压力。从2001年和今年寒假的统计情况来看,寒暑假期间,取缔的无照商贩中有45%是学生。

▲春节前夕,记者在济南至西安的列车上遇到一对儿来自山东东营的母女。列车上,小姑娘与记者攀谈起来。让记者感到吃惊的是,小姑娘所谈几乎句句不离一个钱字:哪个同学家特有钱,哪个同学家住大房子,哪个同学穿的和用的都是名牌……

▲11岁的肖肖是贵州省某县实验小学的学生。肖肖喜欢过年,他说春节是他"领工资的时间",大人们每个月发一次工资,而他每年发一次工资,"要是一年多过几次年就好了"。与对金钱的渴望越来越强烈相对应的是孩子对艰苦生活的不了解和不适应。今年春节,到乡下老家探亲的肖肖刚到乡镇就嚷着要去逛街。当他发现"街上连超市都没有,而且电视只能收5个频道"时,立即表示不能接受。

9岁的冉冉与肖肖同在一个学校。跟着大人进超市购物,冉冉会毫不客气地随手拿起他喜欢的东西就放进购物车里,并且不看价格。当大人让他倒杯水时,冉冉会说:"你给我多少钱?"——他开出的价码是倒一杯水10元钱。

一位就职于遵义市某私立中学的老师对记者说:在她就职的学校里,有很多家境富裕的学生,诸如洗衣服、打水这样的活儿要雇佣别的同学干,无论是雇佣方还是被雇佣方,都已习以为常。你要是跟他们讲什么自力更生、互相帮助,他们就表现出一副很不屑的样子。

▲据《人民日报》7月18日报道,分布于甘肃省庆阳地区七县一市的长庆油田采油二厂2000多公里输油管线多年来不断遭到破坏,千里输油大动脉被"油耗子"戳得千疮百孔,每年有6万吨原油被盗抢。

更严重的是一些地方领导也参与其中。1999年10月20日,在华池县悦乐镇境内,悦阜输油管线被推土机推断。这已是该条输油管线一个月之内第六次被不法分子推断。原油喷出后,流进一个早已挖好的大坑之中。面对大量外泄的原油,镇党委书记坐镇指挥,当地公安、派出所出面维持秩序,200多名农民、20多辆油罐车进行回收,并于当夜全部销往土炼油厂。2001年8月10日晚,输油管线在庆阳县马岭镇李家滩村被打眼,上百农民前来哄抢,镇政府有关领导坐地收购并销售原油。今年上半年,采油二厂查处某县一公司偷盗的500吨原油时,该县政府有人竟然提出要二厂购回这些本属油田的原油。

▲据《工人日报》7月23日报道,一个月前,内蒙古包头市属4个区政府出资600万,专门为大龄下岗职工购买1800多个岗位,但至今少有人喝彩——除30人与用人

单位达成求职意向外,大部分岗位仍在虚位以待。

包头市再就业缘何会出现这种政府热、下岗职工冷的现象?据了解,主要是下岗职工对原企业仍有强烈的依赖性,不愿脱离原企业解除劳动关系。

一位已有近20年工龄的下岗职工称,"这些岗位工资不高,活还累,每月只有300多块,在再就业中心每月还拿200余元的保障金呢。这样干,划不来。"而由于年龄、身体状况等原因,许多大龄下岗职工对于保洁、绿化、工勤等岗位无法接受,他们更习惯于在再就业中心领基本生活费。

▲日前,记者在东台三仓镇暗访不法分子给山羊灌水增重、蒙骗消费者的恶行时,见到这些不法分子三五成群,用雪碧瓶子接水管往羊嘴里灌水。一些山羊因灌水太多而当场丧命。据当地人说,给山羊灌水已有很长时间了,从未见有人管过。以前只听说过注水肉,没想到这回开了眼界,见识了一回注水羊。

▲据报道:日前,国家自然科学基金委自成立纪检监察审计监督联合办公室以来,首次向媒体公布了2001年度的"打假成果"。

基金委的材料表明,截止到2001年12月10日,国家自然科学基金委纪检监察审计监督联合办公室共收到举报76件,其中,举报内容涉及抄袭和剽窃他人成果10件、弄虚作假13件、专家评审不公20件、以同一内容重复申请2件、滥用科学基金经费7件、冒名申请4件、受资助单位及委内管理问题等20件。

▲据《新华日报》9月10日报道,日前,哈尔滨南岗区燎原街道办事处发起并建立的"服务储蓄银行"正式成立,82名志愿者率先在社区"服务储蓄银行"建立个人账户,当天就有9人"存入"第一笔服务时间。

关心老人,照顾残疾人,过去都是有计时工进行有偿服务,还有的以团体活动形式开展季节性服务。南岗区燎原街道办事处在社区里建立"服务储蓄银行",居民可志愿到社区里报名,在确定服务对象后,将自己无偿付出的劳动服务,以小时为计量单位记录在存单上,经双方签字后再将每天的服务单交给社区居委会统一存入自己在"服务储蓄银行"中开的个人账户。当自己年老或患病需要别人照顾时,由社区"储蓄银行"从志愿者中选派人为自己服务。这种方式体现新时期人与人之间的一种互相服务形式。

▲北京市家政服务协会的调查表明,北京市场仅日常生活服务和物业管理所需要的服务员就超过10万人,但目前相关的从业人员却只有4万多人。尽管家政服务业尚有6万人的缺口,但能吃上这口饭也不那么容易。

在北京已就业的家庭服务员中,80%都是外地妇女,她们中有初中文化的已经相当不错了,半文盲的占了不少。

据介绍,现在北京有家政服务类公司近千家,绝大多数都只是停留在中介服务上,它们大多规模小、服务层次低、经营繁杂。叫得响的家政服务品牌公司还未出现。

顾客对家政服务员和家政公司不放心,大大影响了家政业的发展。

▲近日,北京检验检疫局受理一批由美国进口的井下工具等货物时,在其申报的木质包装上查出了问题:6个木箱都具有非针叶木包装证明,但检验检疫人员现场检疫时,却发现该批货物含有针叶木包装材料,与提供的证明不符,并且该针叶木包装箱上有明显的天牛虫孔、虫道,虫道内还夹杂着虫粪。

据检疫人员介绍,面对当时的情况,货主拿出了一份由美国官方机构(USDA-APHIS.-PPQ)出具的热处理证书,在提供了非针叶木包装声明之后,又拿出针叶木的有关热处理证书,实在是自相矛盾,致使无法确定该证书的真实有效性。因此,北京检验检疫局决定,对该批货物的木质包装实施进一步检疫除害处理。

▲来自台湾的1275毫升骨髓20日22时成功移入西安一位12岁女孩的体内。海峡两岸的亲情使一个生命得以重生。

12岁的独生女小新患有急性非淋巴细胞白血病。台湾慈济医院在近30万名志愿者中,找到了包括血型都与患者完全相合的男性志愿供髓者。20日上午,台湾慈济骨髓捐赠中心成功地从捐赠者——一位22岁的在校学生体内,抽取了相当于全身骨髓量一半的骨髓,然后由两名志愿者自费护送运抵西安西京医院。

▲美国拳王乔·路易在拳坛所向无敌。有一次,他和朋友一起开车出游,途中,因前方出现意外情况,他不得不紧急刹车,不料后面的车因尾随太近,两辆车有了一点轻微碰撞。后面的司机怒气冲冲地跳下车来,嫌他刹车太急,继而又大骂乔·路易驾驶技术有问题,并在乔·路易面前挥动着双拳,大有想把对方一拳打个稀烂之势。乔·路易自始至终除了道歉的话再无一语,直到那司机骂得没兴趣了才扬长而去。

乔·路易的朋友事后不解地问他:"那人如此无理取闹,你为什么不狠狠揍他一顿?"乔·路易听后认真地说:"如果有人侮辱了帕瓦罗蒂,帕瓦罗蒂是否应为对方高歌一曲呢?"

▲8月18日,30对情侣参加了武汉市首次举办的热吻大赛。最后,一对情侣以5小时40分钟的成绩夺冠。在"比赛"进行到2小时50分钟时,一女子因体力不支突然昏倒,随后又有4名女子接连昏倒,现场医生又是打点滴又是插吸氧管,一片忙乱。

▲"杜油安得司颠得咪"是什么意思? 恐怕连英国人都会是一头雾水。其实这句话是英文"Do you understand me?"(你懂我的意思吗?)的中文注音,赫然出现在《出国英语会话一月通》里。此外,"善克油威里骂去"(Thank you very much.)、"妹艾黑普哦油"(May I help you?),在这本书中比比皆是。此书由一家著名出版社出版,印数达4万册,目前已是第4次印刷。一位读过《围城》的读者说,方鸿渐父亲少时读的英文入门中就有句"杜育恩头史坍叠"(Do you understand?),有人称方父为中国式英语的鼻祖,"100年后还能看到同样的英文入门书,真让人感到费解。"

▲据报道,上海书城每年的书籍损耗高达100万元,主要是由于读者们的种种不文明行为造成的。比如有人在享受"精神食粮"的同时,大啃"物质食粮"污染了书;有人只看不买;有人提笔点评;有人拿精装书当凳子;有人在精彩处折角做记号,以便"再次重温"。更有的人,专干"撕盗毁"的勾当。

▲8月16日9时刚开幕的紫竹院"侏罗纪世界"恐龙展,由于参观者过多、恐龙模型出现故障、配套设施存在问题等原因,开展1小时左右就中断了售票。主办方解释:很多热情的小游客为了亲近"恐龙"而进入了公园草坪,踩坏了部分管道,致使一些机械恐龙失去了动力,再难动弹。经过抢修,17日恐龙展照常开展。

▲长沙、上海、昆明数家酒店日前推出"绿色饭店"新做法:如果顾客不提出特殊要求,酒店将不再提供被业内人士称为"六小件"的牙刷、牙膏、拖鞋、梳子、瓶装洗发水、沐浴液。如果撤除"六小件",企业省下来的钱应用于完善绿色配置,回馈绿色服务,比如酒店的"绿色装修",房间的绿化、降低噪声、提供纯净水等。

▲据报道,上海文学艺术院近日开了首个幽默培训班。此次幽默培训班学员以市场推广和销售人员居多,学员说:之所以要接受幽默培训,是因为自己平时在与客户沟通时不能调节轻松的气氛,以至于公关失败。不少学员学幽默的途径也较为实际:他们希望老师对具体的事物,提供多套幽默方案。而有关专家认为,幽默不是技术,它是不可教的。

▲在今年北京市"两会"期间,孟嘉秀代表在一次讨论会上提议代表、委员能不能考虑不要特殊化。她说:"代表、委员开会是国家大事,百姓上班也是大事,一样重要。为'两会'专车开道保障代表、委员的安全本意是好的,但因此耽误了百姓上班,实在不符合'三个代表'。"

其实,每到"两会"时节,在全国许多城市都能看到孟嘉秀代表提到的这类问题:警车开道、交通管制、市民避让。至于代表与委员的饮食情况,笔者曾看到一家地方报纸这样介绍:"酒店已制订出营养搭配合理、适合代表口味的菜单,确保饭菜的色、香、软、热,并做到一周不重样……"这真的有必要、真的合理吗?

2. 小言论的练习,提供的材料仅作为引子,缘事而发,要求检索相关资料和政策,拓宽思路、确保导向,不可囿于线形思维,力避"蜻蜓点水"、"就事论事"、官话套话、空洞肤浅。

▲据《北京晨报》10月10日报道,今年,北京大学有20多名教授在受聘时被"降级"。自1999年9月实行"九级岗位聘任制"以来,北大每年都有几十名教授在自己当前的岗位上"落聘"。所谓"九级岗位聘任制",是指将所有岗位分为3类(各3级),共9级。9级岗位的全年津贴依次为5万元、4万元、3万元、2.5万元、2万元、1.5万

元、1万元、6000元、3000元。第1级和第9级相差17倍。

▲《北京晚报》，近日刊登《只因无处挂衣裳，木棍杵进古墙》的报道，并连续刊发了追踪报道后，受到广大市民的关注。昨天，家住朝阳区核桃园北里69岁的退休干部周启鹏在来信中说，《北京晚报》呼吁应该保护古迹，制止这种行为；几天后又刊发了《天坛竖起挂衣架》的续篇，报道了天坛公园管理处对古坛墙已做修补，并在墙边设立了木柱，上边安装了许多挂衣钩。周先生对公园的做法大加赞许，他说："我非常感动，虽然自己不是晨练者，也很感谢公园管理者，如果我是晨练者，今后决不会再往古坛墙里杵木棍了。"

▲日前，央视《今日说法》报道了西安市双水磨小学7岁的小学涂迁因没完成作业，上课时被班主任老师叫到教室外罚站三节课，致使小涂迁溜出学校玩耍，结果在附近一所大学校园的人工湖中被淹死。

事故发生后，双水磨小学的校长、班主任老师和涂迁班上的一些同学，都异口同声地撒谎，说涂迁出事那天根本没有去学校上学，且众口一词，信誓旦旦，咬得死死的。其中一位女孩子是涂迁的同桌，也斩钉截铁说那天没见涂迁来上课。

纸终究包不住火，后来终于有一位小学生说出了真相。原来学校和老师为推卸责任公然撒谎，而且"教育"小学生，为了学校的"名誉"，就有必要撒谎。小学生们照办了。就这样，全校上下对媒体、社会、法律撒了谎。

▲当年也就是还用布票、粮票、购货券那阵，在"让一部分人先富起来"政策号召下，经商下海的人慢慢多了起来。南方沿海地区如广东，得风气之先，经商者为了改变人们的看法，也为了使自己的社会地位更体面，率先恢复了"老板"这个中国商业领域里的传统称谓，并将其慷慨大度地赐予每个与之打交道的人："老板，在哪里发财啦？"

斗转星移，搞不懂沧海怎么会变成桑田。现在，地不分南北，人无论男女，"老板"长"老板"短地被人叫已毫不稀罕了。

现实中，还有一类喜欢被人称为"老板"的人，他们既不经商，也不善贾，从事的职业，距小摊小贩甚远，与富商巨贾迥异，却仍心甘情愿心满意足地被人称为"老板"。他们是谁呢？他们就是某些一地一域一部一门乃至弹丸之地的领导或"公仆"。按规定，他们本有相应的名分，或×长或×书记或×主任。然在此事上，这些人其实更愿意被人称为"老板"。在我们这样一个"官本位文化"历史悠久的国家里，是什么时候"老板"更尊贵值钱得让人眼馋，乃至公仆们只羡"老板"不羡"长"了呢？

▲各个电视台为拴住观众的眼睛，奇招、怪招一起上，一些原本是明星、大腕"坐镇"的娱乐节目，现如今却变成了孩子的天地，越来越多的稚嫩脸庞在娱乐节目中粉墨登场。

这些节目的内容主要是围绕宝宝们展开的，形式大都是主持人与孩子对话。问一些低俗无味的问题,然而,这些(孩子)的答案往往是出人意料,进而博得了观众的欢笑。

在一个节目中,男女两位主持人问一个小男孩:"是哥哥好还是姐姐好?""姐姐好"。小男孩答道。"为什么呀?""姐姐长得漂亮,以后做我女朋友。"有的主持人问孩子一些关于家长和家庭的"内部机密",纯真的孩子就会"如实回答",三四岁的小孩唱情歌,说一些不三不四的语言,其"示范"作用实在堪忧。

▲2002年度十大恶心热门词汇,某网站青年论坛评选

有:零距离、短信、美女作家、F4、行为艺术、小资、今天你C了么(某果汁的广告)、脑某金、超白金一代、去high、一夜情、接轨……等等光荣入选。

▲2002年11月

北京科技大学颁布一项规定:拿"国家奖学金"的学生请客的将所得奖学金收回,抽烟酗酒的学生没有资格申请奖学金。

▲据《北京青年报》报道,武汉斗狗场从2002年9月底正式成立,至今已经举行20多场斗狗表演。而武汉黄石博爱宠物医院从去年就开办了斗狗比赛。

报道说,一场斗狗下来,参赛狗满脸都是血,形状极其悲惨。武汉这家斗狗场开业后,每天至少有两只狗被迫参加这种鲜血淋漓的恶斗。在目前斗狗还没有那么普及的情形下,合肥、新疆、武汉和广东等地已经在一定范围内进行斗狗赛事了。有的地方更打出民俗幌子唆狗互斗。

▲据《扬子晚报》11月11日报道,11月1日,休假在家的南京军区某部战士陶海洋到某城购物。当他骑车行驶到一段上坡路时,只见一辆马车拉着货物从坡上冲了下来,驾车的是江苏泗阳县村民赵国富老汉。赵老汉惊慌之际被马车甩到了路边深水沟里。小陶见状奋勇冲上前,一把拽住缰绳,迅速跨上马车,很快制服了受惊的烈马。然后他把赵老汉从深水沟内背了上来,拦了一辆吉普车,护送赵老汉直奔泗阳县人民医院。到了医院,小赵把身上准备购物的200元钱作抵押,协助医生对赵老汉进行紧急抢救。赵老汉脱离危险后,看到小陶那张熟悉的面孔,两行热泪止不住流了下来。原来,两年前的一天,赵老汉驾着马车到县城办事,看到一位年轻人骑着摩托车被一辆货车刮倒在地,这年轻人就是陶海洋。当时,赵老汉伸出手向在地上呻吟的小陶要钱,不给钱就不救,小陶只好把身上仅有的85元钱掏给了赵老汉,赵老汉这才把小陶送到医院救治。

▲"学士不如狗,硕士满街走,博士还能抖一抖,大多数人辛辛苦苦边工作边读书还是为了个文凭。"一位在媒体工作的在职读研者认为,"两年多的课程能够坚持下来并不容易,工作要经常出差,读书有时还能逃一两次课,要是考试就不能跑了。"文凭也不是那么容易就混下来的,专业课、公共课,还有英语和论文哪关过不去,也别想戴上帽子。2003年全国研究生报名已经陆续展开,一股读研热也随之在京城兴起。其

中，在众多的考生里面，有相当一部分是选择在职读研的报名者，他们"舍弃"了家庭、工作重新走进校园，坐回教室，开始新的学生生活，为的到底是什么？

▲翻阅报纸，偶然看到这样一件事。说是一位中国人移民到了美国，因要打官司就对其律师说：我们是不是找个时间约法官出来坐一坐或者给他送点礼。律师一听，大骇，说千万不可，如果你向法官送礼，你的官司必败无疑。那人说怎么可能。律师说：你给法官送礼不正说明你理亏吗？

几天后，律师打电话给他的当事人，说：我们的官司打赢了。那人淡淡地说，我早就知道了。律师奇怪地问，怎么可能呢？我刚从法庭里出来。中国人说，我给法官送了礼。那位律师差点跳了起来，不可能吧！中国人说：的确送了礼，不过我在邮寄单上写的是对方的名字。

▲钱跃在11月15日《南方都市报》撰文说，回顾13年来的成就，没有偏见的人都会承认，现在老百姓确实身逢盛世——这有一批很具有说服力的数据佐证。但十六大代表、江苏省江阴市委书记王伟成却坦言：去年市委深入调查发现，即使在外地人觉得富得冒油的江阴，发达地区仍有贫困村，富裕村里仍有贫困户，这是客观存在的事实。王伟成继而感慨："要代表人民群众的根本利益，首先要想到最困难的人民群众。"这真是难得的盛世警言。

▲重庆某建筑公司经理易某因贪污被判处无期徒刑，他在狱中向重庆大学申读MBA，该学院领导从"培养人、教育人"的角度，免试录取易某，并象征性地收取1500元书本费，每月派老师去狱中为易某授课。易某的真实目的在这里不好揣测，但免试、免学费、派人到监狱专授，该学院给予易某的照顾，简直让成千上万的年轻学子们羡慕地"望墙兴叹"。从易某的报名到有关学院的录取，反映了我国社会生态中潜在政治做秀的时尚。

▲吉林省通化市有许多小葡萄酒厂是这样酿造葡萄酒的：调酒师先向一个5吨装的罐子里灌水，然后再加入酒精、糖精、葡萄香精、色素、酸、增稠剂、防腐剂进行搅拌。这种所谓的葡萄酒就是行业里俗称的"三精一水"。这样生产出来的山葡萄酒虽然质量低劣，但在市场上十分畅销。一方面是由于价格低廉，另一方面由于花钱买来的奖牌、证书给这些劣质产品罩上了一层光环。

四 主持人专访

(一)理论概述

专访是主持人(或记者)与专门的采访对象就一定的主题在特定场景进行谈话的一种节目形态。专访是采访的一个类型。采访本属于记者的基本功，而当设立了专访的栏目,且固定人员做专访并贯穿节目始末时,其采访人就具有了主持人和记者的双重身份和双重功能。

专访以语言交流为本质特征,是人际传播与大众传播结合的产物,具有人际传播亲切可感、双向沟通、直接反馈的优势。广播和电视的主持人专访这种节目形态,其采访过程不经过文字符号的转化加工,而直播的专访不仅不同于文字采访,而且没有回旋余地,没有补救办法,不能更改,无法剪接,是真实客观的谈话过程的同步播出。在一定程度上可以说,采访谈话过程即节目本身,专访"过程"即主持节目、完成节目的过程。显而易见,主持人在专访中的交谈不同于日常生活的随意闲谈,不能松散无序,不可信马由缰,主持人要胸中有数,能控制访谈的主题、结构、节奏、气氛、时间。

主持人与访谈对象的谈话实际上是说给观众听的,所以还必须处处考虑到观众的需求和接受水平、接受习惯。专访传递的信息无论从广度、深度上都应大于、高于观众原有的信息占有,否则专访就失去了传播的意义。如何使观众对专访产生兴趣,引起关注,如何方便观众对比较深奥的新信息的理解,是主持人在专访中必须考虑和设法解决的。因此主持人专访在谈话的目的性、有序性、时间性、艺术性上都有更高、更严格的要求。

专访的信源信誉,一方面来自专访对象,一方面来自主持人。那些思想和知识实力雄厚并且对自己职业角色拿捏得恰到好处的主持人,在专访中,其品格与素质修养方面的个性魅力不仅能获得访谈对象的好感,有利于访谈的进行,而且也必然得到受众的好评,与节目相映生辉,成为提高节目收视率、收听率的关键因素。故此,主持人首先要认真做好专访准备,查阅资料、外围采访,继而在占有信息的基础上做"认识"和"研究"的功课,获得专访资格,而后要做出专访的语言设计(提问)和非语言设计(采访时机、环境、着装等等);其次,要营造轻松和谐的采访气氛,激发采访对象的谈话愿望,这当然与采访对象的性格、心境、接受采访的态度有关,但好的气氛主要由主持人来营造;第三,与准备工作同样重要的还有聆听艺术,高明的采访有充分的准备,又不局限于预先准备好的问题,能在认真投入的倾听当中,随时发现可以深入开掘的问题和新鲜的信息(包括鲜为人知的事实、新的观念、提法或特殊的情感反应等),使专访内容有独到的深入的价值。

专访分为事实性专访、意见性专访和人物专访。事实性专访,目的在于详尽了解事实本身的来龙去脉、前因后果,认识事情的本质意义。一方面,主持人作为观众的代言人,在专访中提的问题应是观众最想知道的、最关心、最感兴趣的;另一方面,主持人作为媒体传播者,其专访还应同时起到匡正视听,引导舆论的作用。时效性和说明性是事件性专访的特点。意见性专访,就社会关注的某类现象、问题或政策,邀请具有代表性、权威性的人士做大跨度的、深入的采访。围绕宏观的背景、事物的发展变化、事物内部的各种矛盾关系、外部各有关因素的影响、客观的社会效果和作用,以及前景的预测等等,从不同角度发表意见、表明态度,展开多角度、多侧面、多层面的交流和不同观点的讨论。针对性和权威性是意见性专访的特点。人物专访,重在对人物内心世界的关注,其精神品格、人生感悟、取得成就的心路历程、人物的独特风貌都将给受众生动感人的启迪。敞开心扉、深入动情的谈话,一件件具体的事情、感人的细节以及蕴含其中的情操、境界,常令观众心灵震颤,不期然地得到净化和升华。人文性和深入性是人物专访的特点。

(二)具体做法和要求

专访能力的训练重点在3个方面:一是采访前的准备功夫;二是采访谈话和谐气氛的营造;三是采访过程的把握与控制。

鉴于在校生做事实性、意见性专访在时机、选题、人选等方面可能存在一定困难,届时教学安排又不等人,故此,专访的练习以人物专访为主。一般可于开课前布置学生在寒暑假利用家乡的便利条件尝试做一次人物专访。要求预先自学教材《电视播音与主持艺术》第六章第二节"电视新闻评论类节目主持人的专访",完成两种形式的作业:(1)专访录音(剪辑后15分钟);(2)人物专访文稿(1500字)。开学后小组进行专访作业汇报与听评,重点检查采访前准备:要求有选择该人物的理由(含简历、业绩、特点、表现特点的言或行的细节、性格、表达状况)、采访目的、采访重点、问题设计、联系途径等,同时汇报采访后的反思。

专访大课后,每人做一次广播专访练习,事实性、意见性、人物专访均可。事实性、意见性专访必须查阅有关背景、具体政策等资料,了解相关的社会现实及反应,考虑观众的信息需求,据此确定采访目的及问题设计。小组课的汇报与听评,要求提问有序、具体明确;访谈内容有信息量、详略得当、可听性强;注意访谈中内容、情绪、节奏的把握。

再做一次电视人物专访练习与讲评。预先联系好届时可到演播室的专访对象,可两人共同采访,录制时间30分钟;有条件的同学可课下完成电视专访作业,课上展示与讲评。讲评除了注重专访的基本要求外,还要注意双方的反应、特别是采访者提问的态度语气、倾听状态与实效、表情身姿等细节。

(三)范例分析

这里提供两个人物专访的作品。

1. 中央电视台《面对面》主持人王志采访牛群——《盘点牛群》,2003年1月18日播出(根据节目录像整理):

【导视】他是一位知名的相声演员,曾经用相声的辛辣和幽默,讽刺社会上的种种不良风气。

(资料:相声《巧立名目》中"领导,冒号"一句)

然而,今天,他本人也当上了领导,在舞台之外给自己掀起了一波又一波的新闻热潮。每次热潮的背后又都交织着欣赏、质疑和抨击。年终岁末,他又因一次"裸捐"行动,再度成为争议的焦点。

(资料:2002年12月6日,在全国政协礼堂的捐赠发布会上——牛群:"特教学校有形和无形资产中属于我的部分,全部捐献给中华慈善总会。")

从相声演员到杂志主编,到出版社副社长,再到挂职副县长和特教学校的校长,没有人能说清楚他有多少个身份和头衔。两年副县长,他到底做了什么?五份公证书,他究竟捐了什么?

【简历】牛群,相声演员。1949年12月,生于天津。

1999年,受聘为《名人》杂志主编;2000年8月,出任现代出版社副社长;同一年的12月29号,就任安徽省蒙城县副县长,挂职锻炼;2001年8月,担任五子牛特教学校校长。

【正文】

资料:牛群上任时唱歌——

("今天你笑了没有,我就想让你笑;今天你笑了没有,我就怕你不笑……")

【解说1】2000年12月29号,经过安徽省蒙城县人大常委会的任命,牛群以挂职锻炼的方式、唱着自己作词的歌曲,走上了蒙城的"政治舞台"。他的官职是副县长,任期两年,到2002年12月28号结束。

【采访】

王:在两年到任的时候,你希望大家是以一个演员当县长的标准来要求你呢,还是以一个县长的标准要求你?

牛:我想还是一个准县长,或者说是感觉县长、品牌县长,这么一个要求,我觉得更加合适。因为我毕竟不是公务员,不是按级上党校,然后逐级提拔,或者说今后我还要从政,继续升官,不是这个概念,只是想造福一方老百姓,来实现自己的一个人生的价值。

王:你到任的时候,可能很多人会想起,你在赴任的时候,当时对社会、对蒙城很多的承诺?

牛:我想当时的承诺虽然说"虚",但是它有一个核心的东西,就是真。虚是因为自己没有数,真是因为心里有底。虚的没有数是因为从政不懂、经商不懂,要想发展区域经济、县域经济,不知道这官怎么当,或者说不知道经济增长点在哪儿,怎么去发展,这个说出来恐怕是外行话,但是我相信一点,就是只要是心里装着老百姓,就不会不懂装懂,就会从不懂逐渐地学习到,从无知到有知。

王:当时在有些媒体上有过的一些承诺。其中最重要的一点,你说要让老百姓的腰包鼓起来,鼓起来了吗?

牛:这个看怎么说,实际我来的时间不长,老百姓的兜里就有的鼓起来,因为毕竟还是一部分人先鼓嘛。咱再说五洲牛肉,五洲牛肉干呢,恐怕我没来之前,它每年大约是200万销售额,今年已然突破了8000万,逼近一个亿,风靡全国,远销东南亚,还闯入欧洲市场。

王:但是我们从县里了解到的数字来说,你到任的两年期间,人均收入并没有太大的变化?

牛:我们求的就是发展,我们不急于赚钱,也就是说县里考虑的是整个老百姓的长远的利益,不是今天的利益。有时候一时好像有了效益了,它可能是一种形象工程,是一种表面工程,甚至说是短期行为,所以说我们还是从长远的观点来分析这个问题的话,就应该说是非常可喜了,打下的是一个坚实的基础。

王:除此以外,你还做了什么事?

牛:随着蒙城知名度的提高,我们蒙城每年在外的劳务输出也是几十万人,他们反馈回来的消息,我想都能很骄傲地说,一来说起来,我是蒙城人,牛县长在我们蒙城,这恐怕在外头打工的感觉都不一样。

牛:另外有些很多的项目,我觉得是一时很难用数字来计算的。比如说尉迟寺遗址是迄今为止五千年前的原始人聚积部落,这个在去年被评为国宝级的单位,其实为蒙城未来的旅游业的这种发展,也打下了一个特别好的基础,也等于搭建了一个好的平台。

【解说2】蒙城是全国第一养牛大县。"走牛上任"的牛群分管的工作也大多和牛有关系。由于出身文艺界,"牛文化"建设的重担自然也就落在了他的身上。被称为"中国原始第一村"的蒙城县"尉迟寺遗址",在牛群上任后,进行了两次大规模的发掘工作。在他的运作下,遗址的发掘过程轰动海内外。再加上,蒙城是庄子的故里,这些厚重的文化积淀,让牛群体会出了旅游开发的潜在价值。

【采访】

王:我清楚记得你上任的时候有一个承诺,就是要把蒙城变成一个国家级的旅游基地,两年之内。

牛:两年之内,两年之内变成国家的旅游基地,哎哟,第一我没记清我有个两年的限制,但我相信会有的。因为她是庄子的故里,仅就这一点,她没有理由不成为。

王:两年之内,当时的承诺是信口说的?

牛:我记不清了,两年之前那属于心里没数。因为要是两年让一个地方,还不是省级的旅游点和市级的旅游点,一下成为国家级,这个属于,那是说空话了。

【解说3】除了"牛文化"之外,牛群分管的另一项主要工作是"牛经济"。养牛业一直被蒙城人看作是让腰包鼓起来的"看家宝",牛群一上任就为蒙城打出了"今天给我一把草,明天还你一头牛"的响亮口号。蒙城的老百姓也从"牛县长管牛经济,怎能不牛"这样一个简单的逻辑推理中,看到了一线致富的希望。

【采访】

王:上任的第二天,你指着黄牛市场的那块牌子告诉大家说,我两年之内要把这块牌子变成国家级的,做到了吗?

牛:没做到。如果我要是说了的话,那我就等于又放了一个空炮。我印象不是特别深,因为当初就是省级的黄牛大市场,现在从知名度上,可以说是世界级的黄牛大市场了。

王:那你放的空炮很多。

牛:有时候是这样,开始是做一种宣传,因为有一定的基础,就像这儿呢,原来是国家级的汽车大市场一样,它是先干后说,有的是先说后干。比方说,我从北京到蒙城来,实际上是先说后干。

【解说4】"走牛上任"之初,有不少人认为牛群任期短,而且又是一个挂职锻炼的角色,难免会在工作中急功近利。为了打消人们的这些疑虑,2001年4月7号,上任满百天的牛群有过这样一番表白。

资料:牛群上任百天讲话——

"我想说一千、道一万,什么都不说了。大家还是看行动,大家还是看效果,大家还是看结果,最后大家还是审阅数字,用数字说话,看看老百姓的兜里是不是见鼓,是不是见多,大家的心里头是不是高兴。"

【采访】

王:来蒙城做了什么?希望你能够用数字说明?

牛:让数字说明,这数字说明,我就整个免谈就得了,我没为蒙城带来任何数字。

王:人家可能会说牛群什么时候说的话我们可以信呢?

牛:牛群说的话你可以信也可以不信,我想我按照我自己选择的人生道路,我去走。那时候我到蒙城当县长,可能网上90%以上都是怀疑、批评,甚至是抨击、嘲弄,现在起码还有一小半,还有一份理解,我觉得理解和不理解,批评和不批评,或者表扬,我觉得在我来说都不会影响我。

王:你觉得你是什么个性?随心所欲?

牛:由着性子来,兴趣第一,自己感兴趣的事就干。

王:那得看你干什么?是为他人,还是为你自己。

牛:我想既是为他人,也是为自己,从为他人来说,可能是为人家谋福利,从自己来说,也是谋一种利益。因为这种利益可能是一种追求,可能是一种梦想、一种理想、一种感觉。

王：你是拔高自己，还是贬低自己？

牛：连拔高带贬低。

【解说5】尽管牛群不愿用数字，对自己为官两年的政绩做一个注解，但还是有人估计，单就知名度来说，牛群为蒙城带来的价值超过三个亿，甚至有人乐观地认为这笔无形资产的价值超过了十个亿。同时，也有人开始测算，离开了舞台的牛群，在蒙城又为自己捞得了多少"印象分"。

【采访】

王：起码来说，你给蒙城带来了名声，但是也有人问，蒙城有没有给牛群带来名声？

牛：那当然了。

王：很简单，跟两年前的牛群比，你的知名度是降低了还是上升？

牛：应该是上升了。

王：在此之前，你留给人们的印象，就是你来到蒙城，要造福一方百姓，但事实上，我不知道你从中能得到多少利？

牛：我想能够得到蒙城老百姓的这种信任、厚爱，我觉得这辈子已经值了。所以，你要抠到底带来多少钱很难说，我已经觉得我有无比的享受，我认为老百姓给我的东西，远远超出我给老百姓的东西。

王：对于蒙城来说，很多老百姓可能议论，牛群到底是在帮我们呢？还是来蒙城实现一点他自己的什么想法？

牛：老百姓也可以，包括干部，116万人，他们可以随意地说，我觉得对于每个人的评述，我都应该是理解和尊重。重要的是，我自我的感受，我只要是开始觉得是自我奉献，后来觉得是享受。

【解说6】推销"五洲牛肉干"是牛群为官两年的过程中最显见的业绩之一。早在来蒙城之前，通过策划人的介绍，牛群就已经开始了同"五洲"的合作。而正是这段成功的"姻缘"，促使牛群走进蒙城，开启了一段崭新的人生经历。如今，随便在蒙城走一走，总能看到牛群为"五洲牛肉干"所做的广告。

【采访】

王：推销五洲牛肉干的过程中，你的利益是什么？

牛：我的利益上让蒙城能够富裕，一个企业一个企业地干，一个企业一个企业地发展。

王：你从五洲牛肉那儿你能拿到多少钱？

牛：拿，一年可能是……因为这里头牵扯到商业机密，从商业这个角度恐怕说了，对于商业的发展……因为你干什么就要按什么游戏规则办，我只能透露我的部分，我不愿意透露他们企业的部分和其他部分。

王：你的部分是多少？

牛：我的部分可能就是20万吧。

王：每年，还是一次？

牛：一年？半年是20万？是一年是20万，我有点儿记不清了。

王：从广告的效应来说，牛群的形象在五洲牛肉干运用非常成功，如果说把他和为人民奉献联系起来，是不是有点……

牛：为人民奉献那也不为过，因为他属于我的部分，全部属于慈善事业，我也一分钱不要，他有商业关系，在商言商，属于我的部分属于特教学校，属于他的部分老板应该得。

【解说7】也许是从牛群和"五洲"的合作中看到了商机，一些有意在皖北寻找项目的投资者也纷纷看中了牛县长的品牌价值。牛群本人的兴趣也从牛经济方面，转向了更"牛"的经济：招商引资。经过牛群的穿针引线，一座类似"浙江义乌小商品批发市场"的"牛群中国商贸城"，在2002年5月8号正式营业了。

【采访】

王：商贸城你觉得是你的功劳？

牛：我要不到蒙城，不可能有一个牛群中国商贸城。

记者：就像蒙城老百姓，你为他们拉来项目，中国牛群商贸城的项目，但突然看到，老板送给牛群房子了，那牛群到底是为我们还是为他自己呢？这个时候恐怕谁都乐不起来。

牛：老板送房子，这个送房子。

王：送了吗？

牛：这个送房子，老百姓他不知道啊。

王：我们知道，是这样的吗，有吗？

牛：是啊，因为老板用我这个名字不能白用，用牛群，牛群这个无形资产向有形资产转换了，那你得给我一套房子，给了多少，给了18间，价值100多万，实际上他是捐给这个特教学校的。

王：我能不能这样说，牛群这个人办事的原则，就是把欢乐给大家，实惠装自己兜里。

牛：我这要的都是实惠，这倒是，我要这个房子，我这个学校才能办好，因为我办校的宗旨就是一切为了孩子，为了一切孩子。

记者：先不急着说学校的事。

牛：那不行，你说他给了我房子，我这个房子是给的学校，并没有给我个人，我当然要牵扯到学校。

【解说8】牛群所提到的学校，是由他一手创办的"五子牛特殊教育学校"。这所特校的前身是蒙城县聋哑学校。2001年4月12号，上任三个多月的牛群来到聋哑学校进行调研。学校的危房和孩子们脸上无邪的笑容,深深地触动了他。此后短短几个月的时间内,牛群就为聋哑学校募集到了300多万元的善款。2001年6月1号,学校搬进了新租来的校舍,并更名为"牛群特殊教育学校",由牛群出任学校的校长,在校的聋哑学生有167名。

【采访】

王:那办特教学校是你真实的想法吗?

牛:开始没想的这么多,没想的这么深,或者说没想到所谓那么纯和高尚,只是觉得房子这样,这些残疾的孩子和这些老师,我心里觉得有这份责任。

【解说9】聋哑学校从危房中搬出后不久,作为校长,牛群向蒙城县有关方面递交了将学校改为民办的申请。

【采访】

王:你为什么申请?

牛:因为我到全国的很多重点的,办得非常好的特教学校考察过。考察的结果,我认为必须改民营。

王:你用什么样的身份,有什么样的资格去申请,把这个学校变成我的?

牛:没有什么资格。我觉得特殊教育在咱们国家来说,还很难说系统到什么程度,还跟普通教育还有很大的差别。当你走遍全国各地的时候,特别是比较欠发达的地区,你就会发现,很多县的聋哑学校办得并不是特别理想,甚至是被爱情遗忘的角落,……我认为不如改成民办,他的生命力更强,更能调动人的积极性,更能把这个学校办好。所以我回来我就写了申请,建议把这个学校改成民办。

王:你的条件是什么?

牛:我的条件,改成民办,所有的风险,作为法人代表的我,一个人担着。

王:所有的利益也归你。

牛:所有的利益,所有募捐来的钱和物等于都是我一个人负责。

王:负责是什么概念?是负责支配,还是归你所有?

牛:这个东西很难去界定,因为这个学校,我在改成民办的时候,说句心里话,他并没有属于我多少钱,别看规模这么大,实际这都是大家爱心捐赠,只不过我坚决改体制而已。重要的是这个学校照这个态势去发展的话,将来会有很多钱,会有很多物,尤其是规模越来越大、影响越来越大的话,有形和无形的东西会没法计算,所以这个时候,考虑到现在特别是明天,我的这种担心的出现,就是必然的了。

王:你担心什么呢?

牛:我担心这些东西不能归我。

【解说10】然而,就在牛群提出改制的申请后,原聋哑学校的30多名教师就提出了集体辞职。

【采访】

王:为什么有那么多的老师,几乎所有的老师都辞职了?

牛:首先尊重每一个老师的选择,我觉得这是一个观念加实际的问题,因为老师们,很多老师是在编的,其实在我眼里特别编制不重要,他们认为很重要,因为民办就意味着编制的粉碎,不承认编制了,这就是民办的特点。

王:你试图挽留过他们吗?

牛:没有。

王:你觉得能有办法挽留他们吗?

牛:我觉得没有必要。

王:或许他们内心深处还有一个原因,就是觉得不合理。如果我是这个学校的职工,我这个单位要改制,我可以占有股份,但是你没有给他这个机会。

牛:是,这个我没有想到,我想每个人都不可以占有股份,如果当时有人这样提出,我会解释的。我不希望这个学校有股份,我希望这个学校是一片净土,是一个公益的,或者慈善的乐园,是这些孩子的迪斯尼乐园。至于说占股份,那是企业的事,企业可以这样做,因为我毕竟不是商人,这方面我还不懂,或者不通,或者做得不好。

王:但是你必须跟钱打交道。

牛:是,我有校办企业,那个按商业规律办。

【解说11】解决了原聋哑学校教师的安置问题之后,牛群倡议的转制工作得以顺利地进行下去。2002年8月16号,经有关部门批准,"牛群特教学校"转为民办,同时,更名为"五子牛特殊教育学校",牛群拥有学校的全部股份。

【采访】

王:你去视察的时候,只是说让你当这个学校的校长,那是一个名誉。如果你当了学校的法人代表,那是一个实职。

牛:是啊。

王:这个有本质的区别?

王:谁帮你做?你的本钱是什么?

牛:我和我们,现在你可以,现在就是我学校的爱心室,爱心室有这么多的人关爱。

王:我相信他们有这个境界,但是他们知道,他们的捐款最后都变成牛群的股份了吗?

牛:整个的特教学校改成民办以后,实际上我作为法人代表,在某种意义上,就等于全在我的名下了。所以说心里就非常不塌实。心里不塌实,我就想到底应该怎么做。

【解说12】让牛群的心里感到越来越不塌实的是:由于各方的捐助不断增加,特教学校改制后,资产迅速"膨胀"。2002年8月,牛群又同蒙城县板桥镇政府签署了一宗土地转让合同。位于蒙宿公路与涡河交接处东侧,面积为374.2亩的"雪峰公园",被板桥镇政府以220万元的价格转让给特教学校。此前,板桥镇已将公路西侧的500亩土地无偿划拨给特教学校使用。这样,公路两侧属于特教学校的土地超过了800亩。按照规划,三年后,这里将成为五子牛特教学校的新校区以及校办企业的所在地。

【采访】

王:如果说你不办这个特教学校,你能拿一个800亩那块地吗?

牛:那不可能。

王:如果按市价计算,800亩地值多少钱,有没有算过?

牛:这个应该说是整个的从价格来说,既尊重了老百姓的利益,从市场价格都不会贵到那儿,因为他不是在县城,他是在离县城将近半个小时的一个镇里头。

王:但是我听说,有人估算值一千万以上。

牛:估算一千万,那也可以。作为发展地方区域,实际上外商来投资,我们这么统筹想想,有时候明明值一千万,我们按500万出售,表面上我们是吃亏了,实际上一个项目落地了。

王:你有没有算过,运转这个学校,达到你的目标,需要多少资金?

牛:恐怕得三四千万。

王:怎么运作?

牛:怎么运作?跟着感觉做。

王:经费从哪儿来?

牛:一个是靠社会的爱心捐赠,再一个靠有关部门的支持,再一个靠校办企业的造血。当然还有我个人,好比说广告,劳务,你像你今天采访我,你一会儿怎么也得给我两块钱吧。

王:没有钱。我们采访任何人,有钱就不公正了。

牛:那完了,那我惨了。

【解说13】在牛群的推动下,特教学校受到的关注越来越大了。就在此时,牛群突然做出了两项决定。2002年8月13号,牛群写下文字声明:自愿将特教学校和校办企业的有形、无形资产中属于牛群的部分,捐赠给中华慈善总会,用于五子牛教育事业。同时,他还把"牛群"、"牛群的图像"以及和牛群有关的注册商标,也捐献给了五子牛教育项目。随后,牛群对自己的声明进行了公证。时隔三个多月,也就是2002年的11月25号,牛群又进行了第三项公证:把自己的劳务费和广告费收入,一并捐赠了五子牛项目。

【采访】

王:牛群到底捐了什么呢?

牛:我通过这么一捐,或者通过这么一公证,它已经和我个人,就是私人没有关系了,和私人的财产没有关系了,这就是所有的公证和所有捐的最核心的问题,我觉得这是最重要的。

王:可能我们下面的提问有些苛刻,但是我们必须要问,因为你捐的太彻底了,所以我们必须问明白?实际你把这些东西捐给了你自己?

牛:自己捐给自己也是一家之言。

王:但是你可以支配一切。

牛:我可以支配。

王:它仍然属于你,从法律上来说,它仍然属于你?

牛:这是应该的,因为我应该有这份信任。

王:凭什么相信你?

牛:大家相信不相信并不重要,重要的是,我是不是真这样想和能这样做,和一直这样做。

王:那你今后靠什么生活呢?

牛:靠工资。

王:哪儿来的工资?

牛:现代出版社。

王:你会拿到什么时候?

牛:我想很快就会结束吧。

王:结束以后你靠什么生活?

牛:靠另外一份薪水,我在哪儿干活,就在哪儿拿一份薪水。

王:你会在哪儿干活?

牛:我想在特教学校。

王:谁会给你开工资呢?

牛:自己给自己开工资。

王:谁来监督你呢?

牛:全社会。

王:全社会是个很宽泛的概念。

牛:执法部门。你想,我已经没退路了,我把自个儿逼到墙角,我怎么还能往那边走,那是必死。

【解说14】根据中华慈善总会关于募捐和捐款使用的相关规定,牛群的捐赠属于专项捐款,也就是说:由捐款人自行选定捐款使用的方向、地区或项目,而这些专项捐款也将进入中华慈善总会的"社会善款帐户",用于指定的慈善事业。就在牛群做出了上面这一系列捐赠决定的同时,他还对自己的家庭财产和遗嘱进行了公证。

【采访】

牛：当时细想，还有钱，那就是家庭财产，家庭财产，我要不划分还是不行，还是不彻底。于是做了第四个公证，所有的家庭财产全部归妻子刘肃所有，两层意思：第一，我不可以，我也没有一分私人的钱往家里搁了，同样作为家里头来说，她再挣的钱也不会二一添作五，属于我的一半，只要属于我，我就得在慈善总会，因为我个人不可以有这个私房钱了。做了四个公证，基本有一个我感觉当中的界定，我认为比较彻底。索性就把第五个公证也做了，来一个身前身后就彻底了，于是才出台了，关于遗体的公证。

王：第五个遗体的公证跟特教有什么关系？

牛：这个准确意义和特教没有什么关系。

王：为什么要把它放在前面四个公证一起？要把它跟特教事业联系在一起捐赠。

牛：索性嘛，既然我做了，我整个一揽子，生前身后我就彻底了，干干净净了。因为，这是庄子的故里，庄子故里啊，起码我懂一个什么道理呢？名利乃身外之物，与其临终写什么遗嘱，我还不如活着的时候弄干净了，就得了来的时候赤条条，走的时候赤条条就行了。

王：这个有策划吗？

牛：都有。像你刚才问我，为什么捐遗体，这个和特教没有关系，如果分开了，肯定轰动效果不够，这个属于策划范畴，我可以晚捐，也可以早捐，也可以过些日子再捐，索性搁一块来一个彻底的就行了，造一个轰动。

【解说15】五份声明和公证书，在2002年12月6号召开的新闻发布会上的确引起了轰动。由于连自己死后的遗体都捐了出去，牛群的这次捐赠得到了一个新的称谓：裸捐。由"裸捐"所引发的争论再度把牛群推向了舆论的漩涡之中。一些人为"裸捐"站脚助威，拍手称快；也有许多人开始质疑"裸捐"的效果。

【采访】

王：为什么会有那么多的人不理解呢？

牛：这个特别正常，他只能让我更加纯地，更加静地去做这件事情。每个人的不理解和他的经历有关，和他的阅历有关，和他的审美有关，和他的知识结构有关，和他的世界观有关，和他的审美标准有关。所以说，他得出的结论自然而然是不一样的。我不企盼着，我不奢望着让大家……

王：可不可以少用一点排比。

牛：不行，你问我这问题就得排比。

王：讲一点事实。

牛：我这个人就不注重事实。

王：那你注重什么？

牛：我注重理想，我始终生活在理想王国。

王：你的理想到底是什么？

牛：自己就干自己想干的事，享受干的事。

王：你觉得你的心够诚吗？

牛：太诚了。

王：够纯吗？

牛：太纯了。

王：你觉得你把心交给蒙城了？

牛：心这个东西，你要说按西医的看法，心是没法交的，要交了心的话，生命就终止了，咱们按中医说，或者按人文说，心是一种什么概念，实际上就是心的概念，不用解释，我把心交了和没交，这个以后事实都会说话，历史都会说话。我认为交了，别人认为交了，或者没交，或者根本没交，这些都已经不重要了。

【解说16】如今，搜集、整理媒体对自己的各种评论，已经成为牛群的一个习惯。由所谓"裸捐"引申出的话题也越来越多。曾经以相声的辛辣和幽默，讽刺社会不良现象的牛群，今天也成了很多人质疑和反讽的对象。有人说，他的生活就像是一出相声。

【采访】

王：你说的话我们当真不当真？

牛：这你分析着听吧，因为会说不如会听。我可以是玩笑着说，我可以幽默地说，我可以玩着说，但是不是真的，实际上所有人都知道，所有人都清楚。相声演员说话就要反着说，就跟我跟您这样对话，实际上我要接受采访，我应该老老实实的，特别本分的，规规矩矩在这儿接受你采访，实际我有时候成心跟你反着说，跟你叫板、较劲，实际我也为了节目好看。

记者：今天说这个多少是开玩笑，有多少是认真？

牛：我记不清，可能句句是真情，字字是玩笑。

王：等于没说。

牛：不，真情和玩笑是完全可以统一的。你看，我还留着落幅呢。

【分析】

我们首先摘录这期节目策划人吴征2003年1月19日在央视国际网站发表的文章片断，为大家提供一些创作背景：

"之所以要采访牛群，首因还是他的'裸捐'。在两年任期行将届满之际，牛县长抛出的五份公证书，掀起轩然大波。他到底要干什么？捐了什么？为什么要这样？他真的是毫无保留地献身特教事业吗？还有，两年挂职县长，他到底给蒙城带来了什么？当初的承诺是否兑现？蒙城又给他带来了什么？期满后将何去何从？"

"策划会上，制片人塞纳定下了这样的基调：以宽容客观的姿态适度的理性看待牛群的作为，时间放在他在蒙城的这两年，质疑的是人们为什么不相信他？作为个人随心所欲的人生选择与作为公众人物的社会影响，以及他经常把个人的人生选择与为人民的目标相联系，是出自肺腑还是言不由衷，如果纯粹是个人炒作，是否对社会公信力造成了损害？质疑的正是这个过程不是结果。"

"牛群人生百变，有一摞耀眼头衔，相声、摄影、出版、从政，从来就不甘寂寞，新闻接连不断。相声出身有三寸不滥之舌，经常正话反说反话正说，真真假假假假真真，善于化各种尖锐的问题于无形。此前，所有关于'裸捐'的采访虽已连篇累牍，都被他一一化解，理想、感受一路谈来滔滔不绝。"

"谈话本身的激烈，则让在场的一些人有点如坐针毡。王志充分显现了湖南人的个性，环环相扣针针见血的问题，让寒冬里穿得很少的牛群仿佛有吃下辣椒的感觉。而牛群始终不失风度，在尖锐问题面前，并未勃然大怒或者拂袖而去，尽管在采访中间他曾对王志说'我俩就差掳胳膊打起来了'。三个多小时的采访，一直持续到天光完全消失在沉沉暮色中。最后，牛群说了一句话，能把演员镇住的记者恐怕只有王志了。"

相声演员牛群多年来一直有不甘寂寞、不同凡响的举动：进北大作家班、办个人摄影展览、当杂志社主编、出版社副社长、出任安徽蒙城县挂职副县长……2002年岁末又在政协礼堂召开捐赠发布会，做出了被人们叫做"裸捐"的惊人壮举，一时间在社会上引起广泛的关注，有称赞牛群"好样的"，但也存在不少质疑和争论，其中负面的议论乃至讥讽的背后实则是名人诚信危机的反映。就在这样的背景下，王志专访了牛群。这次专访有以下几点值得我们借鉴：

第一，专访人物和时机选择恰当。当时牛群可谓焦点的新闻人物，观众有直面牛群的"知情"需求，牛群本人恐怕也有向公众袒露心迹的渴望，媒体更有做出客观公正报道的责任，因此这个选题是非常适时的。第二，专访内容确定得当，围绕牛群的话题十分丰富，而这次专访没有面面俱到、泛泛而谈，他抓住牛群当副县长和"裸捐"的前前后后"盘点牛群"，重点突出，议论集中。第三，问题脉络清晰，转换自然。采访以牛群两年前上任时的承诺为切入点，从"牛经济"谈到"牛文化"，回答"牛副县长两年来到底干了什么"的问题，继而由牛群办学顺势转入"裸捐"的敏感话题，逻辑顺畅，步步深入。第四，提问精到，开掘深入，可听性强，可信度高，"盘点牛群"并非做"流水账"，更不是廉价的捧场，而是直逼牛群内心"两年副县长给你带来了什么利益？""第4个公证实际是一种保护"、"遗嘱公证与特教无关，有策划吗？"等拷问灵魂的追问。第五，访问短兵相接，风格独特，王志既尊重采访对象，又尽量不带先入为主的判断和个人情感倾向,为了让能言善辩、左右逢源、熟稔"戏说"、久经"沙场"的牛群口吐真言,王志常常在牛群剖白的过程中出其不意地提出一些尖锐的问题。这里有王志个人不露声色、单刀直入、冷峻犀利的风格特色,但它不是主观率性"为风格而风格"的矫情之举,而是有社会不同观点为客观依托。牛群面对一些刺激性的问题,有时自嘲,有时无奈,有时侃侃而谈,有时面有愠色,有时欲似是而非,却在王志"短平快"的追问下无从回避,如采访快结束时,王志接连几个"挑战":"少用排比"、"讲一点事实"、"心够诚吗?""够纯吗?""你说的话我们当真不当真?"牛群回答问题有点赌气,后来才做了"牛群式"的正面回答,反而使牛群似谜一般的性情及坚持自己理想信念的个性主张,在种种猜忌中多面、立体地显现出来,一任世人去评说、历史来见证。同时这样的专访对牛群来说,恐怕不无警醒和反思的作用。当然跳出本期的个案,"冷峻犀利"的采访风格在分寸把握上难度很大,除了自身思想的敏锐、深刻之外,还有三点要注意:一要看对象心理承受能力,过了,则可能伤害对方的自尊,引起对方反感,反而没了真话,蜕变为打嘴仗斗气,可能使采访无法正常进行;二要顾及观众的价值判断和感情倾向,如若尖锐犀利的问题由于态度或表情、语气的失当,就会被误为"偏激冷漠"的刺激,从而偏离观众的价值评判和感情天平,则会引起观众不满、猜测乃至愤怒;三是不管何种提问风格,对常规的采访对象,无论世人有何种不同的评价,真诚、客观永远都是采访的第一要义。第六,前期准备之充分在本片中可见一斑,资料选择十分看重细节,资料运用起到巧妙的结构作用,无疑体现了编辑思想及全体同仁的通力合作。

2. 凤凰电视台《杨澜工作室》1998年4月11日播出的《与查大侠侃大山》,主持人杨澜(根据节目录像整理并参阅学林出版社1999年出版的《我问故我在》)。

杨:查先生你好,首先非常感谢您能够接受我的采访。我不知道您有没有统计过,您的十五部武侠小说迄今为止,作为正版来说已经发行了多少册呢?

查:正版也没有一个统计。香港盗版很多,台湾也很多,大陆更多。

杨:现在凡是能够读汉语的人,恐怕青年时代都有几个晚上不睡觉在看您的小说作品。所以有人说,连上盗版,您书的发行量恐怕和《毛泽东选集》差不多了。

查:不能这么说,因为《毛选》是当时大家都要买的。我的书要看你喜欢不喜欢,喜欢的人多,不喜欢的人也不少。

杨:我发现很多在海外成长起来的第二代华人,让他们读古典文学基本上是不可能的,但是您的作品他们都还看,成为我们交谈起来的一种共同语言。有人说,您是文学界仅次于鲁迅、巴金和沈从文的一位20世纪的文学大师,我不知道您是如何评价自己在文学界的地位的?

查：多谢他们这样的评价，实际上是不敢当。排位在鲁迅、巴金、沈从文之后，我完全同意。但是其实还有好几位作家，好像茅盾、老舍，也应该排在我前面。

杨：在您领取香港艺术发展局文学成就奖的时候，您曾经说了一段话。您说，香港的文学作品的确带有很强的商业性，但是不因为它有商业性就不是一种艺术。而且，您还谈到有些评论家认为越是通俗，越是受欢迎的作品，越是上不了档次，让人们越看不懂的越好这种观点。在这里能不能给我们谈一点您对通俗作品的看法？

查：这是世界上文学评论家的普遍风气，我是不赞同的。毛主席说过：文艺应该为工农兵服务，越是大众化的，作用越强。但是现在的评论家认为越是为工农兵服务，就越是不好的作品。这个想法我个人不同意。

杨：其实在文艺界这种现象蛮多的。像电影界，一些独立制片人以很晦涩的艺术语言来表现的故事，却被人标榜到一个很高的档次。相反，一般娱乐片反而被人说成……

查：电影得奖的，或评论家喜欢的，群众不一定喜欢，或群众根本看不懂。你要得奖，就必须是评论家喜欢的这种，文学界也有这种情况。在香港就不是，香港是很商业性的社会，任何艺术作品都必须要群众接受，才能够生存。如果群众不喜欢的话，你在这儿根本没有发表的机会。

杨：我觉得，您一直比较强调在"通俗"和"庸俗"之间，应该是有界限的。

查：那当然。

杨：您认为这个界限应该在哪里？

查：过分迁就市民、大众的口味就庸俗化了，我也不同意。通俗一点，让他们可以了解欣赏的意义。

杨：您谈到，您更喜欢一些古典的文学作品，而不是当代的文学作品，是不是这样呢？

查：外国大学邀请我去讲中国小说的时候，我说中国五四以后的小说有很多非常好的作品。可是我个人觉得，有一个缺点就是他们用外国的文化来写中国的生活、中国人的小说，这我就很不赞成，最好用真正的中国汉语来写中国的文学作品。

杨：刚才我们谈到，通俗作品以后也可以成为经典作品。像《水浒传》、《三国演义》，甚至《红楼梦》，当初作者写的时候，其实也是很通俗的作品，是登不了大雅之堂的。

查：中国整个文学的发展都是这个样子。唐诗、宋词、元曲，起初都是民间的东西。像宋词，是大家喝酒吃饭的时候，歌女来唱的，跟现在流行歌曲差不多，到后来文人雅士把它发展成当时最著名的文学作品。唐诗，以前也是拿来唱的，元曲更是舞台上表现的，到后来变成很好的文学作品。小说也是，像明代的小说也是给别人拿来讲故事的，讲了故事以后，才把这些内容用白话写成小说供人消遣，慢慢发展成很好的文学作品。中国有很多文学作品都是由民间通俗作品经过提高，受到士大夫喜欢，然后就越来越搞得民间不懂了。

杨:作为经典性的《诗经》,其中有一部分来自民间的一些山歌和对唱,是再通俗不过的东西了。

查:中国文学发展的这个阶段跟西洋有所不同。

杨:您在最初写小说的时候,有没有想过要去创立一个通俗文学的新领域,或者是要抱着什么文学使命来进行创作?还是当时觉得,要生存下去就要多写一些东西?

查:我在报纸上写,报纸是很群众性的工具,有群众接受,你才有意义。如果你都在写古文,写的深奥得不得了,只有两三个批评家喜欢,把你捧得很高,群众却看不懂,他们就不会喜欢。

杨:您的15部作品确实部部脍炙人口。我看见您办公室门口贴着一副对联,正好是其中14部的第一个字组成的:"飞雪连天射白鹿,笑书神侠倚碧鸳"。那15部作品我都看了,在1955年创作的您的处女作《书剑恩仇录》里有一个陈家洛的形象,让我们联想到《水浒》里的宋江,他们的性格好像都有很多矛盾的东西。《水浒》连续剧在大陆播出的时候,许多人对宋江成天要招安咬牙切齿。在您的小说中,其实也写到陈家洛是有这种矛盾心理的旧式英雄人物。

查:对,陈家洛的出身门第比宋江高,所以他的书生气,或者说贵族气比宋江还要厉害。宋江是一个小吏,相当平民化的,而陈家洛地位比较高一点,所以他的封建思想也更厉害一点。我们理解古代的事,不要用现代马列主义或唯物主义去看古人,应该考虑他的历史背景。

杨:以我看,您在《书剑恩仇录》以后的作品,反映的其实是社会进步的观点,比过去的武侠小说有更进一步的思想性。比如在《鹿鼎记》里写到,康熙皇帝说,你们为什么成天要光复明朝?其实在我的统治下,老百姓不是都过得很好么?这是不是也反映出您的一种社会理想呢?

查:是啊!想象一下当时的封建王朝,最好的皇帝的想法也不能脱离这样子:他不能要民主、要自由,不能这样讲。当时的想法就是:好的皇帝可以让老百姓生活过得下去。这其实也代表了中国封建时代的政治理想。

杨:在您的作品中,反映民族冲突的也很多。像《天龙八部》中的萧峰,他的形象给我的印象特别深。他一开始以为自己是大宋人,后来发现自己是契丹人,而且发现一方都在向另一方实施残暴的杀戮,他觉得非常痛苦,最后为了维持短暂和平,只有以自杀来实现目的。那么,从他的身上是否也反映出您对民族平等的一个观念?您是不是觉得21世纪的人类……

查:不光是人类,现在中国推行民族平等的政策,这个政策也可以推广到全世界去,任何民族都是平等的,没有高低之分。当时契丹掠夺汉人的财产、子女,汉人也以牙还牙。从现在来看,各民族都应该和平共处、和平相处。

杨:于是,这引起最近一个文字案。就是有位作家,根据某篇报道,说您想为秦桧翻案。因为很多人都看过这篇文章,所以想听听您在这个问题上的观点。

查:那位先生写了这篇文章,可能是不了解台湾的某些情况。(以下介绍"秦桧论"的由来,篇幅过长,此处略去)

杨:所以才有了这么一场争执。

查:我主张和平谈判、和平统一,他们又认为是秦桧思想了!

杨:您的武侠小说中有一个很显著的特点,就是好人和恶人不是泾渭分明、单纯的。即使在《天龙八部》里的十大恶人,他们也有让人同情的一面。尽管如此,我们有时候还是会想,为什么您的最后一部封笔作品《鹿鼎记》中的韦小宝,好像完全是一个反英雄的形象,是个小流氓,会撒谎,又会偷懒,但您却给了他七个美貌的太太,还有财宝,最后在一个小岛上过逍遥自在的日子。您为什么那么优待他呢?

查:我写韦小宝这个人物的时候,受过鲁迅先生的启发。他写的阿Q是当时中国人的典型,一方面写他的精神胜利,一方面描写大多数中国人的愚昧、盲目、浑浑噩噩。阿Q是早一个时代的人,现在的人当然与阿Q不同了。你现在到中国农村去也看不到阿Q了,你和农民谈世界大事、谈克林顿,他们都知道。讲英国也知道,和阿Q这种人不同了。

杨:有报纸有广播了嘛!

查:我想,阿Q是以前典型的中国人,现在典型的中国人不是阿Q。

杨:是韦小宝了么?(笑)

查:对,是韦小宝了。不过不是说中国大陆,而是海外的,香港的。有一批中国人,为求生存,秉承了一些中国传统中很不好的道德品性和个性。他们像韦小宝那样,为了自己升官发财,可以不择手段:讲谎话、贪污、腐败,什么事都干。这种事情在康熙的时候很普遍,现在可能也没有被完全消除掉。

杨:这恐怕是整个人类存在的问题。但是这样的人生活得很好,您在最后让他又有美满的家庭,又有……

查:在合理的社会中间,这种人将来要受到惩罚的;但在不合理的社会,这种人可能过得很好,不止一个太太,有七个太太。有人问为什么写七个太太啊?我说那时候七个不够,还要多。

杨:那时候做大官的人不知道有多少太太,历史上是这样子,不是讲现在,而是讲康熙的时候。

杨:所以,跟您过去的武侠小说不同的是,用一个反英雄的角色,也算是从反面来表达自己的一种社会理想。

查:不是理想,而是当时社会的现实。在一个很不民主、不讲法律、专制的时代中间,韦小宝这样的人就会飞黄腾达,好人会受到欺负、迫害,所以写韦小宝这个人也是整个否定哪个封建腐败的社会。

杨:查先生,我们都在读您的作品,觉得您作品中的很多人物都对我们有很深的影响。那么对于您来说,对您影响最大的作家又是谁呢?

查:法国的大仲马,英国的司各特,他们的小说对我的影响很大。

杨:浪漫主义?

查:也有冒险的、斗争性强的小说。

杨:大仲马的《三个火枪手》也蛮像武侠小说。人们说,20世纪有一个很大的发明就是电影,它把人们从现实生活中带到一个很浪漫很脱离现实的幻境中,好像把我们从一个很平凡、很庸俗的现实生活中,提升到很神奇的世界。

查:一般浪漫主义作品的想象都是不太现实的,现实主义的作品却是很真实的,不真实人家就批评你是假的、靠不住的。

杨:那您在1972年封笔的时候是否就想,写到韦小宝就够了,再写也不会有新意了——是不是由于这个原因?

查:武侠小说已经够了,其他的小说还可以再写一些。

杨:退休之后,您还想写一些关于汉唐时期的历史小说,不知道是不是已经动笔了?

查:还没有动笔,现在在研究汉唐时期的生活习惯,这个比较难一点。研究下去,研究方向错开了:本来是研究社会生活,但是一研究社会生活,就涉及到政治问题,后来又发展到跟外国大帝国做比较,研究的方向就比较宽大了。

杨:我们除了读小说以外,可能还会获得一本历史书,一部政治书和研究出来的其他作品。真希望能早日看到。另外,我一直有个个人化的问题想问问您,就是武侠小说里描写的那么多武功,您是凭空想出来的么?

查:武功有两个来源:一个是中国著名的武功都有书记载,比如武当派、少林派的少林拳什么的,你到书店一看,许多派系出来的武功书都有,这是一个来源;另外一个来源是我自己想出来的。

杨:恐怕"东方不败"就是您想象出来的?

查:大多数神奇、作不到的都是自己想出来的。所有记载的武功都是平铺直叙很现实的,他教你怎么出手,怎么出拳。

【旁白】一个作家能够在有生之年享有崇高的名誉和地位,同时又能拥有价值几亿的资产,这在古今中外都是非常罕见的事情,而查良镛先生似乎就是这样一个幸运的人物。那么这位查大侠来自怎样的一个家庭呢?听起来还是一部小说的素材呢!

杨:在1959年的时候,您又创办了《明报》,以后很多时间您都投身到一些报业管理和社论的撰写中。其实对您的读者来说,非常想了解一些您个人身世方面的事情。我听说,您的曾祖父好像得到过乾隆皇帝的一块匾是不是?

查:是康熙的。

杨：当时是出于什么原因？因为你们查家在海宁是个大户么？

查：我祖先曾做翰林，后来再升上去叫"陪读学士"，陪皇帝读书的。皇帝念书的时候，他就坐在身边，皇帝说："这是什么字？"问他，他就告诉他；如果皇帝作诗，就问："这首诗平仄对不对？"他也负责给他提意见，所以跟皇帝很亲近。于是他就求皇帝：家里有个堂，请您写一个堂名可以么？

杨：就跟现在请领导题字一样。

查：康熙字写得很好，既然你叫我题，我就题了。他拿到家里挂在大厅上面，三个字旁边有九条金的龙。

杨：我看到一个报道说，您的祖父曾在江苏省丹阳县当过县令。很巧的是，我的祖籍正好在丹阳。前几年回家省亲的时候，当地的县长也告诉我说："你知道么？金庸的祖父也在我们这儿做过县令。"据说当时还有个很有名的丹阳教案，能说说那个情况么？

查：这件事情对我们家影响很大。（细说丹阳教案，篇幅过长，此处略去）

杨：您祖父也很有您武侠小说中的侠士风范。可能他对于您为人处世也很有影响吧？

查：我到现在还很佩服他，很不容易。我祖父是丹阳进士出身，后来在丹阳做官，因为有本事已经做到了县令，马上可以提拔做知府了，官府给他加了一个头衔叫"同知"，就是准知府这样子。

杨：能够为了几个百姓的性命放弃自己的锦绣前程，在当时那个社会里是非常不容易的事情。

查：在现在也很不容易。

杨：很多人都赞叹您的身上也有一种侠士之风。比如说1993年，您把《明报》转让给于品海的时候，您借给他很多股票，还在舆论各方面支持他，但结果却并不像人们预料的那么好。您有没有想过，实际上这种侠义的举动，所谓成功，只有在您的小说里才能实现；而在现实、复杂的商业社会里，它成功的概率有时候很小。

查：当时把《明报》能卖给于品海，是因为我年纪大不想办，只想卖给人家了。当时想买的很多，有美国人、日本人、英国人，也有香港本地人。但《明报》是爱国、爱香港的报纸，如果外国人买去，也许它不能坚持原来的方针政策，所以我不打算卖给外国人。我想最好还是能够让香港本地人买去。于先生来和我谈的时候正年轻有为，脑筋也很好，而且对新闻工作真的很热心。我觉得他是香港本地人，如果让他来办应该可以继承原来的方针政策，所以我把价钱……

杨：所以，您在各个方面，包括价钱方面都很支持他。

查：各个方面都支持他。后来发现于先生根本没有经验，有些好的人也离开他了，所以报纸办的不太成功，有些投资也不太成功，不然他应该把我的股票全部买去的。后来他没有能力买,我觉得这也不是他的过失,他经营生意不成功,我为他可惜。如果他很成功,完全可以根据我们订的合同,把我的股票全买去,我们双方就很满意了。但现在不是他故意来对我反悔,或者故意欺骗我,不是的,因为他做生意没成功,所以他没有力量完成这个合约,我可以原谅的,也谈不上侠义,做事情通情达理罢了。

杨:您非常宽容。

查:他没有力量,你逼他也没有用呀!他不是故意骗我,他真的是事情做失败了,我只能同情他了。

杨:在您的笔下出现那么侠骨柔肠的义士,那么,您怎样描述您自己的为人呢?如果让你描述一下金庸是怎样的一个人,应该怎么说呢?

查:金庸是个很普通的人,做生意还是相当有头脑,不太失败的,就是这样一个人。

杨:您太谦虚了。事实上,办报纸能够赚钱的人已经很少,而文人能够经商而且又成功的人就更少了!

查:香港是经营企业比较方便、比较好的地方,如果不在香港,其他地方就不可能这样。

杨:我知道您年轻时的志向并不是当一个作家或者报人,而是想当一个外交家,但是最后没能如愿。

查:这主要因为我从小喜欢看外国文学作品,所以对外国社会很有兴趣,想亲身去看看,有很强烈的愿望。但后来我读中学就发生抗战了,一直到高中毕业,还是在抗战时期。在当时情况下,到外国去游历根本没有可能,去外国留学也是很难很难。当时惟一可以到外国去见识见识的,一是做外交官,或是在大公司做事,公司派你出去,但这也是很渺茫的。抗战时期,有一个学校正在招生考试,有一课是外交的,我也去考试,并考取了。当时就觉得如果能够做外交官,哪怕作一个外交领事馆的小职员,也可以派到外国去。

杨:现在回头看看,当时没有做外交官,其实也是"塞翁失马,焉知非福"。您看现在做了作家,也可以旅游啊,更可以自由,并没有自己不能说的话啊!

查:现在回想当然幸亏不作外交官,这个话也不是我自己说的。在当香港基本法起草委员的时候,碰到外交部很多同事,我们交了朋友,谈了过去的经历。他们开玩笑说:查先生,你如果在外交部做了我们同事,第一,反右这关你肯定过不了。

杨:家庭出身不好。

查:第二,文化大革命你一定遭殃。

杨:第三的话,我们今天少了个金庸,而多了个查局长什么的,恐怕也不怎么好。不过您做外交官的宿愿,应该在某种程度上也得到了实现。像您参加香港基本法起草委员会,又是香港特区的筹委,其实做了很多港人和北京之间的交流和沟通的工作。您是否觉得自己在这方面是很有天赋的?

查:也不是外交,只是同胞之间讨论问题。不过,我学的法律在起草基本法的时候很有用。平时,在写社评时我一直主张法制的,中国国家的前途在于实行法制。法律很严明,从上到下遵守法律,国家一定会大治的。

杨:我最近读到黄仁宇先生写的《中国大历史》这本书。其中提到一个观点就是:中国几千年来的封建社会都是靠表面的忠孝仁义这些很虚的道德规范来约束人们,要求人们利他啊,克己啊,但是却没有一个数字化的管理,没有一个明确的法律制度,这一点上,您是不是和他有相同的看法?

查:他这本书写得很好,但基本精神我不同意,他是从资本主义观点来下结论的。他说的数字化就是一切都要用钱来计算,我的观点则是应该是以法律来计算,而不是资本主义的量化,什么都用钱。

杨:商业化。

查:是商业化了,这个基本精神我不同意。

杨:在建立法制方面,您是赞同一种比较渐进的方式,而不是非常激进的,是不是?

查:中国这样大,我赞成邓小平提出的要实现中国特色的社会主义。中国地方大、人口多,你不能要求改革一下子就成功,事实上也不可能。我主张一方面开放,一方面改革。改革是比较慢的,渐渐地一步步稳步前进,根据国家情况来进行。所以,实行法制也不是中央领导下了命令,全国一定这么法制,不法制,马上坐牢或枪毙,这样大概是行不通的。

杨:还需要一种潜移默化的教育、传播。

查:一方面教育,一方面司法改革,从人民代表大会开始,一路一路强化法制。

杨:在刚刚开过的两会中,中央政府也提出诸如精简机构和经济方面的各种改革步骤等等提案,您觉得其中让您感到最兴奋的是什么?

查:我想,自从上两届人民代表大会开始,他们很重视订立一些新法律。这种重视法律的执行,有法可依,有法必行的精神,是值得称道的。

杨:在李鹏总理这次的政府工作报告中,有特别提到回归8个月来香港能够保持它的政治制度、经济制度等不变的这么一段,我不知道您看了没有?您是香港基本法起草委员会成员,又是香港特区的筹委之一,对于回归后的香港,您能不能同意李鹏总理的看法?

查:李鹏总理提到中央政府全力支持香港执行一国两制的方针,他认为在过去8个月来,执行得很好,我也很同意。一国两制在这里(得到了)很充分体现,我希望这个精神能长期地继续下去。有了法律,大家要遵守,不论最高领导还是普通百姓,大家都要遵守法律。那么,有什么争执、意见不同或是有谁犯法,就可以根据法律来完全平等地、严格地办理。如果这个精神一路发展下去,我们中国走向富强就更加有保障了!

杨:你觉得这种法制的基本观点跟你在武侠小说中提倡的传统的忠孝仁义的美德有没有相冲突的地方呢?

查:没有冲突的!不过,中国长期来老讲道德,不讲法律,这是一个缺点,应该纠正。

杨:比如说,在传统中你要是为了一个生病的妈妈吃药而去偷东西,或者抢东西,大家或许是可以理解,可以原谅的。好像始终还是把孝道啊,朋友之间的义气啊,放在一个特别重要的地位。

查:法律不外乎人性、人情……第一讲人性,第二讲道理,第三讲法律。我们应该法、理、情这样倒过来,如果违法的话,中国也讲大义灭亲啊。所谓大义,就是讲法跟义、跟理不通的话,自己的亲人也要依法办理,中国传统的想法都这样的。以前有一个大法官叫高瑶,大家问:高瑶的父亲犯了死罪,你高瑶怎样制他呢?他答复说:法官不作了,跟父亲逃走。

杨:这可能是过去做官的人想到的一条出路吧!

查:他好像要行孝,所以,父亲犯法,便不能判他死罪。

杨:先做孝子。

查:可是,不判死罪的话,又违背自己的基本责任,所以这个官就不作了,干脆跟父亲逃走。

杨:现在,很多文人和知识分子都认为,中国要真正振兴起来,成为一个更加富强的国家,不是靠几个侠客,几个法官,或者几个明君,而是要靠一种完整而严密的法律制度来保障国家的发展。

查:在现代社会,清官还是要的,侠客就不行,侠客是要犯法的。

杨:侠客自己拿把剑,就说话了。

查:个人来执行法律,尽管可能合乎人情、合乎法律,但你不是法官,不可以做这个事情。

杨:所以人们还是要把浪漫的文学作品和现实生活区分开来。

查:为什么要这样呢?武侠小说不能主张犯法,只能鼓励人们的勇敢精神,强调一种正义感。

杨:我接下去想问点关于报界方面的问题。你做了几十年的报人,现在不光是香港,包括世界的媒体都有一种趋势,特别热衷于名人的花边新闻。无论是黛安娜的狗仔队,还是后来关于政治和性丑闻,大家都热衷于报道。与你当初在创办《明报》时提出的那种干净、健康要问心无愧的办报宗旨相比,您觉得时下的风气是不是和那时候有很大的改变呢?

查:有很大的改变。比如揭发人家的隐私,我一直反对的。我曾经办过一张晚报,当时那个总编辑喜欢揭发人家的隐私,读者很多,这报纸一下子很成功,我就下令停办了。我们不作这种事情,不能为了报纸"成功",专做这种可耻无聊的事情。

杨:那么您觉得像你过去这样比较严肃的办报宗旨在竞争激烈的商业时代还能够继续维持下去么?

查:我想可以的,因为人的性格只是短时间内对隐私之类有兴趣。但一张报纸如果长期报道这种东西,人家就看他不起了。会认为这张报纸是无聊的报纸,是不正派、不受尊敬的报纸,对它讲的话也会不相信。如果你坚持干净的、健康的,短期可能比不过人家,但长期的话,一定会有公信。做人、做事,或者开店,外面人识你最重要的一定是要诚实。你短期骗人或许可以赚钱,但时间一久……人家总是说:人民的眼睛是雪亮的。我对这句话是很相信的,长期的话,人家能分辨的出哪个是真的,哪个是假的。如果你卖真药的话,这家店可以长期地开下去,卖假药可能就开不下去了。

杨:过几年就要倒闭了。您对世事有这样透彻的看法,可能跟您信仰佛教有很大的关系。经历了这么几十年的风风雨雨之后,您觉得现在对这个世界有一种旁观者清的味道?

查:没有。佛教对我只能是抑止欲望:您想要这个、想要那个,佛教教你不要要求这么多,自己淡一点算了。

杨:那您是怎样开始信佛的呢?

查:这个宗教经验很神秘的,不能讲的。

杨:我听到您在不同的场合批评时下有一种拜金主义,对此有人就说"查先生站在这么高的地位,名利都双收了,当然可以说不要拜金。"针对这样一种评论,您会怎么反驳他们呢?

查:我说,不是不要钱,钱当然重要,但不要过分要钱,有适当的就可以了,而且不能用不正当的手段去赚钱。

杨:我不知道您最终的人生理想是什么?或者说,抱着一种怎样的信念?过去的儒士都说,要修身齐家治国平天下。

查:修身、齐家,任何社会都重要的。治国的话,如果你参加政治工作,当然要参加治国的工作。以前的儒士如果不参加政治活动其他也没什么事情好干了。但现在社会上,可以做的事很多,作科学家也好,做文学家也好,做教授也好,做企业家也好,许多工作都可以做。

杨:那您人生的指导原则是什么?

查:应该修身、齐家之后贡献社会,自己学有所成之后把自己的才能贡献给社会。你讲话很好,你就做广播工作,做电视工作,也服务于社会了。

【旁白】查良镛先生的文学作品不仅被翻译成很多文字,在世界广为流传。同时那些故事也超越了故事本身,被拍成非常流行的电视剧、电影,被画成卡通,甚至进入了电子游戏。他的影响已经超越了国界,也超越了这个时代。从这一点来说,他的成就的确是旁人很难超越的。

【分析】

几年来,杨澜在凤凰卫视《杨澜工作室》及阳光卫视《杨澜访谈录》对许多中外各界知名人士做了专访。简要地说,她的专访有两大特点,一是认真的案头准备。曾有一位美国经济界人士在访谈结束时称赞她"家庭作业做得很好"。她固然有专门班子收集资料、提策划建议,但是杨澜从来坚持自己悉心研究资料,消化别人的意见,形成自己的采访思路。这次杨澜为采访金庸,集中3个晚上看资料,记了十几页纸的材料和提问设计,最终形成如下的采访思路:"对通俗文字的定位——他本人武侠小说中的历史眼光——澄清有关'为秦桧翻案平反论'的说法——祖父侠义精神对他的影响——他年轻时的抱负——侠义思想在中国历史演变中产生的利与弊"。她对金庸的小说很熟,梳理了金庸的人生经历、成就及对国家、对人生、对文化等方面的主要观点,从中发现并选择一些具体的事物、细节或争论作提问的切入点。采访时她拿着一张提纲入座,金庸要求看看,杨澜因为纸上箭头、杠杠较乱,不好意思给金庸看,但在金的一再坚持下递了过去,金庸很认真地看过,说她想得不错。可见杨澜对采访准备相当重视,也有一定的功夫,此其一。第二大特点,杨澜多以谈笑风生、轻松聊天的方式作专访,与专访对象少有年龄、性别、中外的距离,大家仿佛是早已心仪而未曾谋面的朋友,相见恨晚,相谈甚欢。同时杨澜能够机敏捕捉现场的发问契机,而且在轻松中不失深入,在笑容中提出一些尖锐的问题。于是在平等、宽松、热情、智慧的交谈中,一个个充满活力、具有心灵和思想魅力的专访对象走到观众面前。当然杨澜在十分放开的状态下也会有失误,如本期节目中谈到金庸年轻时的志向是作外交官,杨澜误将金庸"做港人与北京之间的交流沟通"称作"也是外交",显然不妥,幸得金庸及时纠正,可见主持人的新闻素质、政治素质与现场自我控制能力也是十分重要的。

思考题:

1. 当前电视新闻主要有哪些播报方式?它们各有什么特点?
2. 练习导语串联词的撰写能锻炼和提高哪些方面的能力?
3. 主持人专访应做好哪些准备?
4. 怎样锻炼自己的议论能力?

第五章 电视社教类节目主持

一 理论概述

社教类节目的内容十分广泛,它的基本社会功能是教育,包括政治理论教育、理想道德教育。它传播普及文化历史、科学技术、经济、法制、环保、道德等方面知识和某些专业技能,提供经济、法律、医药、金融证券、股市分析、气象、交通、服饰、厨艺、住房、家装、旅游、购物等多方面的服务,它还关心受众个人的身心发展,还有专门联系电视台与观众的导视服务类主持人节目;同时,社教类节目的传播对象覆盖面相当广,有针对不同性别、不同职业、不同年龄段、不同爱好的观众的需求设置的社教类节目。通常社教类节目分为教育性、对象性、服务性、教学性主持人节目,也有粗略分为对象及专题两大类的。

社教类节目的内容与对象的指向性非常强,节目形式丰富多彩。节目分类对于主持人的意义在两个方面,一是主持人必须熟悉并适应节目及对象的特定要求,即主持人知识结构中的"专业性"要求非常突出,如法律、证券、医药、文学、社会学等学科的专业背景;二是要求主持人能掌握相应的主持方式。从主持方式看,主持人在节目中的主持方式多种多样,有的在演播室进行,有的在外景主持;有的节目主持人以实地采访与主持为构成节目的主要方式,如农村节目、旅游节目;有的采用谈话节目的形态或演播室访谈加短片的节目形态,这就需要主持人具有采访和组织谈话的能力。此外有的栏目有观众参与,把知识、娱乐、竞赛融于一体,主持人既有演播室的串联调度,又有外拍部分的采访等多种主持形式。

综上所述,从社教类节目的主持方式和主持能力角度看,它需要实地采访、演播室访谈、短片解说、节目串联、现场组织,以及参与前期的节目创意、构思,后期编辑等多方面的能力。尽管实际工

作中主持人的状况和能力千差万别,我们还是可以将社教类主持艺术中的共性规律概括为三点:

第一,主持人与专家学者嘉宾的合作,应把握好主持人的中介位置和作用。主持人对节目里涉及的专业问题要认真准备,既不可一无所知,又不可"现蒉现卖"充专家,主持人要对知识重点心知肚明,以比一般观众"略高一等"、"领先半步"的知情者的姿态起到中介作用。一来要积极发挥专家学者的"权威"作用,多以"讨教"的口吻与嘉宾交谈,同时做好嘉宾"解惑"的助手;二来要做好受众"求知"的代言人,善于抓准受众的"兴趣点"、"疑惑点"及"盲点"。总之,主持人要找到"应知"与"欲知"的结合点,找到观众需求与嘉宾专长的结合点,适时地提出有针对性的问题,巧妙地为嘉宾通俗易懂地讲解知识"找窗口",为受众寻求嘉宾的解答"搭梯子"。

第二,精心把握受传对象的特点。主持对象性栏目,主持人必须能够深入了解栏目对象的心理特点、特殊需求、接受能力和接受习惯,掌握与传播对象相关的心理学、社会学知识,熟悉相关的政策法规,这样才能富于创意地、真诚地、深入地、到位地为特定对象主持好节目。

第三,能动地发挥主持人的串联作用。要点有二:一是以个性化的表述方式对子栏目做出恰如其分而又妙趣横生的推介和阐释;二是以平等的交谈方式与受众做有情感、有观点的沟通和交流。要求串联词简洁明了同时文化含量、信息量较高,且通俗有趣,富于交流感。

第四,节目的策划构思要有主持人节目传播特色。在节目创意中,内容上要坚持"寓引导于服务之中",讲知识、有品位;形式上除了注意发挥媒体优势,运用丰富的视听手段外,尤其应把握主持人节目"个性化、人格化、人际性、参与性"的传播特色,增强贴近性、趣味性、可听性和可看性。

这个单元的训练重在四方面的能力:1.策划构思并主持社教类节目的能力(包括专题型、对象性、服务或旅游节目);2.撰写与演播解说词、串联词的能力;3.对实物或借助道具做介绍、讲解、示范、展示的能力;4.与专家学者嘉宾共同主持的能力。

二 具体做法和要求

以上几种能力可以分别训练,也可以从做不同主题、不同形态的完整节目的过程中,综合体现和要求这几方面的能力,如把"介绍、讲解"与做旅游节目、气象节目、经济节目等结合起来,把"示范、展示"与对象性节目、科教节目、生活服务等节目结合在一起;把策划构思节目的策划编辑能力与做专题型、对象性节目的要求结合起来;把对社教类节目主持人的"专业"知识储备与做好嘉宾与受众之间的中介的要求结合起来,通过实际的主持练习来体验和检查;而撰写串联词或即兴触发串联词的能力及要求又都会在几种节目中有所体现。

本单元的训练目的是让学生能够尝试构思、编辑并主持教育性、服务性和对象性主持人节目,因条件关系主要采用演播室串联、示范、展示及访谈(或穿插外采录音、录像)形式练习,专题型或杂志型均可,鼓励学生在内容与形式上有创新。

三 范例分析

这里提供文化专题、对象性节目各一档。
1. 中央电视台《环球——法国专辑》,王雪纯和法国青年乌诺主持。(王雪纯供稿)

王雪纯(以下简称王):观众朋友大家好,欢迎收看《'97环球——法国专辑》。我们现在是在法国巴黎的马尔斯广场,在我身边的是法国朋友乌诺,他将和我共同主持今天这期节目。

乌诺(以下简称乌):大家好,非常高兴今天有机会向各位介绍我的祖国。

王:有人说,法国拥有她想要的一切,的确,大自然好像对法国格外的偏爱。

乌:是的,法国位于地中海和大西洋之间,有欧洲最高的山峰,并且我们的气候条件非常适合农业的发展。

王:是的,就在这样一块美丽的土地上蕴育出了丰厚而独特的法兰西文化。所以也可以说,一个民族的根源既植根于土壤当中,也深藏于人们的心里。

乌:那就让我们从大家最熟悉的地方开始介绍我的祖国。这里是巴黎!

【解说词】巴黎是一座历史悠久的文化名城。城中的许多自然景观可以说是妇孺皆知的。西堤岛上的巴黎圣母院是典型的哥特式建筑。法国作家雨果的一部同名小说,不仅使这座建筑闻名遐迩,而且女主人公艾丝米拉达与钟楼怪人卡西莫多的爱情故事常会浮现在人们的脑海中,这座6世纪的建筑历尽人间沧桑,无限往事都融化在这时代的鼓点之中。

(四人在台阶上)

长久以来,巴黎一直被看作"艺术"与"文化"的同义词,坐落在城中的埃菲尔铁塔、协和广场、凯旋门以及形态各异的雕像,承继了法兰西文化浪漫典雅的一面,又融合了艺术大师们桀骜不驯的创作思想。灿烂悠久的法兰西文化,把美注入她的灵魂,形成了巴黎的灵气秀质。

(埃菲尔铁塔上摇镜头)

埃菲尔铁塔在落成时,曾被许多人讽刺为巴黎脸上的一颗大麻子,后来是无线电电报的出现才挽救了铁塔的命运。法国人也由此体会到了时间是验证事物最好的试金石。

（大海）

大自然似乎对法国特别偏爱。这块美妙的六边形的国土处在海洋性气候、大陆性气候和地中海气候三个气候带的汇合处，使得这里既没有严酷而漫长的冬季，也没有干旱不雨的夏天。

（电脑图形，火车、火箭等画面）

在20世纪，工业文明使法国走向繁荣。法国的工业在世界上也是名列前茅的。令法国人沾沾自喜的是他们发明了高速列车。世界最优秀的汽车中，有三种是法国制造的，就连飞向空中的"阿里亚纳"火箭，也多次为法国人赢得了声誉，标志着当今法国工业发展的水平。十分突出的是，法国仍保留着以农业为主的特殊文化，至今有"欧洲粮仓"的美称。在全世界，法国是居第二、三位的农产品和食品出口国。法国农业在近几十年里实现了现代化，这主要归功于国家的优惠政策、现代化的高新技术的应用以及劳动力的合理分配等。

（女人绣花）

1960年和1962年，在戴高乐总统执政时期，法国政府就颁布了《农业指导法》，其中对农业经营、耕地保护等实施了相关的法令，这对稳定农业人口也起到了相当大的作用。

（立志务农青年的同期声）

我今年22岁，在"索塞"农业中学已经学习了6年时间了。在学习期间，我们曾到不同的农场去学习，以便获得有关农业企业管理、技术、经济、财务等方面的基本知识和技能。为什么我选择了这所农业中学呢？这主要是因为我父亲是农民，家传几代都是农民，所以从小我就选定了长大要当农民的志向。我也准备与哥哥一样，毕业后承继父业，回乡务农。目前国家有一项专门为鼓励年轻人务农的政策和措施。这不仅减缓了青年人不断涌向城市的现象，而且还鼓励年轻人务农，采取更为具体的措施，给立志务农的青年予以经济和技术方面的帮助。

（拖拉机）

法国农业人口降低到不足二百万，占全国劳动人口的8%左右，但农业产量持续提高，这主要得益于农业机械化的发展。从70年代起，法国又进一步向机械化和自动化的方向发展，并由此带动了农业化学和农业生物学技术研究的开展。面对飞速发展的农业科技，如何帮助解决新一代农民遇到的各种问题，也成了人们经常谈论的话题。

（农民）

我们向这些年轻人提供经济资助，此外，还有许多农业组织，如合作社和农商会等向他们提供贷款，帮助购买种子、农药等。对刚从学校毕业的年轻人，国家还向他们提供一定的"务农费"，五年之内还享受减税待遇。现在，可以看到越来越多的青年人重新走向农村。

（主持人与乡镇企业家）

我们参观了法国布列塔尼地区的一家奶制品加工厂。目前，法国有50%以上的奶制品出自于这类生产合作社的企业中。农业现代化的前提是农业的机械化和电气化，这就首先需要农业生产经营等诸方面具备一定的规模，单靠农民自己是无法满足农业大规模发展要求的。因此，这里的农民深深体会到，农业互助合作是打破家庭农业和中、小规模农场能力小、效益差的束缚的可行性工作方式。

（标牌）

农民们还定期召开合作社会议，讨论农业生产和经营中出现的各种现象和问题。农业合作社还建立了业务范围广泛、部门齐全的咨询或贸易实体，帮助农民解决技术难题。

（农业合作社主席———同期声）

"农业合作社制度既现代化又可充分发挥农民的积极性。它可使农民们保留一定的生产决策权，他们不仅仅是农庄的主人，也可参与到农业企业中，负责奶制品的加工任务。他们会了解到市场的要求，使用现代化的技术生产有地区特色的传统产品。这样的合作现实，稳定。农民们可以安居乐业，这对我们来说是相当重要的合作方式。"

（女人叫喊）

我们还有幸看到了一年一度的全法国农业产品集市。在5月的第一周，法国各地的农民汇集巴黎。集市不仅展示了农民们所生产的农副产品，而且也为他们农产品的商业化和系统化生产提供了市场和洽谈场所。随着法国农业合作社发展形成和活动内容的不断改善，法国农业已形成了具有高水平的产、供、销一条龙服务的农业经济体系。

（蔬菜、鲜花）

农业的发展与人们生活水平的提高息息相关。法国人常说："有了新鲜的奶酪、爽口的蔬菜，才能令人健康愉快。"勿庸讳言，法国人拥有得天独厚的条件，那就是充足的阳光和肥沃的土壤。然而，法国人不负上天的恩赐，在享受大自然的同时，也在精心琢磨着农业生产发展的经营之道。酒窖中满溢的香槟美酒，农庄里甘润的奶酪和蔬菜、鲜花，法国人在他们心爱的国土上创造了一种生活和爱的艺术。

（两位主持人坐在塞纳河边小圆桌旁）

乌：法国是欧洲河道网最稠密的国家，所以特别适合发展河道旅游业，每年有成千上万的旅游者来到巴黎坐游船。

王：对，塞纳河两岸的风光确实特别的美丽。不过，乌诺，我知道法国人特别爱说的一句话：这就是生活。法国人到底是怎么理解生活的呢？

乌：我们都知道只有一个生活，所以一定要过得舒适，一定要过得自由。我们非常喜欢顺其自然，此外呢，也热爱美。美，可以说是法国生活当中不可缺少的一部分。就是在最严肃的场合下，比如，我们法国每天的新闻节目经常会报道国内和国外漂亮的风景，还有很多时装表演，等等。

王：是这样，那法国人生活当中好像无时无刻不存在一种审美情趣。我觉得法国人体验生活就好像品味最醇厚的美酒一样，而且法国人还爱说一句话，就是"生活是美好的。"

生活的艺术

（广场俯拍）

【解说词】蒙马特是巴黎最独特、最奇异的地区。它位于巴黎北部，是巴黎地势最高的地方。18世纪以来，蒙马特逐渐成为巴黎文人、画家活动的中心，雨果、莫奈、雷诺阿等大名鼎鼎的艺术家都在此居住过。

山坡下的小丘广场，以前曾是大画家挥笔作画的地方。如今，世界各地尚未十分出名的画家，千里迢迢来此苦心修行，盼望着将来也能同他们仰慕的前辈一样，荣耀画坛。

（游客）

蒙马特已成了巴黎城的观光小景，从早到晚，游客如云。他们在这里漫步，欣赏着艺术家的作品，追忆着画坛的往事。19世纪法国印象派的画风，便是从蒙马特地区盛行开来的。

（街区拐角）

法国人的生活哲学是长久以来从历史和传统文化中孕育而成的。无论是建筑、雕塑、装潢、服饰，还是法国人推崇备至的美味佳肴，"优雅、精致"可以说是法国人追求的风格。在快餐店遍布街头、厨房电器进入千家万户的当代，法国人仍津津乐道地研究其传统的烹调技法，他们把制作和享受美食视为一项值得花费时间和精力的艺术。

（手部特写）

据说，自17世纪开始，法国每一代的烹调大师都对做菜有详细的记录，现在，在配料、制作技术和火候的掌握方面，法国菜确实凌驾于所有西餐之上。

（人跑步）

有人形容法国人是为吃而生存的民族，其实，还不如说是丰富的生活形成了他们爱吃的特性。法国美食给人们带来的是视觉、嗅觉、味觉和心灵的感受，而他们追求优雅，崇尚自然还渗透在他们生活的各个方面。

香出自然

（主持人在格拉斯山坡上——同期声）

乌：我母亲生活在这个地区，我特别喜欢法国的南部，尤其是在5月，正是玫瑰花盛开的季节。

王：在阿尔卑斯山脚下、地中海海滨有法国"香水之都"美称的小城格拉斯，我们能够感觉到仿佛每一阵吹来的风中都有一种芬芳的气氛。

乌：因为格拉斯有很多种满鲜花的农田。这里的农民一年四季都忙着采集大自然的精华。

王：法国悠久的香水制造业就是在这一片片花田中诞生的，它既饱含着大自然的气韵，也充满了人类的智慧。

（花农在花田采花）

和邻近的电影名城戛纳以及旅游胜地尼斯相比，小城格拉斯就像是幽谷中用鲜花写就的一首田园诗。拥有阿尔卑斯山融化的雪水和地中海湿润的海风，格拉斯无愧为法国香水原料产地中的一块风水宝地。

（黑白素材——古老的香水制造车间）

【解说词】比起古老的东方国家，法国制造香水的历史并不是最长的。但法国香水的制造过程却极其严格复杂，精益求精。鲜花需要经过淬取、浸泡、蒸馏等提炼过程后才能释放出浓郁的香味成分。从17世纪到19世纪末，香水制造过程需要大量的劳动力手工完成。经过改良后的香水制造技术为生产更纯、更精致的香水提供了可能。尽管化学香水冲击着世界香水市场，法国人始终沉着自信地使用制造过程费时费力的天然香精，坚持香出自然，格拉斯的花农因此而四季无闲。每年7月到9月是采摘茉莉花的季节。采摘在每天日出之前进行，每个花农每个小时平均可摘七千多朵茉莉花，一吨茉莉花能生产3公斤香精。而1公斤茉莉香精价值为11万法郎。对提炼方法中的核心技术诀窍，法国人视为高度机密，守口如瓶，令世人皆难效仿。

（鲜花）

虽有四季更替，格拉斯却永远都是花季。花农们遵守严格的时间和气候规律进行采摘，并想方设法保持土壤的丰润肥沃，以保证纯正的香气和优良的质地。从香水诞生伊始就如此考究，由此不难推想巴黎一直稳居全球香水最大市场、而法国成为今日香水王国的主要缘由。1989年，格拉斯建成了香水博物馆，介绍世界各国香水制造的历史和技术。在这里我们体会到由气味构成的世界是多么丰富细腻，它带给人们的愉悦绝不亚于视觉、听觉或其他感官所能带来的享受；也是在这里我们了解到一种古老的职业。在法语里有一种称号叫"一个鼻子"，它指那些对香味有特殊识别能力的人，他们的嗅觉具有记忆功能和极度敏感性，这种天赋使他们成为艺术家。尼古拉斯·马穆那斯就是一位有着"天赐良鼻"的闻香师，他用不同成分、不同比例的香精调配着最能表达他独特感受的香水。

（闻香师——同期声）

"在大自然中到处充满着、弥漫着美丽的香味分子。有的人不仅可以感受捕捉到,而且当感受到一定程度时就禁不住要表达出来,就像画家作画、音乐家作曲一样,闻香师发明香水来表达他们对美的感受。"

(花田间劳动镜头)

【解说词】究竟什么是香水?除了是一种利润优厚的商品,香水还有很多的定义:从技术角度来看,香水是采用不同香精,按不同比例调配出的和谐、高雅的奢侈品;从审美角度来看,香水是空气中的一首诗;从社会观来看,香水是人与人精神上的一种交流。在一滴香水之中,有花农辛勤的劳动,有工人严格的操作,有专业技术人员的精心设计,有闻香师的灵感和创作。而这一切的根本是大自然孕育的芬芳花朵和造化赋予我们的爱美的天性。法国戏剧大师莫里哀曾经说过:"一个没有香味的世界,就是一个没有生命的世界。"愿格拉斯的花香在天地间长久萦绕。

为了新世纪

(主持人在街心公园中——同期声)

布:雪纯,你知道儒勒·凡尔纳吗?他是法国的科幻小说之父,他有一部作品叫《20世纪的巴黎》,这份书稿曾经失踪了100多年,到1989年才被重新发现。

王:我还知道在1994年法国文化界有一件盛事就是这本书的出版。在这本书里,儒勒·凡尔纳怀着憧憬和惆怅的心情对20世纪的巴黎作出了大胆的设想。他准确地预见到了科技的高速发展、信息的大规模流通等等,但同时伴随而来的还有传统文化的失落和自然环境的恶化。

布:生活在20世纪的人,不仅仅是法国人,都亲眼看到了凡尔纳预言的实现,感受到他对人类命运的忧患。为了对下一个世纪作出美好的预言,我们就应该从现在做起。

【解说词】今天,我们可以看到完好保存了很多历史遗迹的巴黎,我们同样可以看到儒勒·凡尔纳在预言中勾勒出的那个现代化的、令人目眩的巴黎。巴黎市政府曾经取消了建造一座汽车博物馆的庞大工程,仅仅为了保全十几棵大树不被砍伐,说明他们一向重视环境保护。他们要创造世界一流的生活享受,也要面对同时制造出的垃圾污染,这也是全球共同面临的现实问题。

(主妇扔垃圾)

法国每年产生累积1800万吨的生活垃圾,平均每人每天一公斤。对付垃圾造成的公害有很多措施,其中最为普遍的就是将垃圾分类处理,再回收。在法国,垃圾分类处理是地方政府的职责。他们设立分类垃圾箱,教育居民将废旧书报、玻璃制品或塑料制品等按类别分开弃置,之后再进行相应的处理。对于每一个居民来说,垃圾分类其实很简单,在不断强化环保意识和普遍使用分类垃圾箱后,在法国各地,这已经成为人们的一种习惯,一种风气。

（企业中）

在法国,广泛推行垃圾分类经历了 20 年的时间,现在这种意识已经真正深入人心,在家庭、企业、办公室、学校等都无一例外。青少年是下个世纪的主人,培养他们的垃圾回收意识是当务之急。在法国,很多学校专门为儿童开设有关课程。平时在家里,也有很多家长以做游戏的方式引导孩子去识别不同种类的废弃物品。从观念到行为,法国的垃圾处理已经进入了一个良性循环。

（父亲——同期声）

"环保教育我认为也是家庭教育的一方面,我们通过一些简单的例子帮助孩子们认识到环保的重要性。比如垃圾回收可以重新利用,像造纸,这样就不用砍树,可以更好地保护森林。有时在饭桌上我们会谈起电视或报纸上的见闻并进行讨论,考虑我们全家为了保护环境应该做些什么。"

【解说词】目前,垃圾处理有三种主要手段——焚烧、填埋和回收,其中回收显然是最积极、最具科学性的。1996 年,法国举办了第五届环境博览会,垃圾回收就是其中一项重要的内容。分类垃圾无疑会使垃圾回收更为有效。有机垃圾可以制成肥料,而其他垃圾也可回收再利用。据统计,法国全国垃圾回收率已从 10 年前的 50%增到 94%,全国垃圾的回收利用率为 38%。目前,法国将垃圾处理作为一种高新技术产业,投入大量的人力、物力进行研究。

据巴黎环境局介绍,巴黎每年回收垃圾 350 万吨,占全国的 1/4,巴黎市区设置 30 多万个专用生活垃圾箱,垃圾回收利用率高达 80%。巴黎三座垃圾处理厂每年回收燃料油 35 万吨,为巴黎 1/4 的住宅供暖提供了燃料。同类垃圾处理厂目前已经遍布法国各地重要城市。

（孩子,母亲——同期声）

"我们教育孩子,是从最基本的小事开始,比如不随地扔东西,长大以后,教育他们要懂得节约用电、随手关灯。水也一样,要注意节约。有时出去旅游,看到一些不利于环保的现象,就当作反面教材给孩子们看,让他们认识到环保的重要性。"

【解说词】孩子的心地是洁净的,但愿他们以及他们的子孙后代能够生活在同样洁净的环境中。

（小女孩——同期声）

"我们的星球已经堆起了越来越多的垃圾,如果我们把垃圾分类处理,就可以节省地球上的能源,保护大自然。"

延续与发展

（主持人在高速列车厢中——同期声）

王:在法国人心目中,传统的民族文化和现代化的高科技有着同样重要的位置。他们制造了协和式飞机、电脑化的电话信息服务等尖端项目。奔驰在法国各地的高速火车也是其中之一。"

【解说】法国是科研大国之一,科研投入在美国、日本、德国之后名列世界第四。1996年法国政府调整了国家科技政策,同时对教育提出新的要求,呼唤更多的科技人才。

(科技政策调整)

早在70年代末,法国在世界经济危机打击下,在新技术革命浪潮冲击下,在国际范围内竞争日趋激烈的挑战面前,掀起了有关教育改革问题的轩然大波。1983年法国政府公布了从高等教育到小学教育的全套改革方案,其中包括对教师有计划的培训,让教师更新知识,提高教学水平和经验。法国的教育事业有着悠久的历史,在中世纪,巴黎已成为欧洲文化的中心,至今巴黎大学仍吸引着法国内地、欧洲以及其他地区国家的年轻人来这里求学。此外,对高等教育的改革也是人们最为关心的一部分,改革方面是突出高等教育机构在科学研究方面的作用和地位,并加强了对学生培养的职业化,从而解决了扩大招生和扩大就业机会这些最为迫切的问题。

在中学进行的教育改革反映了法国对中学教育质量的重视。

(校长——同期声)

"法国的教育制度规定,小学老师教5~11岁的学生,中学老师教11~15岁的学生。要想成为一名中学教师,必须先经过4年的大学学习,之后有两种考核,一种是普通中学教师资格考试,另一种是高级中学教师资格考试。前者是百中取一,后者是三百人中选取一个。每个学科有专门的考核。拿到资格证后,就可以在初中或高中教授此门课程了。"

(主持人在法国中学校园中——同期声)

王:法国的历史经历过很多革命性的冲击,也发生过很多重大的变革,但法兰西文化却始终保持着一种坚韧的延续性和生命力。

布:有一个重要的原因就是教育。法国政府一向特别重视教育,但是我们现在的教育制度面临着一个新的挑战,那就是怎么样更好地适应现代社会的发展,特别是怎样为企业提供他们真正需要的人才。

王:而且我们还了解到法国的一些普通中学里,为了适应国际文化交流的需要,也新开设了一些不同语种的教学,汉语就是其中之一。

【解说】在巴黎的德比西中学的一间教室里,来自北京八中的老师正在给几个法国学生上中国画课。这所学校从1962年就创立了汉语课,每年都为法国汉学界造就一批人才。学校聘请中国汉语辅导老师,甚至对外开展汉语教学。现在,汉语是该校初三年级的第二外语。目前法国的中学有较多的自主权,学生有比较灵活的发展机会,也有利于学校发现他们的天赋和特长。受着墨香和中国古老文化传统的吸引,这些金发碧眼的年轻人和中国的同龄人在画纸上交流着,法兰西文化和中国文化也在画纸上溶为一体。

【解说】在法国各地,最常见的汉字是中国餐馆的招牌,而巴黎闹市中的这间"凤凰书店",则为人们提供着中国文化精神食粮。它面积不大,名气却不小,时常有些正在学习汉语或研究中国文化的人来购买资料、书刊。在书架上我们发现了很多在国内刚出版不久的新书,足见书店主人对中国文化动态的熟悉和促进中法文化交流热切的愿望。

【解说】书店主人自学而成的流利汉语令人称奇,更有一些法国资深的汉学家以其对中国文化深入的研究和精辟的见识令我们叹服。

(汉学家朗赛乐——同期声)

"我主要从事将中国古典文学译成法语,介绍给法国读者的工作。我认为这项工作的意义不仅仅是简单的翻译,而是借此机会让人们了解中国传统文化广博、精密、深奥的内涵。我已经翻译了一些作品,特别是明清时期的话本小说。西方人翻译中国古典文学,第一个碰到的困难就是所译作品的历史背景。此外,中国人委婉含蓄的表达方式,完全不同于西方人直接的表达方式,很容易产生误解。我认为阅读了解中国古典文学作品,非常有助了解中国的传统、固有文化,有助于了解中国人的心灵性情。今天的中国不再是一个陌生的国度,它越来越多地丰富着、影响着我们的文化。"

【解说】汉学家的一席话,令我们在感动之余,又生出无限的自豪和快慰。每一位像朗赛乐这样沉浸在中国文化中的法国人,都像是一座座无形的桥,他们所跨越的、所连接的,是千百年的文化和无数人的心灵。

(主持人——同期声)

王:在拍摄法国专辑的时候,我们再次证实了一个观点,就是要了解一个国家,首先要了解那里的人民,在两个民族相互交往的过程中,会有很多事情令我们非常感动。

布:戴高乐将军1964年决定和中国正式建立外交关系是一个非常明智的决定,但是,我们现在的世界和戴高乐将军的时代不同了,我们现在的世界变得很小,在法国,研究中国事物的人,对中国感兴趣的人越来越多。现在两国人民建立各方面交流的条件都具备了。我还有一个希望,就是希望法国人,特别是年轻的法国人能够从感情上和中国进行更深的交流。

王:我非常同意,其实在法国拍摄过程中我们有一点感触很深,就是认识了很多像布鲁诺这样对中国文化非常了解,非常热爱的法国朋友。

中国情怀

(法比恩蒙外景)

【解说词】这是一所普普通通的法国住宅,这里有一位普普通通的家庭主妇。但对我们来说,女主人粗长的发辫和脚上的懒汉鞋却很不寻常。这个名叫法比恩的法国女子,曾在中国度过了6年不寻常的岁月。回顾学生时代万里迢迢奔赴中国山城重庆学习中国国画和书法的情形,已经身为人母的法比恩感慨万端,那是她生命中充满激情和渴求的一段回忆。

(画室中)

走进她的画室,也就走进了法比恩的中国情怀。法比恩有一种特殊的气质,在她身上和她笔下,流淌着法兰西的血液和中国文化的营养。初到四川美院时,她拜黄源教授为师,仅用半年多时间就能奇迹般地用中文书写和会话。潜心学画之余,她还研读了中国美术史和古典文学,并对道教中的动与静、虚与实、刚与柔、韵与力产生了浓厚的兴趣。法比恩的全部身心都沉浸在玄妙博大的中国文化里,与此同时,她也找到了生命中的另一个支点——她的丈夫贝佐。当贝佐说着流畅的汉语并熟练地帮助法比恩裱画时,我们一点儿也没感到吃惊。

(画室中)

法比恩与中国的缘分也结成了她生活中一段美好的姻缘。贝佐常常是她作品的第一位观众。法比恩的作品多以山水加书法为表现方式,并将排列有序的金石印章穿插其间,或在其中开几扇山水素描的"窗口",这是她最独特的创意,既洋溢着东方的艺术内涵,又引进了西方式的观察、审美特色。

(在阁楼上)

法比恩指给我看用最先进的天文望远镜拍下的宇宙景观,激动地说它们与中国山水画所描绘的一切多么惊人地相似,"中国的文化不得了!"我永远忘不了法比恩在说这句话时的神情。

(在阁楼上)

为造化神奇而感动,为中国文化而惊叹,法比恩的精神世界是这样富有感染力,一如她的作品。对中国书画从"走入自然"到"化入自然"再到"无为妙境"的参悟,伴随着法比恩画技与心智的日臻成熟。而在中国度过的那段青春岁月在法比恩心中还是永远新鲜珍贵,以至于她全家日常的生活起居都打上了深深的中国烙印。

(厨房里)

在和法比恩的交谈中,我们感到她已经在精神上完成了从西方到东方的过渡与结合,她的画也因此而在中国和法国受到同样的欢迎和赞赏。法比恩说,把中国艺术介绍到法国乃至世界是她最大的心愿。

(草地上)

法比恩曾到过中国的很多地方,那辽阔的疆域,浓郁的民族风情,至今仍令她心驰神往。饮水思源,法比恩远在中国的师长朋友和滋养了她心灵的古老文化,一生一世都将被她挂在心上。

【分析】

《环球》是一个融知识性、趣味性、艺术性于一体,品位高、可视性强的文化专题栏目。她是一个看世界的"窗口",一个跨文化交流的"窗口",一般采用子栏目组合的杂志形态。《法国专辑》是一个特例,采用中外主持人联合主持,在外景串联起几个短片,依次展现了法兰西的著名建筑、农业、生活中的艺术、香水、城市发展与环保、科技、教育以及中法人民之间的文化交流……我们不难发现,主持人王雪纯在节目中有相当多的参与。直观看到的:与法国小伙在带有浓郁法国特色的各个场景共同串联主持,市场、书店、学校、高速列车等出镜采访,专访女画家的纪录片《中国情怀》,全片的解说;背后的:王雪纯作为解说词的两位撰稿人之一,与编导、与法国搭档深入"别致"的创意磨合,等等。作为优秀、成熟的社教类节目主持人,王雪纯为我们树立了出色的榜样,她的文化底蕴、资料的准备、与编导的通力合作、对此档节目意图及内容、形式的深刻理解、独到的体会感受和眼光、与法国搭档的文化沟通,及至串联环节或细节出新的创意和处理,还有富于诗意、优雅得体、韵味无穷的解说词(如关于"什么是香水"的阐发与抒情)及其不瘟不火,潺潺流水般的解说词演播,体现着王雪纯的创作个性,加之她热情大方、清新活泼的体态语,共同透露出的知性而又可爱、亲切、灵动的主持风格,使这个专辑做得十分好看,令人难忘,成为精品之作。

2. 山东电视台《乡村季风》服务版,2000 年 12 月 14 日播出,主持人肖东坡,转引自参加"金话筒"优秀节目主持人评奖申报材料。

绿色农业火了农家肥

【主持人】观众朋友你们好,欢迎收看《乡村季风》。俗话说:低头拉车还得抬头看路!如今这市场上的瓜果蔬菜是品质好、无公害的俏销,这往后种地啊就得瞅准市场需求搞绿色农业,大伙知道,搞绿色农业可不能再像以前那样一个劲地光用化肥了,这不,莱阳市中荆镇的鸡粪专业市场就火了起来。

【播音】莱阳市中荆镇东马家泊村有这么块空地,一年四季当地农民不停地在这里晒鸡粪、装鸡粪、卖鸡粪,您别说,捣鼓这不起眼的鸡粪还真能发大财。

【记者现场】1997 年,中荆镇的万世洲与另外两位农民合伙最早开始四处收鸡粪、晒鸡粪,随着晒好的鸡粪越堆越高,那两个合伙的农民是越看越怕,怕什么?怕赔本!后来他们都相继退出了,可谁曾想到了秋天,他们存的鸡粪还不够卖的呢。万世洲就在这,咱们让他说说:当时多少钱收的?

【同期声(万世洲)】

【播音】中荆镇是个养鸡大镇,听镇上领导说今年年底这里蛋鸡的存栏量将达到 300 多万只,这么多鸡,鸡粪的处理曾经是个叫人头疼的事儿。

【同期声】

【播音】万世洲卖鸡粪挣大钱就像一石激起千层浪,一时间很多农民跟着搞起了卖鸡粪的营生,过去乱堆乱放的鸡粪一下子有了用武之地,专门辟出来的晾晒场地慢慢地成了专业市场,越来越多的客户来这儿拉鸡粪,还有不少外地农民也把鸡粪运到这儿来销售呢!

【同期声】两口子,不耽误农活。

【同期声】随晒随卖。

【同期声】一开始一户,现在40多户,平均一户3000袋,一年近千万斤。

【记者现场】说起来挺有意思,万世洲当时拿着莱阳农学院的化验报告四处推销他的鸡粪时,很多人都不感兴趣,现在却成了抢手货,为啥?就是因为大家都看好了施用农家肥的好处,您是来收鸡粪的吧?

【同期声】

【播音】中荆镇西留格庄村有400多亩苹果园,作为省级样板园,这两年它们一直是鸡粪市场的大客户,据说,这里每亩果园每年就得施用鸡粪2000多公斤。

【同期声】支书赵学成:赵书记,是不是一开始就注意施用农家肥呀?

【同期声:农民】

【播音】多用农家肥,农作物品质好、无公害,当然卖价高。高效益带动高需求,越来越规范的农家肥市场必定生意兴隆。看来,这"庄稼一枝花,全靠肥当家"的话,往后怕是要改成"好果卖好价,农家肥当家"了。

王学文的绿色梦

【主持人】出道题,考考你!买菜怎么买?有人跟我说啊,这买菜要买带虫眼的,虫子敢吃咱也没事,再就是得闻闻看有没有农药味,买韭菜啊不能买太绿的,得买发蔫发黄的。瞧!如今这农药残留都把人吓成什么样子了。有没有一种好办法能方便快捷地检测农药残留呢?阳谷县农民王学文告诉你:有!

【现场:握手特写】

【同期声】谢谢你了,你为社会作了一件大好事,我要是早有这样的仪器,我就不会中毒了。

【播音】阳谷县金斗营乡的王学玲大娘,今年4月在集上买了几斤豆角,这一顿饭下肚后就住进了医院,农药中毒让她前后一个多星期花销2000多块,至今还有后遗症呢。今儿个她大老远地跑到素不相识的高庙王乡王学文这,就是想说声谢谢!

【记者现场】这就是王学文的家,来,咱们进来瞧瞧,这屋连灯都没有。你好!大嫂。学文,结婚这么多年我看你这屋怎么连电视都没有?一直没买。观众朋友,王学文的家看上去十分简陋,不过最显眼的就是这些书和桌上的瓶瓶罐罐,这些年王学文把大部分时间和金钱都用在搞发明上了,瞧,这就是让刚才王雪玲大娘前来道谢的发明成果,学文,你给介绍介绍这是干什么用的?

【同期声】检测农药残留的,一分钟,有提示音。

【播音】农民王学文头脑灵光,还在中央农业广播电视大学学过化学呢,按说只要跟周围的乡亲一样踏踏实实种菜,日子肯定差不了,可几年前他却跟中了邪一样迷上了搞发明,说啥也得搞出个检测农药残留的仪器来。

【同期声】为啥?以前用什么?缺点?

【播音】虽说上过两天学,可他一个普通农民,凭啥搞发明呢?

【同期声】妻子:家里活不管。

【同期声】同学:整天疯疯癫癫的,父亲死了他都没去。

【同期声】农民:科学家都搞不成,你能搞成?我当时就不信。

【播音】没钱买农药他就到农药店说好话要样品,攒下点钱就跑到省农科院、建材学院进行化学分析,多少个日日夜夜说不清了,王学文就在这桌上算他的方程式、搞试验。结婚十几年没置办一件像样的家什,可他的发明却渐渐有了眉目。

【同期声】记者:现在农药分杀虫剂、杀菌剂、杀螨剂上百个品种,你这个仪器怎么能检测出哪些是对人体有害的呢?

【播音】1995年至今,多年的心血付出换来学文的药残检测仪批量生产,不久前还获得了专利发明的大奖呢。听说阳谷工商部门已拿着检测仪在市场上清理了很多药残超标的生产、经营者。如今,天南海北的客户纷纷前来定购,学文的前面是一片广阔的市场。

【同期声】要是蔬菜生产基地、管理部门等都用上它,有毒的蔬菜就没有市场,下一步加入WTO,更多的蔬菜将打入国际市场。现在看以前吃的苦值不值?值!

【播音】也许哪一天,您家附近喧闹的市场上,会增添一种新的声音,不断清脆地提示您:您可以放心食用!是啊,这一天不会太远——让有残留农药的果菜远离我们的生活!

架遍果园的方便梯

【主持人】果树太高,管理采收时少不了要用梯子,问题是用梯子有人也觉得不方便,那可咋办?果农桑运宏想出了一招,这一招说简单那可真叫简单,一看呐你就明白;说难呢也真难,为捅破这层窗户纸啊人家老桑想了两年。

【播音】今年51岁的莱芜市钢城区黄庄镇南通香峪村的桑运宏老汉,木工活干了20多年,可对自家果园用的木梯子没了辙,为啥?他家的果园太高太密,梯子在这根本挪动不开。

【记者现场】老桑这果园树枝纵横,您瞧,要在这里走上一走,躬着腰都挺费事,别说放梯子了。哎,就是放上梯子也够不着几个果。是这样吧,老桑?

【同期声】对,就是有高梯也拿不进来,套袋就是有几个套几个,也就是套百分之四十,落着就落着,落不着就有断枝现象。

【播音】为这事老桑犯开了琢磨，闲着没事时就拿出干木工活的看家本事：画图设计！听他说，就这样憋了两年呢。

【记者现场】你们看这有两个梯子，这梯子有三个腿——轻快；可以折叠——携带方便。你可能会问，高的地方、密的地方还架不上梯子呀，您别急，咱让老桑给演示演示。

【播音】单腿一横，穿过密密的树枝间隙，结结实实地架在树干上，嘿！三腿梯立刻变成一道空中走廊，偌大个果园走哪支哪，再高再密就是在山坡上也是照架不误。老桑说：这叫跨越功能。再瞧这单腿上有均匀的木楔，竖的时候能踩着上下，横的时候可当横梁，中间的轴是用10毫米的钢筋，比用螺丝上折页可保险多了。

【记者现场】你们瞧，还非常结实。老桑，有了这梯子，管理采收是不是方便多了？

【同期声】相当的方便。有了高梯以后采收方便，春天修剪用高梯，疏花用高梯，疏果也用高梯，套袋少不了它，摘袋采果，采果以后又到修剪了，几乎树的管理全部用它，一年四季都能用。只要是果子在树上我就能摘下来，没有破损率。

【播音】要说这梯子的设计真的是不复杂，但却很实用，老桑说还可以再改进呢，我们大伙都劝他申请个专利，老桑是个聪明人，想想有那么多果园，那么大的市场，还真动了心，忙着向区里来的人打听，看那架式，还真怕别人抢了先呢！

苹果化妆寻婆家

【主持人】果农桑运宏的梯子好使，可再好使的梯子也解决不了卖果难的问题。离开莱芜的时候，老桑就问我：肖记者，我今年的苹果不太好卖，你有没有什么好办法？哎，做梯子我不行，要说卖果，现成的主意倒有一个，不过这主意不是我想出来的，咱们去找沂源果农秦元辉。

【同期声】小秦，我听说你这苹果还没下树就已经全部卖出去了？是啊，一个月之前吧就给签合同了，一元八角，一元一角吧，现在，订了一万二千斤。

【记者现场】观众朋友，小秦所在的中庄乡菜峪村呢，地处深山，这里交通不便、信息闭塞，手机在这里连信号都没有，可他的苹果却销得这么好，你们知道为什么吗？来，瞧瞧这，他把所有的苹果都印上了字。

【播音】"福禄寿喜"、"恭喜发财"、"新春快乐"，还有各种图案和双星集团的标志呢。原来呀，这些苹果是为人家双星集团定制的。说起来这几年秦元辉的苹果销得一直不错，可他总觉得卖给贩子或进市场太被动，说不定啥时候市场行情不好，只能干瞪眼，身处深山的小秦寻思着要找一条销果的好办法。

【同期声】我觉得现在一些比较知名的企业比较注重企业形象和品牌的建立，我觉得这是一个机会，给他们寄过去照片以后他们很感兴趣，不长时间他们过来看了看，就跟我签定合同了。

【记者现场】苹果贴字说起来简单，做起来可挺有门道。我在这现学现卖，首先要选好果,个头不大、品质不好、果型不好的不行。再就是精细管理,要套袋,在摘袋后2—3天内贴字,这字要贴正贴实,如果贴不实光照进来,字就看不清了,这样晒上半个月就成了。

【播音】贴在苹果上的字是小秦到县里订做的,成本在一毛钱左右,可贴字和不贴字卖价却要差上三分之一,少说也有个三五毛。尝到甜头的小秦如今思路大开,想着把这苹果增值的法儿玩出更多的花样来,像针对个人消费的纪念日苹果、印有诗句的苹果、为旅游部门生产的特色旅游苹果等等。当然,前提是一定要为这些工艺果先找好婆家。

【同期声】人无远虑必有近忧,要解决卖果难,关键在于另辟蹊径。

【主持人】好了观众朋友,感谢收看《乡村季风》,咱们下周同一时间再见。

【分析】

《乡村季风》是典型的对象性社教类主持人节目,该栏目为"三农"服务,定位准确,特色鲜明,深受农民观众喜爱,2001年被中国记协评为"中国新闻名专栏",2002年获"神农奖"全国惟一一项栏目金奖。主持人肖东坡十分敬业,热爱这个为农民服务的栏目,他加强学习和积累,从对农村的陌生,很快开始熟悉农村、农业和农民。在本期的几个板块中,他时而在鸡粪晒场上唠家常似地采访农民做鸡粪生意的始末与酸甜;时而在农民家或果园,与农民发明家谈技术窍门、聊致富经,还兴致勃勃地登梯上树,体验示范摘果方便的"三腿鸡"(一种灵巧多变的梯子);时而面对当时不在面前但日后会在电视机前的农民兄弟,耐心介绍苹果贴字打开销路的新点子。他满腔热情地为农民观众服务,真情地赞美农民的智慧,敏锐地发现新时代农民的闪光点,积极宣传新观念、新政策。同时我们也看到主持人尽职尽责的职业精神和"多面手"的专业实力。他是农民的好兄弟,以农民喜闻乐见的方式主持节目,不转文,不蹦词,亲切的大白话里贯穿着农民最需要的信息。在农村节目里,肖东坡如鱼得水,自己的生命也得到升华,成为农民信赖的知心朋友。

四 训练材料

1. 指定主题的练习。这里提供部分文字资料,作为构思专题节目的"引子",要求学生由此触发,补充新的材料,按主持人节目要求构思采用的手段、形式,编辑完成社教类专题型节目的文案,并做镜头前的主持播出,独立或两人合作完成。要求材料丰富、主题集中、视野开阔、实用性强,切入点巧妙,串联自然,主持语言信息清晰、真诚热情、交流感强。

(1)主题——行动起来,促进精神健康(转引自《北京晚报》2001年10月8日第22版)

21世纪的健康时尚:关注自己的情绪与情感

【记者特别报道】"9·11"事件使许多美国人情绪低迷,特别是通过电视目睹了惨案的数百万儿童。

○ 一分钱掰两半花,打天下时他有一股子劲,现在有了7位数的积蓄,他倒对什么都失去了兴趣……

○ 她曾是个漂亮可人的新娘,可生了儿子后却像脱胎换骨,又凶又急,最后竟抱着孩子要跳楼……

○ 小明上高二后常莫名其妙地腹泻,各种检查都查不出原因。

○ 老王离休回家突然垮下来,说不出哪儿不舒服,全身疼。

其实,每10位成年男性中就有一位可能患有抑郁症,而女性则上升到1/5。抑郁症至少影响了全世界1/50的儿童和1/20的青少年,约有10%至15%的抑郁症患者被夺去了宝贵的生命。预计到2020年,抑郁症在所有疾病中造成的经济负担最大,会超过心脑血管疾病和感染性疾病。

○ 在内、外科病房中约1/4至1/3的病人伴有抑郁症。只不过,由于抑郁症的临床表现与许多常见的内科疾病相似,所以经常被忽视或误诊。

○ 抑郁并非心理疾病,它是一个独立的生理性疾病,就像感冒、高血压一样,是一种常见病、多发病。

疑似的抑郁病人

(1)食欲减退、体重减轻:多数病人都食欲不振,美味佳肴不再具有诱惑力,病人不思茶饭或食之无味,味同嚼蜡,常伴有体重减轻。少数病人可能食欲增加。

(2)性功能减退:疾病早期即可出现性欲减低,男性可能出现阳痿,女病人有性感缺失。

(3)睡眠障碍:典型的睡眠障碍是早醒,比平时早2至3小时,醒后不复入睡,陷入沉思悲哀气氛中。

(4)昼夜变化:病人心境有昼重夜轻的变化。清晨或上午陷入心境低潮,下午或傍晚渐渐好转,此时能进行简短交谈和进餐。昼夜变化发生率约50%,虽非必备的症状,但如发生则有助抑郁之诊断。

坐在家中看心理医生　请抑郁者对号入座

胸闷、胸痛、心慌、早搏;情绪低落,对平时喜欢的事提不起兴趣;特别容易疲劳,休息也不能缓解;注意力不集中,记忆力减退;失眠、早醒或只想睡觉;食欲下降,体重减轻;头痛、背痛、各种躯体疼痛;腹痛、腹泻、便秘。

新发现——莫做"情绪植物人"

○ 人类的高层需要。
○ 追求快乐的体验。
○ 营养精神的世界。

北大第六医院唐登华教授说：

也许在将来的某一天，人们不用花费任何努力就能轻易满足所有的生存与发展需要，生产完全自动化，这时人们还会有什么样的需要？人们将会去干什么？从发展的趋势来看，我们人类超越生存与发展的第三类需要——情绪体验需要，将成为需要的未来主流。单纯的情绪体验对于人类并不陌生，从吸食海洛因、疯狂打电玩到酗酒、嫖娼、赌博等，无不是为追求情绪体验的快感。但这些情绪体验没有任何生物学、社会学意义，对人类的生存与发展目的毫无意义，甚至相违背。

进入到21世纪，人类各种行为的情绪体验需要已经摆脱了单纯追求生理快感愉悦的层次，关注自己的情绪情感体验已成为时尚。如醉如痴的球迷们伴随着比赛或狂欢、或沮丧、或呐喊、或痛骂，难道仅仅是为了集体荣誉感？恐怕在更大的程度上是为了满足情绪情感的体验需要。

当激情与灵感迸发时，画家就要挥笔作画，诗人就要提笔吟诗，音乐家就要抚琴谱曲，哪怕他们的创作劳动没有任何回报。对劳动者来说，生活再富足，还是希望去工作。医生为病人的康复而由衷的高兴，教师为育人成才而自豪，他们的动机除了社会学助人的意义以外，其本身还有一种自我情感体验的需要——自信、价值与欣慰。

情感体验需要是人类需要的未来趋势，关注并追求积极愉快的情绪情感体验可以"营养"我们的精神世界。如果忽视它，我们就可能会成为"情绪的植物人"——天空是灰暗的，世界是无助的，从而一步一步迈向精神健康的大敌——抑郁。

抑郁量表

	没有或很少时间	小部分时间	相当多时间	绝大部分或全部时间	评分
1. 我觉得闷闷不乐，情绪低沉。	1	2	3	4	
2. 一天中，我觉得早晨的心情最好。	4	3	2	1	
3. 我一阵阵哭出来或觉得想哭。	1	2	3	4	
4. 我晚上睡眠不好(睡眠障碍)。	1	2	3	4	
5. 我吃得跟平常一样多。	4	3	2	1	
6. 我与异性密切接触时和以往一样感到愉快。	4	3	2	1	
7. 我发觉我的体重在下降。	1	2	3	4	
8. 我有便秘的苦恼。	1	2	3	4	

	没有或很少时间	小部分时间	相当多时间	绝大部分或全部时间	评分
9. 我心跳比平常快。	1	2	3	4	
10. 我无缘无故地感到疲乏。	1	2	3	4	
11. 我的头脑跟平常一样清楚。	4	3	2	1	
12. 我做我熟悉的事情没有困难。	4	3	2	1	
13. 我觉得心情不安,难以平静。	1	2	3	4	
14. 我对将来抱有希望。	4	3	2	1	
15. 我比平常容易生气激动。	1	2	3	4	
16. 我觉得作出决定是容易的。	4	3	2	1	
17. 我觉得自己是个有用的人,有人需要我。	4	3	2	1	
18. 我的生活过得很有意义。	4	3	2	1	
19. 我认为如果我死了,别人会生活得好些。	1	2	3	4	
20. 平常感兴趣的事我仍然照样感兴趣。	4	3	2	1	
					总分

若查不出其他病因,而以上图示症状持续两周以上,并且不能解除,你可根据"现在或过去一周"的情况,独立地、不受任何人影响完成下列问题的回答,一般在10分钟内完成。

请将总分相加,当总分≥40分时,请寻求精神科医师的帮助。

我们的个性就是我们的魅力所在、能力所在,北京大学精神卫生研究所心理治疗科唐登华主任鼓励大家。

了解自己才能自由人间

○ 人的本性都偏好正性刺激,要学会"奖励加强法",一定要真诚赞扬对方的真实所在,赞美对方最在意的地方;

○ 人的本性都有归宿感的需求,一个人际关系好、家庭氛围好、社会支持多的人,自信心就强。人际关系丰富、社会化程度高,就会把外界的支持内化为自己行动的力量;

○ 每个人都希望自己的情绪与别人分享,无论快乐无论悲伤,要学会倾诉,更要学会倾听;

○ 人的负性情绪具有转移性,受到伤害时要多从对方角度想想,负性情绪最容易转向亲人,要学会接纳亲人的负性情绪,学会对付唠叨;

○ 每个人都具有人际交往的自我性,要理解接纳别人的忌妒心;

○ 每个人都有显示欲望，要鼓励褒扬个性；个性是魅力所在、能力所在；

○ 每个人都有情感上的独立性，要给予对方相对独立的空间。夫妻、亲子之间不能捆得太紧；

○ 正性与负性情绪都有相对性，换一个角度、一种思维，让积极、乐观的心态占据主流；

○ 情绪具有发泄性，助人者应在别人哭时劝他哭个够，要学会向自我表达、向他人表达、向环境表达及更高层次的升华表达。

新一代抗抑郁药物给你原动力

研究发现，大脑神经递质 5-羟色胺的缺乏直接导致抑郁的发生，而这一切可以改变。上海同济医院吴文源教授说：

新一代抗抑郁药物往往具有以下优点：毒性小（超量不会致死）；治疗指数大，安全性高；长程治疗安全性高；药物之间相互作用小；患者耐受性好。目前应用最多是选择性 5-羟色胺回收抑制剂（SSRI）。SSRI 药物主要是增加突触间隙中的 5-羟色胺，以传递信息，缓解抑郁，对具体受体无影响，副反应小。这些药物对轻或中度病例均有效，近年有报道对重症抑郁有效。由于它的安全性高，即使超量也无危险，服用方便，每日一次，基本上每天一片，只有 20% 患者需调整到 2 片以上，尤其氟西汀（百忧解），只有 10% 患者服用剂量超过 1 片/天。

(2) 主题——学前热身孩子需要什么？（《北京晚报》2002年1月24日第34版）

【记者报道】今天是开学的日子，中小学生又背起大书包走进了校门。为开学而忙碌起来的可不只是他们，眼下很多 6 岁左右的小孩已经开始为 9 月即将到来的下一个开学日而奔波了。现在的很多家长已经放弃了传统方式——将孩子送进学前班学习文化知识，而是为孩子选择了对其进行能力开发或心理调试的专业辅导机构。

"我们也报过英语班、舞蹈班，可是不行，我女儿特别胆小，到这种类似幼儿园的地方上课就不开口。我觉得，上学前班也一样不适合她。在上学前这半年，对于我女儿来讲，重要的不是学数学、语文等具体知识，而是怎么能够调整好她这个过于内向的性格，可以顺利地开始她在学校的学习和交往"。经过挑选，妈妈张运宏为女儿在"快乐时光儿童音乐乐园"报了名。

据了解，即将在 3 月份开学的最近一期"快乐时光"已经有 60 多位孩子报名参加，是去年 9 月第一次招生数的 6 倍。音乐乐园的邬老师感慨地说："这么快的发展有点儿出乎我们意料。看来，现在的年轻家长们采取的教育方式已经打破了传统习惯，素质教育渐渐地被摆在了第一位。"

3月23日，潘家园医院开设了中国行为分析协会，专门针对在行为、能力、心理上出现难题的孩子进行辅导，同时还请来了 7 位国际行为分析协会专家。屋顶上挂着的绿莹莹的藤蔓、大树墩做成的桌椅、看似游戏机的脑电波反馈治疗仪……一切都是专门为孩子设计的,为他们提供一个温馨放松、不同于课堂的辅导环境。

潘家园医院的王院长说:"虽然,我们现在开始重视学前儿童的能力开发和心理辅导了,这是件好事,但市场构成不纯、消费群体也不够成熟。我们刚刚起步,要学的还很多。"

专家指路——早期教育四要素

1. 全面、客观地了解和接纳孩子,包括孩子的优点、不足和犯的"错误",让孩子愉快地体验父母的热情、真诚和爱心,增强教育的可接受性。2. 保护好孩子的好奇心,满足求知欲。即在任何时候,对孩子提出的任何问题都给予认真的解答。3. 要发现并尊重孩子的兴趣和爱好。切忌逼迫孩子满足父母自身的兴趣和爱好。4. 为孩子营造和谐的家庭氛围,注重培养孩子良好的行为习惯、自主能力和责任意识,这是早期家庭教育成功的基本保证。

(首都师范大学教科院馨情心理健康咨询室主任渠淑坤副教授。咨询电话:68981237,二、四、六下午1时至5时)

学龄前儿童的关键期

2岁半左右是幼儿计算能力开始萌芽的关键期。

3岁左右是幼儿开始学习自我约束,建立规则意识的关键期。

3岁半左右是幼儿动手能力开始发展成熟的关键期。

3至5岁是幼儿音乐能力开始萌芽的关键期。

4岁左右是幼儿开始学习外语的关键期(6至8岁是学习外语书面语言的关键期)。

4岁半左右是幼儿开始对知识学习产生直接兴趣的关键期。

5岁左右是幼儿学习与生活观念开始掌握的关键期。

5岁半左右是幼儿抽象逻辑思维开始萌芽的关键期。

6岁左右是幼儿观察能力开始成熟的关键期。

6岁左右是幼儿超常能力结构开始建构并快速发展的关键期。

(北大医院产科教授戴淑凤)

生活主张——给孩子不一样的童年

对于每个人来说,童年的记忆不一定是最美好的,但一定会影响他一生。这就难怪现在有那么多的父母尽了全力要给自己的孩子进行胎教、早期教育、学前教育、课余教育等等。现在很多成年人都可以回忆起自己小时候上学前班的情形。那时候把小学一年级的功课都学得差不多了,等到真正上一年级时,觉得什么都学过,固然考试常常得满分,但不自觉地也对功课轻慢了几分。孩子真的需要这样吗?

当然这并不是说孩子就不要进行早期教育了,恰恰相反,孩子的早期教育十分重要。俗话说:3岁看小,7岁看老。事实上,很多人最后对生活、工作、感情道路的选择都多多少少受到了小时候所受教育的影响。而这教育并非单纯指学习文化知识。无数事例告诉人们,文化水平的高低并不可以决定一个人是不是可以把一生过得尽量快乐一点。所以,在小时候,一个对世界几乎毫无认识,又缺乏判断能力的人,需要的不光是文化,更多的是一些基本的做人道理和处理事情的方法。比如,诚实、努力、勤奋和随机应变等。当然,拥有这些优秀的品质很关键的一点是了解更多的文化知识,并非为了上大学、考高分,将来出人头地以及过上高人一等的舒适生活。

现在,很多家长更关心孩子在上学前会背多少唐诗,会弹几首钢琴曲,还有一些认为自己的孩子能背多长的圆周率而沾沾自喜。但是,小时候的天才在长大之后变成庸才的事还少吗?过去很多行当都讲究"未学做事,先学做人"。这对家长们应该有所启迪吧。

新型学前班

快乐时光

内容:采用奥尔夫音乐教育体系,运用特制乐器兼顾儿歌、童谣等训练孩子的乐感、语言表达能力、交往能力等综合素质。

地址:宣武区南新华街21号快乐时光儿童音乐乐园(和平门路口南侧和平门实验幼儿园内)。电话:63151612/63151613。

东方圣童

内容:分聪明宝宝班、情绪调试班、素质提高班、创造思维培训班。地址:西城区前毛家湾1号北京东方圣童儿童发展研究中心(北京四中西门西南)。电话:66116566。

中国行为协会

内容:运用音乐听力治疗仪、脑电波反馈治疗仪,配合应用行为分解纠正法对儿童孤独症、多动症、学习能力障碍、睡眠障碍等进行辅导治疗。地址:朝阳区潘家园松榆里22号楼潘家园医院内。电话:67352311。

(3)主题——金融街全力打造办公公园和活力中心(《北京晚报》2002年11月19日第41版)

主题:北京金融街的规划——全力打造办公公园活力中心

北京正发生着翻天覆地的变化,不说别的,单从北京几大商务区的建设就"可见一斑":中关村、CBD、金融街,10年前可能老百姓连听都没有听过,今天却都以一种全新的姿态展现在世人面前。随着2001年中国顺利加入WTO,商务区又应该以一种什么样的姿态来迎接加入WTO的挑战,实现与国际接轨呢?

近期,记者了解到金融街即将在配套设施建设方面动大手笔:金融街中心区今明两年将陆续开工建设休闲、娱乐和健身场所,重点建设包括活力中心、金融家俱乐部、酒吧餐饮一条街、高级酒店和文化表演艺术中心等在内的区域配套服务设施,还将开工建设超大型休闲空间——中央休闲公园。中心区总建筑面积达140多万平方米,如此大规模的兴建配套设施,在北京的区域开发中是比较罕见的。

中央休闲公园装点金融街

随着时代的进步,人们对生活和工作的追求已经不仅仅局限于物质上的满足,更加关注身体的健康与心情的舒畅,为了满足这种高层次的需求,金融街中心区将建设一个贯通东西、占地面积近30000平方米的超大型休闲空间——中央休闲公园,四周建筑组团之间的绿地分别延伸到这里,共同构成金融城的公共生态空间。休闲公园由美国SOM和WA公司共同承包设计,将于2003年开始施工。

两座星级酒店增色金融街

随着金融街区域入驻机构对外交往的逐渐频繁,对高级酒店的需求日趋强烈。占地34公顷的金融街中心区——国际金融城是一个以办公为主,同时集商业、休闲、居住于一体的综合性建筑组群,活力中心建筑面积约10万平方米,中央休闲公园的绿化和水依设计的地形自然进入活力中心。位于活力中心最东端的塔式建筑是一座超五星级酒店,其建筑立面效果取意于森林在水中倒影,由此形成临近区域的标志性建筑,建筑与环境之美为高级酒店锦上添花;与之相呼应的是中心区西侧的另一座五星级酒店。活力中心的俱乐部内将设置攀岩场所和人工海滨浴场等各类健身设施。

文化表演艺术中心演绎金融街美好未来

为了创造一个浓郁的金融文化氛围,使金融街"动起来",金融街将投资建设一个大型文化艺术表演中心。即将开工建设的文化表演艺术中心拥有一个可容纳数百人的综合剧场,剧场内的舞台设计伸缩和升降兼备,能够上演芭蕾舞、交响乐,并能放映电影。座位采取自由式布局,舒适而且更加休闲,它与周边的商业环境紧密结合,将极大地丰富人们的休闲生活。使整个金融街成为具有24小时活力的不夜城。

休闲步行街丰富金融休闲生活

金融街将在沿"中央公园"北侧自东向西建设一条长达600米的林荫大道,该大道两侧都将栽种乔木、灌木等不同树种,步移景异,使人心旷神怡;大树之间设有供游人休憩的石凳;林荫大道的南边是集酒店、金融家俱乐部和商业步行街于一体的"活力中心",供行人享受休闲、交往、购物的乐趣;林荫大道北边是一条300米长的"酒吧餐饮一条街",设置各种风格的酒吧与茶座,是现代时尚与传统文化的最佳融合,在感受都市现代化生活方式的同时,更能够充分激发起人们对美好生活前景的无限向往,下班或周末,陪朋友们逛完步行街后在这里选择一家喜欢的酒家,小酌细品,一定是一件极为惬意的事情。这种崭新的集商务、休闲、交往、娱乐、健身,并引入生态环境于其中的新型业态是北京人昔日那种值得留恋的生活交往方式与现代都市生活的一种完美结合,将于2003年初动工建设。

据金融街建设单位——金融街控股股份有限公司的相关负责人介绍,金融街在2000年就确立了金融文化、国际化、生态化、人性化四大充满活力的建设理念,目前正在通过努力将这四大建设理念贯穿到金融街的建设中去,随着2004年至2005年中央休闲公园、活力中心和酒吧餐饮一条街的陆续建成,位于国际金融城的中心地带,将成为金融街最具活力的地方。

"蛟龙得云雨,终非池中物",通过对金融街配套设施建设的调查了解,记者感觉到金融街在加入WTO后,与国际接轨建设步伐的加快,充满活力、激情四射,更感受到金融街正在从发展走向成熟。

金融街背景资料

1993年,国务院批准了新的《北京城市总体规划》,确定在西城区金融街建设国家级金融管理和信息发布中心。经过8年多的建设,金融街作为一个新兴的金融中心区已初具规模:到2001年底,金融街已完成区域开发建设总任务的1/3,开发土地约50万平方米,竣工80万平方米,已完成投资总额超过200亿元,其中外资占到了相当比重。信达大厦、国企大厦、投资广场、通泰大厦、百盛大厦等十余栋高档写字楼相继建成并投入使用,在不到1平方公里的区域内,聚集了数十家银行、保险、证券企业和上百家金融业服务机构。大量金融机构的存在和运作,使金融街迸发出巨大的经济能量。据统计,区域内企业管理、运营的总资产达十几万亿元,控制着全国90%的信贷资金和65%的保费资金的运用,是国内最大的货币资金市场;金融街地区每天的资金流量超过百亿。

随着金融街向"金融产业区"发展的逐步成熟,金融街在未来北京和全国金融业发展领域将扮演越来越重要的角色,同时揭示出金融街加大在外资金融机构寻找国内市场力度的必然趋势。作为金融街的总体开发商——金融街控股股份有限公司也在考虑为外资金融机构提供更加理想的办公环境,并且将金融街中心区建成为"国际金融城"。

2001年,通过国际招标方式,金融街控股股份有限公司确定了美国SOM公司设计的金融街中心区的总体规划方案。与传统金融中心的发展思路不同,金融街中心区占地34万平方米,是一个以金融办公为主,集办公、商业、休闲、居住于一体的现代化多功能商务区。

配合中国加入WTO和北京的国际化大都市发展战略,金融街也确立了面向21世纪的发展目标:到2003年完成区域内全部拆迁工作,实现绿化、道路和配套设施建设;到2005年基本建成金融街,届时将可提供150万平方米的办公场所,满足100至200家金融机构营业、办公的需求和近千家金融服务企业入驻的需要;到2008年,金融街将宣告全面建成。

金融街是北京的,是中国的,同时金融街必将走向世界。

2．自选主题的社教类节目主持综合能力练习。

(1)电视社教类专题型主持人节目练习与讲评。每人做一档或两人合作一档15分钟节目,自选文化、法治、科技、健康、文学、旅游、服务等内容,要求内容新鲜有趣、注意文化含量与格调品位,形式活泼新颖,注意主持人体态语的运用及道具、题板等手段的运用。

(2)电视社教类对象性主持人节目练习与讲评。每人做一档或两人合作一档15分钟节目,自选少儿、青年、老年或妇女、军人、残疾人、少数民族、工人、农民等对象性栏目,要求有栏目对象特点,其他要求同上。

(3)有条件的情况下,可做外景完成的电视社教类节目。注意典型环境、典型音响的选择与运用,注意有声语言与体态语的协调一致,注意现实交流与虚拟交流的到位及衔接自然流畅。

思考题:

1．为什么要强调社教类节目主持人的"专业化"?

2．主持人在社教类节目中应如何与嘉宾配合?

3．以一种对象性节目为例,说明主持人应怎样注意服务对象的特点?

第六章 电视综艺娱乐类节目主持

一 理论概述

文艺欣赏、消遣娱乐、放松身心、陶冶情操、提高人们审美的趣味和水平，是广播电视传媒的重要功能之一。文艺娱乐类节目这种面向大众的精神产品，应坚定不移地代表先进文化的前进方向，肩负起提高民族素质、优化民族生存环境、陶冶民族情感、培养民族文化修养的神圣使命；综艺娱乐类节目主持人同样肩负重大的社会责任。

文艺娱乐节目所包含的艺术门类、节目风格、节目形态日益丰富多样，种类繁多。主要类型有：综艺节目、晚会节目、欣赏性或介绍性、知识性的各类文艺专题、访谈型文艺专题、文艺表演竞技节目、游戏娱乐节目、益智娱乐节目，等等。随着节目形态的多样化，主持人在节目中的作用早已超越了"司仪式"、"报幕式"的简单串联，节目的参与性、开放性、互动性、动态性更把主持人推上了在现场"独当一面"、"控制驾驭"的关键地位，主持人与节目的关系密切了，主持人与受众的交流增多了、变活了，更要求主持人对节目有整体的把握，总之，对主持人的能力要求提高了。

综艺晚会节目主持人的功能主要在于：以感情饱满的串联、临场的即兴发挥、现场情绪的调动和组织，来拓展节目的表达空间，连缀起节目之间、荧屏内外的情感互动，形成欢快、喜庆、祥和、向上的融洽而和谐的气氛，完满顺畅地驾驭节目的进程。控场能力是综艺节目主持人主持艺术的核心，主要表现在"常规控场"和"应变控场"两个方面。"常规控场"，指准确体现节目基调、风格，和谐流畅地串联起整台节目、整场晚会。串联词主要有两类风格，一是组织专门的撰稿人创作的庆典式的、诗朗诵风格；一类是交流感强、有即兴发挥的口语化风格。主持人要注意主题基调和风格的整体把握,以及情感分寸的控制。即兴发挥是"有备而来"的,但具体的词句需要主持人根据现场情况灵活机动地加以组织,其作用是强化主题、烘托气氛、沟通舞台上下。"应变控场"指录制或直播过程中出现意想不到的情况,如技术方面的故障、表演的失误、忘词的窘迫、节目时间不够或超长等等,需要通过主持人临场随机应变"力挽狂澜",机智巧妙地圆场补台,让演员、观众的情绪一如既往,使节目柳暗花明,绝处逢生,得以顺畅进行。

文艺专题节目主持人,应谙熟所主持的文艺门类,有信息的储备和不俗的见解,有创新的构思、较好的编辑能力和演播能力。

益智类、娱乐类节目主持人,则要熟练准确地把握竞猜题目、游戏或竞技的程序、规则、答案,同时必须真情投入,平等地善待每一位参赛者,在欢乐中弘扬科学知识与人文精神,弘扬真、善、美。

最后,无论哪一类型的综艺娱乐节目主持人还有一项共同的、决不可忽略的要求,即语言的表现力、感染力,它既包括声音弹性的基本功,又包括语言的组织能力,还包括非常态下机敏得体的控场能力,以及能给人带来美感的演播能力。

本单元的训练重在以下6种能力:1.参与电视文艺专题节目策划的能力;2.参与串联词写作或修改的能力;3.文学作品演播能力;4.场上互动能力;5.围绕主题的临场发挥能力;6.非常态下控场能力。

主持人的诸多能力,如语言表现力、感染力,即兴发挥和应对能力,一是来自平时多方面(如读书、写作等活动,思维品质、语言文字水平)的积累,一是专业学习或能力要素分阶段设置情景的训练,当然还要在大量的实践中检验、总结和提高……在主持艺术学习阶段,主持能力主要是立足于节目类型特点,通过完成整个节目的方式进行能力的综合训练。

二 具体做法和要求

1. 做一次电视文艺专题主持人节目练习。两人合作一档15分钟节目,自选音乐、文学、戏曲、曲艺、娱乐等方面的文艺主持人节目,可设计观众热线或网络参与。

要求在代表先进文化前进方向的前提下,选好素材,用好音响和画面,主持人串联得体,有内涵,有特点,轻松活泼,好听好看。

2. 全班做一次综艺节目汇报。开学初布置,班里成立导演小组负责组织落实。同学自己组织策划、导演并演出一台综艺节目,囊括综艺、娱乐、益智等内容,运用演出、采访、现场互动等形式,主题自定,以小组为单位,全班融为一台完整的节目。通过练习,了解主持人在此类节目里的主要功能,掌握驾驭综艺娱乐节目气氛的方法,能把握节目中互动的规律和分寸乃至栏目的风格,即兴应对要注意正确导向与格调品位,同时必须出自于对节目的整体把握,而不可生拉硬拽、牵强附会。

三 范例分析

电视综艺、晚会娱乐、益智节目,篇幅过长,大家看到的机会也多,就不专门收入了,这里提供一些即兴发挥和应变控场的范例。

(一)即兴发挥

例1,1996年云南丽江大地震后,《综艺大观》在昆明做了一期节目。有一段要向大家介绍震后出生的第一个孩子,他曾收到南京一位不愿透露姓名的好心人一万元捐助,原串联台本的设计是:"震生(孩子的名字),你是丽江震后最幸福的一个婴儿,你要感谢帮助你的人,感谢有了他们的帮助你才能健康成长。"彩排时,倪萍抱着只有7个月大的婴儿,看到孩子好奇地张望镜头的样子,她灵机一动,有感而发:"来,震生,阿姨抱抱,咱们转过脸来,让坐在电视机前的爷爷、奶奶、叔叔、阿姨、姑姑、舅舅看看,瞧,得到你捐助的小震生长得多好,多健康!"这时,孩子突然大声地"啊"了一声,全场热烈鼓掌,倪萍高兴地搂紧孩子说:"来,给捐助你的亲人们鞠个躬,告诉他们,我会使劲长,将来好报答他们。"孩子似乎听懂了,又神奇地"啊"了一声,现场许多观众流下了眼泪。

【分析】倪萍的即兴发挥显然要比原来的设计更自然、更亲切,她把第二人称改为第一人称,一下拉近了与孩子的关系,没有了"你要感谢"这种略带"说教"显得隔膜的口吻,以孩子及孩子母亲的语气来感谢亲人,再加上孩子神奇的呼应,立时触动了观众的心,通过一个可爱的孩子,歌颂了"一方有难,八方支援"的人间真情。这个即兴发挥,切合情境,烘托主题,她源于倪萍对主题的把握,更得益于她现场的细致观察和灵敏感受,也和她平日里与老百姓的感情以及自己的生活积累有关,因此,她才能捕捉于细微,即兴于瞬间。

例2,1992年在杭州的元宵晚会上,导演根据苏州姑娘小徐热心帮助抗洪烈士周和平母亲的事迹创作了小品《母女情深》,并安排从未见面的生活原型分坐在观众席中,小品演出后安排母女相认。主持人叶惠贤结合现场,用简洁的语言把"认女"的过程和双方的心情做了"特写"式的、生动的"现场解说",犹如舞台上方的追光灯,引导着观众的视线,当事人和观众的心情趋向高潮,当她们相认的一刹那,叶惠贤的即兴发挥又道出了此时此刻大家的心情:

> 叶:小品《母女情深》深深打动了每个观众的心,告诉大家,这个小品不是艺术的虚构,而是真实的故事。今天,生活中的母女俩就坐在我们现场,

这位就是周和平的母亲,英雄的母亲。周妈妈,今天您素不相识的女儿就坐在现场,你认得出吗?

周:不认识。

叶:您来看看能认出来吗?(搀扶着周妈妈走进观众席,一排,两排……)

叶:(边走边说)我们期待着母女的会面,母亲焦急的神色,女儿激动的泪花(周妈妈突然加大步伐走向第4排左侧,只见一女青年抽泣着慢慢欠起身来)。认出来了,认出来了!观众朋友,这是母女才能有的心灵感应,这是人间真情的特异功能。(母女抱头痛哭)

【分析】晚会预先设定的"动情点"或高潮常常需要主持人语言的提示、烘托和催化,从而控制着节奏达到预期的目的。此处,叶惠贤巧妙地掌握现场的感情节奏,将母女相认的感情推向高潮。

例3,一次《综艺大观》中的《请你参加》让观众模仿京剧演员表演的身段,演员先做示范,开始观众很拘谨,不知所措,主持人程前用"旁白"的方式启发观众进入情境,他说:"我下山了,嗬,好大一片水,望远处有一座山……"情景的描绘启发了观众的投入,游戏感增强了,节目好看了。

有时晚会安排的一些小节目动作性强,如果主持人能即兴加上一些旁白,这样的即兴解说,既能帮助观众看出门道,又能促成小节目的生动表演,还活跃了气氛,能很好地实现节目构思所预想的效果。

例4,1999年初夏在安徽电视台"'朵而'女性新主持人大赛"晚会上,在播放参赛选手采访录像的环节时,年轻的女主持人周群有几处即兴发挥能准确地搭到观众的"脉搏",并与采访录像的内容巧妙地联系在一起,自然地推进节目的进程。如一位选手就彩电降价在商场采访,录像放完,周群敏锐地捕捉现场反应,说了这样一段话:

刚才播放录像时,很多观众在台下议论,这些被采访的人是不是"托儿"啊?用我们合肥话说是不是"假牙"呀?我要郑重地告诉大家:这些选手都是实地采访,信息绝对可靠,要买彩电的朋友尽管放心参考。下面还有很多信息继续为您传送。

当另一位选手采访陶吧的录像播放之后,周群不乏幽默地开了个玩笑,活跃了现场气氛,同时也看出一个综艺节目主持人可贵的政策观念:

观众朋友们,看了刚才的采访,看了陶吧里温馨的氛围,可能大家和我一样都想去一试身手了！希望下次我们去玩的时候，陶吧里的老板能给我们打个折，因为我们在电视上给他做了一个免费的广告嘛！

【分析】各类节目的表演无疑是综艺节目的主体，为了更好地激发观众的参与兴趣、活跃节目气氛，除了专门设置观众参与环节之外，主持人也应当积极发挥主观能动作用。这就需要主持人把观众挂在心上，在节目进程中细心体察现场观众乃至电视机前观众的心理，灵活地在串联中结合节目主题反映观众的所思所想，从而有效地拉近传受关系，缩短收视的心理距离，增强传播效果。

(二)应变控场例

例1，第1期《实话实说》节目做的是《谁来保护消费者？》，在讨论中王海说明销售假货有暴利时说："好像马克思说过有百分之百的利润就可以践踏法律了"，现场观众立即鼓掌赞同，不料嘉宾北大肖灼基教授插话说："我想纠正一下，刚才王海说的不是马克思说的，而是马克思引用英国人灵格的话。"这一来，难免让王海及鼓掌的观众有些尴尬，不等你细想，只听主持人崔永元从容地说："感谢肖先生适时地为我们开设了第二课堂！"

又是一阵掌声，更为热烈，更为友好，更为快乐，这掌声既是感谢肖灼基教授的，也是赞赏主持人的机智的，话题讨论的气氛也随之活跃轻松。

【分析】崔永元因势利导，借其势，自然地加以引导，机智地扭转尴尬局面。

例2，上海东方电视台主持人袁鸣，一次应邀到海口主持海南狮子楼京剧团成立仪式，误把一位叫南新燕的先生说成小姐，她没有慌乱，面带微笑，真诚地说：

哎呀，真是非常抱歉，我可能望文生义了。不过，您的名字让我想起一首古诗：旧时王榭堂前燕，飞入寻常百姓家。这可真是一幅充满诗意的美妙图画。同样，国粹京剧作为宫廷艺术，一直在北方盛行，如今，随着海南狮子楼京剧团的成立，古老的京剧也首次飞过琼州海峡，到海南安家落户，这不也是一幅美妙的图画吗？

【分析】袁鸣轻松面对失误，立即调动自己的知识和语言储备，紧扣题旨情境，深化了主题，升华格调。

例3，上海人民广播电台文艺节目主持人陆澄照，一次应邀主持某大学艺术节开幕式，出场时没想到话筒线事先未作整理，只好边走边拽，引起观众的笑声，陆澄照灵机一动,指着话筒线说:"看来,咱们感情的纽带实在是难分难解啊!"①

陆澄照巧用比喻,拉近了自己与现场观众的距离,转移了观众对事故的注意,他的热情和风趣赢得了观众的好感,也给晚会的开始做了轻松亲切、符合大学生心理的铺垫。

例4,1996年5月中央电视台第一次组织"心连心"艺术团下乡,在江西革命老区遂川做首场慰问演出的那天,场面非常热烈,不料当节目演到一半,正值关牧村演唱《多情的土地》这首歌时,天空乌云密布,落下阵阵雨点。歌声一停,赵忠祥快步走到台前,对乡亲们说:

关牧村的动情歌声,把她自己的眼睛唱湿润了,也把老区人民的眼睛唱湿润了,连老天爷的眼睛也给唱湿润了!老乡们!我们演员都商量好了,如果雨下大了,只要大家不走,我们演员就决不会走!

【分析】碰到突发事件时,借助场上的情势,借景移情,用巧妙的语言激起共鸣,再提出建议来扭转注意力,从而控制场面。这段幽默风趣、热情洋溢的话,激起长时间的掌声,因突然下雨而稍有波动的人群,继续兴趣盎然地观看演出了。

例5,一次"八一"期间的《综艺大观》节目中,由部队的小学员做速算表演,倪萍请嘉宾席中的一位老军人出题,这本是观众乐于参与,且能活跃气氛的小事,谁料那位老军人连连闪身摆手,见此情景,倪萍旋即满面笑容地向大家解释说:"这位老同志把这个机会让给年轻的朋友!"

立刻有许多现场观众响应,节目得以顺利进行。

【分析】倪萍的反应十分机敏,虽然她的解释可能是"自作主张",但还是能够差强人意的。在主持人的采访或直播现场与听观众的交流中,有时对方因种种原因没有呼应,霎时出现短暂的冷场,双方都可能陷入窘境,此时主持人要善解人意,理解对方心理,以为对方着想、对对方有利的话语从容走出窘境。

四 训练材料

1.给定命题,自己组织素材,做出一档15~20分钟的文艺专题主持人节目的文案并主持,主题需进一步"细化",鼓励创新的角度、创新的思维、创新的形式。

▲讴歌"春天"的文学或音乐主持人节目

▲品味"友情"的文学或音乐主持人节目

---

① 陆澄照:《节目主持人艺术》,上海教育出版社,1995年。

▲赏析"美文妙韵"的文艺主持人节目

▲关于"家书"的文艺主持人节目

▲为青年介绍京剧或其他剧种的主持人节目

▲为外国人介绍京剧或其他剧种的主持人节目

2. 给定命题,几个人合作策划一台 50 分钟左右的电视综艺或娱乐,或益智类节目(要求有观众参与的互动节目类型),写出策划文案,明确主持人在其中的任务,有导演、剧务、外联等分工,如有条件可实施。如:

▲"年轻真好"

▲"母亲节"

▲"父亲节"

▲"助残日"

▲"我们的地球"

▲和平

3. 自选主题,几个人合作,策划组织一台 50 分钟左右的有观众参与的综艺或娱乐或益智类节目,并组织实施。

4. 假定一些特殊情境,请学生机智应变,可有多种处置办法,师生一起比较其优异,总结出较好的应变思路。如:

▲在观众参与的"露一手"绝活的环节,小姑娘几次做"滑轮俯身低姿过竿"都失败了,主持人怎么办?

▲在晚会上采访一位见义勇为者,他很紧张,主持人怎么办?

▲一位从未登台的京剧票友,突然忘词了,主持人怎么办?

▲在益智节目中,主持人的答案页没有带上场,怎么办?

▲主持人在游戏节目中判断失误,怎么办?

▲主持人在串联节目中忘词,怎么办?

▲在节目直播中,话筒突然出现问题,主持人怎么办?

▲请学生互相设定困难情境,快速想出解围办法。

思考题:

1. 综艺节目主持人的"应变控场"可以有哪些思路?
2. 益智类节目主持人的功能是什么?

第七章 电视谈话类节目主持

一 理论概述

谈话节目,为具有现代意识、关心公众事物的人们提供了十分便捷、可以广泛参与的言论平台。与报刊杂志、网络等新老媒体比较,普通人在这里更容易得到话语权。由于它具有很强的参与性,是典型的将"人际传播"与"大众传播"巧妙结合的节目形态,受众乐于接受并踊跃参与,因此各类广播电视节目(按照节目内容和功能分类)都经常采用谈话这种节目形态。

电视谈话节目,是由主持人邀集有关人士及受众,围绕公众普遍关注的重要问题,在平等民主、轻松和谐的氛围中展开讨论的一种电视节目形态。节目采用直播、录播方式的都有。谈话节目与专访节目在内容与形式上会有许多交叉,但专访节目的谈话中心、谈话主角是专访对象,而谈话节目的参加者,既是受话人同时也是说话人。可以说,"畅所欲言"、"各抒己见"、"群言式",是谈话节目的本质特征。随着谈话节目形态的广泛运用,电视谈话节目出现了许多不同的形式,最典型的是一个主持人、一个或几个嘉宾、一些现场观众,围绕一个主题展开讨论;有些谈话节目没有现场观众,往往是主持人和相对固定的一两位名人在侃谈;有的虽有现场观众但并不参与谈话,只作"壁上观";有的除了谈话还穿插了表演、调查、心理小测试等环节……这些谈话节目虽然人员构成有所不同,但是以谈话交流方式展开平等议论的本质是共同的。

不管哪类节目采用谈话节目形态,在话题确定、收集整理信息、对嘉宾的前期采访,以及策划设计、节目构成、节目元素、主持人能力等方面都有共同的规律可循。从主持艺术角度看,谈话节目主持人在节目中的位置、作用以及实际操作都有许多不同于其他节目形态的特点。

谈话节目取胜,从内容角度讲,选题、嘉宾、主持人是三大核心要素。而是否形成了有质量的真正的"谈话场",可以说是检验谈话节目优劣的重要标志。

谈话节目的选题原则,可概括为:重要性、普遍性、热点性(含永恒性),也有人通俗地称之为"群众关心、领导重视、有普遍意义"。选题原则规定了选题方向、范围,还需要进一步考虑选题的支点,即选题的具体性、贴近性和可操作性。好的话题在可操作性上要同时具有两个特点:一是普通人能以自己的经验为基础发表见解;一是足以引起专家学者的参与兴趣,换句话说,就是浅易性与深刻性的巧妙结合。主持人要在吃透话题及其社会意义上下足功夫。

谈话节目嘉宾的选择,除了身份上与话题内容的相关性、可信性、权威性、典型性,以及较好的语言表达能力外,还应特别注重嘉宾本身的故事性。一些节目的嘉宾摆脱不了"官腔"的语言定势,有的过分紧张拘谨,从言语内容到说话状态要么像做报告,要么像汇报工作;有的嘉宾喜欢"戏说",耍贫嘴,抖机灵,就是不肯讲真话,这里有他们本人的原因,当然更与主持人的判断、选择、引导和气氛营造有一定关系。

谈话节目主持人的核心作用是各类型节目主持人中最为突出的。优秀的谈话节目主持人的主持一定是从策划开始的,与节目策划、编导共同商讨节目的构思,有明确的主题导向,对选题像做一篇论文那样有深入的研究,能够细致地了解、掌握采访的具体情况,并用心发现细节,可谓"有备而来";在谈话现场,他们着意营造轻松平等、真情参与的谈话氛围,巧妙激发参与者的谈话愿望,认真倾听嘉宾以及现场观众的谈话,最忌"听不见"、"听不懂"、"听不进",而自己夸夸其谈,主持人要灵活有序地在嘉宾与观众中穿针引线,不露痕迹地推进着话题的层层深入,灵活地控制谈话的节奏,实现主题的开掘。总之,应当善于把事先充分准备的"既定方针"与谈话现场的"即席触发"有机结合起来,主持人应是现场不可或缺又十分得体的谈话组织者。

显然,谈话节目主持人应有很好的政治理论素养,又有对生活、对生命的深切感悟,有善解人意的心性和机智,不张扬、不卖弄,同时注意平民化中的格调品位,能够与策划、编导等制作人员有很默契的合作,积极汇聚集体的智慧,同时善于与谈话参与者沟通并及时有效地协调各方关系。主持人的风格是多样化的,平易随和也好,风趣幽默也好,"真诚"是最重要的。实践中有些主持人还有这样那样的不足,如有的生活阅历欠缺,准备又不到家,难以与嘉宾处于同等的谈话层次;有的主持人对自己在谈话中的位置和作用认识有误,表现欲强、喧宾夺主;有的整个谈话过程完全按周密设计的方案走,结果使谈话呈现太多的表演色彩,从而背离了谈话节目的特质和初衷;还有的主持人误听误解嘉宾或观众的话,不恰当地插话使对方尴尬,使受众厌烦、不满。

最后,话题、嘉宾、主持人的合力会催发现场观众的讲话欲望,从而最终形成真正的高水平的群言式的谈话场,观众会有很好的发言,不同观点的争论与商榷,使话题有多侧面、多角度、多层次的挖掘与拓展。可以肯定地说,现场观众自发而有质量的参与讨论,显然应当成为谈话节目追求的境界。

本单元能力训练的重点是:1.准备工作中吃透话题及其社会意义的能力;2.运用电视手段构思谈话节目的能力;3.把握话题方向及推进谈话层次的能力;4.长于与各种人沟通、激发谈话愿望的能力;5.懂得倾听,善于把前期准备与现场动态因素有机结合的现场操控能力,包括"热场"、"打断"、"圆场"等技巧。

二 具体做法和要求

1. 制作话题讨论文案。文案包括三方面内容:选题缘由、话题目的、核心,话题展开、推进层次;确定嘉宾的理由、嘉宾特点;节目构成环节、电视手段运用、节奏安排等。3-5人一组,从选择、论证选题到确定选题开始,对话题的来龙去脉、现象、本质、意义、社会反响、争论焦点、国外可借鉴的观念和做法等,应尽可能全面地掌握情况,把握正确导向,注意节目必看性与可看性的结合。可分别制作叙事型话题、讨论型话题、辩论型话题各一个。

2. 模拟有观众参与讨论的电视谈话节目两次。

要求围绕话题做充分准备,考虑各种可能有的不同意见,备好有关的资料,写出文案;语言表达意图清楚,用语得当,正确把握与嘉宾关系,驾驭好讨论的进程。

全班分为两个策划组,交叉实现策划方案,即分别组织两场谈话节目的录制,每次录制一个半小时。除谈话节目的基本要求外,注意电视特点,主要是现场谈话的操控,力求热烈而有秩序。

三 范例分析

1. 央视《实话实说》1996年4月28日播出,主持人崔永元。(根据节目录像带整理并参阅中国摄影出版社2003年出版的《精彩实话》)

鸟与我们

保护自然、与自然和谐相处是人类延续发展的前提。今天,环保意识已经成为一个人文明程度的重要标志,而当这一标志具体为"笼养鸟"的问题时,抽象的信念变为了具体的选择……

播出时间:1996年4月28日

崔永元:春天到了,万物复苏,大地一片绿色。南方的鸟儿已经开始了长途跋涉,它们要迁徙到北方,开始它们繁衍子孙的工作。我们今天的话题就跟春天有关,来谈谈鸟。(掌声)今天在场的嘉宾中,有科普作家唐锡阳先生,有国家一级演员谭宗尧先生,有某公司业务员、养鸟人皮来顺师傅,有退休工人汪汝贤师傅,还有鸟类饲养与繁殖专家李福来先生。李福来先生也是一位朱鹮养殖专家,这种鸟现在在世界上只剩不到60只了,比地球上的总统还少。(对李福来)您是不是觉得肩上责任重大?

李福来:1981年在太平洋上的丛林中发现有7只,后来经过各种保护措施,野生的已经达到30只了。我国人工繁殖朱鹮的实验成功,是获得世界公认的。这是"异地保护"的一种措施,也是保护野生动物方面的一个举措。

(相关链接)

[鸟类保护委员会的一项统计表明,世界上9600多种鸟中,有1200多种濒于灭绝。其中,非洲7种,印度洋地区21种,太平洋地区62种。另据统计,近150年来,已有380种鸟类灭绝。世界野生动物基金会认为,人类无知的狂捕滥杀和砍伐森林,是造成鸟类濒临灭绝的主要原因。据统计,动物走私已与毒品、武器走私并列为世界三大走私活动。]

崔永元:我们今天谈的话题,是一个爱鸟的话题。我们请汪师傅来,肯定是因为他爱鸟。汪师傅,您是不是非常喜欢鸟,您从什么时候开始养鸟的?

汪汝贤:从1967年吧!

崔永元:我们在座的人中间,并不是所有的人都有养鸟的经验和经历,您能不能给我们谈谈养鸟有什么乐趣?

汪汝贤:就是听它的叫声。它叫出来的声,用我们的土话说叫"音儿",实际上就是语言,各不相同。像内蒙的百灵鸟,它原先叫声非常难听,通过人工饲养、驯化,它可以叫出十三套来。这十三套就是莺、猫、燕、狗、家喜鹊、灰喜鹊、黄雀、麻雀,还有像母鸡下蛋、公鸡打鸣,它都可以学。

崔永元:您养了一只百灵,鸡鸭猫狗兔全都不用养了。

汪汝贤:还有一件事,电视上也报道过,在官园那地方,有一只鹩哥,会背唐诗。别人说了上句,它可以对出下句。现在值五千元。这应该说是种们中国的一种鸟文化。

崔永元:那我想问问第二位嘉宾,(指皮来顺)您有没有会背唐诗的鸟?

皮来顺:我目前还没有那么多的功夫去培养它。

崔永元:那您说说,养鸟有什么乐趣?

皮来顺:作为老人来说,可以锻炼身体。它催人起早,天明则叫。

崔永元:您说的情况,我听着像养鸡。(笑声)

皮来顺:鸡也属于鸟类。但是城市不许养鸡,只能养鸟。

崔永元:谭先生,您养过鸟吗?

谭宗尧:小时候我养过燕雀、老星儿、矫子。我养的鸟能够打"倒",就是把山核桃打上眼,丢出去,它能给我叼回来。小时候养,后来就不养了。再养就是现在了。现在家里养了两只虎皮鹦鹉。

崔永元:(对观众席)哪位还是养鸟的爱好者?(对男士一)您谈谈养鸟有什么乐趣?

男士一:也就是看着它,有时候上火了,给它弄点药,喂点黄瓜头,夏天拿来个小盆让它洗澡,特别有意思。

崔永元:小姐,您能体会到这种乐趣吗?

女孩一:应该是能体会到的吧!我虽然不养鸟,但我的邻居养鸟,从小就接触到了。

男士一:目前养鸟还有个好处,可以"扶贫"。

崔永元:你说的"扶贫"是什么意思?是把鸟都抓起来,就没有抢粮食的了。是吗?

男士一:贫困地区的人可以到北京来卖鸟,这样他们就富了。有好几个卖鸟的后来都盖上小楼了。

崔永元:就是通过卖鸟挣钱?我想请您给我们讲讲养鸟的乐趣,您却给我们讲挣钱的乐趣!(笑声)

男士一:这里面有个经济问题。因为我血压很高,每月上不了几天班。尽吃药,花了好多钱。我退休以后,一次医院没去过。现在我的血压,90至130,正常!我这就给国家节约药钱了!

崔永元:观众里面果然有高手。刚才说了,养鸟能学鸡鸭猫狗叫,可以背唐诗,现在又出来可以扶贫,还可以治高血压。还有哪位?

男士二:有的人听鸟叫,觉得吵得慌。因为他不懂鸟,就跟我们听贝多芬的交响乐一样,也觉得吵得慌。要是懂的,他就会觉得是一种享受。

男士三:笼子里的鸟是听叫声的,架上的鸟是玩活儿的。

崔永元:的确,许多人都从养鸟中得到了乐趣。我见过一个调查,有一个城市,在一百多个小学生中间作了调查,问他们见过什么样的野生鸟类?有61%的学生答的都是麻雀,39%的同学,干脆连麻雀都没写上。这个城市的孩子看鸟实在是少。我们今天真有几个孩子,让我们听他们讲一讲。(对女孩二)你见过什么鸟?

(相关链接)

〔1782年,美国议会为使本国特产白头海雕不至于绝种,号召国民树立保护鸟类的思想,通过决议,把白头海雕定为"国鸟"。此后,许多国家纷纷仿效,国家鸟类保护组织也呼吁各国选定自己的国鸟。〕

女孩二:见过麻雀、鹦鹉、鹞鹰、鸽子。

男孩二:我除了她见过的以外,还见过乌鸦。

男孩三:鸽子、鹦鹉。

崔永元:我看你的样子不像见过鸽子,倒像是吃过鸽子。(笑声)耳听为虚,眼见为实,下面让我们看看大屏幕。这里播放的是北京的养鸟人(大屏幕播放养鸟人遛鸟的场景)。刚才,我们听各位嘉宾讲了许多养鸟的好处,但忘了问第一位嘉宾。唐先生,您也养鸟吗?

唐锡阳:我反对养鸟。

崔永元:用笼养鸟有什么不好呢?

唐锡阳:我不反对这是一种爱,但这是一种个人的爱。这包含两个意思:一个是个人占有;再一个是只管自己,不管别人。说白了是只爱自己,并不爱鸟。我们拿人比喻,我把你关在笼子里,喂你好吃的,让你风吹不着,雨也打不着,这是不是我爱你呢。(笑声,掌声)反对笼养鸟不是从我开始。九百年前,欧阳修就反对,他写了一首词,里面有两句话:"始知锁向金笼听,不及林间自在啼。"刚才有位同志说,他养的鸟能够唱13套,但你到野外去,可以听到100套!(掌声)

崔永元:汪师傅,您同意这种观点吗?

汪汝贤:他说的有一定的道理,但是并不现实。九百年前就有人提出来反对养鸟,到现在也没制止住。这说明什么呢?就养鸟,你立一个法,养一只野生鸟,给国家纳多少税,它就能制止住了。

崔永元:您的意思是说,立法您就不养,不立法就养?

汪汝贤:立法我也养,我拿钱呀!像养狗似的,一只要拿5000元嘛!对不对?(笑声)

崔永元:刚才唐先生说的意思是,笼养鸟对生态平衡是一种破坏,您觉得是这样吗?

汪汝贤:是,肯定是破坏,但养鸟人并没有破坏,是掳鸟人破坏的。(笑声)

崔永元:我养一只鸟,还能让它在我手里死了吗?即使如此,我们手里还有这样一份资料,在北京的几个鸟市上作的抽样调查:野生种占了65%,人工种占了34.5。而且北京的养鸟人有20万人左右。也就是说,在他们的笼子里,关有80到100万只鸟……

(相关链接)

〔当前消费领域存在的四大不良现象值得关注,其中之一就是"鸟市"和"蛇宴"火爆。鸟市兴旺的直接后果是导致自然界鸟类物种的生存危机。据悉,自然界已很难看到画眉,草原上已很难听到百灵鸟的歌声,有些城市甚至已经看不到麻雀的身影。〕

皮来顺:就我在鸟市上看到的情况,是人工饲养的鸟占的数量大。野生鸟虽说种类多,但是数量少。这就是说,每一个养鸟者,他自己创造出来的财富,也就是繁殖鸟,它是成倍上升的。我说的养鸟人为鸟类作出了贡献,就是指的这一方面。

崔永元:皮先生的推论是,养鸟只能促进鸟越来越多,而不是越来越少。

唐锡阳:人工繁殖鸟,就等于家禽畜一样,跟野鸟是两个概念。我觉得可以养,但也用不着提倡。

崔永元:用笼养鸟这种养鸟方式,是造成鸟不断减少的原因吗?

唐锡阳：我看到有些自行车，一个车上拴三四个笼子。养鸟养到这么邪乎的程度。当然会刺激鸟市的发展。李先生大概知道，从捕鸟到用笼子运到城市来卖，成活一只就必须以死掉20到30只为代价。当然死亡原因很多……（被打断）

崔永元：大家听见了？把一只鸟捉到城市里来，就会有20只到30只它的同伴要死亡。（对男士一）您对这样的事怎么看呢？

男士一：我觉得画眉鸟的问题应当另说。现在安徽、浙江、江西、湖北、湖南、四川、贵州这些地区，画眉鸟快成灾了。有人说它可以吃昆虫，现在农药特别多，所以根本没有昆虫可吃的，没得吃了就吃稻谷。什么东西叫生态平衡？它已经过剩了就不平衡了。（掌声）

（相关链接）

〔鸟类是害虫和鼠类的天敌。一只猫头鹰一夜可吃掉5—6只老鼠，一个夏季可捕获1000多只田鼠。一只灰喜鹊一年能消灭1800多条松毛虫、金龟子等害虫，保护60多亩山林免遭虫害。一只燕子仅在夏季就能捕获20万只左右的苍蝇、蚊子、牛虻、螟蛾等传播人畜疾病的害虫。〕

唐锡阳：这个……原来在美洲有一种鸟，多到什么程度呀？有几亿只。它们起飞的时候，整个天空都改变颜色。因为那种鸟好吃，大家都打那鸟吃，结果没打多少年，灭绝了！最后一只死在动物园，美国人给它立了一个纪念碑，纪念我们最后消灭了一个物种。别看画眉鸟眼下还多，这个多也得让自然界去控制。它最后有天敌去控制它，用不着你人去找理由。这是我的看法。

崔永元：谭先生，您的位置正好坐在居中的地方，所以您偏向哪一边，就会出现微妙的情况。您的看法是什么？

谭宗尧：在这一点上我决不是折衷。我真是觉得"鸟文化"必须要继承，要发扬。但怎么发扬？这个导向很重要。

崔永元：依您看，怎么发扬呢？

谭宗尧：谁有能力就养，没能力就不要养。

崔永元：我们怎么样来考察他有没有能力呢？

谭宗尧：考试呀！这就得成立相应的机关去管它。因为，要禁养显然不行，不管怎么说，中国的养鸟文化，毕竟是一种文化，有必要继承和发扬。

崔永元：呆会儿讨论结束，大家不要马上走，我要对大家进行考试，由谭宗尧出试卷，考考你们谁有养鸟能力，谁没有养鸟能力。（笑声）

唐锡阳：他刚才谈到养鸟文化，这个是我不能理解的。什么叫养鸟文化？我只承认爱鸟文化。古时候有这种文化那种文化，还有"小脚文化"，还有男人留辫子的文化，现在落后了……（被打断）

崔永元：我们现在请教一下北京动物园的李工程师。您认为，笼养鸟是不是对养鸟文化作出了贡献?

  李福来:现在鸟市上卖的人工繁殖成功的品种,都是外国进口的,中国人工繁殖没有成功的,除了朱鹮以外。

  唐锡阳:在这方面,我对舆论界很有意见。上个月有一家报纸还登了一篇文章,叫做《鸟市速写》。一连登了六天,其中没有一个字是写鸟市给生态带来不好影响的。相反去写鸟市怎么热闹啦、大家去逛鸟市啊、养得怎么好啊。甚至还说,一个画家到鸟市买了一只老鹰。这老鹰是二类保护动物,怎么能卖呢? 舆论界晕头转向,那些养鸟的人就更没法说了。(热烈掌声)

  崔永元:这一片掌声特别热烈,显然是支持唐先生的。那么,支持唐先生的请举手,我看一看……

  男士二:爱鸟嘛,首先看你怎么理解这个"爱"。爱最主要的是一种给与,就是去爱护鸟类。爱护自然,爱护我们人类的朋友……

  崔永元:把朋友关在笼子里不算爱。

  男士三:不但不算爱,而且是非常的残酷。

  男士四:大家爱鸟,不应该自私,把鸟关在笼子里让自己看,应该放到大自然里,让大家看。鼓励大家到大自然里看,这样才是真正的乐趣,也是爱护鸟。

  女士二:这位先生说得有点不现实。谁家都有孩子,如果把鸟都放到大自然中去观赏,那么,谁带他们去呢? 大自然在北京指的是哪儿?

  崔永元:实际上我们提出了一个严峻的问题,就是大自然中的鸟越来越少了。(笑声,掌声)大家牺牲了看电视的时间到我们这儿参加讨论,那么,我们请大家看这个最大的电视。今年4月份的爱鸟周,有一个叫"自然之友"的协会,他们搞了这样一个活动。(大屏幕播放儿童放鸟活动)近十年,每年灭绝一种鸟类……大家看到了,非常温馨的场面。"自然之友"的朋友们,他们把笼子里的鸟放回大自然。(采访男士五)您对这样的事怎么看呢?

  男士五:说实话,我从小就特别羡慕鸟,因为鸟吃饱了就可以飞。我特别想飞到天上看一看,天上是什么样子。刚才我看那段录像,那个小孩把鸟从笼子里放飞之后,我就特别想哭、心动! 当鸟出了笼子飞向自然的这一瞬,特别令人激动……假如你生下来是只鸟的话,那么你是愿意做一只大自然中的鸟呢? 还是愿意做一只笼养鸟呢?

  崔永元:我想问问这位爱鸟的老师傅,假如您生下来是一只鸟的话,您是愿意在笼子里呢? 还是愿意在大自然里呢?

  老师傅:当然愿意回到自然啦! (掌声)

  崔永元:这是不是标志着您通过今晚的讨论,爱鸟的观点有所变化呢?

  老师傅:是,对了!

崔永元：那您家里养的鸟准备怎么办呢？

老师傅：准备——，不再发展了。（笑声，掌声）

崔永元：那笼子里的几只还是凑合关着？（笑声）

老师傅：因为再放它也飞不了了。

崔永元：您在行动上虽然不能放它了，但思想上已经把它放了。

老师傅：对！对！思想上已经……（被掌声淹没）

崔永元：（对老人一）全场的观众都在鼓掌，就您没有鼓掌，是不是您的观点和他不一样呢？

老人一：我是来学习的。

崔永元：您是来学习养鸟方式的，还是来学习笼养鸟的呢？

老人一：听来听去，我有点儿纳闷，好像是养鸟的不如不养鸟的爱鸟。（笑声，掌声）

崔永元：您家里有没有养鸟？

老人一：我养了40年了。

崔永元：那您肯定是不放的了。

老人一：放鸟？动物园也有好多年了吧？它为什么不放呢？您能回答这个问题吗？

崔永元：您现在是两个问题：第一，为什么养鸟的不如不养鸟的爱鸟？第二，动物园的鸟为什么可以养？这两个问题都可以回答。因为我们有动物园的高级工程师，（问李福来）您说，动物园的鸟为什么不放呢？

李福来：动物园最初是属于皇家的，属于观赏性质的。解放后的发展主要是为了科普，让大家认识鸟。现在的动物园还有第三种功能，就是把野生的、快绝种的动物通过繁殖再放回大自然。这叫"异地保护"。

崔永元：刚才这位老先生提出两点，一个是关于动物园的，我们已经说明白了。第二个问题是"为什么养鸟的人反倒不爱鸟呢？"他迷惑不解。

女士三：我觉得这个"爱"应该定义一下。是一种平等的爱还是不平等的爱？我觉得现在应该把"人类中心主义"的观点转变一下了。因为历史证明，人类中心主义最终会害了人类。

男士六：就是应该平等地对待一切生命，让它在自由自在的状态下生活。

谭宗尧：那我要问这个同志，他吃不吃猪啊？他吃不吃羊啊、牛啊？不是生命平等吗？有些东西不能够绝对。比如说朱鹮吧，少了，经过人工饲养又多了。这些东西都不能够绝对，问题在于必要性和可能性。事情不能走极端，一反对养鸟就一切都反对。

皮来顺：放归大自然，我觉得不要盲目放。有些人从鸟市里买来鸟以后，就拿到圆明园、八大处或者什么地方放飞了，这里面有个画眉鸟的问题。画眉鸟生活在南方,北方的环境不适合它。你这样盲目地放飞掉,我觉得对鸟是不负责任的,它是绝对飞不过长江的,也到不了南方。可能就在你放飞的第二天或第三天,因为找不到食,它就死掉了。那还不如在笼子里头延续它的生命呢!与其让它到自然中去经受折磨,还不如让它在笼子里颐养天年。

唐锡阳:我认为放鸟的意义主要是懂得热爱鸟。我们应该支持他们的这种思想。哪怕今天这样的人还很少,但我们应该举双手赞成。(掌声)

崔永元:这位小伙子鼓掌得最起劲。你是参加放鸟活动的吗?

青年一:对,我参加了。刚才皮先生说,放鸟,有一部分鸟会死亡,我觉得有这样的可能。但是,单纯的从这些鸟的身上看放鸟的意义是不全面的。我认为,我们放鸟的意义是放弃了一种消遣方式,放弃了一种娱乐方式,从而从根本上堵住捕鸟的动力。

崔永元:那么这些鸟死了怎么办呢?

青年一:我认为,这些鸟即使有一部分死亡了,但这是死在大自然里面。死在大自然里面就会进入一种自然的循环。比如说,有些蛇会吃掉这些鸟。这些蛇又会被其他的鹰所吃掉,这样还是促进了整个生态系统,包括鸟类的繁荣昌盛。(掌声)

崔永元:死了我一个,幸福十万人。是这个观点吗?(对男士一)这位先生,您是不是有不同观点?

男士一:首先得弄清楚什么叫生态平衡。我们放两只鸟,我们就热爱大自然?这不行!得实事求是地去做。从根本上去做。

男士七:我刚才听大家说,有这样一个想法:中国人有很多传统,养鸟也是一个传统,这使我想起中国人喜欢做假山的传统,做一些小的园林的传统,就是要把喜欢的东西搬到家里来。这些活动有一个共同特征:为我所有,我自己欣赏。至于广大的群众怎么看,那可不管。

崔永元:今天在场的看样子有很多中学生,他们是早晨八九点钟的太阳,鸟的未来寄托在他们身上。(对男生一)那么,是不是请你们发表一下看法?

男生一:我觉得有一点必须得认识:人类必须遵守自然规律,如果人类不遵守自然规律,那自然就会惩罚人类。

崔永元:你觉得笼养鸟是遵守自然规律还是不遵守自然规律?

男生一:我觉得是不遵守自然规律。但事情是可以向相反的方向转化的。国家对私人不能随便捕捉野外鸟应该有一个规定。可以国家统一捕捉,这有利于宏观调控。(笑声)

男生二:那国家该花多少钱啊!把这些鸟分散到个人,国家不就减少压力了吗?

崔永元:你同意笼养鸟是吗?

男生二:我反正不反对。

男生三：有许多人都说，他们喜欢看在笼子中的鸟，但我觉得应该让它们从小笼子里飞出来，飞到祖国大家庭中，让大家都能欣赏。我们国家不是也有些自然保护区吗？像长白山啊，神农架什么的……

（相关链接）

〔《世界保护益鸟公约》规定，每年的4月1日为国际爱鸟日。世界很多国家政府根据本国的季节气候，规定了爱鸟日、爱鸟节、爱鸟周、爱鸟月。中国现已发现的鸟类有1186种，占全球鸟类的13.2%。〕

男生四：我觉得我们应该征求一下鸟类的意见，鸟类有它们选择生存环境的权利，我们不妨做一个实验，家中养鸟的，把笼子打开，如果笼子里的鸟往外飞，那我赞成放飞；如果笼子外的鸟争先恐后地往笼子里飞，那我赞成笼养鸟，鸟类来自大自然，我觉得，还得把它们还于大自然。（掌声）

崔永元：人们说，对鸟的爱护，标志着一个国家自然环境的文明进步，代表一个国家的文明程度。从这个角度讲，我们应该爱鸟，我们应该选择最恰当的方式爱鸟。在我们结束这次谈话时，让我们倾听美妙的鸟鸣声。（百鸟争鸣声）

【分析】

《实话实说》是我国电视谈话节目的一面旗帜，她是勇敢的开路先锋，她有深切的人文关怀，她追求真实的谈话，提供互动的交流平台，更有崔永元平实质朴、机智幽默的平民化主持风格。栏目的话题，始终表现出厚重自觉的社会责任感，他们鄙视板起面孔说教，总是让人感觉到理解和尊重，包容与开放，给人阳光和希望。

《鸟与我们》是带有一定辩论色彩的讨论样式，整个谈话大约有3个层次，首先，主持人请嘉宾和观众谈养鸟的"乐趣"，引出不同观点；第二层集中谈养鸟与自然的关系，对生态的影响；最后谈放飞活动的意义。如果只是理性严肃地讨论上述内容，正确是正确，但那是没法看的，因为那不是面向大众的电视节目。这期节目的策划、嘉宾的选择、前期采访、调查资料、大屏幕运用、对孩子的现场调查，乃至最后在倾听鸟鸣声中结束的安排，等等，都是电视化、大众化的必要设计。崔永元游刃有余的穿插在嘉宾与现场观众的互动中，清醒机敏地把握着话题的走向和节奏，巧妙地借用观众的话突出对立观点，激发讨论欲望，同时以重复观众的话的方式表示自己的观点，深化主题，达成共识，自始至终在轻松风趣、热情认真、民主平等的氛围中进行了有益、有趣的讨论。主持人的现场驾驭能力很强，将对他人的尊重、理解，与他的真诚、机智、幽默有机地融合在一起，使原本迥异的观点在善意的交锋中，通向人与自然和谐共处的坦途。

2. 央视《对话》2001年11月25日播出《龙永图谈人才》，主持人王利芬。（根据节目录像整理,并参阅南海出版公司 2002 年出版的《对话》。)

龙永图谈人才

中国 15 年的复关、入世的谈判固然艰辛,然而对于我们来说,更重要的是要做好准备迎接入世的挑战,其中最重要的是要把我们锻炼成一个通晓国际规则和国际惯例的人,成为一个国际化的人才。入世首先是政府的入世,竞争归根结底是人才的竞争。正是在这个意义上,我们把自己磨成一个真正的、深深植根于中国并又熟悉国际惯例的国际化的人才,才是我们在当前的大背景下所应该采取的行动。面对入世,重视人力资源、构筑人才高地、抢占人才制高点,已不是在同行中做大做强的事,而是不进则退的事,因为核心力的竞争将转化为核心人才的竞争。

中国对外经济贸易合作部副部长、中国入世谈判首席代表龙永图先生做客《对话》,并同北大国际 MBA 共聚一堂,就中国入世后人才所应具备的素质等一系列问题展开讨论。究竟我们要向什么方向努力?入世后的我们要具备哪些素质?

龙永图,1943 年 5 月出生于湖南省长沙市,贵州大学外语系毕业。

1979 年 3 月加入中国共产党。

1965 年 9 月～1973 年 4 月对外经济联络委员会干部。

1973 年 5 月～1974 年 8 月英国伦敦经济学院学习。

1974 年 8 月～1977 年 9 月经贸部六局翻译。

1977 年 10 月～1979 年 12 月驻联合国代表团随员、三秘。

1979 年 12 月～1986 年 4 月联合国计划开发署总部区域项目官员、联合国计划开发署驻朝鲜代表处副代表。

1986 年 4 月～1992 年 1 月中国国际经济技术交流中心副主任。

1992 年 1 月～1993 年 4 月经贸部国际联络司司长。

1993 年 4 月～1994 年 3 月外经贸部国际经贸关系司司长。

1994 年 3 月～1997 年 2 月外经贸部部长助理、党组成员。

1997 年 2 月以后外经贸部首席谈判代表、党组成员。

多琢磨事,少琢磨人

主持人:各位晚上好,今天来到这儿的嘉宾是中国入世首席谈判代表龙永图先生。大家对他肯定很熟悉。今年 58 岁的龙永图他的工作经历其实非常地简单——10 年的联合国的经历,10 年的外经贸部工作经历,10 年的中国入世的谈判经历,工作之外这个人没有任何的兴趣和爱好,除了吃辣椒。但是他身上有两点给我印象非常的深刻:在贵州土生土长的龙永图,他运用英语的自如程度超过了他的母语;还有这 10 年谈判在天上飞去飞来的公里数到现在累积起来,可以飞到月球上去。今天他就刚刚从多哈飞回来,我们掌声有请他的到来。

龙永图:刚才我没来之前,(主持人)就给我施加了很大的压力。说今天对话的对手都是具有第一流的实力的,再加上人力资源开发又不是我的强项,所以我今天确实是在一种非常劣势的地位。

主持人:您刚刚从多哈回来,您可能不知道现在入世之后这10天的报道,中国国内的人才征战大有燎原之势,所以我们今天的话题就在人才上展开,您看行不行?

龙永图:可以,我认为中国入世以后起决定性的因素确实是人才,你们选了很好的一个题目,所以我才答应到这儿来。

主持人:谢谢。其实说到人才,可能大家非常想知道中国入世谈判的那样一个队伍,这些人才是怎么组建的?

龙永图:我们在组建谈判班子的时候有一条原则,就是一定要少而精。因为我们绝对不需要一个庞大的,但是扯皮的班子。而应该是一个能战斗的、非常精干的班子。我情愿少要5个人,少要10个人,我希望要一个最强的。

主持人:这个精的人精到什么程度?人要少肯定是顶好的几个了。

龙永图:他要有一定的政治头脑,不但熟悉他具体的谈判的问题,而且对整个谈判的形势特别是谈判的政治形势应该有一个基本的判断,这样的话他对整个谈判的基本走向,或整个谈判的节奏的掌握就会把握得比较好。而且他会配合我,我有时候,前一段时间我批评西方一些大国的谈判班子作秀,实际上谈判的时候(他们)作秀,我们也作秀。

主持人:是吗?

龙永图:不过我们作得不那么明显。有些谈判代表买了飞机票马上要走,那种雕虫小技的"秀"没有什么太大的意思。

主持人:您刚才说了政治素质,还有业务上的?

龙永图:我认为所谓谈判的专家首先必须对你谈判的内容是专家,这样才有可能成为谈判问题的专家。当1991年,上面要调我出任谈判代表的时候,我当时花了几个月的时间把《关贸总协定》的所有的条文、条款,而且是英文文本从头到尾看了两遍。

主持人:两遍应该是有多厚?

龙永图:相当多了,因为你不仅要看它条文的本身,而且还看很多的案例。因为它是一个法律的文本,法律文本执行当中有很多的案例,很多谈判过程当中有一些情况你都要熟悉,这样你才能知道最后这个法律文本,它的形成的过程,这样的话你才知道在哪些问题,哪些国家和哪些国家曾经有矛盾,最后怎么解决的。这样搞下来,确实是相当多的一大堆的材料。但是正是因为熟悉了这样一个进程,所以我觉得我后来在谈判当中不能说得心应手,但是至少和我的谈判对手处在一个平等的地位上进行谈判,他不能蒙我,我也不想唬他。

主持人：您挑人是不是都爱挑跟您一样的人？

龙永图：不是这样的，我倒希望一些和我不太一样的人。比如说我曾经有一位秘书，大概现在名气也不小，当我选他当秘书的时候，全场哗然，没有一个人同意我，因为这个人是根本不配当秘书的。

主持人：怎么会这样说呢？

龙永图：因为在我们中国，大家的眼中的秘书一般都是非常勤勤恳恳的，讲话很少，做事很谨慎，对领导非常体贴入微，一般都是这样的。

主持人：这些不好吗？

龙永图：这些应该说是做秘书的一个基本条件，但是我选择这个秘书完全是不一样的，他是一个大大咧咧的人，他从来不会照顾人。我每次和他出国都是我走到他的房间里面说，醒来了，到点了。而且(我)每天的安排我说是不是9点(是这个)，他说是九点半，等我一查，十次有九次我是正确的！为什么会选他当秘书呢？因为在选人的时候，有它的背景，在不同的背景情况下可能会选出不同的人。我是在谈判最困难的时候选他当秘书的，那个时候因为谈判的压力，脾气非常暴躁，再加上你刚才讲的我喜欢吃辣椒，所以我当时脾气很大。

主持人：大到什么程度？

龙永图：有时候和外国人拍桌子回来以后一句话都不说，因为我脾气不好，但是我这个人心肠是好的，他们都知道。所以我每一次回来以后，当我回到我的房间的时候，没有一个人到我的房间来，因为他们怕来找我骂。只有这位，后来要当我秘书的那个人，每一次不敲门就大大咧咧地走进来，而且一坐到我的房间就跷起腿，就说今天他听到什么了，哪个人说你那句话讲得不一定对。而且他从来不叫我龙部长，都是老龙啊，或者是永图。我觉得这个人，因为他有时候经常出一些馊主意，所以被我痛骂得一塌糊涂。但是他(有)一个最大的优点，他禁骂，就是无论怎么骂，他5分钟以后又回来了——永图你刚才那个说法不太对。我觉得这种人很少见。后来我仔细观察，他是一个学者型的人物，他对很多事情不敏感，人家对他的批评他不敏感。而且比如说我最喜欢看自然风景，有时候他给我开车，开到最好的瑞士的雪山顶上的时候，外面一片风光，他坐在车上抽烟——不敏感的人，对外面的自然风景他没有一点感触。但是他对世贸的问题简直像着了迷一样的，所以我们一起来谈判的班子的人说他是个传教士，见了人就说入世的事情，他就有这种执著的精神。

主持人：听说他是个博士？

龙永图：后来成了博士，后来我们谈判成功了以后，中美谈判成功，我很快就把他送走了。我觉得已经不需要他了，他的长处已经不在这儿了。他每天把我的文件搞得乱七八糟，我找什么文件都找不到，有些材料我应该马上看到的，他就一个人在那儿看、记。我说这是什么材料，我一看是很重要的材料，我说为什么你不给我看，他感兴趣！后来我想中美谈判成功了以后，我的脾气也好多了，他的历史任务也完成了。他也不是最适合的人了。你刚才讲为什么要举这个例子？就是一个人，他在某一个特定的历史时代，在某一个特定的历史时期，他做某一件事情他可能是适合，但是换了一个时间，同样是一个人，他并没有改变他什么东西，他可能不适应了。所以我有一个领导讲，你要多琢磨事少琢磨人，不要琢磨人。真正建立一个好的团队(这样一个)精神的话，应该是就事论事。

对年轻人的缺点，我都可以原谅

主持人：如果您再要组织一个谈判团的代表，比如说多哈以后，发动下一轮谈判，有这么几类非常能干的人我看您用不用？第一种是喜欢在各种场合表现自己的人，用吗？

龙永图：我认为对这样一个观点，我觉得应该有一些新的看法，什么叫表现自己？我们过去把一个人打倒，常常就是一个很武断的结论，这个人喜欢表现自己。所以今天你请我来我是犹豫了很久的，我是不是要表现我自己？说老实话，我龙永图谈判了那么多年，我(的)很多老领导也好，我的同事也好，我的家人都跟我说，你现在沉默是金。你不要说话，你少说话。我确实是这样的，因为所有的人都看到我，我做过这件事情。但是现在我看报刊杂志上讲WTO的事情，讲得实在是太乱了。我觉得我们走过来的人有这个义务，有这个责任，把这个事情给同志们讲清楚，引导舆论的主流，使大家能够朝着一个正确的方向来走，知道WTO是怎么回事，怎么样应对WTO，我觉得这是我们的责任，是我们的义务——来谈这件事情。所以你刚才说如果谁是很喜欢表现自己，得看怎么表现自己，在什么样的情况下表现自己。我觉得我们中国人在很多情况下不太善于表现我们自己，我觉得我们中国以后多用一些这方面的人才，如果不是为了个人的目的或者是为了个人的一己私利虚伪地表现自己。我觉得那种能够代表我们中国，能够在世界的舞台上好好地表现一下我们中国的形象，我们需要这样的人才。我觉得我们中国入世之后，还有我们中国今后要(做)的很多方面的事情，比如你们企业，必须要有会包装你们企业，能代 你们的企业形象的人，这是非常重要的。因为以后的竞争那么激烈，两个洗衣粉你说质量差了多少？关键是你的广告做得好不好，形象做得好不好。如果你用这样的人来代表你们公司的形象，这样的表现有什么不好？所以这种人，如果他没有什么个人的私利，我觉得这种能够表现的人我是要用的。

主持人：喜欢私下里越级向您的上级或者说比您更高级的上级汇报的人？

龙永图：我觉得这是一个复杂的问题。我觉得在一般情况下，不应该这样做。我们是公务员，应该一级对一级负责，在企业里面也是一级对一级负责。每个人都有自己的位置，这点，一般情况下，应该按照规矩办事。你有什么事情，应该向你的顶头上司汇报,但是在关键时刻,当你的顶头上司作出决定要损害你的公司,甚至你的国家的根本利益的时候,这个时候你要付出代价,你准备付出代价。可能你这件事做对了,而且公司也得到了很大的利益,但是可能过了一年以后,你就被炒了鱿鱼。这是完全可能的,因为你伤害了你的顶头上司,你要做好这种准备。如果这个人真正为了这个公司出发,为这个国家出发,应该允许他这样做。但我认为在一般情况下,不是特别关键的时刻,我觉得还是循规蹈矩,按规则办比较好一点。这是我的评论,也许两边都说了,但我觉得我把后一种情况说清楚比较好。

主持人:到底用不用?

龙永图:我还是要用,我觉得他很有勇气。

主持人:好,还有一种人,就是那些能力很强的人,他往往具备这种特征,能力差的人。

龙永图:都不知道从哪儿来的题目。瞧不起比自己能力差的人?

我觉得这种人是可以教育好的,因为特别是年轻人(来讲),他自己好胜,对一些能力比自己差的人瞧不起这是自然的,应该教育他。而且对他说你并不是一切都是最好的,即使是你最瞧不起的人,他肯定在某些地方比你强。我觉得对这种人是一个教育的过程,因为这种特点在我们的年轻人身上表现得太多了。如果这样的人不用他的话,那也很可惜。

主持人:在座的全是年轻人,谢谢你。我还选出一个问题。

龙永图:应该请他们回答,不应该都考我。

主持人:有他们回答的(一会儿),喜欢把功劳记在自己头上的人。

龙永图:我很讨厌这种人。我觉得任何一件事情的成功都是一个团队集体努力的结果,没有一个人能够把所有的功劳归功到自己的头上去,如果有那么一个人,我觉得最好不要用他。因为他既然能够把所有的功劳归到他头上,那一旦失败,他会把所有的责任推到别人的身上,这个完全是一个铜板的两个方面,这种人肯定是这样的。所以我觉得我们在做事的时候,特别是像我们入世的谈判经历了多少的失败、多少的曲折,如果是那种想贪功的人的话,最好不要在团队里。

主持人:如果这个人是个年轻人?

龙永图:我刚才说了,对年轻人的缺点我都可以原谅。因为我认为年轻人是可以教育的。

主持人:对年轻人的确是很宽容的。

龙永图:是,我觉得应该宽容,因为没有宽容就没有人才。

主持人:我再把下面的问题选出来,喜欢标新立异的人。

龙永图:我很喜欢这种人。但是这种人,我觉得有些人在某些地方比较适合,在某些地方不太适合。但是我认为在企业界,我希望他们多用点标新立异的人,因为中国实在需要创新的人。

主持人：一针见血地评价领导所作所为的人？

龙永图：我认为这种暗示还是好的。因为现在我觉得在整体当中，我们非常缺乏这样的人才。当然了，我觉得也可以适当地注重方式，特别是企业的领导人，一个单位的领导人，我们还需要维护他的威信。但是如果是适当的场合，特别在一两个人谈话的时候，一针见血地指出领导的缺点，我觉得这个人我很喜欢他。因为一般人做不到。当然还是要注意方式，因为维护领导的形象并不是拍马屁。维护我们企业领导的形象，这是一个企业形象的问题。一个企业领导牌子倒了，这个企业就倒了。这个时候，我觉得是大局的问题，如果你能指出企业领导人的一些缺点，甚至一针见血地指出来，而且你能在适当的场合、适当的方式下提出来，我认为完全是可以的。

主持人：我顺便问一下，您那位秘书，说您哪点做得不是，是一针见血指出来的吗？

龙永图：他常常一针见血，因为他不知道讲话的分寸。有时候我很恼火，我有几次把他赶出门去，他5分钟又过来了。他说永图，我觉得你这个事情做得太不对。所以，这个是很难碰到的人，碰到得很少。

我最大的弱点是不会说"不"

主持人：我们谈了这么多的用人，有一个观众，他有问题要问您，这个观众叫张杰，您好。

张杰：我想提的第一个问题是，你是哪一种人？另外你最大的弱点是什么？

龙永图：我是一个很直率的人，而且我是一个好心肠的人。我虽然发脾气，但是我这辈子没整过一个人。我的部下上升，我绝对给他最好的机会，用老百姓的话讲心肠比较好，也比较软。你刚才说我最大的弱点是什么？我最大的弱点就是不会说"不"。

主持人：那对不起，我要打断一下。您不会说"不"，那美国人跟您谈判，他们说"NO"，您说什么？

龙永图：我觉得这个问题问得非常好。我觉得我们在整个谈判的过程当中，我认为一定要用最大的力量来取得双赢和共赢的这样的结果，所以说"不"常常就是一种非常简单的办法。我认为在谈判当中强硬是最简单的，那么多年，我一直为此付出代价。如果要在谈判桌上表现强硬，说一些强硬的话，说出一些非常漂亮的话是非常容易的，因为你不需要研究任何材料。但是如果你要想达成一个协议，要在非常复杂的情况下形成一种妥协，你不能简单地说"不"。所以我觉得我们这么多年的谈判就是一个沟通的过程，就是形成一个共识的过程，就是形成一个双赢和共赢的结果的过程。所以后来江主席在中美谈判以后第一次说出"双赢"这个词的时候，我心里面感到我们中国的领导人真是有一种全球化的视野，对整个世界经济的整个格局确实有了一个大的、新的把握,因为这个字在中国从来不出现的。你们在座的很多企业家也是进行过合同的谈判,一个商务谈判,如果你派出一个谈判代表能够给你得到一个合同回来,他是一个好的谈判代表。如果他出去大骂了你的谈判对手,那你也会觉得他也尽了最大的努力。所以我觉得我在这几年谈判当中,我不太轻易说"不",我们加入世贸组织以后确实要有一个全新的观念。就是在我们处理世界经济贸易问题的时候,应该善于取得一个共赢和双赢的结果,这是对国家最大的利益。一两句气话、一两句豪言壮语解决不了中国的问题,解决中国的问题是要取得和全世界各个国家真正的谅解,而且取得一个双赢和共赢的结果。当然我们不可能牺牲我们的民族利益和牺牲我们的代价来取得那样一个结果,那不是双赢,那是投降。

主持人:大家表示赞同。我希望下面的问题您还是保持您这么多年形成的习惯,不要说"NO"。接下来的问题是王来鸿先生的问题。

王来鸿:我想问您的问题是在我们跟谈判的对手谈判的时候,如果谈判对手目空一切,或者带有固执的偏见,那么这种先入为主的歧视性谈判,我们怎么样通过我们的办法,改变对方或影响对方,从而取得谈判的进展?

龙永图:我觉得在国际谈判当中,有时候是很困难的,有时候是利益之争,有时候也是文化的分歧所带来的。在谈判的时候,有时候因为立场的差异和文化的差异,会产生很大的隔膜,所以这就说明我们中国在和国外沟通和交流当中,我们不但要了解自己的文化,也要了解其他国家的文化。因为在讲一个事情的时候,在一个国家一个问题当中有它的含义,和另外一个国家的含义是一个样的。比如说龙,龙在中国很吉祥,但在国外很凶猛。所以开始的时候,西方人认为我当时比较强硬,他们老说老龙来了。最近我又看到这个杂志上,很大一个外国杂志封面,就是"龙来了"。现在我们中国一入世,其他国家害怕,好像你这个龙,突然出现在世界上。我们中国就说狼来了,两家都是一种极端的看法。有些人认为中国入世对全世界各国产生很重大的影响,中国要横扫全世界的市场,这完全是误解。我们国内也认为我们入世以后,其他国家像狼一样涌进中国来。这都是看法的差异,都是一种极端的看法。在这样的世界里面,我觉得有很多文化的多样性、历史的多样性。我们要承认这样一些多样性。因为这样子才会形成沟通,才能形成共识。我觉得要承认这个多样性。所以我们要学的东西很多,不单要了解中国,也要了解其他国家。对这点,我就希望我们的同事,我们的国民应该有更加开阔的胸怀。

主持人:您手下有没有比您干得更好的人?

龙永图:当然有比我干得更好的人,但是我也从来不感到受他们的威胁。他们干得很好的人,他们可能在这个方面干得比我更好,那个方面比我干得更好。但是我还是有点自信,我能够控制住局面,他们对我还很尊重,他并不是因为我能力强,而是因为我能够包容他们。所以我觉得干得比我好的绝对有,而且我觉得你们现在的年轻人不得了,他们前途无量,我们这代人的视野比他们差多了。想起来我这个从贵州山沟来的乡巴佬刚到北京的一些笑话,现在我经常喜欢给人家讲我第一次在北京喝啤酒,第一次在北京喝汽水,当时买了一杯汽水,我觉得简直像喝了毒药一样的,从来不知道。但是当时穷得要命,花了一毛钱买的汽水我怎么能丢掉呢?无论如何把它喝下去。当时到了北京以后,我从来不知道什么叫月票,当时我们机关没有新来的大学生的房子,让我们住在前门的一个小旅馆里面,给我们买了一张月票。我以为月票只能坐15路,所以我只能拿张月票坐车上班。那个时候我要到其他地方参观,我自己走路走了一个钟头,去参观北海,走得脚疼。实际上我这张月票是到处都可以用的,到一个星期以后人家才告诉我,你这张月票也可以坐别的,你也可以坐4路,也可以坐3路。你说这种事情,眼界的开阔并不是和一个人的智力的水平相一致的。我认为那个时候我并不是很笨,但是我不知道这个事情,我是最笨的。所以我们不要讥笑任何无知的人,无知是因为他还不知道这件事情,他并不笨。我认为人的智力相差是很少的,人的聪明程度相差是很少的,我总是这样觉得。

主持人:接下来的是叫杨乐军的先生,您好。

杨乐军:龙部长您刚才点评了几种人才,那么我请问您最认可的人才是怎么样的?谢谢。

龙永图:这要看我干什么。如果在谈判的时候,我需要一种人才,非常机敏,外语要特别好,反应要特别快,那样的人才。但是一旦谈判成功以后,现在要进行谈判结果的实施的时候,我需要那些非常负责任的人,非常细致的人,非常具有责任心的人。

主持人:您刚才说到谈判中特别喜欢外语好的人,今天在场有一位外国先生,他就是要问您这方面的问题,您请。

龙安志(南龙公司董事长):我自己曾经以律师的身份参与过许多跨文化的谈判,我知道了解对方的文化、心理、语言是非常重要的,尤其是语言。我知道您在纽约,在联合国待了好几年,您有没有经历过这样的事,您对英语和美国人心理的了解会在谈判中对您有所帮助?

龙永图:实际上英语对我的谈判已经有很大的帮助,你知道在非常复杂的谈判中,我总是使用英语而不用翻译,翻译当然也会坐在我身边,是因为我们的谈判团中有一些人不懂英语。但我认为,人们之间能够直接沟通,互相理解的语言对双方都是非常重要的沟通工具。因为我常发现,翻译有时会成为双方沟通的主要障碍。所以我强调语言在沟通中的重要性,在复杂的谈判中,直接交流是非常重要的,所以我总是鼓励人们学英语。当然我鼓励你学中文,这样我们就能更好地相互了解,语言会成为国与国之间交流的重要因素,像你刚才说的,文化是更为精妙重要的。

主持人:龙部长,您谈判的时候用英文,您有没有比较过哪次谈判的时候,只是您用英文才能抓住的某种契机?如果用中文,用翻译,你可能抓不到,有这样的故事吗?

龙永图:具体的例子我记不住了,但是我觉得直接用英文谈判有很大的好处。因为如果要通过翻译的话,谈判就变成一段一段、支离破碎的,这样,一些各方立场的一种陈述,(这时候)很难找到结合点。但是如果直接用英文谈(的时候),那个人讲话讲到一半的时候,我突然抓住这一点,你这句话什么意思,他马上会作出反应来。这样常常是一个利益的结合点和一个谈判的突破口出现的地方,因为我觉得直接用英语谈判的话,在这种短兵相接的谈判中是非常重要的。

主持人:您刚才说完全从理智上考虑喜欢哪种人才,那么您本能上喜欢什么样的人才?

龙永图:本能我喜欢比较活跃一点的人,因为我这个人太单调、太枯燥,也没什么爱好。所以有时候我喜欢有个人能够和我谈点很高兴的事情,他听到什么事情告诉我。很高兴的人,不是很孤僻的人、非常内向的人,也许这是一种互补,像夫妻一样,很多都是两个人性格完全不一样,最后就成了夫妻。我想人与人之间有这样的规律,大概是这样子。我还是比较喜欢性格非常开朗、喜怒哀乐痛快地表现出来的这样一种人。这样我觉得对这种人我不需要太多的时间揣摩他的心思,我很喜欢这样的人。

关键要形成人才流动的机制

主持人:好,下面有一个叫魏建华的先生,他的问题还是在用人上,您请。

魏建华:加入WTO之后,我们社会会需要越来越多的人才。我想请问您,在我们当今的教育制度和社会环境下,您认为什么措施促使我们国家人才能够大量地脱颖而出?最关键的因素是什么?

龙永图:我认为现在最关键的因素是要形成一个人才自由流动的(一个)机制。因为我觉得我们中国并不是缺乏人才,我们的人才多得很,现在就是我们的很多人没有放到最适当的位置上去。就像是有很多漂亮的姑娘,非常英俊的小伙子,他们找不到对象一样,他就是没有碰到这样的机会。说老实话,我们过去机关里面或者企业里面,很多人大家觉得他能力不强,并不是他能力不强,他从毕业分配那一天起就分配到一个他最不适合的岗位上去,这一辈子就把他坑了,而没有一个流动的机制,这个人确实葬送了他的一生。实际上他换一个岗位,也许他会成为第一流的人才。

主持人:其实我们今天用人的观念和机制正在发生很多的变化。

我想请大家能不能告诉龙部长,当然您可能已经看到了很多了。

龙永图:现在应该让他们多说一说了,要公平一点。

观众1:我觉得从目前来说,按龙部长所说的人才已经开始在流动了,不像以前禁锢在一起了。

观众2:龙部长这么多年的WTO谈判的过程,说明了这个问题,在我们国家终于出现了像龙部长这样的优秀的人才。

龙永图：夸奖夸奖，谢谢。

主持人：他们把这个视为人才观念的新变化之一，还有哪位？

观众3：以前重视的是个人魅力，现在更重视的是一种团队协作精神。

观众4：我觉得在用人观念上的一些变化，包括这个社会和企业都知道我们要找寻的人才是那种能人和专才。我觉得在用人的制度上，还有对人的态度上，我觉得心态已经比以前宽广了很多，而且这个环境更宽容，我觉得这是一个变化。

观众5：龙部长您好，我想过去把人才叫千里马，为什么叫千里马？就是很多人才把他当做马来骑，给他加点草，或者是给他加加鞭。现在我认为人才观念已经变化了，把他当高能电池，这个设备非常好，然后电用完了马上要充电。我们这么多MBA就来充电了，这个结构非常好，这个变化是非常好的。

观众6：传统的用人观念中，我们一般是寄希望于伯乐发现我们，但是在新的环境下，特别(是)加入WTO后，更多的可能是寄希望于人才的流动和人才自身的表现，来确定您这个企业是否适合你这个人才。

观众7：2000年的时候，有36000个中国大陆的申请人以定居的方式进入加拿大，在观念上面、在形式上面出现了跨国的、跨地区的这种大型的——中国的人才跟海外人才之间的这种人力资源的大规模的流动，这是一个非常显著的变化。

程源(光辉国际北京代表处首席代表)：我想在选人上有一个原则的区别。以前可能是因人设职，今后可能是因职找人。从选人的过程来看，如果说以前比较注重一个人的专业知识，今后更注重的是他的综合素质。

康颖涛(英特尔中国区人力资源部经理)：经过这么多年的改革开放，我们有一大批国际性的人才脱颖而出。我们指的国际性人才有三大特点：第一，就是具备开放的视野、开放的胸怀；第二，就是适合在多元文化的工作环境中工作；第三，最重要的一点就是交流，有效的交流。

观众8：很多外资企业进入中国，他们都高薪挖掘很多国营企业的重要的职员，他们可能现有的薪酬跟外资企业可以给他们的薪酬差距很大。拿这个引诱我们，我们怎么去面对？因为这些人才一出来可能对我们现有的国营企业有很大的影响，这个我觉得是一个非常重要的问题。

主持人：好，刚才龙先生已经是记到第三页了，我想您在听到了大家观察到的这么多用人观念的新变化的时候，一定有很多话要说。

龙永图：我觉得大家确实讲得很好，应该说这样一些新的观念的变化，是我们对加入世界贸易组织最好的准备之一。外国人都在问我们，你们中国准备好了吗？我说我们今天加入世界贸易组织是因为你们拖了我们15年，我们中国的改革开放进程23年前就开始了，我们已经准备了23年。我们之所以有信心来迎接加入世界贸易组织的挑战，就是因为我们经过23年的努力，特别是最近10年的努力，我们已经从观念上或从体制上有了很大的变化。所以在这个问题上,我们并不完全像有些人讲是不是中国加入世界贸易组织以后,我们中国的国有企业和我们中国的政府机构人才全部跑光。不会跑光的,我有很大的信心。

主持人:大家都有信心。有人要发表不同意见。

萧泓(思科公司亚太区人力资源部经理):WTO 我觉得带给中国一个最大的机遇是中国可以走出去。我看到昨天的新闻说,一个电视机厂,中国变成数字电视世界最大的一个园地,我们的长虹都要出去的。我们要去美国,要占领美国的市场。如果我们的视野只是在本土把中国的经济搞上来可能还不够,可能还要想我们怎么样出去变成世界的一个企业,会不会是这样。

龙永图:你讲的这点,我想这样回答。当然我们中国确实有一个走出去的问题,也许我们中国大规模地走出去可能要 5 年到 10 年左右,这是我最基本的一个估计。当然我们现在可以开始走出去,但是我们大规模地走出去的条件还不具备。所以在这种情况下,我认为当前最抢手的问题是怎么样固本强身,把我们中国发展起来,我们才有条件走出去,不然我们走出一个败一个。当然我并不是说不鼓励走出去,有条件的走出去,像海尔这样的走出去我觉得是完全必要的,因为他们已经成为世界一流的了。我认为如果没有国际的竞争力,走出去,那只有在国际上打败仗,还不如不走出去。所以对你那个观点,我们是考虑在当前的情况下一个最主要的任务是什么?我认为当前最主要的任务是怎样培育我们中国这样一个大的市场,我们中国这样一个大市场远远没有培育出来,我们的市场远远没有饱和。

坐在中国的后面,我是很神气的

主持人:我还是想问一下,像您这样的人才有没有人挖过您?

龙永图:我觉得我不想直接回答这个问题。

主持人:终于说"NO"了,我们这个地方正好有光辉国际的人,他们就是做这种寻找人才的工作,我不知道程源小姐,像龙部长,像龙先生这样的人才你们挖不挖?

程源:这个是一个很好的问题,挖不动。如果你要是在一个历史的关键时刻,如果你的工作本身代表了全国人民的这种期望,任何人再出上百倍、上千倍的价格也不会把他挖走,所以我们也不敢挖。

龙永图:我有自己的事业,政府对我不薄,给了我这样大的舞台,我为什么要离开?不可能离开。我们在政府机关很多人,不会因为他一个月拿一两千块钱而离开。不会的。每个人的价值观念不一样,所以关键是怎么样使我们的政府机构、我们的国有企业形成凝聚力,形成一种能够使他发挥自己才能的机会。我认为钱当然有时候很重要,但(是)不是绝对最重要的。特别是对于像你们在座的高素质的人,我认为钱绝对不是最重要的。我只穿两套西装,并不需要更多的西装,我只要 5 条领带,但是有100条领带又怎么样？没有什么必要。我觉得在人才的问题上，我们应该(形成这样的机制来使我们)能够有一个留住人的这样一种机制，使大家感到在这样一个大机关里面，自己是大有可为的。我并不是说我吃不到葡萄说葡萄酸，我完全没有这样子。我很坦然，因为在政府机构里面我代表中华人民共和国。我在国外谈判，我坐在中国的后面，我是很神气的。有几个人有这样的机会？我常常跟我们的谈判代表讲，我说有几个人有机会坐在中国的牌子后面代表中国讲话，这是用千金买不下来的东西！

主持人：有一个叫王亚峰的先生，他想提一个问题。

王亚峰：热爱祖国和社会责任感在一个人才的素质当中占有多大的比重？

龙永图：我认为一个爱国的人他首先应具有最高的社会责任感，这种责任感是一个人做人的最基本品质。

主持人：在采访您之前，研读了您非常多的材料，我个人觉得您从贵州山区走到今天，一个非常重要的精神原动力是您的爱国精神，我不知道是不是这样的？

龙永图：因为爱国者也不是抽象的，爱国实际上就是爱自己的父母，爱自己的家乡，爱自己周围的同事、尊重自己的领导，我认为它不是抽象的。所以你在和国外谈判的时候你就会有一种责任感，每次和外国人谈到我们农业的问题的时候，我都会很激动。因为我知道我们农村人是多么苦，我住过老百姓的家里面，我知道他们的那种状态。所以我和他们谈判的时候，我在山区所经历的那些过程一直使我不能忘记。所以这种东西我认为是非常根深蒂固的，我并不是要表现出我一种所谓爱国心来。但是我懂得，如果你们做出的事情，所要求做的那些事情伤害了我那些最穷苦的那些人的利益的时候，我是绝对不可能答应的。

主持人：我们注意到龙永图先生不论谈任何话题，无论是人才的话题，农业的话题，还是孩子的话题，其实所有的话题都和一个话题相连，就是对这个国家的责任感。其实对我们《对话》节目现场有很多嘉宾都表达了类似对这个国家的爱国之情。每一次表现，我们现场的观众都给了雷鸣般的掌声，他们的心底都跟他得到了共鸣。当我们看到了这样一些嘉宾，蛰伏在他们心底的爱国之情被我们体验到的时候，我想我们觉得这个嘉宾变得非常地深厚，而且非常地立体。所以我想带着这种感情，我特别希望把大家对您的这种敬意用掌声再次表示一下，谢谢。另外今天我们谈了一晚上人才的话题，我想谈到最终我们特别希望说的是，人才成长的环境和用人的机制是我们当下中国在入世之初非常急切需要的，这个重要性将是不言而喻的。谢谢大家来和我们谈这么严肃的话题，谢谢。

【分析】

《对话》以前沿的话题、重量级的嘉宾、渴望作精英的观众、并不高的收视率但相当可观的广告效益，特立独行于电视谈话节目之中，这是我国电视谈话节目走向成熟,定位更加细化的必然趋势。本期节目选题角度独到,当时正值我国加入WTO,龙永图作为首席谈判代表一时成为电视节目的常客,且大多围绕加入WTO谈背景、说意义、话利弊、讲前景,做了许多普及性的工作,《对话》却以人才为核心,既点中迎接挑战的关键问题,又切合"准精英"及人力资源部门的实际需要,很有智慧,这也是现场互动、热烈、自然的重要根基;节目展开的具体策划下了很大的功夫,从观众事先提议中归纳了"八种人"与嘉宾对话,并从龙永图的现身说法中透视当今所需要的人才,以及发现、使用、培养人才的理念。在主持人开放、平等、机智及友好的挑战式的提问中,龙永图的人格魅力,对祖国和人民的深情,无不打动在场的和收看节目的每一位观众。

3. 央视《艺术人生》2001年11月28日及11月30日播出《陈凯歌专辑》,主持人朱军。(根据节目录像整理,并参阅中国青年出版社2002年出版的《艺术人生》。)

陈凯歌专辑

【引子】沉寂14个月,著名导演陈凯歌英国归来,首次面对媒体。我们曾被这样的画面所震撼:无论是背靠黄河的翠巧,还是农村小学的师生或是列阵齐整的官兵,我们曾被这个名字深深打动,他的影片有着理想化的崇高,他的影片有着诚意的力量,有着诗人哲理。这是一个制造梦想的人,这是一个创造英雄的人。我们喜爱他的电影,更对他的经历充满好奇。

【个人简历】陈凯歌,1952年8月12日出生于北京,祖籍福建长乐,汉族。1982年毕业于北京电影学院导演系,后分配至北京电影制片厂,任电影导演。《黄土地》获夏威夷国际电影节大奖,最佳摄影奖,被评选为亚洲百年十大影片之一,中国电影90年代十大电影之一;《大阅兵》获蒙特利尔国际电影节评委会大奖,意大利都灵电影节大奖;《孩子王》获金鸡奖特别导演奖;《边走边唱》获新加坡电影节最佳影片大奖,土耳其电影节金郁金香奖;《霸王别姬》获法国戛纳电影节金棕榈奖,最佳技术艺术奖,国际影评人大奖,美国所有影评人最佳外语片大奖,获奥斯卡最佳外语片提名奖并获得金球奖最佳外语片奖,被评选为"20世纪"世界十大导演之一。

绝对现场

朱军:亲爱的观众朋友们,大家好,非常感谢您在百忙当中来到《艺术人生》的演播现场。大家都知道了,今天光临我们《艺术人生》的主人公是我们都非常熟悉和喜爱的著名的导演陈凯歌。陈导拍摄过许多非常著名的影片,这些影片丰富了我们的文化生活,同时也引发了我们对生活、对生命的一些思考。我们注意到,在他的影片当中,很多情节都跟他的生活本身有着千丝万缕的联系,而且陈导本身也是一个非常有故事的人。现在我们就掌声有请本期节目的主人公陈凯歌导演。

（全场掌声）

朱军：你好，陈导。

陈凯歌：你好。谢谢大家。

朱军：不知道怎么了，也许是导演的磁场太强，坐在您面前还真有点紧张，做节目这么长时间，好像不太多见。刚才出门的时候我太太问我，说你们这期节目的主人公是谁，我说是陈凯歌导演。您猜我太太的第一句话是什么？说陈导好像挺严肃的。这期节目你是不是挺费劲的？我说不会吧。我说陈导应该说是一个很可亲可爱的人，是吧？我们注意到，您拍完《荆轲刺秦王》以后，有很长一段时间就消失了，至少在媒体上没有怎么出现，那段时间你在忙什么？

陈凯歌：我去了国外。有一个好莱坞的戏，剧本是美国人写的，制片公司是美国的，但戏是在英国拍的，所以我差不多在伦敦待了14个月，这就是为什么国内的媒体基本上没有我的消息的原因。因为我想我也是第一次在国外拍摄故事影片，所以怎么说都是希望能够安安静静地把这个事做好。

朱军：您可能一上场就注意到了，今天在我们现场有一些道具——胶片盒。这个胶片盒应该说你非常熟悉了，35毫米的是吧？

陈凯歌：对。

朱军：那么咱们这样好不好，咱们今天的话题就从这个盒子里开始谈？

陈凯歌：行。

朱军：打开一个咱们谈一个。我们先打开这个好不好？非常简单的一管牙膏，是"蓝天"牙膏。看到牙膏，你第一感觉是什么？

陈凯歌：看到牙膏让我想起一件事。

朱军：什么事？

陈凯歌：我的事先不提，你要拿这牙膏说什么？

朱军：因为我在读您写的那本《少年凯歌》的时候，我非常感动的就是其中有几句话，就是刚才陈导说的，他在插队的时候带来10管家庭特大号的牙膏，奔赴了广阔的天地。

陈凯歌：对。（此时陈凯歌低头默许微笑）

朱军：现在一想那个时候好像冥冥当中就有一种声音，告诉他是在预支着时间，从插队到当兵，如果按一天一个人刷一次牙来计算的话，他回北京的时候，刚好还能带回一管来，是这样吧？

陈凯歌：这是我当年留下来的。（陈凯歌略带幽默的口吻，现场大笑）

朱军：希望是那样。那么您刚才说的您带着这个牙膏奔赴农村广阔天地，接受贫下中农再教育的时候，真的就没打算再回来吗？

陈凯歌：当然是想回来，谁不想回自己的家。可那个时候，一来是没什么办法，两千多万知识青年都下了乡,你说独我一个不去,没这道理。另外一种情况就是,对那种生活其实是有幻想的,什么幻想呢?当时的说法是叫"头顶芭蕉、脚踩菠萝"的好地方,所以确实是有一种浪漫的想法,觉得那个地方是可以施展的,使青春在那样一个地方度过,也是一件美好的事。

朱军:那真正到那儿以后,现实给你的和你想象的反差大吗?

陈凯歌:反差非常的大,其实不用多说了,因为在座的我看有很多很年轻的朋友。说起这些事好像都是老生长谈了,可是的确是非常大的对比。一个对比是生活之艰苦和自然景色之优美,是可以交相辉映的。日子太苦了,而且主要是因为年纪太小。

朱军:那时候你多大?

陈凯歌:我(大的时候)不到16岁……16岁多。那个时候不太吃得饱,又正是长身体的时候,所以每天都有很多生理上的需要,就是我饿,可是每天还得干活。

朱军:那现在走过这么长时间以后,你回过头来再看那段生活的时候?

陈凯歌:还是怀念,那么苦。

朱军:为什么还怀念?

陈凯歌:因为那是你自己把你的好日子遗失了的地方。

陈凯歌:我特别感动的,就是我在1993年的时候,偶然一个机会,其实去看另外一个朋友拍戏,我就回到了我原来待过的地方。很奇怪的是,跟我一起去的,是我的一个朋友,跟我在一起工作,同时也是在很多年以前在西双版纳跟我在一起待过的人,我们两个约好了,你拍我,我拍你,这是咱们值得纪念的地方。当我们看到橡胶林的时候,就看他往橡胶林那儿疯跑,我说你慢点,后来我才明白,他哭了,他不愿意让我看见他哭了。

朱军:触景生情。

陈凯歌:触景生情。进村的时候,我跟我的朋友说,我说你别说我是谁,因为肯定我的样子变化得很厉害。我走进村子里的时候,我就看周围的这些人,都用异样的眼光看着我,我终于忍不住,走到一个人跟前,我说你知道我是谁吗?我问的只是一个人,但是周围大概有三四个人同时说,说的是一句云南话:"你就是那个陈凯歌。"当时我挺感动,我觉得这些乡亲们还记着我。其实他记的,无非就是在二三十年前曾经在那个村子里生活过,这么一个普通的知识青年,而不是其后好像有一点名堂的陈凯歌。这个事让我特别感动。我走到村子边一条小河,这时候我的朋友已经不哭了,冷静下来了。我说什么都变了,就一件事没变。他说什么事。我说这个河水的方向。

的确是这样的,我们因为每天下了工,劳动强度非常大,在丛林中间,要用砍刀砍出一条路来,那些枝蔓都是相互勾连的,每天的工作都有危险。因为是北方的孩子,去了那儿之后水土不服,身上被各种各样的毒虫咬得一塌糊涂,日子过得很辛苦。我们住的是茅草房,每天躺在蚊帐里,一眼就能看见天上的星星。说是星星模糊了,其实是这些知青当时都掉眼泪,就是想家,这是很自然的一种情怀。虽然日子过去这么久了,但是我还是觉得我之所以后来能够做电影,感觉到自己心里有一些话想表达,其实所有的资源都是从很辛苦的、很艰苦的劳作中间,对家乡、对亲人的思念中间积累起来的。

(掌声起)

朱军:那后来您去当兵了,是吗?

陈凯歌:我后来就当兵了。

朱军:在农村待了几年?

陈凯歌:这个理由其实特别荒谬,因为我会打篮球。有一天正在睡午觉,我觉得这是一个电影的画面,因为我是平躺的,所以角度应该是向上的,仰视的。突然间看见蚊帐被掀开了,就看见红五星和红帽徽了。我说这儿怎么有一个军人,这个军人用很小的声音跟我说,愿意当兵吗?

朱军:有点偷偷摸摸的意思。(场内微笑)

陈凯歌:我说您什么意思。我就坐起来了。他说愿意当兵吗?我说我愿意,我太愿意了。他说那就别出声,咱们现在就走。我基本上就是这么去部队的。为什么呢?如果一旦通知了农场,农场就可能说他是一个人才,我们不能放他走。结果真的就把我给带去当兵了。我也没档案,也没有户口。我说我的箱子能不能拿,我的10管牙膏还在里头。这个军人说,什么都不用拿,咱们那儿什么都有。我一想,人民军队,是,没错,什么都有,一定是这么回事。就这么去了,就去当了兵了。我当时心情特别不安,于是在快到部队的时候,我就跟他(带兵的班长)说了,我说是一个小问题,不是很大的问题,但是我得让您知道,为什么呢?我得对组织上忠诚,我的父亲有政治问题。那个班长说,你爸就是地主,我们也要你,我们要人才。我就踏实了,我想我爸不是地主。所以我就开始了差不多将近五年的部队生活。

朱军:刚才您提到了您的父亲,你还记得当时你去插队的时候,你的父亲到车站去送你的情景吗?

陈凯歌:我是直接受我父母的影响,关于我将来要做什么这件事上,受到他们很深刻的影响。但是在"文革"的时候,我说是政治原因,因为我是一个好学生。而且我是……

朱军:你指的好学生是什么?是学习好,还是跟当时的社会环境、社会状态比较吻合的好?

陈凯歌:老实。

朱军:当时一说这个孩子好,"老实"。

陈凯歌:学习肯定是好的。因为我是北京四中的学生。而且考入四中的分很高。所以那个时候不免有优越感,不免很骄傲。在班上学习成绩也还不错。突然就"文革"了,这样一下子觉得父亲有点什么问题,精神上也承受不了。但是在当时的社会气氛下,还是希望大家继续认同我是一个好学生,因为家庭有这样的问题,所以不能参加红卫兵,你就不能在风口浪尖,咱就没这个资格。于是,当造反派说你父亲有问题的时候,要你配合,你还得揭发你的父亲,你的亲生父亲。其实我才14岁,我揭发他什么呢?什么能揭发呢?所以在这个过程中间,严格地说我是犯了错误的。什么错误呢?就是对我父亲态度是不公正的,这个一直是我非常非常内疚的。在"文革"结束之后,很多人都说这不是你的错,你那个时候太小,而且有政治压力。我心里明明白白,是我自己的错。其实当着这么多的观众说,而且这个节目会播放到全国去,大家都知道,全国的观众都知道陈凯歌是一个犯过错误的人。但是这也没关系,因为这是我父亲。我觉得我父亲已经去世了,对我来说的确是生离死别,是我几乎无法面对的一个事实。

朱军:你是说当时你离开北京,要奔赴广阔天地的时候?

陈凯歌:我奔赴广阔天地的时候,我其实已经对我父亲不礼貌了。我也没有跟我父亲真正面对面地交流过,我甚至觉得他一定不会原谅我。但是到火车站的时候,我们说了几句很平常的话。我说您照顾我妈妈,他说你自己去了,要好好保重,路太远。我就上了车了,一切都很正常。等车门一关,火车一动,我还跟朋友们说话。回头一看,我发现我父亲沿着铁轨在跑。突然在这一瞬间,我明白我错了。我相信他也没看见我在看他。但是他这一跑,我非常非常感动。所以到了云南以后,我就给他写了一封信,在这封信里请求他原谅我。我父亲的回信非常简短,只是说你并没有做错什么。我后来明白,就是说因为我到了一个新的环境,一个很陌生的环境,他是希望给我更多的自信心。

朱军:令尊大人就是那张照片……(朱军随后转身指向背后父亲照片)

陈凯歌:对,你们能看到,你看到我的样子有点桀骜不驯。我父亲的样子,其实我父亲那个时候不到50岁,看上去非常非常苍老。那个时候他正在干校里扫厕所呢!

朱军:听说你那一次也是在车站里头看到你父亲掉下了眼泪?

陈凯歌:是。

朱军:说到这儿,我们现在先把这个牙膏放下来。打开第二个盒子。让我们打开来看一看:这是一盘录像带。那么这个录像带里头到底有些什么内容呢?让我们一块儿来通过大屏幕看一下。

陈父:从做父亲的人看儿子,人有他的(这)一种感情的要求。总不希望他太累了,不希望他做得太多了。因为我从旁边看,他就是搞创作太苦了。你看他现在创作起来,几乎是舍命的状态。最近他有点晕镜头,就觉得供血不足;用脑过度了,有一定的因素。他很累了。我觉得他活得还是很苦的,生活上还靠老爸爸在家里没事照顾照顾他。可是我自己岁数也太大了。他自己也不会照顾自己,有一顿没一顿。自己也休息得不够。总的讲,我当然对他有期待,现在因为我岁数很大了,我也不能陪他一辈子,在这一点,我是最舍不得了。有人问我怕死吗?我不怕。但是你想死吗?我不想,我还想看后代,看周围的很多人。可是我现在身体的情况不是那么乐观,对人生就很留恋。因为周围的很多人都很精彩,我都想多看看。我是不管谁做得精彩,我都鼓掌。艺谋也好,子牛也好,田壮壮也好,好多人。只要做得精彩,我都鼓掌,因为都是我们中国文化的精华。所以我说留恋什么,就是留恋这一些。留恋我们的后代,不仅仅是凯歌。能够多看看他们拍出来、做出来精彩的产品,这是我活到现在最大的一个期待。

陈凯歌:非常感动。(陈凯歌眼睛有些湿润)

朱军:是。

陈凯歌:这个录像带我没看过。应该说,父母是孩子的天,父母不在了,其实孩子的天塌了,可是我不知道,直到他去世了。其实我所有的事情,我能有今天的一点点所谓成绩,都是因为头上顶着这个天,的确是这样的。

朱军:那么当时你的父亲也是希望你成就一番导演的事业。

陈凯歌:其实没想过,也觉得做电影导演实在太辛苦了。体力上的透支不说,精神上会有很多的折磨。有的时候,是来自自己对自己的折磨,因为你想成功。而这个行业其实是一个非常非常困难、难度很大的行业。他当时在外地,我给他写信说,我想报考电影学院导演系,他的回答是否定,说你不应该考电影学院导演系。但是我告诉他说,我已决定,成与不成,我都要试一试。我父亲回了一封信,他说要是这样的话,你就记着一句话,到什么时候,你都不能放弃。至今,当我真有艰难困苦的时候,总是想起他说的不能放弃。

(现场掌声起)

朱军:当我看您那本《少年凯歌》的时候,给我最强烈的感觉就是如果陈凯歌导演不做导演的话,他一定是一位非常非常出色的作家。我想你这种文学的功底,应该也和这个家庭有关。

陈凯歌:是。我觉得我确实受益于我的母亲,我母亲在"文革"之前和"文革"的这个过程中间,一直支撑着这个家庭,作为这个家庭的主心骨存在。特别是在我的父亲遇到很多烦恼的时候,她总是用一副笑脸来面对我的父亲。虽然都没有说更多的话,但是这一副笑脸就是镇定剂,就是对你最好的礼物。

朱军:对,最大的安慰。

陈凯歌:我觉得能在困难中仍然保持一副笑脸的人,寥寥无几。这是我母亲对我性格上最大的影响,就是说你应该笑着面对困难,面对你自己的生活,面对你可能遇到的任何情况。她是普通的干部,很年轻的时候就参加革命,十七八岁参加的共产党,的确是对这个国家有真爱的人。一个人有这份天真,能够去相信一个能够改变你生活的东西,是一个很重要的事。所以我觉得说到底,就是帮助人家能够保持这种天真,在一个处于很骚动的,甚至是不平稳的过渡期的社会里,能够保持这样的天真。我觉得,这是我母亲跟我父亲一样的地方,是我精神上的导师。

朱军:刚才我注意听到老人家的谈话,除了对你的激励、鼓励和赞美之外,还有一点,我觉得真的也让我非常感动。他觉得他虽然年龄大了,但是在家里,还能照顾你的生活。老人家非常担心的就是这一点,担心你的生活上,由于工作忙,不能自立。当然现在这个情况已经不复存在了,现在有人在照顾你了。

陈凯歌:没错。

朱军:想谈谈照顾你的那个人现在在忙什么?

陈凯歌:照顾我的那个人,今天在拍戏。

朱军:拍什么戏呢?

陈凯歌:大家可能都知道的,《吕布与貂婵》这个戏还没有最后拍完。所以照顾我的那个人现在还很辛苦。在我临来演播室之前,给我打了一个电话说:"我告诉你,你要穿一件淡蓝色的衬衣,穿一条牛仔裤。但是我记得你牛仔裤上有一块斑,你要拿手盖上它。这儿。"这个人就是陈红。

(此时陈凯歌将一直盖在那块斑上的手挪开,指给现场的观众看,观众大笑)

朱军:我知道,就是陈红。不过确实,你这么简简单单地,就这么几笔,勾勒出来这种很细微的生活,在一起很幸福。

陈凯歌:在我这个特定情况里,用幸福这两字还不够。

朱军:那得用什么?

陈凯歌:美满。的确是这样的。我觉得我很美满。

朱军:你有没有碰到过让你觉得很尴尬的事?

陈凯歌:您的意思我明白了。你的意思是说有没有人问陈红:"你叔挺高的。"(现场大笑)

朱军:这是你自己说的。

陈凯歌:这倒没有。人家说我们很般配。因为我觉得陈红在我的生活中有非常重要的作用,就是说我不爱听的话,我觉得我为此非常非常感谢她,而且现在我已经渐渐地形成习惯了。

朱军:我还想问一下,你跟陈红结合以后,你觉得是你成就陈红多呢,还是陈红成就你多呢?

陈凯歌:肯定是她成就我多。

朱军:不是你怕回去以后没法交代吧?(现场大笑)

陈凯歌:我们家没有搓板。事实上是这样的,因为就像我父亲讲的,的确是,就在我有一个很稳定的家庭以前,我的日子过得确实不太像样,我说我的天塌了,我的父母不在了,但是我现在找到半边天了。我至少找到半边天了。这半边天真的是在撑着我。所以我说这话是很诚恳的。

朱军:对你来讲,有没有帮陈红量身定做一个电影或电视剧。或者说当看到一个本子,觉得这个本子很适合你心中的陈红去演的时候,你会特别直言地,或者是坦率地告诉对方:"这个让我太太来演。"有过这样的事吗?

陈凯歌:迄今为止,没有。

朱军:如果她说发现一个影片,或者说一个剧本,她特别喜欢,真的想去演,而人家又没有这个想法,她会不会来跟你说,让你去找这个人说说,找对方来说说?

陈凯歌:绝对不会。

朱军:为什么呢?是因为她自己个性所致?还是你要求她不这样?

陈凯歌:我也没要求她。这个都是很随缘的。我刚才斩钉截铁地说没有,是指的迄今为止,但并不等于我不跟她合作,或者说我对她的表演有什么褒贬,没有。每个戏有每个戏的具体区别。比如说10月底,我就会跟她合作,拍我跟陈红合作的第一部电影。我们的摄制组部已经成立了,现在每天都进行运作。

朱军:正常地运作。

陈凯歌:因为我觉得,这一点也是我钦佩陈红的。就是说她给了我一个很安定的感觉,就是说陈红跟我结婚,不是因为我是一个比较知名的导演,就有所求。人家这么些年没跟我提过这事,我倒觉得不对了。

朱军:心里不踏实。

陈凯歌:我说你就没这想法,就不想跟我合作一回?她说那得看了。举例来说,我拍《荆轲刺秦王》,我也可以说巩俐演的角色,是不是让陈红来演,我从来没有这个念头。我觉得这就是比较大气。我没有这方面的压力。但是我坚决地相信,她是一个资质好的演员,她能够更进一步。而能做这事的,当然我有责任。

朱军:咱们再拿一个胶片盒,我看对不对,是不是这个。没错,是这个。一个是蝙蝠侠,一个是孙悟空,这有一个《格林童话》,还有一本叫《唐诗三百首》。

陈凯歌:送给我儿子。

朱军:到底是导演,一看就知道。真是这种思维的敏捷让我非常钦佩,正想谈您的儿子。大儿子今年有……

陈凯歌:四岁多点。

朱军:小的呢?

陈凯歌:一岁半。

朱军:一定特别可爱。

陈凯歌:太可爱了。

朱军:儿子现在是在美国待的时间长,还是在中国待的时间长?

陈凯歌：是在这儿的时间长。

朱军：那你在家里给儿子的也是你母亲教育你的那种办法？你打他吗？是不是笑哈哈地说："伸出手来，脱下裤子？"

陈凯歌：我也打过他，但是不是真打，小孩哪能真打。但是我老觉得，中国有句成语挺好，叫"软硬兼施"。就是说在一个家庭里头，正因为我母亲是这么教育我的，就是我的母亲在家里有权威性，我在心理上，对我母亲多少有点畏惧。我特别害怕在今天这个物质生活更为丰富的这么一个年代，小孩变成谁都不怕了，这就不行了。我觉得我还得多少有一点父权，让他觉得他还得有所畏惧。但是并不是说我一定要强迫他服从我。特别是大了，他想做什么，他想干什么，他有什么样的选择，都要由他自己来决定，我不能包办了，虽然现在只有4岁。我觉得跟我们那个时候不一样了，他现在4岁，做主做大了。比如说过生日，我说你跟大伙儿说句话吧，但是不许说超过一句以上的话。他就说谢谢大家，我说对了，他没有(说)超过一句。而且反应非常的快。我说你可以做外交官。

朱军：那你觉得这点随你，还是随陈红？

陈凯歌：你不是让我得罪人吗？（陈凯歌微笑）他其实在性格上比较像我，因为我这个人是属于比较脆弱的，有点像我，样子也像我。但是我们家老二就跟陈红一模一样。

朱军：儿子很像她。儿子像母亲应该很漂亮。

陈凯歌：他是挺漂亮的，所以我就说……

朱军：像你应该也还可以。

陈凯歌：很大的快乐。其实刚才说到打，打不能说是真脱了裤子，抄起扁担就抽，没那事。现在的父母真的要学会怎样教孩子做事，而不是替孩子做事。这个很严格，比如说走到街上，摔一个跟头，小孩一定要哭，特别是三岁以前，我就不扶他。

朱军：让他自己站起来。

陈凯歌：我绝对不扶他。我只是告诉他说，你自己能站起来。他当然希望大人来扶他，但是我不扶他，一定要让他自己站起来。可是到最后一秒钟，还是我扶他起来。因为你已经告诉他了，你应该自己站起来，但是这么小的小孩，还是需要有人扶他一把。所以我就觉得，把这个道理跟情理两件事放在一块儿，可能就比较好。

朱军：你儿子在家跟你亲，还是跟他妈妈亲？

陈凯歌：跟我们俩都亲。（现场大笑）

朱军：那你有了孩子以后，有没有想过，或者说有没有后悔过，我这么大年纪才要孩子？

陈凯歌：这倒没有，这还是水到渠成的事。但是情形是这样的，不是咱们中国有一副对子，叫"无官一身轻，有子万事足"吗？我现在就是下联说的。上联跟我也挺吻合的。同样的,你回到家里能看见两张笑脸,小孩子娇嫩的笑脸,还有什么比这个更满足!

朱军:这就是咱们中国人说的家和万事兴。

陈凯歌:家和万事兴,的确是这样的。(全场掌声)

朱军:刚才我们还是回到令尊大人刚才的那句话当中去,他很担心你。担心你的生活,在这之前,他可能担心你的事业,你母亲也是如此。那么此时此刻,你有了这样一个完满家庭,成就了这样一番事业的时候,从心底里来讲,你是不是觉得可以告慰他们?

陈凯歌:人的生命都是短暂的,我觉得我只是做了他们期望我做的事,但是他们并没有给我定一个标准,说你一定要怎么样。相反你从我父亲讲的那段话里能够看出来,他其实是很希望我能够退一退,不要那么用力,不要那么太吃劲,不要那么以健康为代价去换取事业的成功。我常常告慰他们,就是我会有默念的时间,就是我会有我和我的父母仍然在一起的感觉。如果真是上天有知的话,他们应该很欣慰。因为现在我不是一条腿走路了,不是只想做我想做的事,或者是想拍电影,我有一个和美的家庭。更重要的是,他们有了第三代。

朱军:正像你说的,如果他们在天有灵的话,你最想告诉他们什么?

(此时陈凯歌低头沉思近一分钟)

陈凯歌:这是一个困难的话题。这真把我难住了。之所以难住了我,是我不愿意敷衍你,说一句大伙儿都爱听的话。我总是觉得我受他们的鞭策,尽管他们不在了。

朱军:那回过头来,现在陈红不在,此时此刻,你最想跟她说的一句话是什么?当面对亿万观众的时候,当然不是家里的话。家里的话我们都能说。

陈凯歌:其实特别简单的一句话,就是拍戏的地方挺冷,你多穿点。是这样的。(全场大笑)

朱军:回归到了一种特别平常的生活当中。中国人,咱们中国老百姓,有三个字特别准确,那叫"过日子",根本不是做给别人看,也不是做给自己看、做给对方看,是实实在在地在过日子。我们衷心地祝愿您的生活越来越完满。

朱军:我把下面这段时间交给我们现场的观众。好不好?

观众:您好,陈导。前两天我在报上看到一个记者问一个电影导演,问:"你为什么也拍电视剧了?"他说电影没观众,电视剧有观众。我就想问一下,听说您也拍了一个《吕布与貂蝉》,您是不是也是这个原因;如果不是的话,您是不是因为陈红?

陈凯歌:你的问题是,我是不是也是持相同的看法。其实我不是。我只是觉得我们生活在一个日新月异,特别是在技术上日新月异的时代,电视已成为最强大的、最有力量的大众传媒方式。我们的生命是用时间来组成的,对我们很多很多的观众来说,电视对他们生命的占有率越来越高,所以不进入电视这一块市场,我认为是不对的。我说我最大的遗憾就是我们作为一个整体的力量,一个工业,还没有能力把我们的电影观众继续保持在我们的电影院里面。其实电影这件事情对我来说是一个很奇妙的事。为什么说它奇妙呢?是说大家聚集在黑暗中,一般的情况下,大家是要聚集在明亮之处,握手言欢也好,举杯相庆也好,没有在黑暗处。但是电影的特性决定着人们要在黑暗中聚会,而且要分享一个梦想,这么好的一件事,为什么大家都不来做呢?所以制造梦想的人得考虑考虑,这个毛病可能是出在这儿了。

观众:陈导演您好。据我所知香港也有两位导演曾经在好莱坞拍过片子。一个是唐季礼,一个是徐克,但是他们都又回到了香港。请问您认为您和他们两位导演相比,在拍片子方面,有什么优势和劣势呢?谢谢。

陈凯歌:我觉得去好莱坞这件事也是一个水到渠成的过程。你说的两位导演,其实不止两位,还有比他们可能更成功一些的就是吴宇森导演。但是我在好莱坞拍的电影不是动作电影,应该被归入文艺片那一类的。它有文艺片的特征,同时它又有比较复杂的心理上的一些因素。所以我在和你上面讲的两位导演,在做完全不同的事情。

朱军:那你觉得你的运气会怎么样?

陈凯歌:古人说"谋事在人,成事在天"。我的运气如何,这个得天决定,我自己定不了。(陈凯歌自己大笑)

朱军:刚才观众已经提到了,你在好莱坞拍的第一部戏叫《温柔的杀手》。谈谈那部电影吧,男主角是……

陈凯歌:男主角是英国演员,叫琼斯·范斯。他演的最知名的电影是《莎翁情史》。他对角色很苛刻,但是他喜欢倾听导演的声音。如果说你第一次跟他谈话,结果不好,他永远对你有怀疑。但是你如果第一次,用我们北京话,说给他拿下,然后他就永远对你言听计从。他是这样一个人。

朱军:那你第一次是怎么把他拿下的?

陈凯歌:首先我想演员都有一种脆弱,演员都有一些被人尊重的心理。所以我就姑且把他当顺毛驴,咱先抚摸抚摸它。另外,我还有一种姿态,我告诉他,我说我是从另外一个文化里来的,但是你不要因为我是从另外一个文化里来的,你就觉得我不懂你们这儿的事,我说我懂。我说我给你定个规矩。因为在英国拍摄,每周只拍5天,不像在我们国内拍摄,是每周要拍7天。我说每个礼拜六的上午10点钟,你不要出门,我来跟你谈下礼拜拍什么。我想这句话让他很感动。因为在西方人看来,牺牲周末的时间工作是一个不能理解的事,特别是一个导演愿意这么做。

朱军:到那儿去拍片子,应该说会面对很多阻力。那么当你到了那儿以后,你首先做的是什么?或者说你用什么样的办法,用什么样言语让他们认识你、认可你?

陈凯歌:其实我跟好莱坞的来往已经很多年了,这个片子不是说随机的,抓来就拍的。而是经过长时间的酝酿,也是在若干剧本中间(挑选出来的)。但是有一点,我们自己非常清楚。其实特别是在英国这个国家,他整个民族对文化有顶礼膜拜的感觉,所以我在那儿,我觉得有一个磨合的过程,首先要说我希望做到什么,我的原则是什么。那么他们告诉说你能做到的是什么,我们不能帮你做到的是什么,把这些话都说到非常清楚的时候,我好做了。我想他们对我有很大的尊重,所以在工作过程中间,我没有遇到什么太大的困难。当然也有文化上的差异。比如说我们在中国拍戏,有的时候是需要采取点游击战术。有一天我跟我的现场制片人说,我说我想有一个镜头,我今天下午要拍。他说是哪个镜头,是这个场地吗?我说不是。我说我得到那个场地去拍。他说我告诉你,不可能。我说这个镜头非常简单。他说如果你要去那儿,咱们这50辆车怎么办,是不是跟着去,还是这个车留在这儿。我说可以留在这儿,他说不行。因为按规矩来说,我们一定要有一个基地,如果不能有这个基地的话,我们就不能在这儿拍摄,很死板。而且他有一点,他说我很抱歉地告诉你,虽然我们在冬天拍摄,日照时间很短,我知道你想有更多的时间来拍摄,我们的周期也很紧张。但是非常遗憾的是,我们中午必须停一小时吃午饭,这是工会的规定。

朱军:就是必须这样。

陈凯歌:然后我就跟他们说,这个是荒谬。我说大家是在拍电影,而且我们只有7个小时的日照时间,你告诉我说你得吃一个钟头的午饭。他说那要是在中国,你们怎么办?我说就是盒饭送到现场,一人一份,一边干,一边吃。这个对他们来说是不能理解,也不能接受的事。这个是我遇到的最明显的文化上的差异,就是说他一切都按规矩来,按规则来。

朱军:你觉得哪边更科学一些?或者说它对电影的创作更有好处?

陈凯歌:其实从管理的角度看,当然我觉得在西方的专业性更强,而且做导演比较容易。为什么说比较容易呢?就是说他只要求你做导演的工作,其他部门的工作都有人来责任,他只要求你检查一次。比如举例来说,我拍一个镜头,是一个烟灰缸放在一个桌子上,我们的本意是希望造成这样一种效果,就是有一支香烟放在烟灰缸上。但是我们的意思是想说其实是有人在跟踪主角。然后他就拿了一个烟灰缸放在那儿,我其实没有太在意,但是我在拍完一条的时候,我发现,我说因为你的烟灰缸是透明的烟灰缸,白色的、透明的烟灰缸,所以香烟冒出的烟很不清晰。我就跟道具说,道具的脸一下就红了,五十多岁的人。他说我非常非常抱歉,因为道理上,我应该至少准备三个让你选。但是在这儿,很多事情是要导演自己过问的。但是在另一方面,我也觉得好莱坞的体制是有很多的缺陷的。我老是说,你们是认死理的人,我说如果你多给我五天的拍摄期,那么可能会对电影有一个很大的帮助。为什么不愿意花点小钱去造成一个很大帮助。他们说不能,因为预算就是这样规定的,就是他们没有任何的灵活性。

朱军:说一是一,说二是二。

陈凯歌:说一是一,说二是二。但是另一方面,你也可以把它看作是一种好处,就是讲规矩,就是没有那么多的随机性。

朱军:它完全是在规则当中来进行游戏,没有那种规则以外的犯规的动作。

陈凯歌:但是还有另外一个缺点,我觉得他们,电影越来越多地变成制造钱的机器,这个使我多多少少有点厌烦,就是我觉得他们永远是在谈钱。我在美国就是这个印象,你打开电视,每15秒钟一定能听到钱这个字,这是铁定的。不是说我有任何的清高,但是我觉得好像还是应该有一点你自己的东西。

朱军:一个人的事业,你所取得的成就,一定是要有一个标志的。对于电影导演来讲的话,你是不是觉得冲击好莱坞,或者说在好莱坞能够成功地执导一到数部大片,是对你事业的一种很高的评价,或者说把它视为全球的、国际型的大导演的一个标志?

陈凯歌:那倒不是,因为我并不觉得在好莱坞做导演,就一定意味着他是国际型的导演。因为在美国实际上也有相当多的导演,只不过他们的市场局限在美国国内。但是因为美国的国力鼎盛,而且它有一个很好的电影传统。所以我一直有这样的好奇,这个好奇就是说,第一,看以我这样的情况,能不能在美国工作,就是很正常地进入他的主流的工作范围中去;第二,我自己觉得我是去学习的,我看他们怎么运作,我看他们怎么去操作一部电影,并且成功地把这个电影介绍、推荐给观众。所以我自己觉得,我倒不是为了虚名。

朱军:我想咱们还是更多地谈谈咱们国内的电影。我们把它称为第五代导演的这些人似乎都有一个共同的经历,就是插过队、当过兵、吃过苦,然后又回到电影学院去深造。于是你们那个班出现了那么一大批非常优秀的导演。你觉得这里面是偶然的,还是必然的?

陈凯歌:我想一定有必然的因素在内。我记得我在上电影学院的时候,一开始,大家的心都很高。进了教室之后,我们的教授说的第一句话就是,我们不知道怎么教你们,我们十年没教了。但是我们会尽我们最大的努力。那个时候电影学院有一个很好的气氛。另外一个,我们完全没有拍摄的经验。我给你说一个笑话,现在电影学院的学生大概都不相信。现在电影学院学生怎么上课? (有)录像设备,然后动不动老师打出这部电影的片段等等。我们在上"蒙太奇"课的时候,那才真是有意思。教授拿着一个木竿,钉了一个木框子,在一个排练室里走。走近,特写。然后往后退,中景。再往后退,人全。听起来是个笑话,但是电影学院七八班的课就是这么上的。(现场大笑)

朱军:我们知道你们当时在一起,攒在一起拍《黄土地》的时候,也是一拍即合,大家就说你那种对电影的热爱,那真情投入,完了以后,马上就拍了。但是拍了以后,包括《黄土地》、《红高粱》等等,也受到了大家的不理解,大家都觉得把一些落后的东西介绍到国外去了。你们当时有没有这个顾虑,真的就是一腔热情,根本就没有任何这样的顾虑?

陈凯歌:首先一部影片被介绍到国外去,是需要经过批准,我们自己没有力量把它介绍到国外去。我们这一茬导演从来没有拍过违规的电影,可以这么说。

朱军:介绍出去也是要经过电影局批准的。

陈凯歌:对。没错,是这样的。所以我们不能单独地把它们介绍出去。另外一方面,我认为我们没有想到这一个问题,是因为这是一个比较严肃的话题。"文革"以后,大概全中国人民,整个民族都有一个反思过程,看我们在这十年里到底出了什么差错,为什么会出现这么多的悲剧。其实《黄土地》和其他的一些第五代的作品,都是跟着这样一个大的趋势走的。所以并不是我们特别聪明,或者是单独的贡献,但是我觉得我们找到了我们的视觉语言,这个视觉语言其实也是从现实生活里来的。举例来说,就是我们去陕北采景,那个时候还不确定《黄土地》能不能拍。我们九个人,其中有张艺谋导演,有何群导演,有赵季平大师,我们几个人一块儿去。我们去了之后,从西安到延安,要走一天的路,那天路上耽误了点,到黄陵的时候,天已经黑了。突然间在暮色苍茫之中,在一片黄土高原上,你看见有一座山是绿的。

朱军:就是黄陵的山。

陈凯歌:就是黄陵的樵山。然后说不成,得去。到了那儿之后,能见度就更低了。放弃了车辆,都走着,说往山坡上走。越走,下面柏树枝越多,很密集,很厚。突然一抬头,看见是"文武百官到此下马下轿",再往前走,就看见"樵山龙寓"这四个字,就到了黄帝陵了,真的膝盖发软,九个人全跪下了。

朱军:见到祖先了。

陈凯歌:这是真的,一点都不夸张。这是一个由衷的、自然的情感,就觉得见着老祖宗了。而且我们还说了,说老祖宗,这一回我们做这个片子不容易,你得保佑我们,这话是当真说了的。而的确最后的结果证明,老祖宗就是保佑了我们,的确是这样的。

朱军:其实你说是老祖宗保佑了你们,还不如说是你们真情所致。就是那种强大的凝聚力和对电影事业的热爱,成就了那样一部非常优秀的片子。

观众:陈老师您好,今天听过您的谈话,我们就感受了一个真实、平淡的陈凯歌。我想问问您,现在普遍认为你的作品具有人文气息和那种文化的底蕴。而现在有一种观点说白领阶层、知识阶层不大进影院了。您认为,您在今后您所拍的片子中,会不会因为这一点来改变您拍电影的特色呢?谢谢。

陈凯歌:我谢谢你表达这种意见。我们中国的电影观众那么大量地流失,责任在哪儿呢?责任主要在我们做电影的人,拍摄电影的人。所以我觉得这是我很大的遗憾,我觉得我们没有足够的力量把观众吸引到电影院里来。这完全不是观众的错。

另一方面,我们觉得创作都是要变的,不可能完全按照一个路子来走。打个比方说吧。我不知道这能不能算是禅语,"看山是山,看水是水,看山不是山,看水不是水",而后又到了"看山又是山,看水又是水"。意思是什么呢?其实我们在80年代中期,开始拍我们最初的作品的时候,希望达到的目的是"看山不是山,看水不是水",是这个目的。所以那个时候力求有结构性的突破,电影语言上的突破。通常希望做违反叙事规律的事,我们强调的是意境美和诗意。但是作为一个主流电影,只具备这样的一些特征是不够的。但是我想在我今后的创作中,这样的一些东西是不应该完全丧失的,还是应该有保留的。另一方面,可能又要回到"看山又是山,看水又是水"的那样一个境界里。表面看,好像是回去了,实际上是又往前走了一点。就是这么一个情况。

观众:陈导您好,最近得到一个消息,全世界选了15位名导演,包括您和王家卫导演,要拍一个叫做《10分钟年华老去》的电影。是有这个消息吧?

陈凯歌:对。

观众:那么您曾经说对内容保密,但是我想知道,您这个10分钟去演绎它,这个10分钟概念是一个空间的概念,还是一个时间的概念?您是怎么理解它的?谢谢。

陈凯歌:《10分钟年华老去》,的确有。而且,我很快就要开始拍了。它其实是在给15个导演出了一道智力竞赛题,实际上是把这15个导演放在一块儿做一次竞争。而且给你这么短的篇幅,只有10分钟。这是一个有关时间的。那么我选择的题材其实就是关于变化的,因为时间这样一个概念直接跟变化发生联系。这是一个荣誉,我觉得。15个导演现在都是在各自尽力地想拍出最好的东西。而且计划,大概明年5月戛纳电影节的时候,要在那儿做首映。

朱军:我们现在央视国际网络的同志坐在这里。有很多网友通过网络提了很多问题,我们还是把它精选了一下,拣主要的问一下陈导好吗?

观众:陈导您好,我这里有一位网友想问您,我们知道您现在是49岁,您能对您在30岁、40岁和50岁这三个年龄阶段分别做一个评价吗?

陈凯歌:30是好,40是更好,50算是大好。(全场掌声)

观众:还有一位想问您:"我非常喜欢看您的电影,对您的电影印象特别深刻,在我的记忆中,您的影片始终没有一个完美的爱情故事,这是为什么?您是否对爱情十分淡漠?"

陈凯歌:(陈凯歌自己大笑,全场大笑)我这样的人能对爱情淡漠吗?其实不是,回答这位网友的问题,我想如果说宇宙有一个中心,其实中心就是"爱",我们不管做什么都离不开这个"爱"字,特别是在一个更为开放的年代,对于我们这样曾经有古老传统的国家,大家都更相信人与人之间是需要"爱"的。所以,我觉得把他的话作为对我的勉励,我一定好好拍一个爱情故事。

观众:还有一位网友问您,您从1983年到现在,18年的时间只拍了8部电影,您是不是觉得太少了？您是否觉得这是在浪费您的时间和生命？

陈凯歌：这个朋友非常尖锐，说出了我想说的话，我也是觉得我拍得少了点，因为跟一个想法有关：要想好，宁愿少。所以像我老父亲在录像带里说的，觉得我很辛苦，这的确是一个实话，因为我这个人太跟自己较劲，我老是对我自己不满足。有的做导演的朋友说，你这个人明明有三条路可以走，你就认死理，你认为只有一条路。但是我非常相信，这个结果在哪儿，我能找到。所以我并不觉得我浪费了，我的生命就是干这个使的。

观众：还有一位网友问您，为什么您早期的影片除了《霸王别姬》以外，票房都不是很好，对于您来说，票房的价值和艺术的价值哪个更重要？

陈凯歌：都说鱼与熊掌不能兼得，我的想法一直是想兼得，是有这么一个想法，只能说我做得还不够好，我相信我能够在今后做得更好。这就是为什么说人到了50岁就会大好的原因。

观众：还有最后一个问题，一位来自西安的网友问您，记得您曾经说过这样一句话，艺术电影是对大多数商业电影的一种嘲笑。您能不能解释一下这句话的意思？

陈凯歌：这句话大概不是我的原创，我至多是引用过这句话，而且那个引用，一定是在我三十多岁的时候，我现在肯定比那个时候要圆滑点了。这话是有道理的，因为我觉得电影这件事是这样的。世界上只有两类电影，一类叫好电影，一类叫不好的电影。我们想做好电影，好电影又有一类叫"诚意电影"，我们所拍摄的《黄土地》就是"诚意电影"。就是说你在很长的时间内积累了一些资源，但是这个资源可能保持的时间很短，因为你的生活条件、工作环境整个改变了，你不自觉地就能改变，你还能不能保持。什么是最好的创作？我说就是保持童心，一无所有。别记着你得过什么奖，成过什么名，你只要能够真的永远保持普通人的那个状态，你才能继续往前走。所以，我想上面所说的艺术电影大概也可以把它说成是"诚意电影"，诚意的电影是发自内心的。而且我个人觉得，一个人在一生中能做的诚意电影在数量上非常有限，至多一两部。

观众：尊敬的陈导，我想问您一个问题，您今年已经49岁了，您的前面是很辉煌的，您以后，就是在您的后几十年，您的方向是什么？您还打算拍多少比较新颖的电影？谢谢。

陈凯歌：这位女士问了我觉得很重要的问题，就是说在我拍了这样一些影片以后怎么走，这个方向应该怎么走。大家可能很惊讶，说陈凯歌会不会拍一个非常商业化的电影。我觉得我会，因为我还是重复我刚才说的话，我觉得我们需要一个能够继续吸引中国观众注意力的电影体制。所以，我以后的创作确实希望向这个方向走，就是说能够拍出更多，这个话抽象，比如说拍出更多更好的观众喜爱的电影。这是什么类型的电影呢？就是要拍摄能够给观众提供激动人心的内容的电影，使大家有这个愿望,说这个电影我得看,这个电影给了我不同的东西。而且我一再地说培育成熟的商业市场的问题,因为我基本上认为中国电影在今天整个的发展还不能够看成是一个工业,这个"工业"的意思就是说它可以真正地生产出很多很多的吸引人的作品。当然我很理解,很多年轻朋友说,我们希望做艺术家,这都是好的,从另外一方面,就是从一个行业整体的发展的角度看,需要成熟的能够拍摄好的商业电影的导演。而且我有一个感觉,可能会从广告行业里边产生。

朱军:从广告行业里面杀出黑马来。他进入广告行业的时候,实际上已经提前进入了市场,当他完成了市场的这种准备,摸索出了市场的规律以后再回归到电影,他就冲出了一条有中国特色的市场经济的道路。

陈凯歌:没错。

朱军:现在我们还剩下最后一个片盒,应该说这本片盒是这几本片盒当中最重的,无论分量还是内容都是最重的,您猜猜看这里是什么?

陈凯歌:钱。

朱军:您觉得钱对您重要吗?

陈凯歌:钱当然重要了。认识到钱对我们这个国家和人民的重要性,是我们的一个进步,一定是一个进步。但是,我们说我们除了钱还有点别的。一定是这样的。

朱军:这里到底是什么?

陈凯歌:我想一定不是钱。很重的。

朱军:分量很重,真是很重。你掂量一下。

陈凯歌:那就是人心了。

朱军:陈导说是人心,大家说是月饼,我首先可以告诉大家不是月饼,可以说是人心,是每一位喜爱中国电影,或者说喜爱您的电影的观众的心。这样吧,我们还是打开,就不要卖关子了。这是一个从陕西延安尹家沟寄来的特快专递,是新华书店的一位朋友,在内容的一栏里写着两个字:"黄土。"

陈凯歌:我非常感动。我真的非常非常感动。

朱军:我想这包黄土的寓意,或者说它要期待什么,其实我们彼此都非常地清楚了,所以这期节目到这儿我们也应该画上一个比较圆满的句号了。在这儿再次感谢凯歌导演来到我们的演播现场,感谢我们现场所有的观众光临我们的演播现场,再次感谢大家。谢谢。

陈凯歌:谢谢,我们聊得真高兴。谢谢大家,非常感谢,这我得保存好。

(全体掌声,起立)

【分析】

《艺术人生》是一个定位独特、欣赏嘉宾、尊重观众、既好看又耐看的以演艺界名人为嘉宾的谈话节目。栏目坚持"用艺术点亮人生,用善良温暖人心"的创作理念,年轻的创作群体有相当不错的团队精神,从制片人倡导的文化价值、人文关怀,到策划会的群策群力,从编导不辞辛苦的寻觅,到征集有故事的观众的"寻人启示",从观众的热情参与,到嘉宾的真诚面对,主持人朱军则从下气力的背后功夫到现场的访谈驾驭……直至后期制作完成,他们拒绝浮躁,拒绝讨巧,用制片人王峥的话来说:"为更多人的心灵和情感寻找一块栖息之地,为更多正直和拼搏的人寻找一种支持的声音。"

为了让同学们对节目前期准备有具体的了解和感受,我们特收入本期编导别航程的编导手记:《感受陈凯歌的四次接触》,请注意他对电视节目构成特点的技术性考虑及构思,更要紧的是对嘉宾精神特点的追问和领悟。通过此文,主持人依傍的创作群体的境界和敬业,可见一斑。

编导手记:感受陈凯歌的四次接触

11月28日和11月30日,《艺术人生》栏目即将再次重播《陈凯歌专辑》,作为本期节目的编导,着实又让我忙活了一个多星期。其实《陈凯歌专辑》已在11月26日播出过一次,但节目播出后立刻有不少观众打来电话,或从网上写信过来,觉得看完这期节目,深受陈凯歌那富有哲理的话语吸引,但就是有些不过瘾,希望我们能重新安排播出此期节目,希望能在节目中再次去感受陈凯歌的人生经历。但是我们觉得如果只是单纯地将这期节目重播,肯定不会满足观众的收视需求,大家肯定不会对一个熟悉的内容评头论足,所以我们觉得应该将陈凯歌录制现场的实录情况,全面展示给观众,把在节目中剪掉的那些精彩的话语重新找回来,那么这份"饕餮大餐"一定会令大家过足瘾的。出于这种"一定要变化"的最基本的想法,两期全新的《陈凯歌专辑》即将与你们见面。

正因为有了这次重新剪辑的过程,我得以再一次重新感受这位已经为中国电影拼争了近三十年的电影艺术家的心路历程。

第一次接触　全新

在决定做这期节目的时候,离录像时间还有三个星期。照说时间还很充足,但心里总有一种感觉就是不踏实。的确是,其一,他是中国著名的电影导演,他有很深的人生阅历,怎么做,如何做,才能让大家觉得这就是陈凯歌,而不是固定套路下的×××,需要有新意;其二,很多人都主观地认为陈凯歌说话虽很有哲理,听起来很有道理;但就是有些闷,不适合做长时间的节目,所以需要我们的话题,既要有公众性,又不能太单调而且还要有趣味性,很难。这种不踏实的感觉,一直延续到第一次与他见面。

第一次见面是在一个秋日的午后,地点就约在他的工作室。在此之前,我们已经相应地出过一次方案。这次见面的主要工作是与他讨论这个方案和确定录像时间。

见他第一眼的确是一种全新的感觉。我们可以想象，他应该有各种或正式、或非正式的穿着，但他今天却穿着一身亚麻质的衣服，脚穿布制老头鞋，看文稿时还带着一副花镜，给人一种休闲老态的感觉。交谈很随和，没有了那种"传说"中的咄咄逼人，但仍不乏认真。

说话依然很有哲理，但没有"传说"中的"闷"，而且增添了很多风趣。这使我增添了一些自信心。

在随后的一些交谈中，我们谈到了"商业"这个词。使我有些意外的是，他现在很认同"商业"。我们熟悉的陈凯歌，应该是与艺术电影联系在一起的，因为他的电影很不商业。然而他谈了很多对"商业市场"、"商业电影"的认识。而且他也说了自从拍完《荆轲刺秦王》以后就在媒体面前消失，是因为接了一部好莱坞的电影，而这次行为就非常的商业。

第二次接触　量化

有了第一次的接触，使我基本上对这期节目在整体框架上有了基本的掌握。正如前面所担心的，对于导演陈凯歌本人来说，有很丰富的人生阅历，而电影方面也有很高的艺术成就，如果泛泛而谈会失去主题，会感觉空洞。因此我们觉得不应更多涉及他的影片方面的事情，理论和学术上的亦应少些。而应该更多地关注导演的成长经历与生活状态。在陈凯歌的成长经历中曾经有很多人和事给了他很大的触动，甚至也影响到他的人生观与世界观。而这期间又有一些与陈凯歌本人有关联的具体物品，如果将这些物品作为线索串起陈凯歌的人生故事，应会勾起他对往事的回忆及对现在生活的讲述，同时亦将陈导的人生感悟蕴含其中。另外，如今再做陈凯歌，应突出"现在时"的最大的特点，就是他不仅在国内是一位优秀的导演，更是中国大陆第一位去好莱坞拍片的导演，在他的身上有东方与西方文化的双重体现，本节目更应把陈凯歌身上的这种中西文化的交融性做出来。我想有这几点大的框架，这期节目应该会成功。而且再谈及妻子陈红，可爱的儿子，更会给节目增添绚丽的色彩。

但话好说，用具体物品来串联整期节目，怎么串，用什么串，这依然是一个问题。于是就有了胶片盒，就有了牙膏、录像带、面具和小画书、CD、《电光幻影100年》以及黄土。

（道具1——牙膏）

此　具发生在陈凯歌在云南兵团期间，他离家去兵团时从家里带了十袋牙膏，从牙膏身上体现了浓浓的思乡之情，同时连带出在兵团艰苦的生活。陈凯歌曾说："多年后我认真地意识到十袋牙膏就是十袋预购的沉甸甸的时间，仿佛预示着我的命运——包括当兵在内，我一共在云南呆了七年，如果保持每天刷牙一次的习惯，我应该把最后一袋牙膏带回北京。"陈凯歌其后对于人生的很多感悟实际上更多的是在这里形成的。在《孩子王》中最后的情节有"烧山",就来源于在兵团的劳动。牙膏虽小,但连带的时间岁月是陈凯歌无法忘怀的。

(道具2——父亲的录像带)

此道具是在陈凯歌筹拍《霸王别姬》时,电视台采访其父亲的片段。其实找这个片段是在陈凯歌自家的片库中。可能因为是"N"制的,所以在节目中陈凯歌说并未看到。言语是很平实的,但点点父爱深含其中,让我们不能不为之动容。陈凯歌的父亲(陈怀皑)也是一位著名的电影导演,曾执导过《知音》、《大河奔流》、《青春之歌》等等。陈凯歌做导演可谓子承父业,但他的文学功底又来自于母亲的教导。因此一盘录像带从父亲就讲到了母亲。

(道具3——《格林童话》与《唐诗三百首》)

从陈凯歌与母亲的关系可以直接引到他与儿子的关系。陈凯歌的儿子在美国出生,从小接受了西方的教育与文化。那么陈凯歌自己所受到的传统文化与教育是否也会传给自己的儿子。胶片盒中装载了四样两种不同的物品,分别是《格林童话》、《唐诗三百首》、猴脸面具和蝙蝠侠面具,四样东西明显地反映了东西方文化的不同。从这说起对孩子的教育,并可引出陈红。

(道具4——一张CD)

这是一张很普通的CD,因为其中有一首歌叫《Killing Me Softly》而显得不同,这是因为陈凯歌在好莱坞刚刚完成的一部同名影片《Killing Me Softly》。用简单的CD只为引出好莱坞的陈凯歌。此段主要讲述陈凯歌与其他内地导演不同的地方,就是他自认为可以在不同国家、不同地方、不同语言、不同文化下拍片,这是他"现在时"的特点。

(道具5——一本书《电光幻影100年》)

这本书是法国著名电影专刊《电影手册》,在纪念电影100周年之际,撷取这100年中,每一年曾对电影事业产生过巨大影响的某一天。在1978年,选取的是北京电影学院重新开张,于是就有了中国的第五代导演,陈凯歌就在其中。由这本书可以引出陈凯歌以及张艺谋等这群第五代电影人,讲述他们在80年代的创作状态以及创作精神。这是后来的几代电影人所无法比拟的。

(道具6——来自陕西延安的一捧黄土)

这是这期节目的核心。此捧黄土是寻人启事发出后一位观众从陕西用特快专递寄来的,用以激励陈凯歌能够保持当年拍摄《黄土地》时的激情,创作出更多更好的作品。其实在节目策划阶段,我们就说应该在节目结尾掀起一个高潮,正好有这捧"黄土",节目终于有了"句号"。

第三次接触 现场

在我们感受任何事物的时候,总有一种"亲历"与"后接受"之分。《艺术人生》现场也是如此。身在其中的我,觉得是幸运的,不都说"听君一席话,胜读十年书"吗?这种感觉是确实的。我想在现场的观众也应该是幸运的,这种感觉也应该会有。这也是为什么这次一定要将全场实录呈现出来的原因。现场太精彩了,应该让更多的观众感受到这难得的"心灵鸡汤"。

第四次接触　回味

节目即将播出,这篇编导手记也将画上句号。编完这期节目,有一段话让我至今还在回味:我觉得世界上所有理想的结果是存在的,我们所做的工作是盲人摸象似的找到它,而不是所谓的创作。什么是最好的创作,就是保持童心,一无所有,这样才能创作出"诚意的电影","诚意的电影"是发自内心的。我想今后我们也应该去做一些"诚意"的节目。(文/别航程)

(摘自《艺术人生》,中国青年出版社2002年5月北京第1版)

四　训练材料

1. 指定话题范围,自己确定具体选题,如:
▲笑对命运的残疾朋友……
▲我们喜欢的……老师
▲母亲
▲父亲
▲大学生就业
▲迎接奥运
▲新世纪青年风采
▲新的生活方式
▲面对乞丐
▲生命的长短厚薄
▲友情、爱情、亲情
▲素质教育
▲当下的某个社会热点

2. 自选话题(略)

思考题:

1. 谈话节目选择话题得有哪些必须注意的原则?
2. 谈话节目主持人应如何发挥在节目中的核心作用?

第三单元

电视播音员主持人的形象造型

第八章 电视播音员主持人的化妆造型

一 理论概述

电视播音员、主持人是电视节目与观众交流和沟通的"纽带"与"桥梁",他们肩负着信息传递的使命。因此必须根据电视的传播特点,从"视"和"听"两种不同传播途径去全面把握信息的准确性与生动性,这是每个专业电视播音员和节目主持人应该关注的创作原则。

形象是视觉信息的组成部分,它不仅以无声语言的形式传递信息,更为传播者的自信和发挥提供着心理支撑。作为电视播音员和节目主持人如何利用电视屏幕形象来进行准确、全面的自我形象塑造与调整(外观及心理),使形象能够由外到内,由内而外地充分调动,为节目发挥其应有的作用,就显得十分重要和不容忽视了。

电视播音员、主持人的化妆无论在任务上和最终形象的展示方法上都与其他造型不同,除了具有综合造型的因素外,还聚合了电视特性等方方面面的因素,有其自身的特点和规律。这就需要我们在整体形象的表现上,首先要以个体形象条件为基础,找出自身形象的不足之处,从电视节目传播任务的要求出发,并且根据电视的特点来综合考虑面部化妆和形象造型。

电视化妆(修饰类)从妆面修饰上可以分为两种表现形式:"重彩修饰"与"淡彩修饰"。前者在色彩和结构上的表现比较丰富、夸张,而后者则侧重淡雅、自然。无论哪种形式都能够通过形、色、韵,赋予播音员与主持人一定的气质、状态变化。由于"重彩修饰"和"淡彩修饰"的化妆效果不同,在面对不同节目播音或主持时,需要注意节目类型。一般新闻性节目、教育性节目、访谈类节目等,其内容都具有一定的严肃性,蕴含着不同深度的理性和知性,因此化妆应该以"淡彩修饰"为本,以清新、淡雅的色彩形式体现和烘托自然、真实、可信的理性状态。而生活类节目,强调平易性和亲切感,因此也应该在化妆上采用"淡彩修饰"的形式表现主持人亲切、自然、坦诚的外貌特征。在娱乐性节目和艺术类节目中,主持人应该采用"重彩修饰"的化妆形式来强调外在的形式美,通过强烈的视觉美感冲击来调动、渲染欢快、热烈的情绪或者展现节目的艺术气息和氛围。在播音和主持时,准确选择化妆造型形式可以为准确传播节目信息奠定重要基础。

电视化妆(修饰类)从场景上划分可以分为"灯光型化妆"和"日光型化妆"两种类型。电视节目拍摄场景的差异,使得电视播音员和节目主持人在节目摄制中处于两种不同的光源环境中,即外景和内景。而外景和内景的光源及色温等不同,造成了主要依靠色彩来造型的化妆形象也随之发生变化。为保证预期形象的准确还原,在内景拍摄中一般需要采用"灯光型化妆",适当强调色彩、结构的对比度;而外景应该采用"日光型化妆",色彩、结构表现相对弱化,趋于自然。这对于电视播音员和主持人的形象状态表现十分重要。

电视化妆形象造型是一门综合艺术,化妆形象的最终效果将受到灯光、服装、摄像、场景、环境等等因素的影响,因此化妆的色彩、形态或服装颜色一定要根据拍摄现场的上述因素去灵活调整和把握。比如,摄制现场的光线不够,照度偏暗时,化妆的底色则应该相对亮些,反之则应该适当地使用稍暗的底色,以便使皮肤色调呈现自然、健康状态。又如,在烈日当空的中午时分,主持人在外景采访录像时,其面部形象不仅受到强烈顶光的照射而发生变形,肤色也会受到服装反射色以及与服装色对比的影响而产生色调失真,这些都可以通过调换服装的颜色进行肤色调整。一般要根据现场的具体情况选择浊色或者清色的服装颜色为好,不宜穿着纯白色服装。

电视化妆(修饰类)是电视播音员、节目主持人形象造型的一部分,她与发型、服装、饰物等共同构成整体的形象造型。本章主要是为了配合化妆课教学中的实际操作训练,对化妆造型的最基本规律做简单介绍,以便同学们在刚开始的练习中有个基本的参照依据,为以后的提高和将来的发展、突破,打下良好的专业基础(关于服装、发型这部分基本理论和整体要求可参照《电视播音与主持艺术》一书中的有关内容,在此不做讲解)。

二 化妆的基本知识

电视是一种大众传播媒介,为了吸引更多的观众,首先在视觉上应该具有美的功能。作为电视节目信息的传播者和串联者——电视播音员、节目主持人应该具备较好的外观容貌条件,以便给观众留下好感,增加节目的吸引力。在现实社会中人的面部骨骼、五官等,并不是按照某种模式标准进行组合的,具有千差万别的特征,形成了千人千面的特点。什么样的形象能够普遍被大众认可,我们在个性美多元化的今天,要想把握形象的不同美感去准确传递节目信息,首先就要了解最基本的美学规律。只有把基础打好,我们在化妆造型时,才能在丰富多样中,既有个性美,同时又具有共性美,被更多的观众所接受。针对大众的审美倾向而言,前人在美学的范畴内对它们进行了归纳和总结,形成了大众审美倾向的基本规律。人们都会不由自主地遵循这种最基本的美学标准,来审视形象。下面就把普遍意义上的、容易被人们接受的几种规律和相应的调整方法简单介绍给大家,以便使同学们在开始训练的实际操作中明确基本的调整规律,并有据可循。

(一)面部基本比例关系(见图)

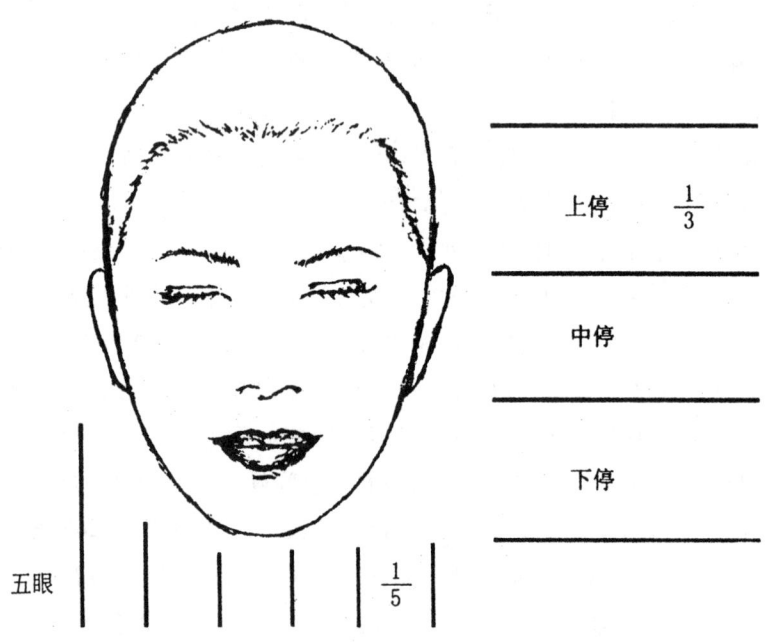

成人面部较标准的长和宽的比例关系是:把面部长度分为三个等分,即三停:从前发际线到眉毛为整个面部长的1/3(上停);从眉毛到鼻尖底部为面部长的1/3(中停);从鼻尖底部至下颏底部为整个面形长度的1/3(下停)。面部较好的长度关系是由这三个等分谐调组成。面部的宽,一般是由五只眼睛的长度组成。我们以一只眼睛的长度作为一个衡量单位,那么两只眼睛的间距则为一只眼睛的长度,外眼角到耳朵尖部为一只眼睛的长度。也就是说,左眼睛的长度加右眼睛的长度,再加上两只眼睛之间的长度以及左、右两边的长度共合成五只眼睛的长度。如此的面部比例关系一般被称为"三停五眼",它会使面部看起来和谐、美观,因此,它成为面部形象调整的基本依据。

在现实生活中,如果我们的五官位置与此相差很多,就会在外观视觉上给人留下不谐调印象。比例调整是一个复杂的综合性问题,一般不能单纯依靠某一个局部的修饰来完成(涉及综合调整的整体关系问题,我们主要放在课上训练中具体解决)。在此我们只针对某一局部会对整体构成影响的因素以及矫正方法,作简单提示,以利于同学们在调整中能够较好地塑造形象。

1. 中停问题——鼻子位于面部的中停部位,它的长度对于中停的长短起着主要作用。一般鼻形长会给人留下中段偏长的印象,而鼻形短则会使人产生中停偏短的感觉,总之,在总体上会带来不谐调感。因此,矫正的重点可以放在鼻形的调整上。

鼻形短是指鼻子的长度看上去不够面形长度的1/3,这样就会造成中停过短,显得鼻子不够挺拔、明朗、修长,从而会使形象产生扁、平、短,给人一种平淡无力、缺少灵气的感觉。如果是播音或者主持政论性节目,则需要注意强化鼻形的挺拔感,以增加力度。

鼻形短最常见的有三种情况:塌鼻梁、短鼻形、缺鼻尖形。

塌鼻梁——指鼻梁骨(硬骨)扁平,形成鼻梁平塌的状态,从而使中停显得偏短。

用颜色调整的一般方法是:在鼻梁正面扁平处,用浅色提亮,在鼻梁两侧用深色渲影,如果鼻梁过塌,可在鼻侧影旁用浅色反衬,注意深浅对比要适度、自然。

短鼻形——指鼻子形态较好,但长度短于面部长的1/3。它使得面部不够舒展。

用颜色调整的方法是:适当提亮延长鼻梁上下两端,使原有的鼻根提高,而鼻尖下移,从而使鼻梁显长,使中停部位变得舒展。

缺鼻尖形——此种鼻形是由于鼻尖过平,或者过小而造成鼻梁偏短的比例关系。

用颜色调整时:可用亮色在原鼻尖下甚至鼻中隔部位提亮,也可以用深色配合渲影,营造鼻尖位置靠下的感觉,但要注意按结构去自然表现。

鼻形长是指鼻子的长度看上去明显超过面形长度的1/3,感觉上会使上停和下停相距过远而失去整体感。这种鼻形容易使播音员或者主持人的面部产生冷漠、生硬甚至刁钻的状态。因此有针对性地修正很重要,特别是主持生活类节目,更要注意纠正其形态。长鼻形一般常见的主要有两种情况:直鼻形(通天鼻)、长鼻尖形。

直鼻形——指鼻根过高,鼻梁从眉心开始笔直向下隆起,形成中停过长的感觉。

用颜色改变其形态的基本方法是:根据自身条件,可在鼻尖处施加亮色,以形成鼻子的起伏而看上去变短。

长鼻尖形——指由于鼻尖过长、过尖,造成鼻梁偏长的感觉。

用颜色改形时,可在鼻尖底部用深色进行渲影,注意把握着色分寸和形态。

2. 上停问题——上停因为前发际的生长位置距离眉毛的远近不同,而产生过长或短的问题,一般分为两种情况,上停偏短或者上停偏长。

上停短是由于前发际长得过于偏下,使前发际线到眉毛之间的距离短于面型长度的1/3,给人一种沉重而压抑的感觉。我们在形态上注意纠正这种感觉,可以使播音和主持的形象变得轻松而富有活力。

上停短的矫正,最好重点放在发型的变化上。一般可根据具体情况采用吹高前发以增加上停长度,或者利用前发的下垂方式遮挡前额(上停)部分,使过短的上额不被暴露。这种方法简单而行之有效。

上停长——一般是由于前发际长得位置偏上,造成前发际线到眉毛的间距大于1/3,形成不理想的面部比例,给人"前额过大"或者"秃"的感觉。特别是在外景中午拍摄的时候,这种上停过长或过大的前额劣势更加明显,造成形象变形。因此要注意调整、纠正。

上停偏长的一般矫正方法:可以根据前额骨的情况,在紧靠原发际的边缘施加一些深色进行渲影,或者用前发下垂来遮挡前额。

3. 下停问题——下停存在的问题一般亦主要分为两种情况:下停偏短和下停偏长。形成这种形态的具体情况较复杂,下面只简单提示一点。

下停偏短——主要是指鼻尖至下颏底部的间距长度,不够面型长度的1/3。如果是下颏偏短而造成的短的感觉,可用下面方法进行改变:

用颜色来修正时,可以用提亮色在下颏尖底部进行提亮,使偏短的下巴显得略长,从而增加整个下停的长度。

下停偏长——指下停的长度超出了整个面型长度的1/3所形成的状态。一般是由于下巴颏过于平直而造成。

用颜色修正时,可根据本人具体条件,用亮色适当在颏尖处提亮,或者在下颏尖底部用深色渲影,以使过长的下颏产生起伏变化,从而显得相对变短。注意颜色要均匀自然。

4. 眼睛间距问题——两只眼睛之间的距离如果超出一只眼睛的长度或者不足一只眼睛的长度,都会给人一种不佳感觉,严重者会让人觉得"呆木"或者"奸滑"。眼睛是心灵之窗,是交流的视点,因此它是妆面表现的核心,其形态是我们化妆时特别要关注的重点。

眼距近的调整方法:一般在画眼睛的"眼线"和眼影时,应该尽量往两侧勾画,这样可以使过于集中的双眼显得相对舒展。否则,按原形勾勒,会使不理想的形态反而加强。

眼距远的调整方法:与近眼距的调整方法正好相反,画眼睛时,要尽量让"眼线"从内眼角起始,根据具体情况有时可画出来,而眼尾不要画得过长;眼影也要尽量采取内收的表现。

5. 两眼外侧间距问题——两只眼睛外侧间距是指外眼角到耳朵的平面距离。如果此间距长度不足一只眼睛的长度,或者短于标准长度,都会产生不和谐的感觉。

调整的基本方法:过长的距离可以用深色在侧发际边缘进行渲影,或者用侧发适当遮盖；如果距离过短，可以用侧发向两边拉开或者酌情遮盖，这些都可以起到修正作用。

(二)脸部基本形态

人的面部形态复杂而多样，为了便于掌握不同形态的脸型，人们把各种脸型的特点加以归纳和概括，并采用几何图形来进行表示。总体来说，人的脸型大致可以用七种左右的几何图形来概括，即三角形、倒三角形、棱形、梯形、圆形、卵形、长方形和方形(见图示)。下面针对它们的特点分别加以介绍，并对不理想脸型的修改方法进行简单提示。

三角形　倒三角形　棱形　梯形　圆形　长方形　正方形

1．三角形——三角形从图形上不难看出，此图形的特点是上窄下宽，明显地显现出重量差异。具有这种脸型的人，由于脸型下部过宽于上额部，会产生一种沉重、下垂的感觉，使人容易呈现老年状态，或者压抑的感觉。因此这种脸部形态留给人们的感觉并不是理想的。

矫正的基本方法提示：可以在脸型的上部(偏窄的)两侧加宽，在下部(较宽的部位)收拢。用颜色表现时，可在脸的上部前额的两侧进行匀明、提亮，在下部较宽的部位进行渲影，以呈现上放下收的效果，使脸型变得轻盈起来，增加青春的气息。

2．倒三角形——此脸型的形态特点是上宽下窄，由于底部支撑面太小，给人一种极不稳定的感觉，人的脸型如果呈现这种趋向，也会给人不稳重、不可信赖的感觉。因此，这种脸型也不理想，需要调整。

矫正的基本方法提示：一般对待这种脸型可以采用尽量缩小上部宽度而加大下部宽度的方法。用颜色表现时，可以在脸部上额两侧的皮肤上进行深色渲影，以减弱两侧的亮度，而在下部两侧较窄的下颌骨部位进行提亮，使脸型看起来不再具有很明显的上大下小的趋向，使之变得柔和起来，给人一种稳重可信的感觉。

3．棱形——从图形上看，棱形由于边角较多，对称感强，而且各角偏小而尖锐，所以容易给人留下严谨、刻板、锋利的印象。如果我们的面部有这种形态趋向，就会使人感觉拘谨、严厉，而缺乏亲切和轻松感，影响我们和观众的交流与沟通。

矫正的基本方法提示：尽量去掉边角所带来的偏硬感觉，一般可在脸部上、下偏窄部位进行提亮，以增加宽度；而在两侧突出的颧骨处用深色渲影。通过明暗对比减弱对角的印象。

4．梯形——梯形的边角(上角与下角)过于直硬，而且间距较大，如果是这种脸型，会显现出过于宽大和缺乏柔和的感觉。

矫正的一般方法,可着重在内轮廓提亮,外轮廓渲影,使脸部立体感加强,以收缩过大的脸盘儿;另外可以加强发型的配合,用侧发掩盖的效果较好。

5. 小圆形、小方形——在形态上总体特征偏短,这种脸型容易使五官显得松散过于饱满,而缺乏立体的联系关系,容易给人不太成熟的感觉。在主持新闻性节目时,这种脸型需要增加棱角。

调整的基本方法,可用浅色在前额上部和下巴颏处进行提亮,同时可用发型配合拉长。

6. 卵型——卵型的形态比其他形态柔和而曲线流畅,女性具有此种脸型容易获得众多人士的好感,因此,卵型是女性较理想的一种标准脸型。

7. 长方型——这是具有稳定性和很周正的一种形态。一般男士具有这样的脸型是比较端庄、大方的,因此这种脸型被人们公认为是男性较理想的脸型。

以上提到的几种脸型形态是比较典型的,但在现实生活中,脸型的状态,是非常复杂而不是单靠这些简单几何图形就能够概括的。在此就脸型大致的形态和调整,先给同学们一个提示,为我们在课堂上具体进行分析和指导打下基础。

(三)化妆练习的用具、用品

1. 用具

镜子(一面),上妆海绵(2至3块),粉扑(1个)、粉扫(1把)、眼影刷(1至2支)、腮红刷(1把)、唇刷(1支)、眉刷(1支)、睫毛夹(1把)、小剪刀(1把)、小镊子(1把)。

2. 用品

上妆油、底色、定妆粉、眼线笔、眼影、眉笔、腮红、唇线笔、口红、唇膏、睫毛膏、棉签、美目贴、面巾纸。

三 电视播音员主持人的化妆操作与提示

(一)观察与修正

化妆前首先要对面部仔细进行观察,看看面部的长度和宽度是否合标准比例,或者脸部形态不理想的问题在哪儿,做到心中有数,以利于有的放矢。如果需要用颜色调整,一般是采用阴影色和提亮色来营造明暗对比完成,需要加宽、延长,或者鼓突时,用明亮色;需要收缩、减小时,增加阴影色配合即可。

(二)需要注意的几个问题

1. 忌刻板——过于按比例调整,使形象千篇一律而失去个性特点和特色。

2．忌牵强——过于修饰调整,造成"穿邦"、失真,使信息表达失误。
3．明暗对比要防止生硬,注意颜色过渡要自然。
4．要从整体出发,全面综合调整,不能只着眼于局部处理。
5．妆面保持干净,防止"脏"迹出现。
6．五官的轮廓表现要清晰、自然。
7．整体色调要统一、协调。

(三)步骤

1．清洁面部;2．(在面部均匀)擦上妆油;3．(在面部等需要部位)施加底色;4．修饰鼻形;5．(根据需要)定妆;6．画眼睛;7．整理眉型;8．涂腮红;9．修饰唇部;10．调整睫毛;11．整体调整。

注:具体化妆时,顺序可变化调整。

(四)局部化妆的基本操作、作用和提示

1．清洁面部

我们的皮肤表面因有皮脂,极易吸附空气中的灰尘。如果不进行清洁就开始化妆,首先会损害皮肤。灰尘中的细菌包裹在化妆品与皮肤之间,在拍摄强光照射下,或者播音员、主持人进入状态时,皮肤血液循环加速,会出现发热,毛孔微开的自然生理现象,此时细菌极易趁机而入,对皮肤造成伤害。另外,影响化妆效果。修饰性化妆最基本的要求是妆面干净,而脸上的灰尘和颜色掺混在一起,会使妆面颜色发脏、发暗,影响清透感。再则,面部油分过多的人不洁面而化妆,妆面很容易发生变形。因此,我们在化妆前清洁面部是很重要的。

一般可选用温凉的洁净水清洗面部,既可去除被污染的表层皮脂,又不会刺激皮肤。皮脂分泌过多的人,洁面后可轻拍一些收缩水,这样就可以减少皮脂分泌。

2．涂上妆油

在清洁面部的同时,不仅去掉了皮肤表面的灰尘,也去掉了皮肤表面的皮脂膜。这样皮肤会发干,如果此时化妆,颜色不易涂匀,而且颜色会直接接触表皮层,这样会对皮肤及化妆效果带来不利影响。因此在清洁后的面部施加适量上妆油是必不可少的一项内容。

涂底油虽然很重要,但也不是越多越好。底油涂得过多,会给化妆效果带来负面影响。首先会使妆面"脏"而"花",由于用量多,皮肤表面过滑,颜色附着不上,形成漂浮而不易涂匀;其次,过多的底油在光照下会形成反光,使面部形象失去清丽而变得模糊不清;再其次,由于底油涂得过多,过量的油在灯的热效应作用下,易化而不稳定,使得颜色随着油的稀化而顺着皮肤纹路外扩,造成线条等的变形,从而导致整个

化妆形象的失真。反之,底油涂得过少或不匀,也会使面部干涩,颜色难以涂匀以致影响妆面效果。

一般底油的用量要适中,可根据化妆者皮肤性质(偏油性、偏中性、偏干性或油性、中性、干性、混合性、敏感性等)、季节特点来掌握用量。总体上油性皮肤用量要少,干性皮肤可以稍多些;冬季用量偏多,夏季用量偏少。总之,底油应在面部薄涂一层,以皮肤光滑、润泽为度。

涂抹底油的正确方法:一般要按照面部肌肉纤维生长的自然规律特点,以中指和无名指并用的方式,把适量的护肤底油,由面部中央向四周轻轻均匀施加,不要用力过大以免拉伤皮肤。

3. 涂底色

涂底色在化妆中可以起到修正肤色、矫正不理想脸型和遮盖瑕疵等作用。涂底色是真正开始进入化妆的第一步。它对于整个脸型的大致轮廓起着非常重要的作用,因此同学们在练习中一定要给予重视。

我们知道生活中每个人的肤色都有所不同,有红润光泽的,有偏黄暗淡的,有苍白无活力的等等,而这些皮肤的种种色泽在电视屏幕中会被集中明显地呈现出来。从审美角度看,它直接影响形象的美感。为了美化肤色,可以通过涂底色来改变不完美的皮肤色泽。另外,为准确表现播音员、主持人这一特定形象而调整肤色,达到一种应该具有的健康皮肤色泽,也是涂底色的重要内涵。

除此而外在面部的不同部位施用冷暖、深浅不同的底色,可以使脸型由大变小,由小变大;由平变鼓,由鼓变平而产生视觉变化。通过涂底色还可以创造所需要的假定面型。

面部的痣、色斑、雀斑以及皮肤下微透出来的毛细血管、红血丝等在电视屏幕上会使皮肤产生斑块、色泽不均匀、"脏"而"花"的视觉效果。这些局部现象直接影响整体形象的美感,成为视觉好感的消极因素。通过涂底色,可以对其遮盖和掩饰,使颜色达到统一、理想的状态,进而焕发面部光彩。

使用基础底色时,一般用色要薄,遮盖住肤色即可,以刚好达到并呈现出自然、真实、健康肤色以及所需要面型轮廓为宜。如,采用"重彩修饰",可以比"淡彩修饰"所用的基础底色稍厚,适当强调一种"装饰美",使皮肤色泽达到一种理想的假定程度,但不宜过厚。

底色在选择时要注意几个问题:首先选用适宜的颜色。一般底色有深、浅不同的颜色:浅的底色一般为提亮色或高光色;与皮肤较为接近的偏暖底色,一般在化妆中作为基础底色的基本色;而颜色中较深的底色一般作为阴影色。在修饰性化妆中选基础底色时,一般选用比正常肤色偏亮、稍高一至两度的颜色,以增加面部的亮丽感。但播音员、主持人的基础底色不可失真(过白、过深),应追求自然、健康、亮丽的肤色感。

另外底色的透明度要高。底色最好选用专业性的化妆底色,以基底细腻、质感好、颜色正而不混杂、透明度较高的为好。除此之外还有一点也很重要,就是底色的覆盖力要强。用覆盖力较强的底色,可以用很少的颜色就使其覆盖,并得以修正,保证肌肤薄而透的自然效果。这样就可以避免为遮盖肤色而施加过厚的底色,使皮肤色泽失真。

如何涂底色,下面作简单提示:涂底色有几种不同方法。对初学者和修饰性化妆造型来说,用化妆海绵涂底色是一种简单快捷、方便容易的方法。

先将化妆海绵蘸少量粉底液或粉底霜,由上而下,由内而外的在面部斜向涂开。注意:利用海绵的弹力均匀涂抹,勿用力过大,防止造成皮肤拉伤或出现颜色不均匀现象。底色是"第二层皮肤",修饰时,要适量、均匀。特别是嘴角、眼角和鼻唇沟处不要遗漏。

涂底色不能只涂面部,还应该包括与面部相接的脖颈等裸露在衣服外边的身体部分。这样,身体皮肤与面部颜色统一、协调,构成真实可信的整体假定肤色。脖颈的涂底色方向:可顺其肌肉走向,从上到下轻轻进行。注意与面部颜色衔接。

4. **画鼻侧影**

无论先天自然鼻形状态如何,在面部施用底色后,整个五官轮廓都会在视觉上变得模糊不清。由于鼻子处于面部的中间重要位置,它的起伏对于整个面部的立体形态影响较大,如不调整修正,会使我们的面部缺乏立体感,或者产生失衡的不佳状态,因此鼻形的修饰也是化妆中非常重要的一个环节,很多东方人的鼻骨较平、较宽,受光后更为明显,使面部五官缺乏清晰、立体的生动感。除此而外,先天和后天因素使自然鼻形或多或少总有不尽人意之处,如:长、短、大、小、高、低、歪、塌等。鼻侧影可以从外观调整以上不佳形态,通过巧妙处理,对原型在视觉上加以修正。

一般在化妆中,以被化者正前上方的主光投照为标准进行表现,此时面部的鼻子应该是最高的,鼻子正面受光时最亮,而两侧偏暗。所以为表现这种自然形态,一般把鼻梁正面提亮,鼻侧画暗,使鼻子挺起,展现一个较理想的体积结构。

在正常情况下画鼻侧影时,用化妆笔蘸少量阴影色,从眉头下、眼眶上缘、鼻骨处画一弧线;一般应在鼻梁与内眼角的中间,两头虚开,一直可延伸到下面,一般不拉到鼻尖,避免鼻形过长和不自然。注意应自然地表现鼻子的立体感。

5. **定妆**

定妆是化妆中看似简单但必不可缺少的一项内容。它能有效地防止因带妆时间过长而产生的脱妆和妆色移位造成的变形现象;另外也可以防止面部过多的油光所形成的妆面不清洁感,适当的使用定妆粉可以使妆面色彩保持柔和的效果。目前定妆粉有各种颜色可以选用,我们在练习过程中,一般选用透明度较高的、粉质细腻的肉色即可,最好不要用带有其他颜色(重的颜色)的定妆粉来定妆。

定妆的基本方法是：首先，以粉扑蘸少许定妆粉，揉匀。然后，在其妆面上轻轻印按。稍后，再用粉扫清除面上多余浮粉。扑粉的顺序可以从上到下，从内到外，先浅后深。也可以用粉刷，从额头至鼻梁——面颊——面部两侧——下颏——脖颈，轻轻扫粉。

注意：扑粉不可过多、过厚，以薄为宜。面部"T"字带以及上、下眼睑等活动较多的地方要认真细致定妆，以防脱妆。

6. 画睫毛线

东方人的眼睫毛生长的一般较短，较稀，因此眼睛的神韵较弱，拍摄时在光照下更会显得眼睛无神；特别是不少人的眼睛形态也很不理想，有倒挂的，有上斜的，有过圆的，有细长的……这会影响用眼睛来传神的效果。我们可以通过画眼线的方式增强眼神，并使眼睛的不佳形态有所调整，得到改变，以营造一种应有的神韵。

眼睫毛线的基本表现方法是：

画眼睫毛线运笔时，用化妆笔的一端侧锋紧贴眼睫毛，一般从内眼角拉到外眼角至眼尾时，逐渐提拉收笔。注意原则上应把握自然睫毛线的基本关系：

(1) 线条——上眼睫线略粗于下眼睫线，上长下短，眼尾勿封闭。

(2) 颜色——上深下浅。

(3) 运笔——内实外虚。

7. 眼影

眼影可以表现眼部结构，体现眼睛和骨骼高低的体积感，表现骨骼、眼睛的一种内在关系，使眼线等局部表现不孤立而具有自然活力地联系在一起。另外利用眼影的深浅、虚实、颜色等变化，可以在视觉上改变眼睛原有的形态。比如，自然鼓凸的眼睛经过眼影修饰，可以变得平缓而柔和；眼睑肥厚、小而无光的眼睛，经恰到好处的眼影修饰，会使其增大而具神采；相距远而呆涩的双眼经眼影处理，会变得明亮而神凝。

眼影具有装饰性。它在表现眼部结构的同时，随着色感变化以及眼部立体感的增强，颜色对比也随之加大，形成一种修饰后的色彩氛围和形态，或强或弱地渲染着眼部。

眼影的基本表现方法如下：

一般用眼影粉表现眼影时，可用一支眼影刷，适量蘸深色或冷色眼影粉，在上眼睑紧靠眼睫线的上方轻轻匀染，以增大和强化眼睛晶体部分的印象，另外，也可以用眼影刷在眼睛的上眼睑后半部分的地方适当进行渲影，以表现出眼睛的立体结构，从而使眼睛显得大而真实可信。

注意：两种方法可根据需要和结合被化妆者本人的具体眼睑条件进行。特别是男性在施加眼影时，要注意自然，不要有修饰痕迹。

8. 眉型

眉毛是眼睛的框架，因此它的形态和眼睛所表达出的神情紧密相关，可以有多种形态。不同的眉型能表现出不同人的性别、年龄、内心状况以及个性等，因此在眉型的选择上，要根据个人条件和节目需要去考虑。另外眉型可以调整脸型，使不理想的脸型通过眉毛线条的走向、宽窄弧度等变化形成较理想的形态。对于初学者来说，首先要了解眉毛的一般生长规律和基本的表现形态及表现方法，下面对此进行简单介绍。

眉毛的生长特点是：眉头的地方颜色浅淡，眉毛呈柔软状，眉腰处生长较浓密，而眉尾的眉毛逐渐减少至消失。为了便于初学者掌握眉毛的基本形态，我们把眉毛的自然形态大致分为三个部分：眉头、眉峰、眉梢。较标准的眉型一般应该是眉头至眉峰长度为整条眉长的前2/3，眉峰至眉梢为整条眉长的后1/3。我们在化妆时要根据眉毛这一基本特点和本人具体情况来综合表现。

一般的表现方法如下：

用眉刷蘸眉粉从眉头处轻柔地提拉扫向眉峰，然后再从眉峰逐渐扫向眉尾。画时要"两头淡，中间深，上边虚，下边实。"控制好用笔着色的力度，使眉毛呈现出自然状态。

注意：女性眉型可呈修饰状，男性的眉型要表现自然感。另外也可以用眉笔画眉型，但在初学阶段最好不要使用纯黑色眉笔来勾画眉毛。

9. 涂颊红

适度的面红色可以带给人一种健康、青春和活力感，它能营造出一种精神振奋的状态。不仅如此，颊红对整体面型轮廓的修正也起着很大作用。比如：对于脸型较宽的人来说，在涂颊红时略微纵向的施加，会使其脸型看起来变窄；而脸型偏窄的人，在涂颊红时，可以稍微横向涂加，这样脸型看起来就会比较理想（当然还需其他相关部位形态配合）；有些人的面颊、眉骨、前额等处过于扁平，也可以在较扁的局部通过适度准确运用颊红，产生丰满、通透感。另外，涂颊红的基本位置除考虑脸型的因素外，一般情况应该重点涂在颧骨处，这样才能够展现出一种青春朝气。

颊红颜色的选择对整体妆面所表现出的氛围具有很强的影响力。我们从电视播音员、节目主持人的造型要求出发，应在"粉红、玫瑰红、橙红或棕红"等不同色系的颜色中，根据节目特点、风格以及整体造型的需要去选择，以表现面部自然红润的状态，来展现活力和亮丽。

涂颊红的一般表现方法：

根据所用颊红的品质、类型不同，在施用颊红的方法方面会有很大差异。修饰性化妆用粉质颊红比较简单、方便、快捷。使用的方法一般是用一支颊红刷，蘸适量颊红色，在面部颧骨部位由外而内轻轻匀染。要求：边缘与底色自然衔接，有重点，平面处要左右颊红对称,位置准确,富有立体感。

注意:(1)颊红的用色、用量,要根据本人具体条件和需要掌握适度,不可过红。

(2)颊红匀染位置要根据本人情况灵活掌握。

(3)晦暗以及高纯度的颊红颜色不宜使用。

(4)粉质颊红一般不要直接用在偏油的粉底上。

10. 嘴唇

嘴唇是面部器官运动幅度较大的部位,因此其形态及颜色对人的整体状态表现影响很大。红润饱满的嘴唇能够给人以青春活力的外观印象,并且和谐适宜的唇型对平衡面部整体轮廓有重要作用。人的唇色和形态所构成的不理想状况有很多种,有的人嘴唇过于鼓突,有的呈现凹陷,有的过于下挂,有的斜向牵拉……这些现象在外观上会使面部出现不谐调感和不应有的状态,特别是播音员和主持人的唇部更要自然为本,否则直接影响观众对其身份的认可和好感。针对不同的"问题"唇形,我们大致把他们归纳成一些较典型的唇型。其中有:小唇型、大唇型、厚唇型、薄唇型、上翘型、下挂型。播音员主持人可以根据这些唇型的特点去对应自己的唇型,选择相应的修正提示来改变不理想的嘴唇形态。

嘴唇的一般表现方法:

首先应在嘴唇上薄涂一点润唇膏,然后用唇线笔从上唇中间沿唇边分别向左至左唇角,向右至右唇角勾勒出上唇适宜的轮廓,再在下唇的唇边根据整体脸型的需要勾划出理想的下唇轮廓,然后在其轮廓内涂上口红颜色,使唇线与口红色溶为一体。

几种"问题"唇型的修正提示:

小唇型、薄唇型——对于偏小或偏薄的唇型,勾画唇线时要适当地加宽嘴唇轮廓,并且在加宽的唇线与原自然唇边之间涂上比原唇口红色偏深些的口红,以保证加宽的部分与原来嘴唇色调统一一致,使调整后的嘴唇自然完整。

大唇型、厚唇型——一般在画嘴唇前先用底色将唇周遮盖,然后再在原唇内画小或画薄唇型,原厚唇改薄时,唇型的弧度不要太大。

上翘型——对过于上翘的嘴唇形态在矫正时,上唇的唇峰到唇角连线要画得稍微平缓些,不要太陡。

下挂型——嘴角下挂的嘴唇在画唇角时,上唇线可稍画短些,下唇角线可比上唇角线略长,另外可配和提亮色遮盖下唇角处阴影。

11. 睫毛的修饰

浓密而上翘的睫毛能使眼睛明亮而动人,而大多数东方人的眼睫毛长得较短而且直硬,缺乏浓密度,眼睛的神采略显不足。因此要使我们的眼睛增加神韵,对睫毛的修饰也十分重要。

修饰睫毛的一般方法如下:

首先用睫毛夹轻轻夹翘上睫毛,然后用加长睫毛膏(防水)的刷子沿着睫毛根由下向上轻轻顺着睫毛翘起的方向顺刷,尽量不要闭眼,待睫毛膏干后,可在睫毛根部用睫毛夹再次夹翘起睫毛。下睫毛可直接用睫毛刷竖着从睫毛根部向外刷。

注意:如睫毛膏不慎粘在眼皮上,最好待干后再用棉签去掉,以保证妆面的干净。

以上介绍的是面部化妆的最基本表现方法。播音员主持人在根据个人的实际面部情况进行化妆时,必须要结合自己的骨骼肌肉等实体来灵活运用表现技法,而不能机械地去照本宣科,生搬硬套,在实际操作的过程中,要手、眼、脑充分地调动和配合,对于基础妆要求达到:妆面干净,五官清晰,线条流畅,结构表现准确、生动;色调要求和谐、自然,以保证我们的形象真正符合电视播音员、主持人专业的特点和需要,更好地为电视信息传播服务。

思考题:

1. 电视播音员、主持人为什么要进行化妆造型?
2. 彩妆操作应该建立在什么基础上进行?
3. 内外景化妆应该注意什么?
4. 不同节目类型的化妆应该怎样把握?
5. 为什么把握隔离霜的使用很重要?
6. 化妆的基本程序包括哪些内容?
7. 如何判断自己的脸型、比例?如何调整?
8. 如何修正自己的鼻形?
9. 如何调整自己的眼形?眉型?
10. 定妆重要吗?应该怎样把握?

第九章　电视播音员主持人的基本形体

电视是声画兼备的传播媒介。当电视播音员、主持人以有声语言在屏幕上传情达意时，其生动鲜活的整体形象同时跃然于画面，形体问题也就接踵而来。播音员、主持人在屏幕上的举手投足、一颦一笑都直接或间接地传达一定的信息，因而成为播音员、主持人乃至整个节目形象的有机组成部分。因此，我们没有理由不对自己的形体进行有效的控制和利用，使它准确、优美、富于表现力，从而更加适合节目需要，达到更好的传播效果。

值的一提的是，形体问题不是孤立、静止、片面的。恰恰相反，在电视播音主持艺术中，它总是作为播音员、主持人镜头前整体表现的有机组成部分，伴随着有声语言呈现出来。

一　理论概要

(一)形体的涵义

人类很早就学会观察自己身体的形状、姿态、动作、表情，并辩认它们的含义了，所谓"相人之术古矣"。为什么会那么关注这些身体的表象呢？因为每个人的体形、体态、动作、表情都既是个人存在的某种形式，又总是传达着一定的信息。在现代社会的人际交流过程中，在播音员、主持人在屏幕上进行的大众传播过程中，个人的体形、体态、动作、表情都会有所呈现、有所作为。

形体，就是作为个体的身体外在的存在形式和表现面貌的总称，它指的是个人的体形、体态和体态语运用的综合状况，以及由此体现出的个人气质和个人风度。体形、体态和体态语是形体的三大要素。

体形是指人体的外形特征与体格类型，受先天遗传因素影响，有性别差异，并且随年龄变化，有一定的不可改变和不可控制性，但仍可通过后天锻炼加以矫正和完善。

体态是人们在长期的生活中形成的一种习惯姿势定势。体态主要受生存环境和个人知识水平和文化素质的影响,完全是后天习得的。从一个或几个简单的坐、立、行、走的动作中,即可看出一个人的基本体态,并可由此推断出此人的性格特征、修养和风度。

在这里,体形和体态是两个既有关联又有区别的概念,体形是指身体的形状,体态是指身体的姿态;体形的形成受遗传因素的影响甚大,而体态则完全是后天习得的。也就是说体形的状态更客观一些,而体态的可塑性大一些。另外,体形好的人可能因为体态不好而有碍观瞻,体形欠佳而注意姿态适度、优美的人也可能让人觉得赏心悦目。体形主要反映身体状况,而体态则主要反映出一种修养,但二者在一定程度上又会互相影响。

体态语是利用身体的姿态,即身体姿势、肢体动作、面部表情等——作为传递信息、交流思想感情的辅助工具的非语言符号。它是人们在长期交际中形成的一种约定俗成的自然符号,基本上伴随有声语言用于交际中。体态语不仅能辅助传播一定的话语信息,对有声语言起到强化、补充、丰富、修正的作用,同时还传播着谈话人自身的信息,一个人的举止动作、表情眼神总是体现其文明教养、性格品质。在实际生活中,人们对体态语的运用有雅俗之分、文野之分、高下之分,它是一个人形体面貌的重要组成部分。

形体问题是一个综合、动态的整体面貌问题,形体的三要素——体形、体态、体态语运用也是互有联系、互相渗透。

(二)形体的自然属性和社会属性

形体有其自然属性和社会属性。

首先,形体是作为物质形态的机体——人的身体而存在,正是我们身体的存在和运动体现出体形、体态和体态语的整体状态和形体面貌。不同人种、不同体质的人乃至处于人体生长发育不同阶段的同一个人的形体面貌各不相同,主要是由于先天、自然因素的不同而造成的。

至于形体的社会属性,从大的方面来说,形体具有时代性、地域性、民族性和社会集团性。不同时代、不同地域、不同民族和社会集团的人们具有不同的形体面貌。另外,由于人们的社会阶层不同,以及教育背景、文化水平、职业、身份、地位的不同,使人们处于不同的社会集团,不同社会集团人们的形体特征也不尽相同。从事脑力劳动的人的体态力度、幅度较小,频率较低,较少使用表达强烈态度情感的体态语,年龄较大、修养较高、地位较高的人的体态也是这种情况。而体力劳动者、青年人、文化修养较低的人的体态则是相反的情况。形体的社会属性,体现在具体个体身上的表现是：每个人的形体面貌总能反映其思想水平、性格特征、文化修养和生活习惯，而这些，都是在后天的社会生活中有意无意习得的。就好像世界上没有两片完全相同的叶子一样，世界上也没有两个人有完全相同的形体面貌。成长环境、受教育程度的不同和价值观念、审美取向的不同，都会在每个人的形体上留下痕迹。

(三)形体状况与个人生活经历、心理状态、品性、修养的关系

就个体而言，每个人的形体面貌都形成于个体身体成长和行为习惯习得，是由生活经历、心理状态、品性及修养共同塑造而成的，并体现着这一切。因此可以这样说，形体是一个人生活经历、心理状态、品性及修养的外化。当电视播音员、主持人在屏幕上出现时，观众不仅通过"听其言"，而且通过"观其行"来了解其所传达的节目信息和自身信息。又因为有声语言常常"言不由衷"，而体态和体态语常常是下意识地流露，又是非常直观地呈现出来的，所以形体状况所体现出的信息往往被认为是更真实的。

有的播音员、主持人会目光空洞，带着职业的惯性笑容说："我们今天的节目就到这儿了，非常感谢您的收看，也欢迎您继续关注我们的节目，并诚恳地希望您提出宝贵的意见和建议……"；也有的新播音员、主持人会神情紧张、但语言顺畅地把这段话说出来，可是观众从他(她)们的表情中却体会不到诸如"感谢"、"欢迎"、"诚恳"等情绪。相反，真诚、有亲和力的播音员、主持人只微微地点一下头，伴着善意、轻松的笑容说："今天的节目就到这里，明天见"就获得了观众的认可，获得了好人缘。这是为什么呢？因为观众就在几十秒内通过播音员、主持人各不相同的表情动作做出了判断，他们更乐于接受和信任心理成熟、善解人意、修养良好的人。

在生活中，人们更普遍地从直观多样的形体状况中解读着各种各样的丰富信息：经历顺畅、无忧无虑的人步态轻捷，表情明朗；遭受打击的人则步伐沉重，神色压抑；自信的人挺胸抬头，举止从容，落落大方；不自信的人常低眉顺眼，缩手缩脚，带着迎和周围人的笑容；自负的人则会趾高气扬，带着目中无人的笑容……在与人交往中，文明修养好的人在待人接物中有较强的自律意识和礼让意识，表现出较强的形体控制；缺乏修养的人则对己少约束，对人欠礼让，形体松垮少控制……

正常形体动作的发生过程是由心而身的，形体状态的确全息地体现着人的生活经历、心理状态和品性、修养。至于这些体现如何见于具体的体形形式中，我们将在后面详加叙述。

(四)形体的可塑性

形体的可塑性有三方面的内涵。

1. 就成年人而言，虽然体形已基本定型，体态上留有多年生活的烙印，体态语的

运用也正形成习惯而具有下意识流露、不易控制、来不及掩饰的一面,但人的形体仍然具有相当的可塑性。

事实上,每个人的形体都不是固定不变的,形体一直随着时间的流逝,个人生活的不同、认识的变化、生活实践的变化和环境的变化而变化,形体是一个动态、发展的概念,只要生命不停止,形体的变化就不会停止。很多时候,形体的变化既是身体(心理)上对生活变化的一种适应,又是心理上对主客观环境的一种调节,只不过这种适应和调节往往是自发的,而不是自觉的。

2. 就希望改变形体状态的人而言,自觉的、有针对性的训练可以在短期内明显改变形体面貌。

体形可以通过身体锻炼有目的地改变,体态和体态语更可通过提高认识、加强调节、控制和训练有意识地改变。总之,如果有意识地开掘形体的可塑性,使形体的塑造过程由自发转为自觉,其可塑性必将大大提高。

特别对于 17、18~21、22 岁的播音主持专业的本科学生来说,他们正处于体形体态发展成熟、日趋定型的阶段,这正是形体塑造的关键时期——形体可塑性大,接受能力和模仿能力强,接受训练的愿望强烈。如能抓住这一特定时期进行科学、系统、有针对性的形体训练,并开掘、发展出他们对于形体美的自我意识,将正确的形体意识、形体状态和身体发展结合起来,对于今后从事播音主持工作将大有益处。

当然,我们强调抓形体训练的关键时期,并不是说只有在这一时期进行训练才是最有效的。事实上,形体训练开始得越早越好,形体意识觉醒得越早越好,无论是少儿阶段还是中老年阶段,以适当的方式进行形体训练都是有益的。况且,形体美也决不仅仅是外在美的问题,而是作为个体的人精神气质、人文品格的外化,在任何时候、任何地方都会折射出深在的内涵。

3. 一方面,形体面貌体现出个人的品格、修养;另一方面进行适当的形体训练,养成良好的形体面貌也能提高自身修养,培养良好的气质和风度。形体的可塑性不仅体现在外在美的可塑上,也同样体现在内在美的可塑上。

形体美对于内在美的确有积极的促进作用,但也的确有不少人并未意识到这一点。在将形体美与精神美相提并论时,大多数人仍然认为精神美可以外化而成形体美,而形体美却难以内化而成精神美,即某人形体美是因为其内在修养好,而以一定的具体手段进行形体训练却与提高修养无关。我想,持这种偏见的人如果能有真正的形体训练实践,或许会改变看法。

现代形体训练不仅仅是强身健体的运动,它更强调身心和谐、富有朝气的美感以及个人形体美意识的发现和觉醒,它给人带来健全匀称的体形、旺盛健康的生理机制、端庄而又充满活力的外表和富有生气的精神面貌。不仅如此,它还可以减少神经系统的紧张,增加心理快感,给人以强烈的自信心和美感共识。通过训练,人们深藏的激情被舒展开来,心情如同沐浴在阳光之中。在身心状态都变得越来越积极的过程当中,自身气质悄悄改善,个人修养得以提高。

二 形体的基本规范

一个有一定修养、社会化比较完全的人,即使不走上屏幕做播音主持的工作,也会对自身的形体美感有一定的要求,对他人的形体状况有所察觉和判断。形体美是一个内涵丰富的概念,而获得良好形体的基础,就是了解和掌握形体的基本规范,这也是一个社会人所应有的修养和基本素质之一。

形体的基本规范是从体形、体态和体态语三方面体现出来的。

(一)体形的基本规范

体形是指身体的自然形状,也有人将它称作"静态形体",即人体处于静态时的形态状况。它包括身体外形、肢体围度、脂肪百分比以及身高、体重等诸多要素。

自人类出现并开始自我审度以来,体形状况就一直被关注着,但在不同的国家、不同的民族和不同的社会阶层,在不同的时代甚至在不同的社会经济环境中,人们对体形审美规范的认识和评价却有很大差异。

虽然体形审美永远不会有绝对的标准,但经过反复的比较、衡量后,越来越多的人们终于认定,体形美是与身心的健康、协调密切相关的概念。健康是体形美的基础,体形美是健康的客观反应,"健康、匀称的体形是美的"成为人们的普遍共识。

那么,健康、匀称发育良好的体形是什么样的呢?正如达·芬奇说过的:"美感完全建立在各部分之间神圣的比例关系上。"人们都渴望着拥有良好的身材,而天生完美的体形在大千世界毕竟是凤毛麟角。被体形问题困扰的人往往犯这样一个错误:认为完美的体形只属于专业模特,只有接近这类体形才算好。其实对于大多数人来说,这种标准只是一个可望不可及的梦想。完美是相对的,匀称就是美,我们每个人都可以根据自己个人情况按照适当的比例来创造属于自己的完美。虽然受到身体类型的限制,骨骼的宽窄长短无法改变,但体重、体脂比、身体围度、视觉重心都是可以改变的。

(二)体态的基本规范

体态是人们站立、行走、坐卧、举止的身体姿势状态,也有人将它称作"动态形体"。人的身体总是处于运动状态中的,即使是片刻的静止,其实也是一种特殊的、相对平静的运动。体态不仅同人体的生长发育,而且和人的社会生活实践有密切的关系。形体美的第二个重要因素,就是体态美。规范优美的体态,不仅是健康所需,亦蕴含着做人之道，体现出品性修养和精神境界。

那么，现代体态审美规范有哪些特点和要求呢？

我们认为，排除某些职业的特殊要求，现代青年人的体态风姿应具有舒展大方、朴实端庄、轻松自然、健康向上、朝气蓬勃的特点，这也就是体态美的基本规范。而这种美，来自适度的控制。

不依规矩不成方圆，没有控制就没有美，这几乎是一条放之诸人诸事皆准的真理。大至国家、社会事务的管理，小至个人情感、行为的表达，无不贯穿着一定的控制。以播音、主持艺术的有声语言为例，在吐字发声方面，要有控制地运用胸腹联合式呼吸，使气息稳劲、持久；在语言表达方面，要有控制地找到兴奋而不紧张、松弛而不懈怠的状态……总之，一切都须在控制下，才能达到一定的标准，达到社会化的要求。体态美的真谛，亦在于此。

对于体态来说，一定的控制首先意味着身体某些部分合理的紧张和某些部分合理的松弛，以及它们之间的一种协调关系；其次意味着肢体状态合理的、富于美感的位置和角度。下面，以几个基本的身体姿态为例加以分析。

1. 站姿

站是人体最基本的体态，正确站立的基本姿态是：脚腕关节和膝关节感觉往上拉开，头正直、向上顶、下颌回吸、两肩沉、挺胸、收腹、立腰、两臂自然下垂，目视前方。

具体来说，头要端正，下颌与地面保持水平，不要前仰或下压。颈部与地面保持垂直，并有从颈部后面往上拔起顶天的感觉，这种感觉有人称作"悬顶感"，好像头顶被一根绳索悬吊着似的。也可以在头上顶一本书，挺直脖颈使书本稳定不掉落，借以体会悬顶感。

躯干直立，脊柱也有向上拔起的感觉（这是悬顶感向下延伸的结果），胸部自然适度地向前上方挺起，腹肌、腰背肌肉均适当收缩使躯干直立，收腹的同时体会后背舒展，即"阔背"的感觉。

两肩下沉，在下垂的同时往两旁展开，此时，后背是平的，既不向前扣肩，也不向后挟肩。两臂自然下垂。

两胯也要提起来，臀部肌肉收缩上引，往里收的同时往上拔。

两腿并拢自然伸直，两脚脚跟靠拢，脚尖分开成60~70度夹角，两膝并拢伸直，并与脚尖相对。此时脚腕关节和膝关节感觉往上提升，整个腿部肌肉向上收紧，膝关节基本是平的。

两脚平展踩地，姆趾、小姆趾、脚跟三点同时往下用力踩住。

这样，身体有了一种收紧、向上的整体挺拔感，并且在一种矛盾、对抗的状态中稳健直立，即肢体力量一部分往上，一部分往下，一部分紧张，一部分松弛。具体来说，应注意协调全身肌肉工作中的三组对抗力量：

(1)脊柱上伸、头顶上悬的力量(向上)和两肩下沉、双臂下垂(向下)力量的适度对抗。

(2)适度的收腹(向后)和腰、背肌肉收缩(向前)的对抗。形成对躯干的夹力。

(3)适度收臀提髋,膝关节、踝关节往上拉开(向上)和两脚掌有力地压地(向下)的对抗力量。

任何一组对抗力量的大小,均以能保持身体直立的最佳状态为准,切忌肌肉过度用力,造成站立的呆板、僵硬或出现某个部位的歪斜。

正确立姿还须配合正确的呼吸方式。胸式呼吸会造成气短、端肩的紧张,腹式呼吸不能建立腹部与腰背肌肉互相抗拒的关系,不利于肌肉控制,且下腹会随呼吸凸出,因此,胸腹联合式呼吸才是正确的方式。

以上我们介绍的是正确站立的基本姿势,即立正的姿势。我们不妨借鉴以下方法来分析站立的姿势:设想在两耳之间连一横线,此为头轴;在两肩之间连一横线此为肩轴;在两髋之间连一横线,此为髋轴。头轴、肩轴、髋轴统称"三轴",脊椎垂直轴称为"主轴",三轴和主轴相交成为一个整体。立正时,三轴完全平行,此时身体两侧肌肉群处于同等用力的状态;姿态虽然端庄挺拔,却因过于均衡对称而缺乏生动灵活的变化。在生理上会使肌肉没有轮换休息的余地,身体的灵活性大大下降,在造型上也会造成呆板、僵硬,没有活力的感觉(见图1)。因此,只会使用单一的基本站立姿势还难以成就优美的立姿,只有在基本立姿基础上有所变化才算真正掌握了正确站立的真谛。这种变化原则是,在保持身体状态整体挺拔向上的情况下,有控制地打破完全对称的形体格局,打破三轴完全平行的状态使站立姿态既稳定集中,又不失变化,静中有动、生动灵活(见图2)。

我国传统的戏曲艺术中,就很讲究形体的身韵变化,有所谓"子午相"的要求。即人物亮相时,要求头、胸、腹不完全在一个平面上,往往是头朝舞台的旁侧,身体朝舞台的正面。另外,还有藏三露七(或藏二露八)的说法,即头朝前面,胸肩微侧,这都是为了打破三轴平行、平板一块似的呆板立姿。

现实生活中,人们灵活调整立姿的余地很大。站立时身体稍侧或头稍侧,手臂位置不完全对称、双脚位置作一些变化或双脚重心变成一虚一实都是可以的(见图3)。

立姿的调整形式是多种多样的,在调整变化中也要有一定原则:

(1)无论如何调整,身体始终要保持整体向上的挺拔感,特别要保持腰部直立拔起的感觉,否则身体就会松懈。

(2)无论如何调整,身体始终要保持肌肉有对抗力量,有控制的感觉。

如果身体重心落在左脚上,不能整个身体重量都"坐"在左边,在左腿有往上顶的力量的同时,右腿也应有随时成为主力腿的准备;如果手臂向上扬起或向外伸出,也不能只有向上、向外的力量,同时还应有向下、向内拉回的力量,这就是有抗拒、有控制。

图1 三轴平行的立姿,动作显得呆而僵　　图2 三轴不平行的立姿

(3)双肩可一前一后有所变化,但不能一高一低(手臂有所动作除外),两肩应尽可能保持与地面的水平。

(4)所有的调整都应自然协调,不要做作地玩帅"摆造型"。

站立是人体最基本的体态,良好的站立姿态是培养好姿态、好习惯的基础,端庄优美的坐姿和步态中都有正确立姿的影子和痕迹。

2. 坐姿

坐姿与站姿的最大不同在于双腿没有了体重的负担,身体重心落在臀部,而臀部又有椅子之类的令人舒适的外界支撑物依靠,因此与立姿相比,坐姿是一种较轻松的体态,也正因为如此,此时身体很容易全面松弛,但在主流社会的社交场合,良好的坐姿依然意味着适度的控制,所以"瘫坐"的松懈和四肢摆放的过分随意仍是不可取的。

图3 调整双脚重心的立姿

先来看看起座和落座。起座和落座即是所谓的"举止",以轻、稳、准为宜。动作应轻巧、从容,有控制,不能猛起猛坐,慌不择座或过于拘谨。起座、落座时的表现常常清楚地呈现出一个人的行为养成和特定情况下的情绪情感,给人留下先入为主的第一印象,值得高度重视。

落座后,端庄优美的坐姿的上半身其实与立姿的要求是基本一致的,也需要头颈上提的悬顶感和挺胸、收腹、立腰的身体中部控制,但控制力度要小一些。千万不能让腰背鼓大包、下巴紧贴胸部地缩在椅子上,或只用尾骨为支点,而让腰部悬空。如果在椅子或沙发里坐得比较深,可以用背去靠沙发,但腰部却不应向前弯,在坐姿中保持腰部的控制是防止身体松懈的关键。

四肢的位置和角度是坐姿中值得注意的另一个问题,这个问题比较复杂,可列入体态语应用之范畴。

3. 步态

步态即行走姿态。正确的步态是在正确站立姿态基础上形成的。在行进中除了要保持立姿的挺拔、端正外,还要注意步履轻捷和移动正直平稳。要使两腿在一条直线的左右侧并排交替前移,膝关节正对前方,不能紧张僵直。两臂自然下垂,以肩为轴前后协调摆动,肩部下沉稍后展、挺胸抬头,两眼平视前方。

行走时身体用力应遵循两个原则,一是"大关节带动小关节",二是"小关节最后用力"。行走时躯干首先发力,上体微前倾带动四肢关节依次产生动作,步辐越大,上体前倾动作越明显。在上体前倾过程中,身体重心先支撑主力腿,然后支撑动力腿(即运动用力的腿),先提髋,再提膝,随着小腿自然前伸,脚跟先着地,最后用力的是脚趾。

行走不仅仅是腿部用力、双臂协调摆动的局部运动,而是全身积极,协调动作的结果。

行走中摆臂应以肩关节为轴,大臂带小臂,自然地前后摆动,前摆时勿甩前臂,后摆时勿甩手腕。小臂于体前自然弯曲,手应不超腹中线,否则,会有手和手臂在腹前左右摆动的不良观感。

行进间的步幅可根据各人身重、体宽的不同,适度调整。如果步幅过大,会使身体不稳定而产生左右的晃摆,如果步幅过小,则会出现扭摆的现象。一般来说,个子越高,体形越壮的人,步幅也相对加大,男性步幅不宜过小,女性步幅不宜过大。

4. 蹲

在站立的基础上屈腿,把腰部放低,就形成了蹲姿。文化水平较高的人在日常生活中很少采取蹲姿,因为蹲姿位置低,在意义上比较消极。但也有一些场合需要你把位置放低并有一个稳定的姿势,这时用蹲姿是合适的。比如和比你矮得多的小孩子交流时,拍集体照时,采访正在地里弯腰劳作的农民时。

蹲姿的控制要领主要在腿和腰上。

蹲姿需曲腿,曲腿后重心最好不要平均地放在两只脚上,而是让两只脚一前一后,分开约一脚掌的距离,前脚全掌着地,后脚前掌着地脚跟抬起,重心落在后脚掌上。同时腰部要有控制地向上用力,而不要不控制地塌腰。随着腰部向上的力量,胸和头也会自然抬起。

这样,虽然身体整体位置放低了,但仍然保持着脚往下蹬地和腰往上用力的对抗力量,整体状态仍不失积极。

如果腰松了,整个身体的重量都落在脚上,全身便只有往下的力量了。如果脚跟不抬起,重心会落在脚跟上,全身也会往后往下"坐"。蹲本来是一种较消极的姿势,让人想起疲惫的老年人或病人,如果既要采取蹲姿又不希望给人以消极松懈的感觉,就特别需要强调正确的控制。

一个人的体态是站、坐、行、蹲等多种姿态有机组合而成。要养成好的体态习惯,首先要有明确、健康的体态审美观念,并在身体发展和有针对性的训练中进行全面培养,只有把正确的观念、必要的行为指导和自觉的控制结合起来,才能产生实际的效果。

(三)体态语的基本规范

人的客观存在和一切行为都意味着一定的动作,人们形象地说,很多动作是有表情和意义的,是会"说话"的,这是一种无声的语言,一种非言语的语言——体态语。

体态语是人们在长期的交际中形成的一种约定俗成的自然符号,它包括人的面部表情、身体姿势、肢体动作和身体位置的变化,是人类重要的交际手段之一。

美国心理学家艾德华·霍尔在他的《无声语言》一书中说:无声语言所显示的意义

要比有声语言多得多,而且真实、生动得多。因为人是常常"口是心非",有声语言往往把所要表达的意思的部分甚至大部分隐藏起来。造成这种现象的原因是:语言是人类对外界事物不断抽象、不断概念化、符号化的产物,它的形成是理性思维的结果,所以人类语言所传达的意识大多居于理性层面,而经理性加工后表达出来的语言往往不能率直地表露出一个人的真正意向,所以要了解人的深层心理,单凭语言是不可靠的。

在许多传播学者看来,人际传播中无意流露出的行为提示,比有意发出的语言符号更值得注意,一个人的体态语大都来自下意识,因此很难抑制。"尽管一个人可能停止说话,但是他不能停止通过肢体动作进行的传播"。

体态语主要用于辅助有声语言交际、表达情感信息、使理性信息具体化,并可调节交际过程、参与仪礼交往。具体来说,它有以下主要功能。

第一,表达情感信息时,体态语具有直接、真实和委婉的效果。体态语的视觉可感性使它既能够比较具体、直接而又明确地表达情感信息,又能委婉地表达说话人的交际目的,使听话人理解到说话人不便或不愿直接说出的态度和情感,即"言外之意"。比如,拒绝别人的要求,如果直接说出,很可能会使对方不快。这时,耸耸肩膀,双手一摊,就足以表达了"拒绝"而又不使对方为难。有时,说话人的言语行为并非真实情感的表露,通常以体态语表达"真义",以言语表达"假义"。当有声语言和体态语产生信息不一致时,听话人倾向于相信体态语的信息,而对言语信息内容持怀疑态度。

第二,体态语能够形象、生动、简洁地表达理性信息,用来重复、补充或替代言语的部分信息内容。比如,要说清什么是抛物、什么是螺旋运动,恐怕要颇费口舌,而且还会产生误解,如果用手势比划,则非常简便、明白、易懂。另外,以手指示数,以手势比划物体的外形、大小及运动特征,指称人、物、地点等也体现出体态语的这一功能。

第三,体态语还可以有效地调节、辅助有声语言的交际。比如,说话人是否打算说下去、是否同意听话人的插话要求、是否要求听话人发表意见,都是可以用体态语来表达的。说话人还依据听话人的体态信息反馈来了解听话人的态度和情感,例如,听话人急于插话,便尽可能地注视着说话人的眼睛,"伺机"插入;但是,说话人为了维持现有的交际地位而不愿意停下来,他会有意识地避开听话人的目光,表示自己不愿被打断。

第四,体态语可有效地强调有声语言,使之内容清楚,态度鲜明。

第五,体态语是日常礼仪交往的有效工具。两人见面彼此点头、握手、拥抱、亲吻、致谢时鞠躬,军人互致军礼,西方国家男士向女士脱帽致意等,都是仪礼交往的体态形式。

既然体态语在人际交流中所流露出的信息是如此重要,那么,学会读解和运用体态语,不仅能确保自己传播信息的准确高效,还能更加了解他人所传播的信息,从而全面提高交流的质与量。在这部分的学习中,要特别注意身体各部分体态语的基本含义和具体运用。

1. 上肢(手和手臂)的体态语

人的手和手臂动作灵活,开合自如,是表达情感的有力手段。有人说,"手是人的第二张脸",上肢的体态语是非常丰富的。

(1)握手

握手是最常用的体态语,它不仅表示问候,也表示一种保证、信赖。

▲标准的握手方式,又称"平等式",是意义比较单纯的、礼节性的、表示友好合作的一种握手方式。握手时用手指稍稍用力握住对方的手掌,对方也应该用手指稍稍用力回握对方,用力握的时间约1~3秒。

▲在握手时,用力回握,表示此人具有好动、热情的性格,凡事比较主动。反之不用力握手的人,若不是个性懦弱、缺乏气魄,便是傲慢矜持、摆架子。

▲在社交场合,主动跟陌生人轻松自在地握手,表明此人具有旺盛的自我表现欲。

▲先凝视对方再握手,是想将对方置于心理上的劣势地位。握手时手掌向上,是所谓"控制式",表示想取得主动、优势或支配地位(见图4)。

▲握手时手掌向下,是所谓"乞讨式",是性格软弱,处于被动、劣势或受人支配地位的表现(见图5)。

图4 "控制式"握手

图5 "乞讨式"握手

▲用两只手握住对方的一只手并上下摇动,是"手套式"。手套式握手往往表示热情欢迎、感激、谢忱、有求于人、肯定契约关系等意义(见图6)。

(2)手的小动作

在交谈中或在开会等场合,用手指或笔敲打桌面,或在纸上乱涂乱画,都是利用小幅度的手指动作来表示对对方的话题不感兴趣、不同意或不耐烦的意思。有时候,有的人还手脚并用,手指在上面做各种小动作(包括敲桌子、涂鸦或不停地摆弄身边的物品),腿脚在下面抖动或用脚尖拍打地面。除了表示上面的意思外,还表示情绪上的紧张不安,这些小动作都会阻挠对方把话题继续下去。如果想听取对方的意见或谈话的内容,就不能做出上面的动作,否则会带来反效果。

图6 "手套式"握手

(3)"尖塔行为"和"倒尖塔行为"

两手指尖并拢或交叉置于颚下的动作是向对方传达自己充满自信的信号,被称作"尖塔行为"。这个动作多见于西方人,有表示权力与高傲的意味,在谈话中用这样的手势是自信、独断的表示(见图7)。

也有人把"尖塔"倒过来向下,手的位置移向腰部以下,这叫做"倒尖塔行为",这时就有了完全不同的意思。这个动作往往产生于心情比较平静,愿意虚心听取别人的意见或谈话内容的时候(见图8)。

(4)开放和封闭的手势

当你想有效地向对方传达自己的信息或使对方在较短的时间内对自己产生信任感,务必在谈话时使对方多看见你的手心,而不是手背。因为手心意味着坦率和开放,手背意味着控制和封闭。与人谈话时,将手插入口袋,是为了隐藏"手的语言",不让对方看出自己内心活动的表现,也是一种封闭手势,是不信任对方的表现。

(5)谦逊、矜持、略带不安的手势

手与手连接放在胸腹部位置,是歌唱家、获奖者、等待被人介绍者常有的姿势。如果两手交握得比较松弛,显得谦逊、矜持,如果两手握得紧紧的,侧是略带不安的表示。

(6)双臂交叉

双臂交叉是一种最常见、最引人注目的双臂动作。

▲两臂交叉的第一个意义,是藉此在自己的身体面前筑起"围墙",不让他人侵入自己的势力圈。如果在谈判桌上,双方面对面两臂交叉地坐着,是表示彼此互不让步的意思。

▲交叉着双臂听人谈话,上身略为向前倾斜,这是下意识地流露出正以批判的态度听对方说话的意思。

▲话至中途,一方交叉起双臂,同时带有点头、附和的笑容,这个动作反而表示对

第九章 电视播音员主持人的基本形体

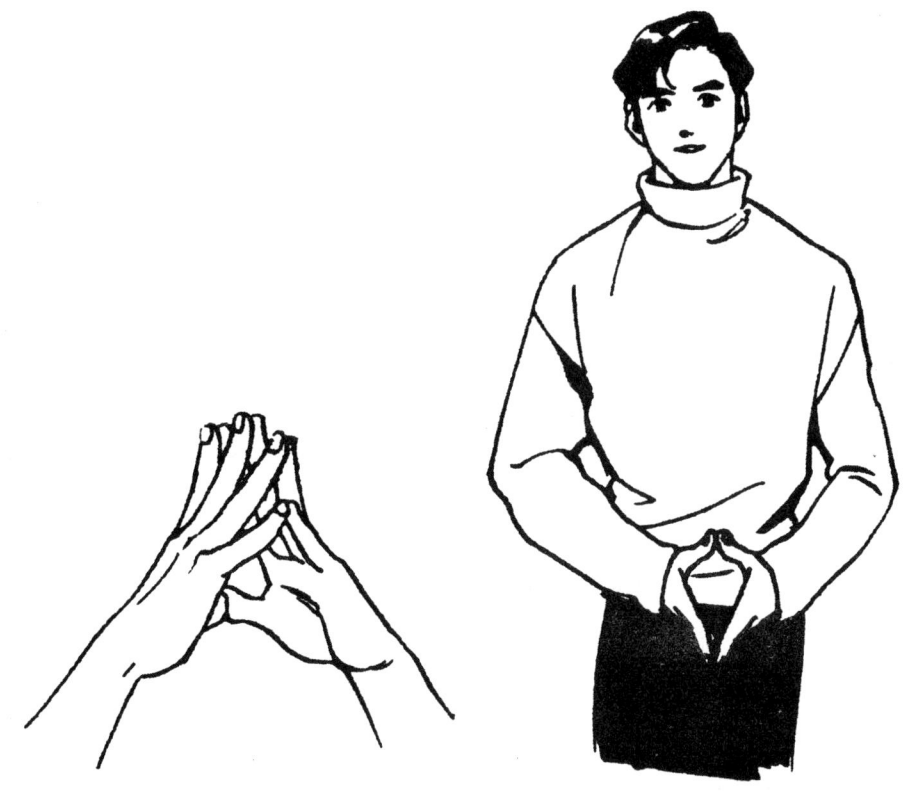

图7 尖塔行为　　　　图8 倒尖塔行为

话题深感兴趣,正在注意地倾听。

▲两臂交叉所表述的意义,与上身倾斜的角度有密切的关系。正面的两臂交叉,不论本人意识到与否,都会给对方留下"表示拒绝"的印象。上身向前倾斜的两臂交叉具有一定的合作性;上身向后倾斜的两臂交叉又则完全是傲慢、不合作的表现。侧身向前倾斜的两臂交叉意义较灵活,可攻可守,可进可退,是一种很有效果的动作语言。

2．躯干的体态语

(1)腰部

▲腰部在身体上起"承上启下"的支持作用,腰部位置的"低"或"高"与一个人的心理状态和精神状态有关联。弯腰动作,比如鞠躬、点头哈腰属于低姿势,把腰的位置放低,精神状态也随之"低"下来。反之,则是挺直腰板的动作。这个动作反映出情绪高昂,充满自信。用力挺直身体,使身体增高(同时也可提高一些腰部的位置),常常是力图使自己处于优势地位的动作。经常挺直腰板站立、行走或坐下的人往往有较强的自信心,且有自制或自律的能力,但可能缺乏精神上的弹性。

▲手插腰间,表示胸有成竹,对自己面临的事物已作好精神上的准备,或采取行动的准备。手插腰间,两只拇指露在外面,除包含前一条中的意义外,更流露出某种优越感或支配欲。

▲深坐者身体位置放低,表示认为眼前的事物并不会引起紧张,没有必要立即站起来,精神上处于放松状态。深坐也是向对方表现自己的心理上的优势。与此相对,始终浅坐在椅子上的人流露出自己心理上的劣势,缺乏精神上的安定感。

一个小人物在大人物面前坐也不是,站也不是;叫他坐下,也只是屁股沾着一点儿椅子边;而大人物呢?往往是舒适地深深坐入椅内,一副居高临下的神态。

▲在他人面前猛然坐下的动作,表面上是一种随随便便、不大礼貌或不拘小节的样子,其实此人内心隐藏着不安,或有心事不愿告人,因此不自觉地用这个动作来掩饰自己的抑制心理。如果同这个人谈话,他往往会表现出心不在焉或神思不属的态度。

(2)背部

▲背脊代表一个人的性格和气节。挺直背脊的人往往性格正直、严于律己,又充满自信;但在另一方面,思想可能比较刻板,欠缺弹性。与此相对,采取驼背姿势或低头哈腰的姿势表明此人具闭锁性和防卫倾向。挺拔地站在舞台上或讲台上的演员或节目主持人,从他的姿势可以想见他所受的严格训练和自我约束。端坐的姿势也是一种自我约束的表现。在对坐中,挺直背脊,一直保持端坐姿势者,等于在他与对方之间筑起一道无形的墙。

▲背向着对方或转过身去,一般可理解为表示拒绝、不理睬或回避。打电话时转过身去(有时还用一只手遮着话筒),多半是在谈论带有秘密性的事(私事)。因为背向他人即用背部挡住他人的介入,以消除自己心理上的不安。

▲拍背、触摸背部的动作往往表示有同感、有共鸣或鼓励、催促的意味。

(3)肩部

肩是身体上活动比较自由的部位,它能上下活动,能缩小、扩大势力范围,所以肩部的动作语言是相当丰富的。

▲在关系融洽的熟人之间,把手放在对方的肩上,是信任与友好的表示,但如果在人际关系紧张的人或陌生人之间用这个动作,则意义完全相反,是不承认对方、蔑视对方的表示。

▲耸肩动作常是一种自信的表示,它有向上扩大势力范围的作用,其基本意义是夸示自我存在和威慑对方,有意接受挑战。耸肩有时又是一种缩小横向范围的动作,耸肩动作配合摇头动作则表示不知道、不明白、不理解、无可奈何、"我没有办法"、"这不是我的事"等意义。

▲倾斜着肩部(即侧着身子)听对方说话,表现一种想闪避对方的话题,不正面接

受挑战的心理。这是观察对方动静的警戒姿势,也是一种可攻可守的姿势。

(4)头颈部

▲颈部最主要的功能是表示肯定的或否定的意义,不过这简单的动作中蕴藏的含义却很丰富。

点头除表示"是"、"肯定"之外,有时仅是向说话者表示"应和"的意思。认真的、有节奏的"应和",是向对方表示"我正注意地倾听你的说话"。若是机械地随声应和,频频点头,至多表示形式上的敬意和礼貌,实际上是对说话的内容不感兴趣。用点头应和来表示"拒绝"和"否定"的意思,更多见于女性。比如在对方说话告一段落时,她一边"嗯、嗯"着,一边连续点两次头,这个动作表明她不一定对谈话感兴趣,往往是一种"拒绝"的反应。在听对方说话的过程中,一边轻声点头应和,一边使上身稍微或渐渐偏离对方,这表示对方的话题偏离了主旨,引不起自己的兴趣,反之对方的话题切中主旨,引起自己的强烈兴趣时,便会做出幅度较大的应和动作,使对方不自觉地受到感动,交谈会更融洽,双方情感交流会更强。

▲侧着脖子(侧着头)的动作可表达好几个层次的意思:

表示疑问——你说的是什么意思呢?

表示无从做出决定——怎么办呢?

表示对话题开始感兴趣——喔,原来如此!以后呢?

▲低着头听人说话,是严厉地评价对方说话内容的表现,多半倾向于否定。

2．下肢(腿和足)的体态语

(1)抖腿

快速而小幅度的抖动腿部或摇动脚部,意味着将不安、紧张、焦躁的感觉传达给对方。

(2)架腿

▲标准式架腿动作,即一条腿整齐地叠放在另一条腿上,通常是左腿叠在右腿上,同时身体正直或稍前倾,是一种较积极合作的体态。

▲架腿的同时将身体往后靠,用腿部迎着对方,是封闭防卫和傲慢的表示。

▲将一只脚的足踝架在另一只脚的膝盖或大腿上,显示出一种兴奋、竞争或辩论的态度,常被认为是无礼、粗俗。

▲并排而坐的两个人,如果都架腿,并互相构成一个封闭的势力圈的话(如坐在右侧的人将右腿架在左腿上,坐在左侧的人将左腿架在右腿上),则可以从中看出那么几层意思来:①这两个人的关系比较好,若是谈话,大概谈得比较融洽或投机;②他们构成的封闭圈表示将第三者圈在外边,或表示此时不愿受人打扰。

▲频繁的变换架腿动作是不耐烦的表示,你若针对某个主题向对方说明时,对方开始架腿,这个动作实际上表示对方对你的谈话主题不感兴趣。如果你在此时还继

续你原来的话题,对方就会频繁地变换架腿的动作,表示不耐烦了。

(3)腿的开合

男性张开腿部而坐是一种开放型的姿势或动作,表明此人有自信,有接受对方的倾向。男性膝盖并拢的坐姿,是防御性心理的表现,比较拘束紧张。

女性的坐姿以并拢双腿为好,可以有一些变化,如两脚一前一后,或并拢双腿后取斜侧姿势,张腿而坐是缺乏修养的表现。

(4)交叉足踝

"交叉足踝"有一种暗暗控制自己的意味,如交叉动作较松弛,是谦和的表示,如果把双踝紧紧地扭在一起,则是紧张不安的表示。

3. 面部的体态语

发生在面部的情感体验的反应是最大量的,也是最明显的。

(1)眼睛和眉毛

眼睛被誉为"心灵的窗子",表明它具有反映深层心理的功能;眼睛的动作一向被认为是最明确的情感表现。一般说来,你越喜欢的人或物,就越爱用眼睛来同他接触。我们可以从注视的时间、方式和方向以及视线交流的角度等方面去读解眼神的信息。

▲注视。

①直视与长时间的凝视可理解为对私人占有空间或势力圈的侵犯,所以是不礼貌的。

②与人交谈时,视线接触对方脸部的时间应占全部谈话时间的 30～60%;超过这一平均值者,可认为对谈话者本人比谈话内容更感兴趣;低于此平均值者,则表示对谈话内容和谈话者本人都不怎么感兴趣。

③眼神闪烁不定反映出精神上的不稳定或性格上的不诚实。

④不愿双目交接者,是由于心中隐藏着某件事而有所愧疚。

⑤回避对方的视线,是不愿被对方看到自己的心理活动。

⑥瞪大眼睛看人是对对方感到极大兴趣的表示。

⑦眨眼也属于注视方式之一。眨眼一般每分钟 5～8 次,若眨眼时间超过一秒钟就成为闭眼。

⑧在一秒钟之内连续眨几次眼,是神情活跃,对某事物感兴趣的表现;有时也可理解为由于个性怯懦或羞涩,不敢正眼直视而做出不停眨眼的动作。

⑨视线停留在两眼与胸部之间的形区域,叫做近亲密注视;视线停留在两眼与腿部之间的形区域,叫做远亲密注视。这两种注视都表示对对方感到兴趣。

⑩视线停留在双眼与嘴部之间的形区域,为社交注视,是社交场合常见的视线交流位置。

⑪视线停留在对方前额的一个假定的形区域,为严肃注视。这种注视方式能造成严肃气氛,使对方感觉到你有正经事要谈,并使自己保持主动。

▲视线交流。

①视线向下表现出父母对子女(或长者对后辈)的爱护、宽容的心理状态。

②保持平视是基于理性与冷静思考或评价的成人心理状态。

③视线向上表现出尊敬、倾慕等心理状态。

▲瞳孔。

瞳孔的放大与缩小属于微身体动作。一般说来瞳孔的放大传达出正面的信息,缩小则传达出负面的信息。表示喜欢或兴奋时,瞳孔就会放大,而表示消极、戒备时,瞳孔就会缩小。

然而瞳孔的信息是无法用意志来控制的。在古代人们已经认识到瞳孔的放大与缩小的含义。古希腊和古代威尼斯的女性懂得用扩瞳药使自己的眼睛变得更加明亮。现代的企业家、政治家以至职业赌徒为了不使对方觉察到自己瞳孔的变化,往往喜欢带上有色眼镜。

▲眉毛的动作。

眉毛一般是配合眼的动作来表达自己的含义的,它对于一个人的表情来说却是非常重要。

①眉毛上耸,表示惊讶、强调、欣喜、惊恐等感情。

②眉毛皱起,表示困窘、不赞成、不愉快等感情。

③眉毛倒竖,表示气恼、愤怒等感情。

④单眉上挑,有表示询问的意味。

(2)嘴

▲抿嘴。

①平时爱紧紧地抿住嘴的人,多半有坚决的意志。

②说话过程中抿嘴,是闭嘴不说话的表示,有谈话告一段落的意味。

▲撅起嘴是不满意和准备攻击对方的表示。

▲咬嘴唇多出现于遭到失败时,有时也可解释为自我解嘲和内省的心情。

▲注意倾听对方谈话时,嘴角会稍稍向后拉或向上拉。

▲嘴角向下是不满和固执的表现。

(3)下颚

突出下颚是一种自大的表示,用下颚来指使他人,即所谓"颐指气使",属于骄横、傲慢,具有强烈自我主张的表现。用力缩紧下巴是表示畏惧和驯服之意。抚弄下颚往往为了掩饰不安、话不投机的尴尬场面。然而与面部积极的表情相配合,也可解释为自得和胸有成竹。

以上我们就身体各部分体态语的基本含义和具体运用做了具体分析,但在实际生活中,每个人的体态语都是全身动作的综合,它比个别部位的动作更直接而明确地传达出动作主体的意识活动和心理活动的信息。例如,我们说某人的"风度潇洒",就涉及该人的眼神、面容、举手投足的姿态等等;若说某人的"态度傲慢"同样涉及全身动作。因此在读解和运用体态语时,不但要注意身体各部分的分解动作,更应重视全身动作的综合和协调。

此外,不同民族、国家、地区也有不尽相同的体态语,应当有所了解,并准确地运用。

(四)形体问题形成的原因

明确了形体各要素的基本规范,可帮助我们对比着找到自己在形体上的毛病,加以改善。在改善和校正形体问题时,还应弄清形体问题形成的原因,方可有的放矢地解决问题。对个人而言,形体问题形成的原因主要是形体意识贫弱、形体习惯不好和精神紧张。

1. 形体意识贫弱

这又分两种情况,一种是对形体问题没有认识,毫不讲究。多见于文化程度较低或虽然文化程度不低,但缺乏自我审度认识(很大程度上是从小家庭教育中缺乏形体教养)的人群,他们对自己的体态控制差,累了就驼背或"摊坐",有八字脚的习惯也不去管它,常常给人举止"过懒"、"没样儿"的印象。在体态语运用上缺乏礼让,给人无所顾忌、比较粗俗的感觉,严重的给人社会化不完全的印象。

还有一种情况是某些人对形体问题有认识,比较讲究,但认识上出了偏差,越讲究问题越大,这是对形体美规范的误会造成的。如有的男性以孔武有力为美,走路的时候左摇右晃,以期增加形体的力量感;有的女性以扭摆秀气为美,走路扭摆,行为小气,做作;有的人不顾国情,照搬西方人的习惯动作又不符合自身气质,还有的男性有女性化行为倾向,女性有男性化行为倾向……

这些问题,主要是形体意识不当造成的。自然得体的形体是身心统一的表现,只有先从心理上纠正不正确的认识,竖立正确的形体意识,才能从根本上改善上述问题。

2. 形体习惯不好

形体意识不当会导致形体习惯不好(如驼背、塌腰、端肩、扣胸、缩脖、挺肚、松胯等),某些长期行为(如长期伏案、长期两肩不平均的负重)也会造成形体习惯不好。从根本上说,这些都是长期缺乏控制,缺乏校正造成的。

3. 紧张

良好的形体是在松弛的基础上有适当的控制,因此身心松弛是应有的基本状态,紧张是不可取的。

紧张又分两种,一是应激性的紧张。有的人平时状态挺松弛,但一到某些场合,如面试、当众发言、会见陌生人时就心理紧张。心理紧张必然导致生理紧张,人体肾上腺分泌过度,心跳加速,血压升高,形体也随之紧张、僵直甚至发起抖来。

二是习惯性紧张。你见过这样的同学吗?他们坐在书桌前学习的时候,咬着嘴唇、皱着眉头,肩膀也端起来了,脚还轻轻地跺着,一付很努力、很费劲的样子。其实,咬嘴唇、皱眉头、端肩膀、跺脚都是白费力气,是多余的紧张,这些动作所花费的能量并不能帮助你思考,还是把这些架子放下为好。

紧张是一种习惯,松弛也是一种习惯,常常提醒自己放下多余的紧张,习惯于身心松弛,会培养出一种沉稳、安适、举重若轻的气质,形成较好的形体感觉。

三 电视播音员主持人的形体运用与提示

电视是以图像和声音为本体的、富于纪实特征的大众传播媒介,在屏幕上出现的人物,总是全息地呈现出自己的形象和声音。在自然生活状态中拥有良好形体状况的人走上屏幕时,也多半拥有良好的形体表现。从这个意义上说,播音主持艺术的形体审美取向与自然状态下人的形体审美取向基本是一致的。

但是,播音员、主持人作为职业的电视传播者,仅仅自然主义地再现、还原生活状态还不能胜任工作,我们必须进一步深入了解电视传播的独特角度和一定的高度,完成从自然人到电视人的转变,力求在屏幕上有良好的表现。毕竟,上电视与自然生活有所不同;毕竟,评价工作成绩好坏的标准,不在拍摄现场,而是透过屏幕,存在于观众的目尺口碑之中。

(一)电视传播对播音员、主持人形体表现的要求

1. 松弛身心、消除紧张

初上电视的播音员和主持人在镜头前常常会非常紧张,看起来很不舒服——他(她)完全失去了自己,不听指挥,这种紧张会造成身心的僵硬——明明已经烂熟于胸的内容,突然脑子里一片空白;明明有很好的声音,一下子却说不出话来。这种紧张如果发生的形体上,走起路来就会僵硬,甚至于顺拐,举起手来仿佛举起两根棍子。紧张不但使得形体呆板、僵化,还会妨碍内心的活动,引起感觉知觉的麻木,思维凝滞,反应迟钝。因此,在开始播音主持创作之前,必须使身心处于一种松弛的状态,才能有正常的思维、语言和形体表现,让自己在镜头前恢复成一个身心松弛的正常人。

当播音员、主持人在屏幕上与观众见面时,是以传播者、交流者的身份出现的。尤其是主持人,更是以一种类似人际交流的方式来完成大众传播的任务,力求展现一种人际交流的自然状态。可为什么生活中很自然的交流搬到镜头前就会出现那么多多余的紧张呢?这是因为生活中的人际交流和镜头前的"类人际交流"有不同的地方。

首先,人际传播的特征在于符号互动,即传受双方共同面对一个现实的情况进行交流,反馈迅速是人际传播的重要特点,在不断地相互传播——反馈的过程中,传受双方达到互动的状态。

而电视节目的制作,常常是"闭门造车",并没有与观众真正地互动,即使是采访或有现场观众参加的节目,和自然状态下的人际交流也有很大不同。播音员、主持人常常面对摄像机,进行着虚拟的人际交流,在缺乏反馈的传播真空中,播音员、主持人的行为很容易被异化(异化,即相同或相似的事物逐渐变得不相同或不相似,这里指播音员、主持人的语言和行为变得不自然),或与有声语言脱节(即有声语言到位而形体表现不同步)。

其次,拍摄现场的环境也是造成播音员、主持人行为异化的重要原因。演播现场是一个特殊的、和生活大不一样的地方,灯光、布景以及化妆、服饰都令人觉得仿佛置身于别样世界当中,很容易让人心神分散,神思不属。

另外,拍摄现场的气氛也影响着播音员、主持人的语言和行为。拍摄现场往往是工作气氛强于交流气氛,在若干节目工作人员的围观目睹之下,交流(更多的时候是虚拟交流)的目的似乎不是为了了解与沟通,而是为了完成工作。交流过程的重要性被弱化,节目结果的重要性被强化,这种气氛常令播音员、主持人杂念丛生、备受干扰。

以上三方面的原因都会造成播音员、主持人在拍摄现场行为上的异化,在形体方面,则表现为动作的拘紧、僵硬和不得体。当这种不良状况出现时,现场的自我提醒或他人提醒往往流于表面和片面,并不能真正奏效,只有通过有意识的身心调节训练,获得自控能力,把握好身心松弛和形体控制的关系,才能克服异化影响,自然、自由地运用形体,更好达到传播目的。

2. 形体表现要符合节目要求

当播音员、主持人以节目代言人的形象出现时,他就承载了观众对这一节目形象的多重期待,此时,他不再仅仅是人际传播中的自然人,更是受众人瞩目的传播人。

观众对播音员、主持人节目形象的期待从低到高有三个层次,一是健康自然;二是与节目匹配、得体;三是生动、有特点和个性,可给人以审美的愉悦。形体作为塑造个人整体形象的重要手段,在满足观众对播音员、主持人节目形象期待方面,必须有所作为,有所调整。

3. 形体调整要符合画面造型要求

电视播音员、主持人的形体是通过镜头展现于观众面前的,不同的拍摄方式可能产生不同的造型效果。善于书画的人都知道,善书者,不但要对自己运笔、着墨的技法进行训练,还要谙熟宣纸的质地,墨色的浓淡和毛笔的软硬。从这个意义上说,电视播音员、主持人了解镜头就和书画家了解笔、墨、纸、砚一样重要。播音员、主持人的形体调整要符合画面造型要求,就必须对镜头的拍摄角度、拍摄高度和景别有所了解,应该有一定的机位意识。

(二)电视播音员、主持人进行形体调整的三个层次和三个步骤

播音主持艺术形体审美取向与形体调整的基本标准是以自然人的基本形体审美取向为基础,结合节目(栏目)的内容和特点,并符合电视化要求。具体来说,播音员主持人的形体调整有从低到高的三个层次,对应这三个层次,形体调整也有从简到繁的三个步骤。

1. 克服自身多年形成的形体欠缺,校正过于僵硬或松懈的体形体态,获得端正优美的基本形体,给人健康自然、富于生气的基本形体印象。

在形体调整中,最直接、最重要的是体态调整。无论体形条件如何,只要有了正确的体态,整个人的形象感觉和精神面貌便会即刻改变。有了精气神,有了积极的形体状态,就容易体会良好的镜头前状态,传播效果也会随之提升。

2. 排除紧张,松弛身心,解放形体,消除拍摄现场的特殊性对形体动作产生的紧张感和异化,回复自然协调的形体感觉。

正常人在一个令自己感到轻松、自信的情况下,通常有着协调的形体动作。人体是一个有机统一的整体,情绪激动或心理紧张,会反射性地引起肌肉紧张,使形体控制失灵,身体的协调性遭到破坏。形体和心理的紧张,是播音主持艺术创作的大敌。所以,只有学会有意识地排除多余的紧张,松弛形体,才能准确地控制自己的形体动作,并在意识的支配下保持动作。

播音员、主持人需要松弛,需要掌握排除身心多余紧张的放松技术。但是,松弛不是松懈,松懈是没有控制的松散,松弛则是形体动作中准确而适度、有效而省力地运用肌肉的能力。电视播音员、主持人必须具有自觉地调整与控制自身形体动作和能动地排除多余紧张的能力,使自己不因情绪激动而造成动作违背意志而失去控制。

在节目拍摄现场,如果播音员、主持人因各种因素出现紧张,我们会采取一些应急措施,如做深呼吸、自我积极暗示或暂时目标转移等。这样做的结果,可以使人稍稍平静下来,但是,并不能从根本上解决问题。这种事到临头才抓来的放松方法,是不得已而为之的,应当尽可能避免。解除紧张、调整身心、放松形体应该成为播音员主持人必须掌握的心理技术,同时也是一种训练手段。

调整的第一步是减感。主动放松肌肉,调节呼吸深度和频率,停止思想活动,使纷乱的大脑平静下来,使自己逐渐进入半睡眠状态。经过这样一个安宁阶段,兴奋水平降低,干扰身心的诸多因素被排除,身体机能(心跳、呼吸、血液循环等)得到调整。

调整的第二步是增感。在肌肉放松、心情平静的基础上,将注意集中于所需要的情境中,获得目标和程度都适度的兴奋的创作状态。

这种由减感——放松、排除障碍,到增感——进入情境、适度兴奋过程的掌握,是经过专门训练而获得和巩固的一种技巧,是激发播音员主持人的创作潜力,适时进入创作状态的重要途径和手段。

3.在精确分析节目定位和自身形体特点的基础上,筛选适合的形体语言,扬长避短,加以应用。

就播音员、主持人个人的形体习惯而言,有的可能很有魅力,有的可能一般化,有的则可能令人生厌。形体松弛后展示真实的自我,并不意味着可以把那些不好的形体习惯也带到节目中去。就节目(栏目)的风格和内容而言,播音员主持人的自我形体,有的是与节目协调的优势部分,有的是与节目不合的劣势部分,应该以节目为本位,仔细审视自己的形体习惯,并作出适当的筛选,扬长避短地加以应用。这是播音员主持人对自己形体调整的较高层次,即筛选既适合节目,又能够显示自己个性的形体元素。

真实自然是简单而又重要的表现方式,真、善、美中占第一位的就是真,有了真,才有进一步的一切。真实流露是一种自然表现法,但带有较多的感性色彩,可能不够精当。在真实自然的基础上扬长避短,才是理性、科学的形体表现方式。要做到这一点,必须对节目的内容、风格和要求有明确、透彻的了解,必须对受众的接受能力和欣赏习惯有客观、冷静的分析。这样,才能使自己的表现超越自然主义,达到更高的、更符合电视化要求的层次。

电视主持人如果希望显示出具有个性特征的公众化形象,应该至少有二至三种行之有效、立即可行、可重复使用但又不令人厌倦的形体动作来帮助传递非语言信息。一种观众熟悉而又适合节目的手势,一种有特点有节奏的步态,都会成为某种标志性的东西而直接体现着主持人的个性。当然,这些姿势应当是天生的,并经过提炼而确有表现力的,而不是凭空编造或从别处生搬硬套而来的。播音员、主持人要善于发现和选择能代表自己形象的特征,但不要试图使用本人不具备的特征。否则,会令人觉得做作、可笑,滑到扮演的路上去。

(三)电视播音员、主持人如何进行形体调整

1.用客观的眼光观察、分析自己的形体状态

每个人的形体都是自己生命的一部分,在常态下,很难自己对自己的形体状态来一番客观的观察和分析。"不识庐山真面目,只缘身在此山中",不明白自己的形体到底是什么样子的大有人在。形体调整的第一个原则就是要用客观的眼光观察、分析自己,看看别人眼中的自己到底是什么样子,有什么优点,有什么不足。只有这样,才能真正发现属于自己并且根深蒂固的形体动作中那些可琢磨和可推敲的元素。

你应该调查和重新发现一下自己。

可以去问几个熟人,请他们从你一贯的身体姿态或行为特点方面用最少的字眼来描述你,这种描述往往准确、精当、言简意赅。他们很可能会把动作"拖泥带水"或"快而急"或"潇洒利落"或"扭捏小气"等标签贴在你的形体特征上,而你自己常常根本意识不到这些特征。

然后,你应该反复观看自己所做的节目录像,分析自己的短长,并拿自己和别人做比较,看看自己在形体沟通方面是否正确,哪些精彩,哪些不当,在使用上是多了还是少了。你甚至可以关掉声音,更仔细地分析自己的形体问题,单调呆板的手势和紧张不安的动作在这时就会凸显出来,让人看个明白……这样久而久之,形体沟通就会成为一种习惯,你会去主动关注、主动学习,使它真正成为自己实现传播任务、提升传播效果的有效手段之一。

2. 内外协调,身心统一

形体调整不仅是外在的调整,更重要是从心理调整入手,只有内外协调,才能身心统一,因此对形体的种种调整,都应建立在心理调控的基础上。这一方面是指播音员、主持人应有良好的文明教养,诚恳谦和,与人为善,无论在屏幕上还是在生活中都能够检点自律,如此,这些美好的品性自然会折射在形体表现之中,体现在形体细节之中。另一方面,是指在具体节目中、具体情景下的形体表现应身心统一。如新闻节目的形体把握应从积极而庄重的心理感觉入手,文艺晚会主持的形体把握应从挺拔洒脱的心理感觉入手,谈话节目的形体把握应从自然随和的心理感觉入手,切莫错位。

3. 根据自身情况,适度调整、校正

就如同播音员、主持人声音的训练必须从自身实际情况出发一样,形体的调整、校正也是在现有基础上进行适度的改善,而不是学别人的样子或扮演播音员、主持人的样子。不要期望自己能从头到脚彻底变个样。不过,如能有针对性地改掉最主要的毛病,也常常给人形象焕然一新的感觉。

另外,在进行形体的调整、校正时可能会借鉴一些其他艺术形式的训练方法(如舞蹈),但最终的效果必须合乎电视节目的要求。

4. 集中训练和养成训练相结合

形体美当然在日常生活中可以注意培养,但是否经过集中、专门、科学的训练,差异却大。以体态美为例,人们在坐、立、行走时是否有良好的姿态,腰部是关键,大多数未受过形体训练的人在自由站立时,往往腰部下塌,腹部突出,姿态松懈,缺乏美感,而在立正时又会刻意挺胸抬头以示端庄。但由于腰部仍然松垮,这样的姿态虽有局部紧张却无整体协调,仍然缺乏英挺的美感。而受过形体训练的人却能下意识地立腰收腹,自由站立时虽然四肢松弛但脊柱依然正直,显得松而不懈,立正时再配合挺颈、收颌、提臀,更显得端庄修长,生气勃勃。因此,通过形体训练使正确姿态的形成和身体发展结合起来,才能使良好的形体状况有真正、有效的保障。

和播音员、主持人声音训练的原则相似的是,形体训练除了需要有相对集中、系统的训练外,也需要把良好的形体贯彻到日常生活中去,形体训练同样需要集中训练和养成训练并重。

集中训练是强化训练,特别是对于本来毫无形体训练的人来说,通过一些有针对性的练习可以发展身体机能,改善体形状况,并在此基础上纠正各自形体上的不良习惯,灌输正确的形体观念。

形体养成训练主要反映在日常状态中保持良好的体态,把美好的形体带到训练房外,带到生活状态中,不是"做优美状",而是让优美体态成为真正属于自己的行为习惯。只有这样,才能身心和谐,不矫揉造作,不仅在镜头前表现出色,而且真正拥有从容、大方的美好气质。

5. 自觉学习体态语沟通技巧,多方借鉴、为我所用,不断提高自己的形体知觉能力,表现能力和调控能力

电视播音员、节目主持人拥有体态语沟通的知识、技巧和意识,有利于在工作过程中的传情达意。形体语言配合有声语言,总会强化某些信息、深化某些信息或引发其他信息,使传播活动变得生动和丰富。一个有较强沟通能力的主持人,不单本身会不断发出准确而简炼的体态语信息,而且能敏锐地感知、读解合作者或现场参加者发出的体态语,从而判断其兴趣、态度及参与程度,并随时作出相应的调整,以融洽传播关系,提升传播效果。

人的形体沟通能力,包括形体知觉能力、表现能力和调整能力,这种能力有天赋的成分,也有后天习得的成分。播音员、主持人先天拥有的形体沟通能力有高低之分,后天经过学习而获得的形体沟通能力也有强弱之别。在电视播音员、主持人队伍中,缺乏体态语知识,忽视通过形体动作来传递信息的现象,至今仍带有普遍性。有的人缺乏这种意识,有的人将其视为自然(虽然这并不错)而忽视学习和锻炼,还有的人体态语使用不当却又并不自知。事实上,形体沟通能力固然是天赋的,但也需要学习。对于电视播音员、主持人来说,这种学习已超出了日常生活的需要,而变成了工作的需要。

学习体态语沟通的方法,除了集中的课堂学习外,更应该渗透到生活的方方面面、时时刻刻,多观察、多分析、多体验、多实践,让自己的形体感觉变得敏感、活跃、细致、准确起来。体态语的学习,始于观察和分析,作为人类传播活动作用的符号系统之一,体态语符号本来就是习得的。只要有人活动的地方,人们都在使用体态语,都有非语言信息存在。无论在现实生活中,还是在文学作品、影视作品和别人的电视节目中,只要留心观察,我们都能发现各不相同的形体状态和形体个性,有了这些对他

人形体语言观察和分析的积累作基础,播音员、主持人自身的形体感觉也会慢慢活泼起来,自己的体验和实践也会慢慢丰富起来。

6．既要培养自己形体的表现力,又要在具体节目中合理控制这种表现力

电视播音员、主持人无声的形体语言和有声的语言一样,应该来源于生活而又高于生活。在真实自然的基础上,应该更加准确、精炼、有个性和特色。这要求我们一方面要注意培养自己的形体表现力,另一方面还要有形体控制力。尤其是种种属于自我亲密性动作的小动作,如摸脸、挠头、搓手或绞手,这些小动作会引起表意的含混、暧昧或失态,应特别注意。

(四)电视拍摄与播音员主持人形体表现的关系

电视播音员、主持人在摄像机前进行工作,拍摄机位的不同带来了拍摄角度的变化,也带来了画面成像效果和成像特点的不同,并直接或间接地影响着播音员,主持人的形体表现。因此,对机位的了解是播音员、主持人应有的职业意识。

笼统地讲,"机位"即是摄像机、也就是镜头的位置。但机位不是一维的概念,而是三维的概念,机位有三个元素:拍摄方向、拍摄高度和拍摄距离(即景别)。

1．拍摄方向

当被摄体正面对准镜头时,称为正面方向,当被摄体侧面对准镜头时,称为侧面方向,当被摄体背后对准镜头时称为背面方向。另外,在正面和侧面之间还有一些斜侧的方向被称为前侧方向,在侧面与背面之间也有一些斜倾的方向被称为后侧方向。当播音员、主持人成为被摄主体时,可能有不同的拍摄方向,而不同的方向有着不同视觉重力。

(1)正面

当电视播音员、主持人以正面方向出现在画面上时,便和观众形成一种面对面交流的关系,任何一个部位,任何一点表情,尤其是两只眼睛的表情都会给观众以直接的刺激,因而正面方向视觉重力最大,是播音员、节目主持人工作时的主要机位。

但同时,正面机位有可能造成画面构图的过于对称、平板和僵硬,特别在新闻播音中,如果播音员正好处于画平面的中央,头正身直,又缺乏形体的变化,就很容易形成一个稳定的等腰三角形构图。许多有经验的电视播音员把这种画面感觉形象地称为"把自己坐死了",需要做一些细微的调整,以打破这种死板的格局,如采用正面稍侧的位置,或有一些服饰、发型的不对称变化。当然,我们也可以在画面的整体构图上有所改变,像凤凰卫视中文台的新闻节目就比较注意构图调整。早间的《凤凰早班车》,把主持人安排在画面右侧,画面左侧为新闻图文资料的背景;晚间的《时事直通车》,把主持人安排在画面左侧,右侧有一张搁稿件的小案。其他新闻节目,也多半将主持人安排在画面一侧,在正面机位上打破完全对称的正面构图,取得了较好的视觉

效果。

(2) 侧面

当人物以侧面方向出现在画面上时，他的脸部只有一半在观众视野中，观众只能看到人物的一只眼睛，而且视线并不朝向观众，侧面方向不能与观众直接交流，因而，其视觉重力小于正面方向。播音员、主持人不宜长时间以侧面方向出镜。此外，对于一些脸型较大或脸左右不完全对称的电视播音员、主持人而言，可用正侧的形象出镜以弥补其脸部缺陷，美化形象。

(3) 背面

当人物以背面角度出现时，脸部全部被后脑遮住，正面信息仿佛被一扇大门紧紧关闭，因而背面角度视觉重力最小，对观众的刺激最弱。

另外，在正面和侧面之间的前侧角度，其视觉重力介于正面与侧面之前，基本上可以视为正面角度的范围，既能较全面地传达出正面信息又有灵活变化的余地，是双人或多人交流的节目中常采用的机位。在侧面和背面之间的后侧角度，其视觉重力介于侧面与背面之间，基本上可以视为背面角度的范围。

由于以上原因，在拍摄一组人物的时候，往往让主要人物呈正面或前侧角度，让次要人物呈侧面或背面角度。这样，从各自的朝向和视觉重力上，观众就会分辨谁是主体，谁是陪体。在电视采访和谈话节目的拍摄中，朝向的作用尤为重要。电视播音员、主持人应有意识地配合摄像机进行形体位置调度，以取得适宜的效果。

在一对一的采访中，采访者和被采访者面对面地谈，通常将摄像机安排在采访者身后，采访者位于前景、后侧角度，被采访者稍后、前侧角度，这样观众的视觉很自然地会集中在被采访者身上(见图9)。而在采访的开头和结尾，采访者需要与观众正面交流时，可以180°转过身来，变成正面方向，观众的注意力就会从被采访者转移到采访者(见图10)。如果采访者与被采访者都取侧面方向，不但都不能与镜头进行正面交流，而且二者的视觉重力相同，观众的注意力会在二者身上来回游移，主体也就被干扰了。

在许多节目中，主持人和客人谈话时都面对摄像机，基本都是正面方向，职业素质较强的主持人常常会细致地调整自己的形体位置以利节目效果。我们可以注意到倪萍在综艺节目中的表现，每当她请客人与她同台出现，总会微微侧身，让客人有正面的谈话表现，这是一种礼让的姿态，同时也是调度观众视觉注意力的有效手段。倪萍说她不认为综艺节目主持人是节目的主角和节目中的主要表现者，她(他)的任务是招呼好客人，串联好节目。多年以来，她以成熟女性谦和而热情的风范赢得了观众的厚爱，其职业素质不仅体现在有声语言的感染力中，也体现在这看似平常的微微侧身中。

图 9 采访时的常用机位（突出被访者）

图 10 采访时的常用机位（突然采访者）

2．拍摄高度

拍摄高度是指摄像机镜头相对于被摄体的高度，当镜头与被摄体高度相当时，为平角度；当镜头低于被摄体时，为仰角度；当镜头高于被摄体时，为俯角度。

这三种角度具有不同的造型效果和感情色彩。

(1)平角度

用平角拍摄，由于镜头位于与被拍摄对象大致相同的高度，其视觉效果接近于人们日常生活中平视观察事物的情况,这时,镜头犹如处于与对象平等的地位,态度倾向于冷静、客观、不偏不倚、公正平等,同时在造型上也能反应正常的空间透视关系,因此是一种典型的新闻角度。

在较冷静的节目,如新闻播报或新闻评论节目,常以平角度拍摄播音员、主持人,以获得稳定、真实、平易的画面效果。

(2)俯角度和仰角度

俯角拍摄,由于镜头高于被摄对象,是一种从上往下看的效果,在传统和注重对应关系的视听语言(如影视剧)中,以俯角度表现的拍摄对象往往带有一种渺小、无力、压抑等感情色彩。

仰角拍摄,由于镜头低于被摄对象,有一种从下往上看的仰视效果,对象显得高高在上。同时,由于地心引力的物理——心理效应,高高在上的对象又有一种向下倾压的动势,因而视觉重力很大,被摄对象显得高大有力而重要,有一种优越的感情色彩。

从理论上说,电视播音员和节目主持人作为与观众直接交流的节目代言人,其基本感情色彩是平易而令人乐于接受的,因此在拍摄中基本不使用带有强烈主观色彩的俯仰机位。但随着视听语言的不断发展、丰富和变化,随着观众求新、求变的心理需求,以及观众对视听语言解读能力的提高,将俯仰角度灵活运用在某些电视节目中,甚至用在播音员、主持人身上,渐成流行。

在允许有较强烈视觉主观色彩的节目,如游艺节目、儿童节目中,在某些允许有一些戏剧色彩和夸张色彩的节目片断中,人们常利用俯仰机位的造型特点来取得新奇的视觉效果,俯仰机位常与光学镜头和运动镜头的共同变化取得漫画般的效果。如用广角加强空间透视感和夸张感,用轻轻晃动的运动镜头代替稍嫌沉闷的固定镜头来获取活跃、跳脱的视觉感受等。此时俯仰角度压抑或优越的感情色彩已不被注意,它那哈哈镜似的夸张、变形的视觉效果成了让人获得新鲜刺激、新鲜乐趣的所在。

当然,俯视镜头的运用一定要合时宜,要与节目内容和节目基本形式不冲突,在和谐中求变化。

另外,对俯仰镜头和其他有变形效果镜头的运用也应有所节制,作为一种新鲜的视觉效果,如果迅速用滥了它,也会令人倒胃口。

对于新闻类节目的播音员、主持人来说,夸张的俯仰机位自然是不适用的,但稍微调整一下拍摄机位的俯仰角度,却有不露痕迹地修饰脸型缺点的奇妙效果。

对于拥有窄额宽腮的梨形脸或较胖脸型的播音员、主持人来说,用稍俯机位能有效改善屏幕视觉效果,取得类似鸭蛋脸或瓜子脸的效果,对于颧骨较高的播音员、主持人来说,稍俯的机位也同样适用,可避免这一特点在屏幕上的突出。

而对于形象端正,但过于纤小、削瘦的脸型,稍仰的机位则能改善脸型。

用机位俯仰的微调来修正播音员、主持人脸型要注意不露痕迹,有所调节却不让人发现,这才是真正的高明,这要靠实践与经验而为之。

3. 拍摄距离(即景别)

拍摄距离一指摄像机和被摄体之间的实际距离,二指摄像机镜头的焦距。拍摄距离的变化可造成景别的变化。景别指被摄主体(主要指人)在画面中的呈现范围。远景表现开阔的画面,人物在画面中所占面积很小,甚至仅成点状;全景是人物全身入画的景别;中景是人物膝盖以上入画的景别;近景是人物胸以上入画的景别;特写是人物头部入画的景别。

"景别"是电视工作者非常熟悉的一个术语,"远、全、中、近、特"常常被我们挂在嘴边、记在脑子里、写在分镜头脚本上。有经验的摄像善于运用景别的变化进行画面叙述、传情达意,甚至表达片子节奏,但面对镜头的播音员和节目主持人却常常因为不熟悉不同景别的功能、成像特点及其在画面表述方面的外延和内涵而在出镜时表现得不够到位。

在电视播音员和节目主持人的工作中,远景和特写是"两极景别",绝少以这样的镜头出像,而全景、中景、近景和程度不同的中近景却是我们常常碰到的,下面我们就这几个景别进行分析。

(1)全景

在全景镜头中,被摄人物全身出像,在主体人物从头到脚完整地展现在画面上的同时,现场环境也得到了一定的展示。在画面面积上,人物和环境的比例是1:2,即人物占1/3,环境占2/3。这使得全景镜头成为一种"定位"镜头,既给环境定位,又给主持人定位。所谓"典型环境中的典型人物"可以在这里借用一下,即"一定环境中的一定人物"。在这种场面信息和人物信息兼顾的景别中,主持人至少要考虑两个问题。

一是主持人与现场环境的和谐。

在综艺节目如《综艺大观》中,现场有一种热烈欢快的娱乐气氛,在谈话节目如《实话实说》中,现场有一种轻松平易的交流气氛,在深度报道节目如《新闻调查》的现场报道中,现场又有一种严肃、客观的新闻气氛……这还只是个大概的分类,更具体到现场抽奖的兴奋,争论问题的调侃,批评报道的冷峻……现场情况的色彩已丰富到可以用"千差万别"这四个字来形容的地步。这时的全景画面常在两种时刻出现,一是节目的开头或结尾,二是节目进行当中而又需另起一段的时候。常用的镜头运动有两种:一是摇,以环境为起幅,以主持人的全景画面为落幅;二是推,从用更大的景别推向较小的景别,在展示中又有强调。无论是摇还是推,都是一个渲染现场气氛的过程,也是一个让观众酝酿情绪的过程。从这个过程的开头到主持人出现、说话应该是一气呵成而又谐调一致的,这种谐调要靠主持人的经验和控制。

二是动作宜大不宜小。

如果你注意看足球比赛,会发现当转播画面是全景时,你总觉得队员跑动不是那么快,场面不是那么激烈;而画面是近景时,队员动作就明显多了。这说明在大景别中,人物动作会相对不明显。也正是因为类似的原因,话剧表演要求人物动作夸张一些,而影视表演要求人物动作细腻一些。

　　电视播音员、主持人在以全景出镜时,请记住动作宜大不宜小,宜舒展不宜拘紧。

(2)中景

　　中景画面表现成年人膝盖以上的部分,这时,人物腰以上部分成为观众的视觉中心,手势成为最活跃的动态因素,也成为我们探究的主要方面。

　　我们注意到,目前大多数新闻播报和新闻评论节目的主持人在演播室出镜时,仍用近景出像,而比较软性的节目,如音乐节目、娱乐节目和谈话节目,用中景较多,在这些节目中,手势发挥了更大的作用。适当的手势可以帮助表达、加强语势、活泼交流形式,但正如大众传播中的有声语言需要"源于生活而高于生活"一样,大多数主持人的手势也不是照搬自然状态就能大功告成的,手势也需要筛选、提炼甚至设计。

　　手势对表达的作用有三个层面,最基本的是帮助清楚地表达,进一步的是增加表达色彩,更高的层面是创造个性。

　　首先来谈谈手势在帮助清楚地表达方面的问题。

　　在这方面,大多数主持人都正在实践着,如介绍人物、两相比较、表示交流等。许多人用竖起食指表示强调,用伸出手掌手心向上表示真诚、由衷,用摊开双手表示遗憾无奈,用握拳表示信心的坚定,但既使在这最基本的层面上,也会出些问题。

　　问题之一是习惯性手势过多、过于零乱,这无助于清楚地表达。有人习惯在说话时用手在胸前不断划圈,好像这样能把心里的话掏出来,这显示出他思维的无绪和紧张;有的人总是先双手合十,再摊开,再双手合十,再摊开,如此往复;有的人说话时左手比划一下,右手比划一下,手势机械呆板而无表现力;还有的人总是无节奏,无目的地挥动手臂……这都是不好的习惯性手势,就好像有声语言中过多的"嗯"、"啊"、"这个"、"那个"一样,应该提炼筛选。

　　问题之二是手势不够清楚、到位,有趋势而无目的,表达暧昧。有的主持人一双手在胸前小范围地动个不停,但究竟是想伸出去或是收回来却很不明确,这样的手势也无助于清楚地表达。

　　问题之三是手势过于夸张。主持人的手势有个性成分,但首先要植根于受众的基本人文背景和节目要求。比起欧美民族来,我们中国人的手势相对含蓄,较少肩部动作,如果主持人的手势过于夸张、频繁,会让观众觉得视觉很不稳定,最终也会影响清楚地表达。

　　其次我们来谈谈手势在增加表达色彩方面的问题。

　　在增加表达色彩方面,有的主持人在节目中实践得不错。他们根据节目特点和自身特点设计出一些有特色的手势,给节目增色不少,如李咏在《幸运52》等节目中生动活泼的手势。有特色的手势要从节目出发,从主持人的个人特点出发,才能显得舒服、和谐又有特点,从而给节目"添彩"。

然而,有特点还不等同于有个性。创造个性的手势在目前国内主持人的手势运用中仍是凤毛麟角,成功的个性化手势还很少见。袁鸣和程前初期接手正大综艺时设计了一个"猜猜看"的手势,但不久就因观众反映不好而去掉了,可见个性化的手势一是要独特,二是要能让观众舒服地接受。卫视音乐台主持人吴大维有一个每周一次的节目"吴满秀"。他的个性手势是五指张开往外作推状,这个手势虽然简单,却在两个节目形象广告中得到充分的运用和强化,甚至于还成为了"吴满秀"平面宣传品的标志,给人留下深刻印象。这个手势也不是一蹴而就的。开始只是爱打篮球的主持人在球场上和生活中有这样的习惯手势,以后逐渐提炼成标志化的东西,是演变的而不是编造的。新加坡广播电视局制作过一档英语教学节目,每次5分钟,由陈山河和叶丽仪一男一女两位主持人共同主持。这个节目比较轻松,成系列而不强调系统,每次有一个小主题,围绕这个主题介绍一些语言规则和习惯用法。节目最后出字幕,演播室主光、辅助光灭掉,只有轮廓光和背景光时,两位主持人有一个相互击掌的动作,像个剪影似的每次出现,随后上结束字幕。这也成为节目的标志,既生动鲜明又不过分张扬,与节目主体部分相映成趣,令人喜爱。

成功的手势运用的确需要学习和贴近自然的设计、提炼,我们如果注意看相声表演或评书表演,会发现这些也是主要以有声语言来进行艺术创作的曲艺演员的手势是经过训练、比较讲究的,而且如果双人或多人表演时还要相互配合,这些都值得我们节目主持人借鉴。

(3)近景

近景是指人物胸部以上入画的景别,它将人物推向观众眼前,造成强烈的交流感,因此成为很多播音员、主持人的工作景别。面对近景这样的小景别,播音员、主持人经受着更为苛严的考验。这要求我们特别注意两方面的问题。

一是专注心神。

近景画面十分清楚地展现播音员的面部神态,一丁点目光的游移,眉毛的挑动,都逃不过观众的眼睛,播音员内心情绪所反映到脸上的任何微妙变化已无可躲藏,眼睛作为心灵的窗户,成为近景画面中最传神的地方。在这种情况下,排除杂念、松弛身心、集中精力、积极投入于节目内容之中,就成为镜头前状态的关键所在。近景是一个特别需要用"心"去面对的景别。

二是动作宜小不宜大。

在近景这样的小景别中,大的形体动作不可能进入画面,在体态语的运用上,注意动作宜小不宜大,宜精细不宜夸张,应特别注意眼神、表情等微身体动作在表情达意上的运用。

总之,电视播音员、主持人应该有明确的景别意识,用以指导和调节自己的形体状态和形体表现,特别要注意面对不同景别时动作分寸和表现重点的不同。

(五)电视播音员、主持人如何在不同类型的电视节目中把握好形体传播

1. 电视新闻评论类节目的形体——积极、沉稳、端庄、自信

电视新闻评论是对新闻事实直接评论的节目,它有明显的立场、观点,直接反映评论者或电视台的观点、主张,具有较强的指导作用。这类节目的形体特点是庄重、大方、有权威性,播音员、主持人一般在演播室内以近景出图像,要求形体姿态端庄、自信。需要注意的问题有以下几方面:

(1)整体积极而不是局部积极

播音员、主持人虽仅以近景出图像,但全身上下都应该有积极一致的充沛状态。北京电视台主持人余声说:"每一次做节目我都要求自己上上下下、里里外外都充满精、气、神,只有这样,自信和积极才是真的,传播欲望才会油然而生。"有的播音员、主持人一边工作,一边跷着二郎腿或抖动下肢,这些动作虽然屏幕上看不到,却会因此使镜头前状态变得懈怠。正确的姿态应是坐在椅子前1/3处,双腿平放,两脚踏实落地,这样有利于姿态稳定和气息通畅,同时,也不易疲劳。有的播音员、主持人习惯于双脚前部着地而脚跟提起(多见于女性),这是一种习惯性的容易造成紧张的姿势,应该注意调整。

(2)挺胸抬头的关键在腰部控制

挺胸抬头给人充满自信的好印象,但挺胸的真正要点主要在于立腰,只要腰部不软不塌,腹壁站定,双肩自然下沉,便有了挺胸的感觉。如果腰腹无控制,只是向前向上挺起胸部,既不自然大方,也很容易造成胸肩紧张,并有可能波及喉部造成喉头紧张、声音疲劳。

(3)关于手臂姿态

注意手臂在画面上不要有过分的横向夸张的姿势,这样容易给人"趴"在画面上的感觉。建议手臂适当收缩,但又要注意别造成夹肩、耸肩。如果两手手臂位置不完全左右对称,而是一前一后有所变化,则可取得自然悦目的效果。

(4)关于眼神

肩正、头正,注视镜头,努力做到眼前虽无人,心中却有情,这是对播音员、主持人眼神的基本要求。在看镜头时,有的播音员、主持人目光发呆、僵滞,这除了和镜头前空洞的心理状态有关外,还和看镜头的方式有很大关系。如果只盯镜头中的一点,很容易有目光僵滞的感觉,而如果看镜头中的一线(虚拟的横向线条)而不是一点,便有了灵活自然的眼神。

(5)关于提示器的使用

用提示器的播音员、主持人很容易不动眼珠地跟着字走,如果头部完全不动,只有眼珠随着提示器的显示从左看到右,在屏幕上相当明显,眼神也显得很呆。这时应让头部的微小动作跟上眼睛的动作,配合起来看提示器,状态就会自然流畅了。

(6)打破等腰三角形的构图

当播音员以正面近景出图像时,头正身直两肩对称,很容易形成一个稳定的等腰三角形构图,如果这个等腰三角形正好在画平面正中央,尤其显得死板僵硬。这时如能借鉴舞台亮相中"藏二露八"的原则,采用正面稍侧的坐姿,视觉效果就会比较悦目。

另外,如果能设置两个或两个以上的机位,正面出图像和正侧面出图像来回切换,也能造成自然活跃的形式变化,不过要注意播音员、主持人的目光最好随机位的调整而改变,随时与镜头交流为佳。

(7)高度重视微身体动作

在这类节目中形体表现的空间不大,形体表现的幅度有限,形体动作主要是微身体动作。微身体动作在日常生活中常被人忽视,但在节目中却会被放大,因此播音员、主持人应高度重视对微身体动作的应用和控制。

微身体动作是指身体动作上可以分离的最小单位,如眼光的闪动、手指的颤动、嘴角的牵动等,这种最小的、微妙的动作常常无意识地传递着重要的情绪情感信息,对观众的吸引力很大。善于积极运用微身体动作的播音员、主持人常给人以既自然得体,又神采飞扬的美好印象。

▲微笑是五官部分最重要的微身体动作,微笑是一种超越人种和国籍,表示肯定的象征,具有向对方传达肯定情绪、表示善意和消除不安的作用。播音员在口播导语时,未开口先略带笑意,观众便知这一条新闻的情绪色彩了。但如果滥用微笑,无端微笑,则是播音、主持的大忌。

▲眉眼的细微变化颇能传情达意。如双眉上耸表现惊讶、欣喜,单眉上挑表示询问,皱眉表示困窘、不赞成或严肃,眉角下拉或倒竖则表示气恼、愤怒。睁大眼睛是兴奋和紧张的表示,眼光躲闪显得不自信,带笑意的眯眼传达喜悦的正面情绪,频繁眨眼则是心虚的表示。眉眼表情动作虽小,但对观众的影响却很大,应准确、适度地应用。

▲播音员、主持人躯干部分的微身体动作常表现为微微前倾或微微后仰,微微前倾的姿势显示出强烈的交流欲和急切的传播欲,但如果过分了会有些压抑,微微后仰的姿势则显得自信、权威、洒脱,有时也会显得自负、骄傲。

▲脖颈的微身体动作常表现为略有点头意味或略有摇头意味,传达着或正面或负面的信息。

▲电视播音、主持近景出镜时,肢体的微身体动作主要表现在手指、脚尖的动作上。指尖轻敲桌面,脚尖轻拍地板都是内心焦躁不安的信息传达,应注意控制。

微身体动作大多是经过控制、克制和弱化后的身体反应,动作虽小,传递的信息却很重要,微身体动作的有效运用在小景别中被放大,正符合新闻播音和新闻评论类节目庄重、大方、自然的特点。播音员、主持人应充分认识微身体动作的重要性,重视其在实践中的积极作用。既要善于挖掘有表现力的微身体动作,又要适度控制它的表现力,做到积极、自然、大方、得体,并应努力体现出自己的特点。

(8)关于演播室内的工作台案

在这类节目的演播室里,播音员、主持人面前常有一张较大的台案用以搁置稿件、话筒、卧式电脑显示屏、提示器控制器等工作设备。这张台案除具备上述实用功能外,还有拉开距离、保持身份威严的功能。大公司首脑的办公室往往摆着大型的办公桌,当他隔桌听取下属的汇报或向下属布置任务时,办公桌用正起着拉开距离保持威严的作用。事实上,教室、讲台、法庭、礼堂、教堂的布置都体现着这种功能。

在节目进程中,这张台案在造成权威感的同时,也造成与观众的疏离感,因此,很多节目都有弱化它的倾向。弱化的方式之一是将镜头推上,不让(或几乎不让)它进入画面;弱化的方式之二是在它的位置、所占面积和材质上做一些处理,如将其置于播音员、主持人的前侧靠边的位置,或缩小它的尺寸,或采用轻盈、透明感强的材质等。

(9)播音员、主持人座位的高低变化也呈现出不同的视觉感受

位置过低,像是"趴"在画面上,显得萎靡,座位稍高,则比较积极。北京电视台《北京特快》主持人的位置就比较高,有仿佛可以随时据案而起的向上之势,与轻快活泼的语言相得益彰,颇有特色。

(10)在端庄中求变化

有人用"正襟危坐"这个词来形容新闻评论节目的播音员、主持人的出镜方式,认为它庄重大方、有权威感,但欠活跃,有些死板。现在,越来越多的主持人开始寻求在规矩中求变化的方式。我们可以生动适度地运用表情、手势和微身体动作,也可以一边谈,一边展示一些照片、图片,既活跃了节目形式,又调整了形体状态。这方面的尝试将会越来越多。

总之,新闻和新闻评论类节目形体问题的重点在于微身体动作的运用,而且无论采用坐姿还是站姿,都应注意形体整体感觉的积极、自如,并体现出节目特色。

2. 电视现场报道的形体——即兴多变、积极大方

电视现场报道是电视记者在新闻事件发生的现场,以目击者或参与者的身份面向电视观众所作的图像(含现场音响)报道。现场报道是最能体现并发挥电视传播特点与优势的新闻报道方式,与一般的影像新闻相比较,由于有记者的介入,报道方式

更具有现场感和纪实性。在现场报道中,记者的语言传播突破了画面不能表现过去事件和抽象概念等局限,使报道变得立体起来,电视记者的临场表现是现场报道成败的关键。由于电视播音员、主持人往往有语言和镜头前表现等诸多方面的优势,他们常常成为优秀的电视现场报道者。

电视现场报道者置身于一个真实、活跃的事件现场当中进行纪实性报道,其形体特点是即兴多变,积极大方。需要注意的问题有以下几个方面。

(1)善于感受现场气氛,根据现场情况灵活调整形体感觉

现场的报道者的表现是整个报道的有机组成部分,其形体感觉应该与节目的气氛、基调相吻合,优秀的报道者往往善于感受现场气氛,能根据现场情况灵活调整自己的形体感觉。

庆典现场和灾难现场的气氛大相径庭,文物挖掘现场和工程进行现场的气氛也有很大区别,经验宣传报道和批评报道一个舒展、一个凝重,同是进行会展报道,国际汽车展览和国内农副产品推广展览也是不同的。每一次现场报道的时间、地点、人物、事件和情绪气氛都各有特点,报道者应从这些客观因素中合理地提取形体感觉的依据,让自己的感觉是运动起来的,这种感觉应是生动清晰的,不可千篇一律,不可麻木不仁。

(2)保持稳健、平和的基本心态,避免激动失控

报道者对现场气氛既要有具体感受,又要有比较稳健、相对平和的心态,只有这样才能把握"我就在"的客观报道者的身份,才能显出落落大方的风范。

我们有时会看到一些在镜头前过于激动的记者,他们由于情绪太高昂而难于控制自己——声音被揪得高高的,手势也显得急促而零乱,这并不可取。因为这些言行不仅妨碍信息的顺畅传达,也很影响报道者自身的形象。一个成熟的现场报道者越是面对重大的、令人激动的现场,越能把持住自己,保持内心的镇定,不失去控制。现场报道者的心理位置是"我就在",而不是"我就是"。

(3)善于利用形体动作增加报道的生动性

在报道中灵活利用形体动作往往能取得非常生动的效果。

1999年第三届女足世界杯赛,中国的"铿锵玫瑰"决战美国女足的前一天,中央电视台记者张斌在一群由旅美华人组成的支持中国姑娘的"人墙"前进行了简短的现场报道。他最后说:"千言万语汇成两个字,"然后一转身冲着镜头,原来T恤背后写着两个大字"赢了"。这富有戏剧性的生动一幕增加了报道的趣味性,非常有气氛,给人留下难忘的印象。

虽然同样的点子在报道中不能一用再用,但只要动脑筋、肯挖掘,类似的简单有效的点子会层出不穷地涌上心头。

(4)善于利用形体动作使自己和现场环境联系起来,用可视的形体动作帮助观众

感受到不可视或不明显的东西

在报道中,记者可利用动态的形体动作使自己深入现场,并用动作帮助观众感受环境。在采访农贸市场时,记者可以掰断一根新鲜玉米,让那奶白色的浆液流淌出来,让观众感受到它的鲜嫩。在采访微雕艺术展时,可用自己的手托起微雕牙片,让观众有个大小对比的直观印象。在一次批评性报道中,某单位领导为了躲避记者,让秘书谎称自己"开会去了",记者进入领导的办公室看见其桌上有一杯茶,便上前一摸,对镜头说,"哦,还是温热的,看来人去茶并没凉"。这一个动作,一句话立刻让观众有了切实的感受。

(5)现场采访时因地制宜地运用形体动作

现场报道中的现场采访往往是随机、即兴和匆忙的,时机稍纵即逝,特别需要因地制宜地运用形体动作。

1998年10月在马来西亚吉隆坡进行的亚太经合会议上,凤凰卫视的吴小莉在江泽民主席步出会场准备离去时扬起手中早已准备好的10元人民币,高声地问到"江主席,我们都很关心,我手中的10元人民币,明年是否还值10元?"江泽民听到后立刻回头转身走向吴小莉坚定说:"当然,人民币不贬值!"吴小莉又追问:"到明年为止,都是吗?"江泽民又满脸笑容地走回来说:"我说人民币不贬值,是很科学的,任何事都不是绝对的!这要讲 scientific(科学性)。"说罢在笑声中步入电梯。这个在江泽民主席走出会场步入电梯的空隙中硬抢出来的采访一时被传为佳话,吴小莉即兴出奇招的动作帮了自己的大忙。

当然,在大多数现场采访中,并无太多"奇招"可出,但都应在即兴中因地制宜地应用形体动作。采访学生,可坐在教室里聊;采访农民,可以蹲在田间地头聊;采访舞蹈演员,可以扶着把杆或在练功房一角席地而坐地聊。总之,现场采访时记者应融入环境,使自己成为一个有亲合力的提问者和倾听者。

(6)抢采访时注意"乱中有控"

由于工作的要求,我们有时需要在混乱拥挤的人群之中"抢采访",情急之下,很多人都顾不上形象,只顾埋头往前冲。其实,混乱之中仍需控制自己,这不仅有利于节目效果,也能逐渐竖立自己冷静、有较强应变能力的形象。

抢采访时应事先对可能遭遇到的障碍有所考虑,尽量不要一窝蜂地"随大流",而是找到切实有效的路线接近被采访者。接近被采访者之后要注意机位,不要让自己的后脑勺把被采访者挡个正着,应尽量侧身,让跟在后面的摄像师拍到被采访者的正面形象。完成任务冲出人群后别忘了以热闹的现场为背景再进行一段报道。

3. 电视社教、服务类节目的形体——松弛积极、饶有兴致

以社会教育、社会服务为宗旨的各种电视节目,总称为电视社教、服务类节目。这类节目题材内容十分广泛,表现形式多种多样,既有传播信息的作用,又有提供服

务和娱乐欣赏的作用。在这类节目状态中总的形体感觉是松弛积极、饶有兴致的。需要注重的问题有以下几方面：

(1)找好总的心理位置

作为传播主体的主持人此时应把自己摆在合适的心理位置上：我是观众的一个值得信任的朋友，我很健谈，此刻我正要很有兴趣地把某方面我所知晓的东西说给你听。这种心理位置正是自然积极的形体表现的最重要的心理基础。

(2)把握具体的心理感觉

把自己放在观众的朋友的位置上，身心会松弛下来；让自己体会到饶有兴趣的心理感觉会让形体积极起来，不过，这还只是个总的心理位置。不同的人，在不同的节目中还应把握具体而细腻的心理感觉，这种感觉的依据有三个——一是节目的特点；二是主持人自身的性格、特点；三是观众的特点。心理感觉越具体、越细腻、越有依据，形体表现就越自然、越自信、越有特点，从而成为独特的"这一个"。

《夕阳红》的主持人陈志峰，在这个老年节目中给自己的定位是：老人的一个人到中年的长子或女婿。有了这种具体的感觉，他在节目中就突出地有了一种平易、成熟而又孝顺的感觉，在老年观众中非常有人缘。

王雪纯在《环球》中的感觉是松弛积极的，但同时又体现出冰雪聪明的安宁感和书卷气，明显的肢体运作比较有节制，更突出了目光和微笑的表现力，和这个节目"在书斋中聊天，与观众朋友分享一本好书、一首好歌或一个好片子"的知性色彩、文化气氛融和得很恰当。

(3)注意形体表现与节目空间环境的关系

在较大的、较贴近自然和气氛热烈的空间环境中，形体动作可以大一些，稍有夸张也无妨，在很多旅游节目中，主持人可以用富有感染力的形体传达自己的新鲜感受，但前提是自然、由衷。而同为旅游节目，如果到了古刹、寺庙这样安静蕴藉的环境中，则应是另一番感觉。

空间环境也是有表情达意效果的，好的节目追求整体的谐调和统一。在一个仿佛是书斋的环境中做读书节目，主持人的形体感觉是松弛而沉静的；在一个色调明快敞亮的环境中谈时尚话题，主持人的形体感觉是松弛而活跃的，一个成熟的主持人应学会感受和协调自己的形体表现与节目空间环境的关系。

(4)注意形体表现与有声语言的关系

在节目中形体动作是与有声语言相伴而来的，协调二者之间的关系应注意：

第一，形体动作与有声语言的统一性。

形体动作要注意跟上有声语言的意义内容和语言节奏。

第二，形体动作对有声语言的补充。

当有声语言暂停的时候，往往给形体动作留出一个可以充分表现的空间，声音清静了,动作便被放大了。无声的表情和动作,如点头、摇头、微笑、惆怅或专注的眼神,在屏幕上总是给人留下深刻印象,它们正是对有声语言有效而生动的补充。

4. 主持人访谈节目的形体——轻松平易、强调交流

访谈节目是"专访和谈话节目"的统称。专访是主持人与专门的采访对象就一定的主题在特定场景进行谈话的一种节目形态。谈话节目是由主持人邀请有关人士及受众,围绕公众普遍关注的重要问题,在轻松和谐、平等民主的氛围中展开讨论的群言式节目。

访谈节目是以语言交流为主体的节目,对访谈过程的展现几乎就是节目本身的形态,主持人与访谈对象之间的谈话以人际交流的方式进行,好的访谈节目是一种"大家都放下来说、放开了说"的谈话。在这样一种和生活原生态相当接近的谈话中,作为专访提问者和谈话组织者的节目主持人需要把握的形体感觉是轻松、平易、强调交流的,只有这样才能放松自己,调动对方。

要做到轻松、平易、有效地交流,首先要正确认识访谈节目的人际传播特点、摆正自己的位置。很多形体感觉不对头的主持人往往是从根本上把自己的位置搞错了。

错误一:会议主席式。

我见过这样的谈话节目:在演播室中,主持人坐中间,几位嘉宾分坐两边,主持人的开场白通常说:"观众朋友,今天我们请来了×××,×××一起和大家聊聊××话题,"然后就会逐一点名,"××,请谈谈你的看法,"并抬手做一个"请"的姿势。

这样的方式不知怎么就让人们联想起正式会议或谈判桌上的谈话感觉来。主持人如果有意无意地强调着自己的"组织者"地位,不真正"与民同乐",是不能营造出轻松平易的谈话气氛的。自己的形体感觉总是拔着、拿着,这种感觉又会影响客人,让他们觉得此时此地可不能乱说乱动,又怎么能放下来谈呢。

好的谈话节目主持人,实际是谈话现场的中心和组织者,但他们并不在外在形式上强调它。他们不会穿着很正式的服装,使用与众不同的语言和舞台上玉树临风式的体态语,他们善于让自己以一个普通人的姿态进入谈话现场,就好像崔永元所说:"不能老拿自己当个主持人",他甚至都不肯拥有一个固定的主持人的座位,真正远离了"会议主席"般与众隔膜的位置。

错误二:老师向学生提问式或学生向老师请教式。

师生之间的提问回答通常不像朋友之间那么轻松,老师总会有点居高临下,学生也总会有些仰视的心态。如果把这种感觉带到专访中去,也会造成交流中的不轻松,不平易。专访中人和人之间空间距离很近,只有具有自信、平视、与人为善的心态才会有轻松、平易的体态。

摆正自己的心态、位置,访谈中的形体问题就解决了大半,如果再有一些沟通、交流的知识和技巧,在运用时就更游刃有余了。

(1)专访时的形体

▲基本姿势式和位置。

坐下来进行专访可以稳定、从容地谈话,所以坐姿是专访最常用的姿势。尽管坐姿是一种相对轻松随便的姿势,却很容易暴露形体中的问题。

坐姿中的问题主要有三个:

其一是,瘫坐。腰向前弯,脖子向前伸,四肢无控制地瘫开。这种坐姿显得人因极为疲劳而对自己的形象毫不在乎。采用这种姿势缺乏身体控制,特别是腰部控制。其实,如果你想在椅子或沙发里坐得比较舒服,比较深,可以用背去靠椅背或沙发背,但腰不应前弯,腰挺起来之后,也自然会收敛手、脚的姿态。

其二是,采用过于对称的坐姿,这种情形多见于拘束、紧张的时候。坐的时候挺直腰和脖子,端正地浅坐着,双手放在两膝上,或双手相叠搭在小腹,像肚子痛似的紧紧捂着。这样的姿势显得紧张而充满戒备,不利于平等的沟通。因拘束紧张而导致坐姿中的三轴平行,即头轴、肩轴、腰轴平行,在采访中并不可取,应自然地松弛身心调开三轴。如女性可以上体微向侧转,两臂自然放松扶于腿处,两腿弯曲并拢,双膝稍移向一边,靠外侧的脚略放在前面,也可两脚一前一后地着地。双手可手心相向随意地合放在一起置于腿上,这样的姿势显得既有控制,又不过分拘谨、封闭,同时也比较优美。

其三是,过于前倾或过于后仰的坐姿。

交谈时身体微微前倾,是积极倾听的表示,但若身体过于前倾,就有急于打断对方或与之争辩的倾向。若身体过于后仰,则有躲避谈话或过于傲慢的倾向,这些都不利于平等交流。

调整好坐姿后,采访者和被采访者可以面对面地谈,或稍侧一些,但应该使双方的眼神能够方便地对视、交流,和正常深谈的视觉心理相仿。采访者和被采访者之间应有适当的空间距离,以1～1.5米之间为宜。

▲乐于倾听和交流的体态语。

专访的谈话主体是被采访的客人,主持人表现出乐于倾听和交流的样子是很重要的。

①身体微微地前倾,头微微地侧着,一手托腮侧耳倾听(多见于女性),都是对谈话者和谈话内容感兴趣的表示,但这样的姿势要做得自然由衷,而且应该有一些变化来调节节奏,不要固定地从头至尾摆出一个样子僵在那里。如果你放松身子往后靠,但头仍然微微侧着看着对方,仍然表示在倾听,但这就松弛多了。应让自己松弛地听,松弛地变换姿势。

②专访中人和人是近距离接触,因此眼神、表情对交流的影响至关重要。尊重、专注、鼓励,期待的眼神,友好、认真、微笑的表情都能促进双方的交流。但专注、认真

不等于死盯着看，或上上下下地审视，采访者的目光最好在被访者的面部移动，显得大方而善意。当然，目光游移、四处张望或一眼又一眼地看提纲是不可取的。

③积极回应的体态语是必要的。点头、微笑表示同意、感兴趣，微微皱眉可以表示疑惑、不解，但这一些都不要做得太夸张，一个成熟、自信的主持人不会过于频频地点头或过于热切地注视着被采访者。

④在长时间的谈话中，保持某一种姿势、专心地注视其实是很累人的，要善于配合语言的内容和节奏做适当的变化和调节。当对方另起一个话头或自己提问时，正是改变姿势的好时机，尽量让自己用舒服、松弛的姿势，这样不但自己不累，也会让对方感到轻松，并使观众感到舒服。

⑤在交流中，尽量多用开放的手势，少用双臂抱在胸前，两手在胸前合拢握拳等封闭性姿势，打手势时，多让对方看见你的手心而不是手背，通常较好一些。

⑥要控制自己的焦燥不安在形体上的反映：如抖腿、轻敲桌子，左右腿不停地交叠，不断地整理头发，抚弄衣扣或频繁摸脸等小动作。

▲话筒问题。

在近距离的专访中，加入一支又粗又大的话筒，往往会提醒主持人和被采访者，咱们这儿可不是随便聊聊，而是在正儿八经地做节目，这种心理暗示往往不利于轻松平易地交流，所以越来越多的专访节目用别在衣领上的微型话筒来代替普通话筒，让人忘记话筒，忘记镜头，进入真正无拘束谈话的气氛之中。

即使使用手持话筒，也应淡化其存在感，注意握话筒的姿势轻松自如，不要死死地抓着，也不要胳膊僵直地横架在胸前。应事先了解话筒的拾音情况，以便在专访中适当调整谈话者和话筒间的距离。话筒离嘴太近，显得突兀，不礼貌，话筒太远，又影响录音效果。

(2)主持谈话节目时的形体

▲基本姿势和位置。

在群言式谈话节目中，主持人往往要在一个较大的场合中有效地组织谈话，常常需要灵活地改变自己的姿势，灵活地调度自己的位置来适应场上的变化和需要。在不少谈话节目的演播现场，主持人放弃一个固定的席位是非常明智的。当主持人手持话筒自由地穿梭于观众和嘉宾之间采集观众的言论时，他有效地组织了谈话，也有效地组织了观众的视线和注意力——观众正是跟着他的身影，接近了这位或那位发言者。

我曾经看过一个谈话节目，主持人有一个固定的席位，他站在一个大屏幕前组织一群人谈话，收集观众言论的话筒在人们手里传来传去，谁逮着了就狠狠地说一气，现场无法控制。后来改成了他点名让谁说谁就说，传递话筒的工作由两个工作人员在现场来回飞奔着完成，但主持人和谈话客人之间离得很远，无法近距离交流，所以感觉仍不够好,而且在从主持人点名,到话筒递到他手中的过程浪费掉很多时间和情绪。其实,这些问题只要让主持人走到客人中间去就能很好地解决。他可以坐在客人旁边问话,也可以站在客人旁边,可以灵活地走步、转身,拍拍别人的肩膀表示鼓励,甚至可以抱起一个参加谈话的小孩,这样不但能有效控制场面,而且能让客人觉得和你比较接近,觉得自己受到重视,因而产生亲切感和对你的认同感。

▲既要有与个体的对话,又要照顾与全场观众的交流。

谈话节目不像专访那样,是在一个相对单纯、安静的环境里与一个或少数几个人面对面谈。它的环境往往比较大,而且每个局部的对话都暴露在整个现场中,因此主持人的形体动作既要体现出与个体的对话,又要照顾到与全场观众甚至电视机前观众的交流。这时要注意体态语面对少数人和对面众人相结合,目光的专注与环视相结合,表情手势的个体交流与群体交流相结合,要在"对一"和"对众"之间有灵活的转换。

▲熟悉机位。

电视谈话节目的制作方式以多机拍摄、即时切换为主,主持人应事先熟悉安放在现场各个角度的摄像机的位置,做到心中有数,在谈话中尽量让摄像师方便地拍到自己或客人的正面或正侧面,不要背对镜头。如客人的位置不好,主持人可自然地帮助其调整。

▲在松弛中体现控制和礼让。

松弛是谈话节目主持的基本形体感觉,但松弛并不等于松懈和过于随便,应在松弛中体现控制和礼让。控制和礼让既表现于体态的协调自然,也表现于体态语运用的合理得体,不卑不亢。谈话节目主持中的形体看似随和,其实需要较精细的弱控制。

5.电视综艺节目主持的形体——端庄舒展,大家风范

电视综艺节目是集音乐、歌舞、小品、戏曲、曲艺杂技等多种文艺形式于一体的电视节目。这在一定的时间长度内按照特定的主题或线索,采用主持人现场串联、字幕串联等方式,运用视听语言将现场演出、电视化手段与传播的时效性、新闻的纪实性和文学艺术的表现性融为一体,具有娱乐、知识、审美、宣传等多种功能。

春节联欢晚会、节日庆典或主题综艺晚会,是电视综艺节目的典型形式。如果把晚会中每个相对独立的节目比喻为一颗颗光彩的珠子,那么主持人就好比将这些珠子串联起来的那根线,是节目现场的串联和组织者,是使整台节目形散神聚的关键人物。综艺节目主持人是在整台节目中很受瞩目的人物,其形体表现应找准大家风范的感觉——既有挺拔端庄的体态,又有丰富灵活的体态语运用。

(1)站姿——综艺节目主持最基本的体态

站姿是综艺节目中最基本的体态,也是最容易暴露形体问题的体态之一,容易出

的问题往往有：

▲上身松懈，扣肩弓背，颈部前伸而胸部不能自然地向前上方挺起，身体松散下坠。

原因：缺乏脊柱至头顶上伸，拉开的悬顶感。

▲侧歪，肩膀一高一低，身体倾斜，头部不正直。

原因：脊柱不与地面垂直。

▲端肩缩脖。

原因：没掌握好脊柱至头顶的悬顶感和沉肩阔背的关系，肩部紧张上提。

▲凸肚。

原因：没掌握好腰背肌肉收缩向前和腹部肌肉收缩向后的对抗力量，腹肌松。

▲两腿打弯。

原因：没有适度收臀、提髋、立膝。

▲松腰、坐髋，既不美又站不稳。

原因：重心落在脚跟上，而不是两脚平展踩地，三点（姆趾、小趾、脚跟）同时着力。

▲穿高跟鞋时身体紧张、前倾，严重时还伴有代偿性的曲膝动作。

原因：重心落在了脚前掌。穿高跟鞋时脚跟着力不多，宜将身体重心垂直落在脚尖和前脚掌上，两脚平均支撑身体重量。

▲调整三轴打破完全对称的站姿时容易出现的问题有两个：

一是调整动作太大，显得做作、不自然，仿佛不分场合地处处"玩帅"，"摆造型"。应切记三轴的调整以无痕而有效为佳，一定要自然而然。

调整三轴时容易出的第二个问题是调整后不加控制。标准站立姿势是重心平均地落在双脚上，调整后可以变成双脚重心一虚一实，但不能完全"坐"在一侧，造成一侧顶胯，身体不直的情况。

影响站立姿态最关键的地方是：脊柱状态是否正确。从身体的正面或背面看，脊柱应该是垂直的，从身体侧面看，脊柱微呈S型。

我们可以分别用镜前检查法和墙前检查法进行自查。

镜前检查法可检查脊柱的正面是否正直。

具体方法是：赤脚，穿着能凸显身体曲线的紧身衣服，立正于镜前。此时，可注意观察头颈位置是否端正、自然下垂的双臂与躯干之间两侧的空隙是否对称，如果脊柱出现侧弯、手间隙（手臂与腰间的间隙）会一侧大、一侧小。脊柱侧歪还会造成一肩高一肩低，或身体左（右）倾斜。

墙前检查法可检查脊柱弯曲正确与否及身体是否直立。

选择一面垂直的墙面，背朝墙站，双脚跟顶住墙脚，将后脑勺、肩背部、臀部和小腿部轻贴于墙面。这时，身体是不可能前倾驼背的。我们要检查的是在身体直立时脊柱弯曲是否适当。

将左手掌,手心向墙横插入后腰空隙;将右手掌,手背向墙横插入颈后空隙。如果两手刚好通过,表示脊柱弯曲适当,如果颈后空隙过大,可能是过于向后弓背、前伸脖子、仰头;如果腰后空隙过大,可能是塌腰挺腹造成的。发现问题,及时调整,找到正确形体感觉后,再移前一步,离开墙面保持姿势。

站立是人最基本的体态,也是最值得重视的体态,在综艺节目主持中,挺拔优美的站姿尤为重要。

(2) 出场和退场

出场和退场虽然都是在台上走几步,但形体感觉和所呈现的效果是有区别的。出场要强调热情、大方的"精、气、神",步子轻快有弹性,而富于美感,并与场上气氛相协调,挺胸抬头带着由衷的笑容对观众行注目礼。走步时宜微侧身,体现出"面对观众,向观众致意"的感觉,有时还可伸臂做一个引领或邀请的手势来强化这种感觉。

出场走到适当的位置后,从容自然地站定面对观众。此时最好不要急于说话,而是环视一下观众略定一定,给观众、也给自己一个转换节奏的时空再开口。初次登台的主持人往往一上场不太适应那么多的观众和那么大的场面,这站定后的一个停顿和调整显得特别重要。女性主持人站姿宜并拢双腿,可采用小丁字步,男性主持人两腿宜稍分开。

主持人退场时应有把观众的注意力转移到下面的节目上来的感觉。如果说出场时要强调自己的吸引力,那么退场时则应淡化自己的吸引力,在形体上找"自然淡出"的感觉,步子轻、稳地悄然退至幕后,引出下一个节目的出场。

(3) 邀请和指示

作为节目的组织者和串联人,主持人在节目中常有表示邀请和指示的形体动作,如邀请演员或嘉宾上台,或指示道具、大屏幕,此时自己站立的位置应适于被邀请者或被指示物的突出展现,邀请或介绍的手势应落落大方,从容、舒展、手眼俱到,手臂可与肩平或比肩稍高,并以微微侧身为宜。

(4) 与搭档、嘉宾的简短交流

综艺主持人在台上与搭档、嘉宾进行交流时,要注意运用较近空间人际交流的形体规律,不能在舞台上旁若无人、鹤立鸡群地说话。此时应和交流对手有手势、眼神和表情的呼应,而且这种呼应自然充分,不能似看非看或急匆匆地瞥一眼又转过头去。

与嘉宾进行交流时应注意调整自己的形体感觉,达到和客人谐调匹配的效果。如与盛装华服潇洒精神的演员同台时,气质不宜过于纤弱,应强调形体的挺拔舒展;而当嘉宾是不善言辞的普通人、略带紧张的劳动模范时,气质不宜过强,仿佛要把对方压得自惭形秽似的。这时应放低姿态,强调形体的随和和低调,让对方很快地自在起来。

(5)熟悉舞台、熟悉机位

综艺节目主持人既要面对一个较大的整体现场,又要面对一些重点交流的局部,更重要的是同时还要面对摄像机——那是更多观众的眼睛,真是需要八面玲珑,照顾周全。刚登台的主持人往往茫然于不知该对电视机前的观众说,还是对现场的观众说,显得心浮气躁压不住阵。其实解决方法是有的,那就是在节目开始前,尽可能熟悉舞台、熟悉机位,节目开始后,根据节目进程和拍摄角度灵活有机地调整形体。

主持人可以在心里把舞台分成几个区域,明确每个区域的机位布置情况,要先和摄像师做一些交流,清楚他将从什么位置、用什么景别拍自己,这样在拍摄时就能有的放矢地运用自己的表情、眼神、手势、位置调度等形体手段,细致地把握好与不同对象的形体,做好表情"对一"、"对众"和"对镜头"的协调,做好眼神"专注"和"环视"的灵活运用。

6. 活跃、跳脱、合理夸张——游戏娱乐节目主持的形体

游戏娱乐类节目是近年兴起的突出趣味性、娱乐性、参与性和游戏性的综合娱乐节目,这类节目强调"疯一回"、"玩一把",回复天性、突破常规情景的轻松快乐的气氛,主持人是一个在节目中"带着大家一起玩"的人,是一个真诚、快乐、热情,具有平民化特点的节目组织者。

基于上述特点,游戏娱乐节目主持的形体宜突出活跃、跳脱、合理夸张的特点,力求生气勃勃、气氛强烈、富于感染力的效果。此时需要注意的问题是:

(1)松弛比夸张更重要

有人认为娱乐节目主持人的形体一定要热闹、夸张、新奇,只有这样才能造气氛,这实在是个误区。事实上,活跃、轻快、跳脱的形体来自松弛平易而快乐的心理感觉,而不是为夸张而夸张。没有心理依据的夸张会流于大喊大叫、哗众取宠,充满了外强中干的做作感。优秀的节目主持人首先会让自己真正松下来,真正快乐起来,真正和观众一起玩起来,在这种无拘无束的氛围之中,跳脱、活跃才是自然的。至于表现形式,其实是因人而异的。

湖南卫视《快乐大本营》的主持人何炅,常在节目中有非常活跃的形体动作,这和他的外形气质、语言特点很匹配;台湾资深娱乐主持人胡瓜,已年过四十,他做《非常男女》时,不再像十年前做娱乐节目时那样强调动作夸张,但语言和形体动作却更松弛,更浑然天成,自有大牌风采。对比一些一味追求形式怪异、夸张的主持人,观众即刻就能分辨出谁优谁劣。

(2)活跃、跳脱有分寸,与人为善是根本

活跃、跳脱不等于得意忘形、为所欲为。作为娱乐节目的主持人,要时刻把与人为善的原则牢记在心。尽管在节目中不必那么彬彬多礼,不必那么绅士淑女,但基本的礼让意识,让每位参与者都平等、愉快地参与节目的意识应该很强烈。聪明的主持人善于在"亦庄亦谐"中把握自己的分寸,会在开过玩笑之后给人台阶下,会在一个可能对人"不敬"的动作之后用更大的礼貌"补救"过来。

(3)活跃、跳脱中的辩证法

娱乐节目是在跳跃多变的节奏中进行的,其中的不确定因素特别多,要求主持人随机应变的能力也特别强,这种随机应变也表现在形体节奏一张一弛的辩证关系之中。

在节目中了无生气固然不好,而始终憋足了劲地折腾也不见得高明。应根据节目进程和节目中的其他因素(如音乐、搭档的表现、嘉宾和观众的表现)不断地调节自己,使之张弛有度。

另外,搭档之间形体表现的辩证关系的把握也很重要。默契的搭档懂得互为红花、互为绿叶的道理,懂得在对方有突出表现时让自己成为帮衬者、成为绿叶而不去争春,如果两个人都连说带比划地活泼着,一定给人留下抢话、争出风头的坏印象。这种辩证关系不但适用于搭档之间,也同样适用于主持人和嘉宾、观众之间。

通过上述介绍,我们进一步明确了作为节目的代言人、节目的特定标志和节目进程的把握者——播音员、主持人在不同类型、不同状态的节目中,需要注意的形体问题及运用。其实,这些分类还远远不能穷尽所有电视节目中的形体问题,更重要的是掌握播音主持艺术形体审美取向与形体调整原则。只有这样,才能在千变万化的工作中,举一反三,触类旁通。

思考题

1. 请简要描述自己的体形特点。

2. 归纳出自己的体态特点,说明优缺点各是什么,怎样调整和改进?

3. 在日常生活中,体态语运用的内外统一、身心协调原则是怎样体现的,请细心观察,并举例说明。

4. 请细心观察电视节目中主持人体态语运用的礼让情况,并举例说明其中的优劣情况。

5. 什么是体态的三轴平行?请细心观察日常生活和电视节目中人们在不同情态下的三轴情况,并结合自己的情况,说明在访谈节目中如何灵活地调整三轴。

6. 综艺节目和娱乐节目的形体运用有哪些相似和不同之处?主持人在具体节目中应如何把握?

7. 分析自己新闻播音练习中的微身体动作,哪些是适合的?哪些是不适合的?如何改进?

8. 分析自己在现场报道练习中的形体情况(必要时可关掉声音),哪些是适合的?哪些是不适合的?如何改进?

后　记

　　在我们电视播音主持教研室几位老师授课之余的努力工作之下，《实用播音教程——电视播音与主持》一书终于问世了。这之中，既有积极的探索，又有耕作的疲惫，也有收获的快乐。

　　《电视播音与主持》一书，是在《电视播音与主持艺术》理论教材的基础上编撰的专业训练教材。它重点编写了电视播音与主持每一单元内容的训练内容、要点、方法，其中既有分析、点评，也有要求、训练材料，与《电视播音与主持艺术》一书结合起来学习，可以获得专业学习的全面印象和知识。

　　在此，我们首先要真诚感谢给予我们大力帮助的现在正活跃在播音主持一线的我们昔日的同窗、学生，今日的同行、名播们！是他们不辞辛苦，充满热情地为我们提供了大量好稿件，转录了许多相关录像，才使我们的工作变得顺利一些。

　　为此，我们特别要感谢贺红梅等中央电视台、北京电视台、上海东方电视台的各位同行。我们希望在今后的工作中继续得到同行们的大力支持，并致以深深的谢意。

　　同时，我们对书中所引用的所有稿件的作者、电视台的记者、编辑等有关人员表示我们最真诚的感谢，正因为了有你们的大力支持和帮助，我们的教学工作才能得以正常、有效地进行，使得我们能够为广播电视事业培养出一批又一批新生力量、优秀人才。在此，再次请各位接受我们深深的谢意！

编　者
2003 年 7 月 15 日